放手游戏，成就儿童——基于儿童视角的幼儿园游戏活动实践反思

主　编：郑爱民　王　敏　孙灵敏

副主编：骆丽丽　李早林　方　玲　朱　莉　郑　珊　王　玲
尚小兰　梅珺珺　鲁秀玲　袁红朝　刘秀红　李正军
李亚芳　汪　松　陈文娟　刘　娜　汪先霞　胡金凤
乐君俐　谢　丹　梅方春　查　捷　鄢胜利　吕丽星
汪珍荣　徐　蜜　范　苏　左　娟　冯　迪　江育春
陈天明　胡　超　廖　俏　蔡　琼　聂钧雅　董文丽

统筹策划：毛　冰

中国书籍出版社
China Book Press

图书在版编目（CIP）数据

放手游戏，成就儿童：基于儿童视角的幼儿园游戏活动实践反思 / 郑爱民，王敏，孙灵敏主编 . -- 北京：中国书籍出版社，2024.5

ISBN 978-7-5068-9872-0

Ⅰ . ①放… Ⅱ . ①郑… ②王… ③孙… Ⅲ . ①游戏课—教学研究—学前教育 Ⅳ . ① G613.7

中国国家版本馆 CIP 数据核字 (2024) 第 093274 号

放手游戏，成就儿童——基于儿童视角的幼儿园游戏活动实践反思

郑爱民　王　敏　孙灵敏　主编

图书策划　成晓春
责任编辑　张　娟　成晓春
封面设计　张秋艳
责任印制　孙马飞　马　芝
出版发行　中国书籍出版社
地　　址　北京市丰台区三路居路 97 号（邮编：100073）
电　　话　（010）52257143（总编室）（010）52257140（发行部）
电子邮箱　eo@chinabp. com. cn
经　　销　全国新华书店
印　　刷　天津和萱印刷有限公司
开　　本　787 毫米 ×1092 毫米　1/16
字　　数　460 千字
印　　张　21.5
版　　次　2025 年 1 月第 1 版
印　　次　2025 年 1 月第 1 次印刷
书　　号　ISBN 978-7-5068-9872-0
定　　价　98.00 元

前 言

学前教育作为成长启蒙性教育一直受到高度关注和重视。党的二十大以来，黄冈市学前教育坚持以习近平新时代中国特色社会主义思想为指导，深入学习贯彻党的二十大精神，立足幼儿园教育实际，聚焦深化教育改革，努力办人民满意的学前教育、办普惠均衡优质的学前教育。我们的学前教育研究工作以问题为导向，以课题为抓手，推进全市各级各类幼儿园实施科学保教。

近年来，我们先后组织了幼儿园园长、教师共同努力学习，深入贯彻《3—6岁儿童学习与发展指南》的文件精神，以《幼儿园保育教育质量评估指南》为指导，以《黄冈市幼儿园保育教育质量评估细则》为抓手，全面推进各级各类幼儿园在一日活动中每天户外游戏活动2小时、体育活动1小时、集体教学活动不超过1节，促进黄冈市各级各类幼儿园教育教学质量的提升；学习安吉游戏精髓，加强幼儿园课程建设，以安吉游戏推广为重点，打通游戏活动与集体教学活动之间的路径，把游戏活动与五大领域教育活动进行融合形成园本、班本课程，推动幼儿园课程改革和幼儿园课程体系的建设；以真游戏课题研究促进幼儿教师专业发展和教师队伍建设，推动全市学前教育高质量发展。

落实一日活动皆课程的理念，促进幼儿在游戏中的深度学习和健康发展是我们学前教育工作目标和任务，也是我们学前教研的重大课题。只有解决好这个问题才能真正推进我市学前教育高质量发展，把课题研究转化为推动我市学前教育发展的强大动力。

我们聚焦儿童身心健康成长，落实以游戏为基本活动的理念，尊重儿童游戏理念的回归。全市依托覆盖式的“儿童自主游戏”探究，让教师在游戏中真实地发现儿童，发现真实的儿童，真正认识到儿童是有能力的学习者。通过课题研究共同教研，促进教育思想的转变，培养出本土化专家园长、骨干教师、学科带头人，形成教研共同体，发展教师的素质教育。作为幼教工作者，我们要不断深化课程建设，提升教师专业水平和保教工作的过程性质量，让更多孩子享受优质的学前教育资源。

让幼儿在游戏中学习，增强社会适应性，让幼儿在活动中获得和谐相处的人际关系体验和在游戏活动中获得人格独立的良好开端，如从游戏活动中获得与周边环境、物质材料、师幼之间、幼幼之间等关系的和谐相处经验，找到自己内心对事物的兴趣点，可以为他们以后的学习和人生的规划走好第一步提供良好的支持，帮助他们“系好人生第一粒扣子”。

真游戏课题的研究注重引导教师尝试从儿童的视角出发，学习安吉游戏精髓，充分放手，让幼儿自主游戏，“玩什么游戏”——游戏的选择、“和谁一起玩游戏”——玩伴选择、“在哪里玩游戏”——场地选择、“选择什么材料”——材料选择等等都由幼儿自己作主，体现“真”。使教师成为幼儿游戏有力的支持者、观察者、参与者、引导者，在幼儿游戏活动中的环境创设、材料投放、游戏分享等环节，在观察的基础上，读懂、记录幼儿的游戏行为，用适宜的方式支持幼儿在游戏中的学习与发展，同时获得指导幼儿开展游戏活动的实践经验。使广大的幼儿教师在游戏的观察、支持与回应等策略方面获得经验，提升教师指导游戏活动的专业性，促进教师的专业化成长，转变我市广大幼儿教师的游戏观和课程观。

本书是湖北省黄冈市幼儿园教师参加湖北省学前教育研究会“十四五”课题《基于儿童视角的幼儿园真游戏探究》的研究成果之一。书中收集了我市自2022年以来广大的教师对幼儿园开展游戏活动的实践思考所撰写的论文。书中呈现了黄冈市幼儿园教师在深入落实《3—6岁儿童学习与发展指南》《幼儿园保育教育质量评估指南》文件精神的过程中，聚焦儿童发展，尊重幼儿发展的个体差异，理解幼儿的学习方式和特点，注重幼儿学习品质，围绕落实以游戏为基本活动所开展的持续深入的实践探索和反思；体现了真游戏课题研究的价值，推动和深化了黄冈市幼儿园课程教育改革的进程。

本书分四个章节。第一章我们的游戏观，第二章真游戏的环境创设，第三章真游戏的组织与实施，第四章真游戏的评价与优化路径。书中对探究出一套切实可行的适宜各级各类幼儿园开展的真游戏的理念、方法和途径做了实践探索和反思。

本书的出版得益于课题组的全体成员和全市教研员、幼儿园园长和幼儿教师的大力支持，在编辑的过程中难免存在一些疏漏和不足，敬请同行批评指正。在此对关心支持此书编写、审阅和出版的全体同仁和出版社表示衷心的感谢！因篇幅所限及编写的需求，一些稿件没有采用或作了改动，请大家理解，并真诚地感谢大家。

本书内容适合广大的幼儿教师和从事学前教育工作的教育工作者阅读，也适合幼儿家长阅读。

骆丽丽

2024年2月26日

目　录

第一章　我们的游戏观

1. 聚焦儿童视角，浅谈高质量下的自主游戏活动

英山县第二幼儿园　姚柳

【摘要】通过对儿童视角和自主游戏活动的分析，探讨高质量自主游戏活动的重要性和实现途径。笔者认为高质量自主游戏活动是一种以儿童为主体，让儿童自由选择、自主控制的游戏形式。高质量的自主游戏活动应该满足儿童的兴趣和需求，提供丰富的游戏材料和环境，鼓励儿童自主探索和创造，同时需要教师的有效指导和支持。

【关键词】**儿童视角；高质量；自主游戏**

儿童的身心发展是一个需要重视且复杂的过程，游戏在其中起着非常重要的作用。儿童视角是指从儿童的角度出发，理解和组织游戏。在教育中，聚焦儿童视角意味着尊重儿童的兴趣、需求和发展水平，以儿童为中心设计和实施教育活动。自主游戏活动是儿童在自由选择的游戏环境中，自主地进行探索、发现和学习的活动。高质量的自主游戏活动对于儿童的身体、认知、情感和社交性发展具有重要意义。

一、高质量自主游戏活动的重要性

（一）促进儿童的身心发展

游戏活动可以促进儿童的身体、认知、情感和社会性发展，高质量的自主游戏更能促进这些方面的发展。通过游戏，儿童可以锻炼身体协调能力、观察力、思维能力和创造力，同时也可以发展情感表达、合作和解决问题的能力。

（二）培养儿童的自主性和自信心

在自主游戏活动中，儿童有权利自主选择游戏的内容和方式，自主决策和解决问题。这种自主性的体验可以培养儿童的自信心和独立性，让他们学会自我管理和自我决策。

（三）满足儿童的个性化需求

儿童具有个体差异性，每个儿童都有自己的兴趣和发展需求，高质量的自主游戏活动可以满足儿童的个性化需求，允许他们根据自己的兴趣选择游戏的内容和方式，从而激发他们的学习热情和主动性。

二、高质量自主游戏活动的实现途径

（一）高质量自主游戏活动的定义和特点

1. 高质量自主游戏活动的定义

高质量自主游戏活动是指由儿童自主选择、主导和控制，具有明确的教育目标和丰富的教育内容，能够有效促进儿童身心发展的游戏活动。

2. 高质量自主游戏活动的特点

（1）自主性

儿童在游戏中拥有自主选择和决策的权利，能够根据自己的兴趣和需求来参与游戏。

（2）教育性

游戏活动设计具有明确的教育目标，能够促进儿童在各个领域的发展。

（3）多样性

高质量自主游戏活动提供丰富多样的游戏材料和活动，满足不同儿童的兴趣和发展需求。

（4）社交性

高质量自主游戏活动鼓励儿童之间的互动和合作，培养他们的社会交往能力。

（5）教师支持

教师在游戏中扮演观察者和支持者的角色，提供适当的引导和帮助。

（二）提供丰富多样的游戏材料和环境

教师应当提供各种各样的游戏材料和环境，包括积木、玩具、图书、绘画工具等，让儿童自由选择和组合。同时，游戏环境的布置应该将原有材料重组，投放底结构材料，以符合儿童的需求和兴趣，激发他们的好奇心和探索欲望。

（三）鼓励儿童自主探索和创造

在日常的活动中，教师应该适时放手，鼓励儿童自主探索和创造，让他们在游戏中发挥自己的想象力和创造力以及动手能力、合作能力。教师可以提供一些开放性的问题或任务，让儿童自己思考和解决，培养他们的问题解决能力和创造力。

（四）教师的有效指导和支持

教师在自主游戏活动中的角色是指导者和支持者，而不是指挥者和评判者，这点尤为重要。教师应当观察儿童的游戏行为，了解他们的需求和兴趣，提供适当的指导和支持，帮助他们深入探索和学习。

高质量的自主游戏活动对于儿童的发展具有重要意义，可以促进儿童的身心发展、培养儿童的自主性和自信心、满足儿童的个性化需求。为了实现高质量的自主游戏活动，教师应该提供丰富多样的游戏材料和环境，鼓励儿童自主探索和创造，同时给予有效的指导和支持。只有在这样的环境中，儿童才能真正享受游戏的乐趣，实现全面发展。

2. 基于儿童视角的自主游戏实践探索

黄冈市实验幼儿园　李早林、夏琼

【摘要】游戏是幼儿园教育中的重要活动，而儿童视角下的自主游戏更是幼儿园游戏中的主要形式。因此，笔者通过资料分析与教育观察相结合的方式，从实践探索中丰富自主游戏中的教师指导策略，发挥教师在幼儿园游戏活动的积极作用，实施高质量游戏活动。

【关键词】**儿童视角；自主游戏；实践探索**

自主游戏即幼儿在一定的游戏环境中根据自己的兴趣和需要，以快乐和满足为目的，自由选择、自主开展、自发交流的积极主动的活动过程。幼儿根据自己的兴趣选择游戏材料、游戏内容、游戏形式等，有利于发挥游戏对幼儿的价值。高质量自主游戏活动是开展幼儿园保育教育的重要途径，如何从幼儿的角度对自主游戏进行创设与指导，是值得探索的。

一、以儿童视角捕捉幼儿兴趣点

幼儿在游戏活动中会对自己周围的事物进行观察和感知，并会好奇地探索不同的游戏形式，而幼儿教师则需要对幼儿的行为习惯、兴趣爱好以及个性化需求进行细致的观察，并在观察幼儿的过程中学会解读幼儿。在自主游戏中，教师可对幼儿喜爱的游戏主题、幼儿常用的游戏材料、游戏中遇到了哪些困难、幼儿的游戏伙伴等等观察要点进行观察，进而捕捉幼儿的游戏兴趣点，教师可对观察到的幼儿游戏行为进行仔细分析，然后在此基础上及时调整指导策略。例如，在沙水游戏中，幼儿来到沙池，发现沙子和水之间存在着某种关系，幼儿教师需要在一旁进行细致的观察，孩子们在游戏过程中经历了沙子喝水—运水—挖河道的游戏过程，体验到游戏成功的喜悦，感受到大自然环境的美丽；幼儿教师则在游戏过程中成为一个“有心人”，用一颗敏感的心灵来观察和引导幼儿的自主游戏行为和表现，进而有效促进师幼的共同发展和进步。可见，教师只有以儿童的视角观察幼儿的兴趣点，才能为接下来的游戏提供合适的指导。

二、以儿童视角尊重幼儿差异性

基于儿童视角的自主游戏要求我们接受并尊重幼儿的个体差异性，促使其个性发展。例如，在户外自主体育游戏中，教师应提供不同难度的器材让幼儿自主选择、自主游戏，能力强的幼儿可以选择高一点、长一点的挑战，能力弱的可以选择矮一点、短一点的挑战。教师在游戏中应给予幼儿信心和安全感，有的幼儿胆小不爱动，教师应该适时地给予鼓励，要带着他们一起活动；对于需要帮助的幼儿，要及时进行适当的引导。教师通过游戏活动可以了解到每个幼儿的实际水平，并在接下来的游戏中进行针对性指导，让水平不同的幼儿都能够在游戏活动中实现自我发展，实现深度学习，发挥游戏最大的教育价值。基于儿童视角尊重幼儿差异性要求教师时刻站在幼儿的角度看待、思考、分析问题，透过幼儿的行动，把握幼儿内心的游戏想法，提供幼儿所需求的材料，理解幼儿独特的感受方式，从内心里将每位幼儿当作独一无二的存在。在整个游戏活动中，教师扮演的角色不仅仅是引导者，也是富有童心的游戏伙伴。作为教师，我们还应该更加细心，要鼓励幼儿，导引幼儿玩出不同的游戏形式来。设计活动之前要经常询问自己：“幼儿需要什么，作为教师我看到了吗？”“今天幼儿该怎么学，作为教师我该怎么教？”以此来体味幼儿的内心世界，观察幼儿的一举一动，揣摩幼儿的知情意行，促使幼儿的全面发展。

三、以儿童视角支持幼儿需要

在自主游戏过程中，教师何时介入指导是个难题。教师应站在儿童视角，根据幼儿需求提供探究性材料和适宜活动，引导和启发儿童。如在角色扮演游戏《小医院》中，孩子关于就医、看诊的社会经验不足但热衷于游戏，教师可主动介绍生活医学常识，以医生身份参与，调动孩子兴趣和学习热情，发挥游戏教育价值。此外，教师作为观察者介入自主游戏，需有目的地记录、分析孩子游戏发展或问题，优化调整游戏过程，发挥导向作用。

基于儿童视角开展自主游戏是幼儿园教育活动的重要组成部分，当前的自主游戏活动实施过程中依然存在较为突出的问题。因此，在开展自主游戏过程中教师要明确自身角色定位，把握时机，灵活运用游戏干预的策略，从而逐步提升游戏质量。

【参考文献】

[1] 袁清华 . 基于儿童视角的自主游戏创设与指导策略研究 [J]. 成才之路，2021（32）：114-116.

[2] 张庆园 . 我游戏、我快乐——谈我对自主性游戏的认识 [J]. 成功（教育），2011（08）：24.

[3] 陈蕾 . 幼儿自主性游戏环境创设中存在的问题及对策研究 [J]. 时代教育，2017（02）：21-22.

3. 浅谈幼儿园游戏活动中教师的适宜放手

湖北省黄冈市园丁幼儿园　张海英

【摘要】幼儿教育是个人发展的基础阶段，游戏活动是幼儿教育的重要组成部分。本文旨在探讨幼儿园游戏活动中教师如何适宜放手，促进幼儿发展。首先，介绍了放手对幼儿发展的重要性；其次，探讨了教师如何在游戏活动中适宜放手，包括提供开放的游戏环境、鼓励幼儿自主探索、尊重幼儿的创新思维等方面；最后，强调了放手与教师指导的平衡。

【关键词】**幼儿园；游戏活动；适宜放手；幼儿发展**

幼儿教育作为个体成长的关键阶段，对于培养幼儿的自主性、创造力和探索精神具有重要意义。游戏活动是幼儿教育的主要形式，能够激发幼儿的好奇心和想象力，促进幼儿的全面发展。然而，教师在游戏活动中往往过度干预，限制了幼儿的自由发挥。因此，教师如何在游戏活动中适宜放手，成为一个值得探讨的问题。

一、放手对幼儿发展的重要性

放手是培养幼儿自主性、创造力和探索精神的重要手段。适当的放手可以使幼儿更好地发挥自己的想象力，尝试不同的方法和思路，获得认知能力的发展。同时，放手也有助于培养幼儿的自信心和解决问题的能力。在游戏活动中，幼儿能够自主探索、发现问题、解决问题，从而获得成就感，增强自信心。在游戏活动中，幼儿需要与同伴合作、交流、协商，从而形成和发展自身的合作精神和社交能力。

二、教师如何在游戏活动中适宜放手

（一）提供开放的游戏环境

放手是幼儿教育的重要原则之一，它强调给予幼儿自主探索和成长的空间。为了实现适宜的放手，教师需要精心营造一个开放的游戏环境。

首先，投放丰富的游戏材料是营造开放的游戏环境的基础。丰富的游戏材料能够满足幼儿的好奇心，激发他们的探索欲望。这些材料可以是自然的，如沙、水、泥等；也可以是人工制作的，如积木、拼图、玩具等。此外，教师还应定期更新和补充游戏材料，以保持幼儿对游戏的兴趣。

其次，创造安全的游戏场所是营造开放的游戏环境的保障。安全是幼儿开展游戏的基本前提，教师要确保游戏场所的安全性。这包括对设施设备的检查和维护，还包括教育幼儿遵守游戏规则，培养他们自我保护的意识。

最后，营造自由的游戏氛围是营造开放的游戏环境的核心。自由的游戏氛围能让幼儿感受到轻松和愉悦，有利于他们的心理健康。

（二）鼓励幼儿自主探索

在游戏活动中，教师的角色至关重要，他们需要创设一个环境，让幼儿能够自由地探索和发现。在游戏过程中，教师应当鼓励幼儿勇于提问，培养他们的好奇心和探究精神。当幼儿在游戏过程中遇到挑战和问题时，教师不必急于提供答案，而应引导他们分析问题的成因、寻找解决方案以及规划实施步骤。

此外，教师还应注重培养幼儿之间的合作精神，让他们在解决问题的过程中学会相互倾听、沟通和协作，培养他们良好的团队意识。

（三）尊重幼儿的创新思维

在游戏活动中，孩子们经常展现出丰富的创新思维。这些思维往往独特且富有创意，有时甚至超出了成年人的想象。作为教师，我们应尊重并积极鼓励这些新颖的想法和做法，而非将其视为错误或者离经叛道。

在肯定幼儿的创新思维之后，教师应引导他们进一步探索更多的可能性，还应关注幼儿的实践能力培养。实践是检验创新的关键，孩子们在实践中可以不断调整和完善自己的想法。通过亲身体验，他们能更好地理解创新的意义，从而在今后的生活和学习中不断追求创新。

三、放手与教师指导的平衡

在游戏活动中，教师放手并不意味着完全放任幼儿，而是要在放手与指导之间找到平衡。教师在游戏中要扮演引导者、观察者和支持者的角色，密切关注幼儿的游戏过程，及时发现幼儿的需求和问题，并在适当的时候给予指导和帮助。

（一）观察幼儿的游戏行为

教师需要通过观察了解幼儿的游戏需求、兴趣和困惑，以便在游戏中提供有针对性的支持。观察不仅可以帮助教师了解幼儿的个体差异，还可以为教师提供选择教学策略和方法的依据。

（二）及时回应幼儿的需求和问题

在游戏过程中，幼儿可能会遇到各种问题。教师要及时回应幼儿的需求，提供必要的帮助和支持。在回应过程中，教师应以引导为主，避免过度干预，让幼儿在解决问题的过程中自主学习和成长。

（三）与幼儿互动和交流

教师要与幼儿保持良好的互动和交流，倾听他们的想法和感受，分享自己的经验和见解。与幼儿交流可以让教师更好地了解幼儿的内心世界，促进他们的情感和认知发展。

四、结语

总之，在游戏活动中，教师需要适度放手，为幼儿提供开放的游戏环境和充足的时间，让他们自由探索和发现。通过鼓励幼儿自主探索、尊重他们的创新思维和提供个性化的指导，教师可以促进幼儿全面发展。为了在放手与指导之间找到平衡，教师需观察幼儿的游戏行为、及时回应他们的需求和问题，并与他们保持良好的互动和交流。

【参考文献】

[1] 赵丽宏 . 幼儿教育的重要性及其实施策略 [J]. 教育理论与实践，2022，39（12）：63-65.
[2] 王晓芬 . 游戏活动中教师的适宜放手与指导 [J]. 教育导刊，2020（04）：44-47.

4. 发现儿童力量，看见教师成长

黄冈市黄州区幼儿园　刘秀红、谢丹、汪珍荣

【摘要】促进儿童的发展是幼儿园一切教育工作的出发点和归宿。幼儿园的一切工作，都应基于儿童，树立儿童立场。即教师应站在儿童的视角，体验儿童的内心世界，满足儿童的兴趣和成长需要，促进儿童发展。当我们构建起“儿童在前、教师在后”的新型师幼关系，就会发现不一样的儿童，看到儿童的力量。

【关键词】**自主游戏；儿童力量；教师成长**

教育学博士鄢超云强调，幼儿园应该是一个可以从后院玩到屋顶的大玩具，教师需更新观念，户外游戏场景构建不只是为了方便儿童运动，而是实现游戏、探究与学习的综合价值。作为创设者，幼儿园应不断更新理念，从幼儿视角出发，关注幼儿感受，让幼儿在自主游戏中真实发展，照亮快乐童年。

一、缕晰理念慧解童心

为了把游戏权利还给儿童，把儿童从室内解放出来，我们经历了几个阶段的探索，从研究幼儿的兴趣和需要出发，结合幼儿园实际情况，坚持理念先行，并不断更新理念。

（一）优化调整，整合多方思路

一是调整安排，保障游戏时间。幼儿个体的发展需要在连续的时间与空间中逐步实现，至少连续 1 小时的自主游戏时间能有效促进幼儿学习和发展。二是优化场景，保证游戏场地。为打造适应幼儿年龄特点和身心发展规律的学习和游戏环境，我园根据不同场景的功能，结合幼儿在各个场景中的学习经验，重新对园所内外场景进行整体规划，为幼儿提供一个“麻雀虽小，五脏俱全”的游戏、活动空间。

（二）空间优化，构建全新理念

游戏空间布局合理与否对自主游戏的开展及所获成效具有直接影响。为此，我园盘活资源，创设环境，从游戏空间、游戏材料入手，根据园区环境优化活动区域。一是依实际环境扩增功能。结合地理位置和班级分布，改变场地高低维度，开辟、改造、新增部分场地，增设沙水探索区、艺术体验、安吉游戏区、种植园、大型建构区、苗苗小厨房、扎染区、涂鸦区等多样化游戏区，满足幼儿自主游戏需求。二是开放资源减隔。打破空间限制，实现资源、游戏材料、玩法和玩伴的自主选择。三是随幼儿需求乘势。引导教师关注场景核心价值，扩宽思路，更好地支持幼儿在游戏中构建新学习经验。

二、发现儿童乐享童趣

每一个孩子都有与生俱来的力量，都有自己独特的一面，发现孩子的力量，助力孩子更好地发展，与之共情，在他们身上发掘其特有的力量。

（一）儿童是天生的游戏高手

游戏是儿童的天性，儿童天生就是游戏的高手。只要我们真的放手，给他们充足的自主游戏的机会，简单的材料在他们手中会衍生出千奇百怪的玩法，而且会玩出我们成人想不到的花样，给我们带来无尽的惊喜！孩子们在游戏中不断发展。

（二）儿童是天生的探索家

儿童天生就有强烈的好奇心，他们对周围世界中所有未知的事物都充满探究的欲望，在探索的过程中不断在自己已有经验的基础上主动构建新经验。

（三）儿童是天生的冒险家

儿童的成长与发展依赖于冒险，他们会根据自身情况选择游戏的难度，通过亲身经历知道自己的身体极限在哪儿，学会界定危险的事情，增强自我保护意识，获得勇气，学会面对危险时的处理办法，提高应变能力。

（四）儿童是天生的哲学家

儿童在游戏中通过绘画形式来展示游戏过程，以计划形式表达想玩的游戏、伙伴、材料及玩法，有目的地进行游戏。他们还将经验提炼、概括，用口头语言分享，将直接经验转化为思考、语言和见解。幼儿教育的任务是激发儿童内在潜力，真正放手才能看到真实游戏。

三、学无止境研思不停

游戏作为幼儿的基本活动，是教师了解幼儿的有效途径，能促使教师关注幼儿的需要，推动幼儿的发展，也更加考验教师的专业能力，使之在观察、解读、支持孩子的过程中获得成长。

（一）循证解读幼儿，深度学习

观察是艺术，指导是智慧。循证过程是桥梁，让我们了解孩子。教师学会观察后会想要解读孩子行为及原因，进而主动学习。年轻教师意识到自己懂得太少，需要学习更多以更好地引导孩子，这就是提升专业水平的契机。自主游戏强调幼儿的主体地位和教师的支持者角色。

（二）调整支持幼儿，有效教研

教师在观察解读孩子后，会更加认识到不能凭经验，更不能凭主观判断，而应根据孩子的需要有效地支持孩子的发展。这对教师来说是很难的，考验着教师的专业能力和教育智慧。其实，教师们需要将理念转换为教学实践，开展教研和培训活动：如教学现场观察、教师交流、游戏指导案例，提高自身观察、解读和指导幼儿自主游戏的能力等。

推动教师观察孩子，遇到问题进行教研。针对游戏组织中的困难，定期举办自主游戏研讨活动，聚焦于如何有效支持孩子发展。教师与幼儿的发展相辅相成，自主游戏活动可以推动教师成长，反之亦然。游戏如窗户，展现世界，促进幼儿发展。自主游戏揭示儿童惊人力量，让教师遇见最佳自我。

5. 从“看见”到“看懂”
——论以儿童为中心的自主游戏中教师角色的转变

罗田县城东幼儿园　徐蜜

【摘要】孩子是祖国的未来，孩子的成长离不开教师的引导，《3—6岁儿童学习与发展指南》中指出我们要关注幼儿的全面发展，同时也更强调“自主”二字。而在自主游戏中，教师最重要的任务就是观察与支持儿童的游戏，在幼儿自主游戏中教师怎样做好一个支持者，成为幼儿教育工作者必须解决的问题。

【关键词】以儿童为中心；自主游戏；教师角色转变

近几年的时间里，基于儿童视角的幼儿园真游戏的研究和实践成为幼儿园落实《幼儿园保育教育质量评估指南》的切入口，成为目前学前教育课程研究的热点，在幼儿园的教育活动中，自主游戏作为一种重要的教育方式日益受到重视。在真游戏的研究和实践中，教师的观念和认知在不断被打破和重组，很多人会产生新的疑惑，那么，有效实施自主真游戏的关键是什么呢？我认为：最关键的不在于游戏本身，也不在于游戏形式的多样化和游戏材料的丰富、低结构化，而在于实现教师角色的转变，充分理解和践行正确的儿童观，理解信任儿童，从“看见”儿童变成“看懂”儿童，把游戏的自主权利还给孩子们。

一、从“看见”到“看懂”：幼儿教师角色的转变

（一）“看见”：传统的观察者角色

在传统的幼儿教育中，教师通常是游戏的观察者。他们观察幼儿的行为，记录他们的表现，但是往往不能深入理解幼儿行为背后的含义。这种观察者的角色无法充分发挥教师的引导作用，也限制了幼儿在游戏中的发展。

（二）看懂游戏，充当游戏背后的引导者和参与者

随着自主游戏的普及，幼儿教师需要从简单的观察者转变为游戏的引导者和参与者。需要理解幼儿的行为，并从中找到可以引导和介入的点，以促进幼儿的发展。这种角色的转变要求教师不仅要有敏锐的观察力，还要有较强的理解力，并且把游戏权还给孩子，让孩子在游戏中实现真正的自主。

二、如何实现从“看见”到“看懂”的转变

（一）增强理论学习，提升对幼儿行为的理解能力

为了实现从“看见”到“看懂”的转变，教师需要加强理论学习，尤其是关于儿童心理、发展和教育的理论。

（二）深入观察，挖掘行为背后的含义

在幼儿游戏时，教师需要更加深入地观察，不仅要看到幼儿的行为，还要理解行为背后的含义。推进自主游戏的研究，是为了引导教师更多地关注和支持儿童的自主游戏，珍视其价值，基于对儿童的理解给予回应和支持，在做到“最小限度的介入”基础上，站在儿童的角度，去理解游戏，理解儿童，做到真正地“识别”儿童的需求，不是以全部的“支

持”来满足儿童的需求。自主游戏的核心是给予儿童自主权，那么，给了孩子自主的机会后，我们教师要做什么呢？每个孩子身上都有闪光点，都有故事，就看我们教师有没有关注和发现。我们为孩子记录照片和视频，能够帮助孩子什么呢？我们不仅仅要记录，要从看见孩子到看懂孩子，通过观察理解孩子，成为“孩子”。比如，有的孩子会将水果从桌子上往地上滚，水果受到撞击后有的变得软烂，有的则摔出来水果汁，在大人看来，这就是浪费食物、调皮捣蛋，但是孩子们却乐此不疲，世间万物等待着孩子们去探索和发现，对于大人来说很容易理解的地心引力，就是孩子们在滚落水果的游戏过程中发现的。

（三）要学会放手，赋权给幼儿

在自主游戏中，自主体现在儿童可以自由选择、自主把握游戏的内容和进程，需要教师放手，在一日生活中给儿童提供自由的空间和时间，让儿童有机会玩“自己想玩的游戏”，并在这一过程中促进儿童自主的发展；体现在儿童能够自主选择和决策、自我计划和设计、自我反思和调整、自我规划和总结。在对以儿童为中心的自主游戏的认识和实践上，我认为，要从“看见”儿童到“看懂”儿童，给予儿童充分开展自主游戏的机会，对儿童开展游戏的能力和方法给予充分的尊重，给孩子们时间和空间，使儿童在游戏的过程中感受到充分的愉悦。

（四）角色转换，从游戏开展的指挥者到游戏进程的追随者

以往，我们在幼儿游戏中总是试图统领和掌控整个游戏过程，忙着给孩子制定各种规则，将孩子约束在自己设定好的游戏环节里，每天带着自己设定好的目标，带着重任，在孩子们的游戏中应接不暇。

现在，我们更多的是以参与者的身份介入，不再“指手画脚”，而是成为他们的一员，做他们想做的游戏，追随孩子们游戏的进程。我们以“朋友”的身份进入到孩子们中间，才能真正了解他们的需求，知道他们想干什么、要干什么。

三、结语

总之，在自主游戏中，教师的角色从简单的观察者转变为引导者和追随者，是一个必要的过程。这需要教师不断提升自己的理论知识水平，深入理解幼儿的行为，并在实践中不断反思和改进。只有这样，教师才能真正从“看见”幼儿的行为，发展到“看懂”行为背后的含义，从而更好地引导幼儿的发展。只有看懂和理解孩子的行为，才会更加信任儿童，最大限度地挖掘他们的认识和发展的潜力，为幼儿自主性的发挥创设条件和机会，让幼儿成为游戏和学习的主人，促进幼儿成长。

6. 浅析角色游戏对幼儿交往能力培养的重要性

英山县第二幼儿园孔家坊园区　左娟

【摘要】培养幼儿交往能力对于幼儿的成长起着至关重要的作用，而幼儿园角色游戏为幼儿提供了交往的机会，幼儿可以通过角色扮演、人物对话来培养交往能力。

【关键词】幼儿；角色游戏；交往能力

日常生活中，与人交往是必须要做的事情，而角色游戏为幼儿创造了交往机会，有助于提高幼儿社会适应能力。

一、探讨角色游戏对幼儿交往能力发展的重要性

（一）幼儿交往能力

幼儿的交往能力是指幼儿在社会交往中必须具备的能力和技能。幼儿角色游戏能让幼儿学会清晰准确地表达自己的想法和情感，学会倾听他人的意见和感受。同时也能锻炼幼儿运用社交技巧来建立与他人的联系，比如微笑问候、礼貌待人等。还能锻炼其合作能力，检验孩子能否与他人协作，共同完成任务或解决问题。在角色游戏中幼儿能充分发挥自己的潜能，增强自信心，与同伴建立良好的人际关系。

（二）角色游戏

角色游戏是指儿童通过角色扮演，用他们儿童的思想来解释他们对生活的印象的一种游戏。有时游戏中幼儿会抢着扮演爸爸妈妈，或者新郎新娘，但他们往往还不能正确理解这些角色的概念，不清楚各种角色之间的关系，会出现两个男孩“结婚”等有趣的游戏情节。

（三）角色游戏的意义

幼儿园游戏形式多种多样，其中角色游戏非常受幼儿喜爱。在角色游戏的过程中，孩子通过模拟人与人之间的沟通，获得社会交往的经验和技巧，提高交往能力。幼儿在游戏中可以充分表达自己的情绪情感，体验多种情绪，提高控制情绪和情感的能力，促进情感发展。不仅如此，开展角色游戏活动时，幼儿间的语言交流可以促进其语言能力的发展，在遇到问题时也能锻炼幼儿解决问题的能力和创新思维。由此可见，角色游戏对于幼儿的发展具有重要的价值，家长和教师应给予足够的重视，为幼儿创设良好的游戏环境，提供丰富的游戏材料，让幼儿在角色游戏中自由发挥创造力和想象力。

（四）开展角色游戏，塑造良好的成长环境

1. 通过角色扮演，并从中学习和锻炼行为技能

孩子们可以在角色游戏中扮演和体验不同的角色，通过亲身经历，感受不同角色所包含的情感。孩子们还可以在游戏中学到不同角色的生活技能，从而更加了解各行各业的生活，明白所有的角色都是生活的缩影。同时，孩子们要在游戏中相互配合，共同演绎游戏情节，一起完成任务。这就无形中提高了孩子的社交能力，增强了他们的自信心，培养了孩子的良好素质。

2. 鼓励幼儿主动地参与不同的游戏，锻炼他们的交往能力

在幼儿园里，游戏是最基本的活动，对于儿童来说，角色游戏是一个重要的沟通平台。通过角色游戏，幼儿可以与同龄人进行深入的交流，与他们进行有效的沟通与合作。在角色游戏中，教师应引导孩子遵守规则，积极完成任务。角色游戏为幼儿提供了学习沟通技巧、正确竞争和合作的机会，从而有效地提高了幼儿的交往能力。

3. 角色游戏结束后，教师应给予正确的指导

教师应当鼓励孩子分享他们的情感经验和所见所闻，并积极与大家交流意见。这样不仅可以提高游戏的吸引力，还可以为孩子们提供一个双向交流的平台，使他们更有效地解决游戏中遇到的问题。

4. 依据幼儿兴趣，进行游戏环境的创设

对于幼儿的发展来说，最基本的是创造一个他们愿意并且能够大胆表达自己的环境，如果孩子处在一个良好的环境中，他就会更好地融入角色，也能更好地诠释角色，这样就会在很大程度上帮助孩子与同伴积极沟通，提高自己的沟通能力。

5. 引导幼儿产生交往意愿，促使他们积极地进行交往

幼儿由家庭进入社会的过程中肯定会存在一定的落差，这相当于是幼儿的一个成长转折点。儿童会通过观察和模仿成年人，并通过角色游戏将自己所看到的世界反映出来。如果我们想让孩子在游戏中发展与人交往的能力，教师就需要放开双手，让幼儿在游戏中大胆发挥，在幼儿不知所措时有效地激励他们，增强他们的自信心。同时教师也应该关注幼儿的个体差异，鼓励每一位幼儿突破自己，勇于挑战，从而相互学习，共同进步。

二、结语

人与人之间的交往是一个逐渐深入的过程，幼儿在社会化过程中通过角色扮演的形式能理解交往的重要性，这种积极、正面的影响将会伴随孩子一生，教师应重视角色游戏在幼儿交往能力培养中的重要性，不断深挖教育内涵，提供交往机会，让幼儿与社会相适应，促进幼儿与同伴之间的交流，加深彼此间的了解，促进幼儿与幼儿之间的交往。

7. 自主游戏中推动幼儿自主性的实践分析

团风县思源幼儿园　汪丽君

【摘要】自主游戏是幼儿园主要的游戏活动，也是幼儿非常喜爱的一种游戏形式，对于幼儿未来的发展有一定的影响，但是在实际的游戏过程中存在很多问题，因此，教师要思考自主游戏在幼儿教育中如何才能够得到有效运用，这不仅有助于促进幼儿的发展，还能够提高教师的教学能力。本文深入研究了自主游戏在幼儿教育中的有效应用，并提出了推动幼儿自主性的原则和实践路径。通过分析幼儿主动性、积极性、独立性原则，强调了实施多元化的游戏整合方案、树立正确的教育观念以及充分发挥幼儿自主选择权利的关键作用。

【关键词】**自主游戏；推动；幼儿自主性；实践分析**

自主游戏，即幼儿在特定游戏环境中根据个人兴趣和需求，以快乐和满足为目的，自由选择、自主开展、自发交流的积极主动活动。它有助于幼儿兴趣需求得到满足，天性自由表现，积极性、主动性、创造性充分发挥和人格建构。因此，深入研究自主游戏在幼儿教育中的实践，有助于为幼儿教育工作者提供指导，更好地发挥自主游戏在幼儿教育中的作用，促进幼儿全面发展。

一、自主游戏中推动幼儿自主性应遵循的原则

（一）幼儿主动性原则

自主性是幼儿进行自主游戏活动最为关键的特质之一，幼儿的自主性思维和创造性发展主要源于生活中的内在需求，而不是被外部条件所强加的。幼儿在自主游戏中可以获得自己想要的自由，可以实现其兴趣爱好。教师应对幼儿进行必要的引导，并在自主游戏活动中感知幼儿的想法、快乐等。幼儿主动性原则就是要让幼儿在游戏过程中，主动把自己的观点表达出来，最大程度地发挥自身的创造力和自主性。

（二）幼儿积极性原则

自主游戏在幼儿时期是非常重要的，能够对幼儿的身心发展起到重要的作用。积极参加自主游戏的儿童，在语言能力、思维能力、创造能力以及性格等方面都会受到积极的影响。在开展儿童自主游戏的过程中，要创造能够吸引幼儿参与进来的活动氛围，激发幼儿参与自主游戏的积极性，要尽可能地让每一个幼儿都积极参与。

（三）幼儿独立性原则

独立性的发展是个体发展和社会化的核心部分，也是个体有效适应社会不可或缺的要素。但由于学龄前儿童在生理和心理发育方面表现出不成熟和依赖性，真正独立对幼儿而言还为时尚早。自主游戏活动是儿童独立性发展的重要途径，科学有效地开展自主游戏，可以大幅度提高儿童独立能力。

二、实现自主游戏在幼儿教育中有效运用的实践路径

（一）实施多元化的游戏整合方案

教师在开展自主游戏的过程中应给予幼儿充分的自由，提供大量的低结构材料，关注幼儿的能力同时满足其实际游戏需求，以此促使幼儿在自主游戏中获取实践经验和生活应用能力。在进行游戏之前，教师可以划分场地，鼓励幼儿在不同场地进行游戏活动。这一过程中，教师可变换游戏位置，为幼儿提供新的游戏材料，激发其对游戏的持续兴趣。教师需要通过不断观察，深入分析幼儿的自主游戏活动行为。

不同自主游戏难度的安排可以给幼儿带来不同的体验，教师需要根据实际情况制订适当的自主游戏计划。在整个实施过程中，教师的角色不仅是组织者和引导者，更是鼓励者和观察者，应当精心设计多元化游戏整合方案，引导幼儿在自主游戏中获得丰富而有趣的学习经验，实现其全面发展。

（二）教师要树立正确的教育观念

自主游戏可以发挥幼儿游戏和学习的自主性、积极性。幼儿在自主游戏过程中，可以根据自身喜好、兴趣选择自己需要的玩具和游戏方式。教师要通过自主游戏实现寓教于乐，让幼儿体会集体和个人之间的关系，以幼儿易于接受的游戏方式帮助幼儿实现身心健康全面发展。教师在自主游戏中要充分尊重幼儿，要细致地对幼儿的自主游戏活动进行观察，不随意介入幼儿自主游戏，仅提供适当引导。幼儿的探索创造精神和各种能力可以在自主游戏中发挥得淋漓尽致，从而获得尊重和自我实现。

（三）充分发挥幼儿自主选择权利

充分发挥幼儿的自主选择权利是培养其创造力和想象力的重要途径。教师在此过程中扮演着引导者的角色，为幼儿提供丰富的材料，鼓励他们自主决定游戏方案。例如，提供废旧报纸、旧轮胎等材料，激发幼儿的创造潜力，让他们参与制定游戏规则和设计游戏内容。这种方式大大提高了幼儿的兴趣。

在学前教育中，教师要意识到幼儿的规则意识相对薄弱，因此在自主游戏过程中，教师可以充当幼儿引导者的角色。教师需要维护游戏规则，温和而耐心地对待违规的幼儿，通过言语引导，培养幼儿的规则意识。这有助于在游戏中培养幼儿的合作精神和社交能力。

三、结论

通过对自主游戏在幼儿教育中的有效运用进行深入研究，本文得出结论认为，在推动幼儿自主性的过程中，应遵循幼儿主动性、积极性和独立性原则。这些原则为幼儿教育提供了明确的指导，使得自主游戏成为促进幼儿全面发展的有效途径。在实践路径方面，实施多元化的游戏整合方案、教师树立正确的教育观念以及充分发挥幼儿自主选择权利等策略被证明是实现自主游戏有效运用的关键。总体而言，本文的研究为促进幼儿教育质量提升、培养更具自主性的幼儿提供了有益的理论支持和实践指导，对于推动幼儿教育的发展具有重要意义。

【参考文献】

[1] 王月娥 . 自主游戏教学中的存在问题及其化解对策 [J]. 好家长，2023（40）：22-23.
[2] 马东梅 . 幼儿园户外运动中培养幼儿自主性的策略 [J]. 学园，2023，16（36）：90-92.
[3] 林丽丽 . 游戏化背景下幼儿园自主游戏教学策略探究 [J]. 当代家庭教育，2023（19）：162-165.

8. 浅析户外游戏活动对幼儿发展的影响

武穴市永宁幼儿园大法寺实验园　周菲、鲁文楠

【摘要】本文从儿童的视角出发，对中班户外游戏活动《彩虹寻宝之旅》的具体案例进行详细分析，探讨户外游戏活动对幼儿认知、身体发展以及社交能力的影响。深入研究中班幼儿户外游戏活动的设计与实施，力求为提升中班幼儿游戏活动的质量提供实用性建议。

【关键词】**户外游戏活动；幼儿发展**

随着社会对幼儿教育重视程度的不断提升，户外游戏活动作为一种综合性的教育方式，受到了越来越多学者和教育工作者的关注。在幼儿园，儿童正处于认知和身体发展的关键时期，因此，设计富有创意和趣味性的户外游戏活动对他们的全面发展至关重要。

一、中班幼儿认知与发展特点

中班阶段的幼儿正处于认知和身体发展的关键时期。在认知方面，他们展现出更为复杂的思维能力，对于周围环境的好奇心也在不断增强。在身体方面，他们的运动能力逐渐提升，追求更为复杂和具有挑战性的活动。设计户外游戏活动时必须充分考虑这些特点。

二、儿童视角的户外游戏设计原则

（一）充分考虑儿童兴趣和喜好

在设计户外游戏活动时，首要的原则是深入了解中班幼儿的兴趣和喜好。

（二）提供多样性的挑战

中班幼儿正处于身体发展的关键期，因此游戏设计应当充分考虑他们的身体发展水平，提供多样性的挑战，既锻炼他们的身体，又激发他们的思维。

结合儿童兴趣点和游戏活动的多样性，我设计并实施了本次户外游戏活动《彩虹寻宝之旅》。

三、游戏活动的设计与实施

（一）游戏目的

《彩虹寻宝之旅》的目的在于通过精心策划的游戏活动，促进中班幼儿在感知、团队协作和身体协调方面的全面发展。

（二）游戏准备

在户外场地上，设置了一系列代表彩虹颜色的不同区域，每个区域内都巧妙地隐藏了与颜色相关的小宝藏。每位幼儿都获得了一个个性化的彩虹图，上面标有各种颜色，以便记录找到的宝藏。

（三）游戏流程

1. 启动活动

教师扮演寻宝导游的角色，通过发放彩虹图简要介绍活动规则和目的。幼儿对导游角色的认识基于旅游中的印象，这一角色扮演的方式能够引发幼儿的兴趣，让他们更好地融入游戏氛围。

2. 彩虹寻宝

幼儿根据个人彩虹图上的颜色，分组到相应的区域寻宝。拿到彩虹图后，有的幼儿会与周围同伴互相分享自己的颜色“我的有红色”“我还有绿色……”等；有的幼儿会立即观察寻找与自己所拿彩虹图对应的区域，跃跃欲试。在这个过程中，他们需要仔细观察，找到并收集隐藏的小宝藏。

3. 团队合作

为了增强游戏趣味性，设计了需要团队合作的任务，比如两个颜色相邻的区域需要同时寻找，或者需要交换宝藏等。

4. 宝藏分享

活动结束后，引导幼儿们回到集合地点，共同分享找到的宝藏。分享宝藏时，幼儿各抒己见，或语言描述，或互相交换通过触摸来直接感知。

（四）游戏收获

1. 感知能力提升

通过观察和找寻不同颜色的宝藏，《彩虹寻宝之旅》有助于提升幼儿的感知能力和观察能力。在游戏的过程中，他们学会了通过颜色辨别和定位目标。

2. 团队协作培养

游戏中的合作任务不仅促进了幼儿之间的团队协作，还培养了他们的集体观念和沟通技能。通过共同努力达成目标，幼儿们感受到了团队协作的愉悦。

3. 身体协调发展

在户外的不同区域活动，锻炼了幼儿的身体协调和运动能力。通过融入身体动作，游戏不仅是认知层面的挑战，同时也是对身体能力的锻炼。

四、结论与展望

通过《彩虹寻宝之旅》的设计与实施，中班幼儿在游戏中获得了丰富的发展机会。这不仅在幼儿的认知、身体发展方面取得了积极成果，同时也培养了幼儿的社交技能。未来的教育实践中，可以继续尝试结合科学、艺术等元素，设计更多具有挑战性和趣味性的户外游戏活动，为幼儿提供更为丰富的学习体验。

五、未来研究方向与建议

虽然《彩虹寻宝之旅》取得了一定的成功，但仍有一些方面需要进一步的研究和改进。

（一）游戏活动的持续性研究

长期观察《彩虹寻宝之旅》对幼儿发展的持续性影响，包括认知、社交和情感方面的持续发展。

（二）多样性游戏设计

探索更多具有多样性、创新性的户外游戏设计，以满足幼儿不同兴趣和发展阶段的需求。

（三）家庭与学校的合作

加强家庭与学校之间的合作，通过家庭作业、家庭亲子活动等方式，将户外游戏的乐趣和教育价值延伸到家庭中。

（四）教师培训与支持

提供教师培训，使其更好地理解儿童视角，并能够设计和实施有趣而有效的户外游戏活动。

【参考文献】

[1] 黄静，李明 . 幼儿户外游戏对感知能力发展的影响研究 [J]. 幼儿教育学刊，2023（2）：78-92.

[2] 张红，王莉 . 户外团队合作游戏在中班幼儿社交技能培养中的作用 [J]. 幼儿园教育，2023（3）：112-125.

[3] 陈雪，刘刚 . 基于儿童视角的幼儿户外游戏设计与实践 [J]. 幼儿教学研究，2023（1）：36-50.

[4] 郑慧，赵宇 . 幼儿园户外活动对中班幼儿身体协调能力的促进研究 [J]. 早期教育研究，2022（4）：64-78.

9. 真游戏启示对幼儿发展的影响探讨

武穴市实验幼儿园　张鑫娜、库志绍

【摘要】儿童音乐教育作为儿童教育的一种创新方式，近年来备受关注，在学前教育这个儿童发展的重要阶段，音乐作为一种媒介，不仅能够激发他们的创造力和想象力，更能在真游戏理念的引导下，为幼儿提供一种独特的自主成长体验。本论文旨在深入探讨真游戏在儿童音乐教育中的作用，着重分析其对幼儿认知、情感和社交发展的启迪作用。

【关键词】**儿童音乐教育；自主性成长；真游戏；认知发展**

一、真游戏的奇妙启示，探析其在儿童发展中的独特作用

在儿童成长的道路上，真游戏展现出独特而奇妙的启示作用，深刻地影响着他们的认知、情感和社交发展。真游戏作为一种身心协调的活动，促进了儿童在认知层面的积极表现、培养了幼儿独立思考的能力、使之逐渐建立了解决问题和创新的心智模式，真游戏中蕴含的竞争和合作元素也促使儿童发展出灵活的思维方式，增强了解决复杂问题的能力。真游戏在音律中演奏了一场儿童自主性成长的乐章，游戏元素的巧妙融入使儿童能够在音乐中体验到自由、愉悦和创造的乐趣，真游戏元素在音乐创作中的表达不仅令儿童愈发喜爱音乐，而且启迪了他们的艺术表达能力。通过音符、旋律和节奏的互动，儿童学会了用音乐表达自己的情感，进一步提升了他们的情感智力。

（一）真游戏元素在创作中的表达

真游戏元素的独特表达方式在儿童的音乐创作中发挥了重要作用，音符仿佛是一种语言，游戏元素的嵌入使儿童能够通过音乐表达他们内心的想法和情感。例如，音符的升降和变化可以模拟游戏中的起伏情节，激发儿童创造力，这种表达方式使得儿童在音乐中找到了一个自由表达自我的平台，促使其在创作中形成独特的艺术风格。

（二）乐曲设计中的互动性、创造性

真游戏的互动性被巧妙地融入乐曲设计中，激发了儿童创造性的发展，设计带有游戏性质的音符组合和交互元素，儿童能够参与到自己创造的音乐中。这种互动性不仅提升了儿童对音乐的兴趣，还培养了他们发散思维和创新能力，使得儿童不再只是音乐的接受者，更成为音乐创造的参与者，从而在音乐中找到自主成长的动力。

（三）真游戏乐曲培养独立思考能力

真游戏乐曲的设计不仅仅是为了娱乐，更是为了培养儿童独立思考的能力。在音乐创作的过程中儿童需要思考如何运用真游戏元素创造出符合自己想法的音乐作品，这种思考过程激发了儿童解决问题的主动性，帮助他们培养了批判性思维和创造性思维。通过参与真游戏乐曲的创作，儿童能够逐渐形成独立思考和判断的意识，为自主性成长奠定坚实基础。

二、音符中的情感社交，真游戏对认知、情感的影响

（一）真游戏如何影响幼儿认知发展

真游戏在儿童认知发展中发挥着关键作用，通过参与游戏，幼儿能够建立起对事物的认知框架，培养观察、分析和解决问题的能力。例如，在一个以音乐元素为基础的真游戏中，幼儿需要辨别不同的音符、理解音乐的节奏，从而促进了他们对音乐语言的学习。这种作用不仅仅体现在音乐领域，还泛化到了日常生活中，帮助幼儿更好地理解和应对周围的环境。为了进一步促使幼儿认知的全面发展，教师可以设计一个名为“音符小侦探”的活动。教师可以隐藏不同音符的图案或卡片，然后引导幼儿通过观察、比对和记忆来找到相应的音符，不仅仅可以使他们学到音符的形状和特征，还能培养其记忆力和逻辑思维，从而推动他们的认知发展。

（二）真游戏如何激发幼儿情感体验

真游戏通过音符的编排和旋律的设计，激发了幼儿丰富的情感体验，在音乐的陪伴下，幼儿能够表达和体验愉悦、悲伤、兴奋等多种情感。例如，设计旋律的升降、节奏的变化，可以引导幼儿感受到音乐中的情感起伏，进而通过音符表达自己的情感，这样的体验不仅仅在音乐活动中有所体现，还能够拓展到幼儿日常生活的方方面面。在“音符情感派对”

这个活动中，教师可以引导幼儿聆听不同类型的音乐，然后鼓励他们通过绘画、表演或言语等方式表达自己在听音乐时产生的情感，这个活动旨在帮助幼儿更深入地体验和理解音乐所传递的情感，同时激发他们通过创造性方式表达自己情感的能力。

三、结论

真游戏在儿童音乐教育中的应用为幼儿提供了一个全面发展的平台，通过参与真游戏，儿童在音乐中找到了自由、愉悦和创造的源泉，为未来的学习和生活奠定了坚实的基础。我们对这一领域的深入研究为儿童音乐教育的创新提供了理论支持和实践启示，为教育工作者和家长提供了更多有益的教育策略，真游戏在音符的旋律中铺就了儿童自主成长的道路，为他们的未来发展注入了更多的活力与可能。

【参考文献】

[1] 王燕 . 论自主游戏对于儿童成长的重要影响及指导策略 [J]. 世纪之星—初中版，2021（5）：2.
[2] 杨艳 . 区域游戏材料对幼儿自主性发展的影响 [J]. 文理导航：教育研究与实践，2021（12）：2.
[3] 倪夏莉 . 真游戏真发展——自主游戏中三个案例引发的问题与思考 [J]. 科学大众 . 科学教育研究，2022（04）：0.

10. 自主游戏点亮快乐童年

黄冈市黄州区幼儿园　谢丹

【摘要】游戏是幼儿表达内心和社交的重要途径。在游戏中，他们放松身心，心情愉悦地选择自己喜欢的材料，体验自主游戏带来的快乐。为此，教师应更多地尊重幼儿的选择，让他们在游戏中更愉快地与同伴交流，表达内心的感受，并以欣赏和肯定的心态来对待每位幼儿，使幼儿轻松体验游戏带来的快乐，让他们在自由、自主的环境里，健康快乐成长。

【关键词】**自主游戏；快乐**

幼儿在游戏中能够获得真正的快乐。他们通常喜欢随心所欲地练习各种本领，比如玩魔方、编毛线、下象棋、拼图等，在游戏中玩，在游戏中学，并且越玩动作越熟，方法越成功，最后“驾轻就熟”，同时也收获了满满的自信和快乐。鉴于此，教师开展自主游戏应以幼儿为本，在懂得幼儿内心需求的前提下开展各种有利于幼儿健康成长的游戏。

一、尊重幼儿，玩真游戏

开展自主游戏，教师要改变过去过于注重游戏常规、忽视幼儿独特体验的行为，不能强行为幼儿选择游戏主题，代替幼儿选择玩伴，干扰幼儿构思情节，要做到真正地放手，让幼儿能自主地玩真游戏。

首先，尊重幼儿选择喜欢的游戏内容。以角色游戏为例，去超市买过商品的幼儿，会提出玩“商店购物”的游戏；性格外向活泼开朗的幼儿会喜欢玩表演区的游戏，相反，内向好静的幼儿则喜欢玩美工区、娃娃家的游戏等。教师掌握了这些情况，以幼儿自身意愿为出发点，尊重幼儿对游戏内容的选择，引导幼儿充分描述出所提游戏的内容，能提高幼儿的语言表达能力和思维能力。当执拗的幼儿坚持要玩不太合适的游戏时，教师不妨鼓励其进行尝试，让幼儿亲自去体验游戏的过程；当幼儿提出的游戏比较简单或抽象，难以实施时，教师可以借助其他幼儿的想法充实其游戏内容，使这一主题内容丰富起来；而当幼儿提出的游戏目前不具备开展的条件时，也可以明确告诉幼儿，让他“收藏”起来，并提醒他注意观察留意与这一主题相关的内容，等以后有机会的时候再玩，使之从不可行到可行。

其次，允许幼儿挑选喜欢的角色。幼儿在确定了游戏内容的同时，游戏的角色基本也就确定了。因此，便不需要重新进行角色的安排，幼儿按自己的愿望选择喜欢的角色即可。如果许多幼儿都想当一个角色，那么可以让幼儿自己协商解决。教师可以组织幼儿讨论遇到这个问题该怎么办，或者让争相不让的幼儿谈谈自己的想法等。还可以提醒幼儿用灵活的方式多创设几个角色，这样可以让更多的幼儿参与游戏，以培养幼儿遇到困难乐于开动脑筋想办法的思维习惯。

二、创造材料，助力游戏

游戏材料是游戏活动能否成功开展的关键。教师要做个有心人，给幼儿创造适宜的游戏材料，引导幼儿动手或动脑，使他们从游戏活动中获得深刻的体验，提高对游戏活动的认知水平，从而提高幼儿各方面的能力。

以小班幼儿为例，针对小班幼儿特点，教师可以选择一些半成品的玩具给他们玩耍，方便幼儿进行操作与体验，因为成品的游戏材料相对复杂，不利于培养小班幼儿的空间想象力。比如，教师可以给幼儿提供画好轮廓的香蕉、树叶和房子等，让幼儿自主涂色；可以提供白色的圆形纸盘子，让幼儿在盘面上画出自己想画的图案；也可以自制一些玩具娃娃，指导幼儿给娃娃穿衣、穿鞋等，这样既能锻炼幼儿的肌肉，也能提高幼儿的自理能力，还有利于培养幼儿的爱心。教师创造性地给幼儿提供游戏材料，会取得事半功倍的效果，幼儿也会在游戏中感受到教师的魅力，体会到游戏带来的愉悦。

三、确保时间，充分游戏

游戏是幼儿通向认知世界的途径，幼儿对游戏的迷恋与生俱来。而游戏时间是否充分会直接影响到游戏的质量，也关系到幼儿体验游戏时的心情是否愉悦。因此，在开展游戏活动时，要确保幼儿有足够的游戏时间，让他们在足够的时间里制订游戏计划、寻找游戏伙伴、体验游戏角色，这是幼儿同游戏伙伴之间融洽合作的有力保障，也是让幼儿在游戏中健康快乐成长的基础。反之，如果游戏时间太短，幼儿不仅玩不出高水平的游戏，还会由于不得不放弃要玩的游戏内容，在情绪表现和心理发展上受到负面的影响。

科学研究显示：幼儿进行游戏的时间应控制在两个小时左右。教师在实际游戏活动中，还要根据实际情况，尽量减少过渡时间的浪费，确保对属于游戏的时间进行有效、科学、合理的安排。比如，有些户外运动类游戏的时间可以较短，搭建类、沙水探究类的游戏时间则要长，需要足够的时间才能玩得尽兴，玩出质量。

综上所述，自主游戏在幼儿的成长中有着独特的价值，能使幼儿的兴趣和发展需要得到满足，使幼儿的天性得以释放，使幼儿的积极性、主动性和创造性得到充分发挥，真正有利于幼儿身心的全面发展。让每一名幼儿都能在自主游戏中收获成长的快乐，拥有美好愉快的童年！

11. 开展本真游戏，实施快乐教育，释放幼儿天性

红安八里幼儿园　尚文秀

【摘要】《幼儿园保育教育质量评估指南》提出了坚持儿童为本的基本原则。幼儿园教育要以游戏为基本活动，尊重幼儿年龄特点和成长规律，注重幼儿发展的整体性和连续性，有效促进幼儿身心健康发展。幼儿园“真游戏”不同于传统意义上的幼儿园游戏活动，它是一种以幼儿的自主探究为主要内容，旨在释放幼儿天性的快乐教育形式，能够有效发挥幼儿在教育过程中的主体作用。本文以幼儿园教学“真游戏”教学实践为基础，探究幼儿园开展本真游戏教学的具体路径，以促进我国幼儿教育事业的发展。

【关键词】**本真游戏；快乐教育；幼儿天性**

游戏是孩子的天性，幼儿园应该以游戏为基础，释放幼儿的天性，对幼儿实施快乐教育，促进幼儿的协调发展。然而，在传统的幼儿园教学中，长期存在着为了游戏而游戏的现象。这样的游戏是“假游戏”，同幼儿园的教育目标相背离，不利于幼儿的健康成长。幼儿园本真游戏，也叫幼儿园“真游戏”，是指能够保证幼儿在游戏活动中具有较高的自由度，能够充分发挥幼儿的自主性和创造性的游戏。在新的教育背景下，幼儿园应当结合

幼儿的身心发展情况，大力开发幼儿园真游戏，坚持以儿童为本，有效促进幼儿身心健康发展。

一、营造“真”游戏环境，提高幼儿参与兴趣

在以往的幼儿园教学中，教师在对游戏环节进行创设时往往出于安全因素或者教学方便等原因对游戏环境进行了过多的限制，有的要求幼儿必须在室内完成游戏，有的要求幼儿必须利用特定的材料与其他幼儿合作完成游戏。这些限制束缚了幼儿的天性，不利于他们充分发挥自己的自主性进行具有创造性的游戏活动。在《幼儿园保育教育质量评估指南》的指导下，幼儿园教师应当改变以往的错误做法，营造“真”游戏环境，充分发挥幼儿在游戏过程中的自主性，提高幼儿参与游戏活动的兴趣。

首先，幼儿园教师应当为幼儿提供充足的游戏材料，幼儿才能在真实的游戏环境中充分利用这些材料进行游戏活动。比如，在开展美术游戏活动时，教师应当在美术室准备充足的美术材料，如颜料、彩纸、剪刀等，以便幼儿运用这些材料自由地进行剪纸、绘画等活动。在开展建构游戏活动时，教师应当在建构角准备足够的积木、拼图、橡皮泥等，以便幼儿根据自己的兴趣选择材料进行搭建活动。

其次，幼儿园教师应当为幼儿营造自由的游戏氛围。自由的游戏氛围有利于激发幼儿在游戏活动中的想象力和创造力。一方面，幼儿园教师要对游戏环境进行充分设计，游戏空间的布置、游戏道具的安排，都应当遵循一定的规律。另一方面，幼儿园教师也应当注意不要束缚幼儿，导致幼儿不敢表达自己真实的想法，做自己想做的游戏。

二、设计“真”游戏环节，促进幼儿协调发展

开展幼儿园真游戏并不意味着游戏过程中的每个环节都由幼儿自由地进行创造。由于3—6岁的幼儿身心发展还不成熟，往往缺乏一定的自我控制能力。如果完全让他们在游戏过程中自由活动而不通过一定的游戏环节设计进行引导，那么游戏活动很难有效进行下去。教师只有设计出合理可行的游戏环节，才能在充分发挥幼儿主动性和创造性的同时使幼儿享受游戏过程的快乐，进而促进幼儿身心的协调发展。在对游戏环节进行设计时，教师需要遵循以下规律。

首先，确定合适的游戏类型和游戏主题。教师选择的游戏类型必须符合3—6岁幼儿的身心发展特点，具有一定的适应性。幼儿园教学中常见的游戏类型有建构游戏、角色游戏、美术游戏、音乐游戏等。这些游戏类型是适合幼儿的，能够促进幼儿的健康成长。而对于一些运动量较大的体育游戏，由于幼儿体能的限制，教师不应当选取。此外，游戏主题也必须是幼儿生活中常见的，不能脱离幼儿的生活。

其次，给予幼儿一定的自由发挥空间。幼儿的自由发挥和充分创造是保证幼儿园游戏活动本真性的重要基础。不管是何种类型、何种主题的游戏活动，教师都要给予幼儿一定

的自由发挥空间，而不能将幼儿当作提线木偶，让他们完全按照自己设计的步骤按部就班地完成游戏活动。

最后，注意游戏环节的可操作性。在进行游戏环节设计时，幼儿园教师要注意游戏环节的可操作性。如果设计出来的游戏环节可操作性较差，那么幼儿就会陷入不知所措的境地，这样就会阻碍游戏活动的正常进行。

三、组织“真”游戏评价，优化游戏教学过程

游戏评价是对游戏教学过程的反馈，也有利于对游戏教学的改进，对幼儿园游戏教学的开展具有重要意义。在以往的幼儿园教学中，幼儿园教师往往过于注重游戏过程，忽略了游戏评价的重要性。在《幼儿园保育教育质量评估指南》的指导下，幼儿园教师应当切实组织好对游戏教学的评价，以便对游戏教学过程作出改进。

一方面，幼儿园教师要加强对游戏活动成果的评价。比如，在美术游戏活动中，幼儿园教师应当针对每一个幼儿创造出来的美术作品作出适当的评价，评价应以激励性评价为主，以便激发幼儿的自信心，使他们在以后的游戏活动中树立自信，发挥更好的水平。

另一方面，幼儿园教师也要加强对游戏过程的评价，这主要包含两个方面的内容。首先，幼儿园教师要针对游戏活动中出现的问题进行总结和反思，以便对游戏活动的过程进行改进。其次，幼儿园教师要及时关注幼儿在游戏活动中的表现，多对他们进行鼓励和表扬，以便激发他们的积极性和创造性。

四、结论

《幼儿园保育教育质量评估指南》对幼儿园教育提出了新的要求。在此背景下，幼儿园教师应当以儿童为本，以游戏为基础，充分发挥幼儿在教学过程中的能动性，切实提升幼儿园教学质量。首先，幼儿园教师要营造出真实的游戏环境，提高幼儿参与游戏活动的兴趣；其次，幼儿园教师要设计出合理的教学环节，促进幼儿身心健康发展；最后，幼儿园教师要注重游戏教学评价，从游戏过程和游戏活动成果两方面展开教学评价，以便优化游戏过程，释放幼儿的天性。

【参考文献】

[1] 牟培华 . 幼儿真游戏之幼儿园自主游戏研究 [J]. 智力，2021（13）：197-198.

[2] 张健 .“真”游戏，“真”儿童——幼儿园自主游戏的思考与实践 [J]. 智力，2020（28）：197-198.

[3] 陈惠瑶 . 谈幼儿“真游戏”在幼儿园教学中的意义和策略 [J]. 新课程，2020（39）：31.

[4] 任艳．真游戏、活教材——幼儿园户外联合游戏创设初探[J]. 科教导刊（下旬），2017（15）：154-155.
[5] 顾高燕．幼儿园“真游戏”的内涵与实施[J]. 教育观察（下半月），2017，6（01）：107-108.

12. 浅谈基于幼儿视角下幼儿游戏的主体性发挥

罗田县城东幼儿园　黄雨薇

【摘要】《幼儿园教育指导纲要》（试行）中指出，要注重发挥幼儿自主性，解放幼儿的精神与身体，切实发挥幼儿的想象力以及创造力。由此看来，幼儿教师需要科学合理地把控自身在幼儿游戏中的具体作用和教学方式，基于幼儿的立场，来组织开展一系列的自主游戏，以此来实现与幼儿的共同成长。

【关键词】游戏；幼儿；自主；共同成长

游戏是儿童的天性，也是他们认识世界、学习技能和社交互动的重要方式。然而，随着社会的发展和教育观念的转变，幼儿园中的游戏逐渐失去了其“真”的意义，变成了教师主导的教育工具，也就是假游戏，而并非强调幼儿主动性和内在驱动的真游戏。

一、基于儿童视角，自主讨论，让幼儿自选主题

幼儿喜欢的游戏，一定是他们感兴趣的。因此，在游戏中，我们应选择“放手”让幼儿自己选择主题。游戏前，教师可以创设谈话环节，引导幼儿表达自己的意愿和想法。

案例：游戏前幼儿提出：“我想玩开花店。”教师问：“你想怎么玩？”“我和可萌说好了一起玩。可萌带干花，我家里有花泥，但是还缺少丝带和包花纸。”“我家里有漂亮丝带，我想加入……”

教师在游戏前要了解幼儿的兴趣与想法，幼儿兴高采烈的自主讨论也可以引起其他幼儿的共鸣，教师要引导他们大胆地想象，自由选择想玩的主题，自主地展开游戏，在游戏过程中尽情地展示对角色的了解，自发地交流对角色的感受。

二、基于儿童视角，互相商量，让幼儿自取材料

幼儿的游戏往往依赖于具体的材料或玩具来进行，在幼儿眼里“这些东西是什么，也就成了什么”。很多的东西可以成为幼儿的游戏材料。

案例：一次游戏时，幼儿突然提出想玩自动售货机的游戏，决定自己做一个。于是大

家分头行动寻找材料，第一次找到的牛奶纸箱太小了，第二次找到了之前做汽车的纸箱，制作了简易版“自动售货机”。售货机在游戏中不断地被修改，窗口不够大、纸板不透明、需要一些广告单……幼儿不断地根据自己的需要寻找材料，最终，一个令人满意的“自动售货机”产生了。

只有当幼儿可以根据自己的愿望和想法来使用游戏材料的时候，才能有游戏方式方法的多样性和灵活性，才能让幼儿产生真正的兴趣，让幼儿获得自主的体验。

三、基于儿童视角，共同探讨，让幼儿自定空间

幼儿的游戏离不开游戏环境的创设。环境的创设、空间的布置既关系到幼儿游戏中的心情，又关系到游戏的有效推进。我们把自主游戏环境的创设作为游戏活动的一部分，引导并鼓励幼儿积极参与环境设计。

案例：幼儿在花坛空地建小厨房，他们先找来大泡沫板建成围墙，又找来石块垒成几个灶台，橙子发现地面的锅碗瓢盆太多了，影响玩游戏，找来了一个三层置物架，可厨房已经没有空位置摆放了。这时橙子发现垒的灶台有闲置的。于是，橙子与大牛他们商量，将闲置灶台拆掉了一个，腾出地盘放置物架，这样小厨房的物品摆放井然有序，拿取方便，大家一起高兴地玩起了“小厨房”的游戏。

在环境的创设中幼儿的自主自立能力获得了很好的表现，需要得到了满足。对于幼儿来说，他们在对空间的把握及自我的调整过程中，丰富了自己的各种经验并培养了良好的规则意识。

四、基于儿童视角，经验互补，让幼儿共同发展

自由的游戏可以满足幼儿游戏的愿望、丰富游戏情节，还可以让幼儿在游戏的互动中，共同面对问题，寻找处理问题的方法，从而实现经验互补。

案例：小池塘游戏中，幼儿发现挖的沙池不能存储水，先找来了水盆，橙子从雨伞联想到塑料布，乐乐用尺子量好尺寸裁剪，发现塑料布小了，楷楷把塑料布直接铺在沙坑里，跳到沙坑把塑料布铺好踩严之后，请琪琪围着沙坑的边缘裁剪，终于得到一个尺寸合适的塑料布水池底，放好水之后，小池塘完成啦！

有“经验”的橙子、乐乐、楷楷不自觉地进行着经验的传递，而其他幼儿在与他们的互动中也不断地丰富和提升着自己的游戏经验与水平。游戏中幼儿发现问题、处理问题，相互受益，共同发展。

五、基于儿童视角，引导协商，让幼儿角色自主

游戏是幼儿按照自己的意愿作出选择的活动，做什么事情都是合情合理的，以满足个体兴趣和需要为主。我们鼓励幼儿自主地选择角色，并在游戏中互相合作，遵守规则。

案例：快递驿站的幼儿在协商角色，陶陶一脸的不开心。可可说："老师，陶陶不愿意送快递。"另一个幼儿说："陶陶送快递可好啦，又快又准确。"陶陶说："我送了很多天快递，今天我想包快递！"看着陶陶一脸的无辜和伙伴们的期待，教师明白了，转身说："游戏是开心的事，陶陶不愿意，我们再想个办法让大家都开心吧？"一旁的玲玲说："我来送快递吧，我也会送好的。"她的建议得到了大家的支持。

幼儿碰到问题时自主协商处理游戏矛盾，有助于幼儿获得积极的情感体验。教师要不断积累观察与指导的经验，分析幼儿在游戏背后的所思所想，不断促使每个幼儿在游戏中获得发展。

总之，从被动"玩"到主动"玩"，需要教师从观念到行为的转变，教师应及时地支持、帮助和引导幼儿克服困难、处理问题。同时，教师更应尊重幼儿在游戏中的主体地位。只有保证以幼儿为主体，才能使游戏真正成为幼儿的游戏，并促进幼儿的全面发展。

【参考文献】

[1] 刘焱 . 幼儿园游戏教学论 [M]. 北京：中国社会出版社，1999.
[2] 徐泽民，洪晓琴 . 走进游戏，走进幼儿 [M]. 上海：上海教育出版社，2010.
[3] 华爱华 . 幼儿游戏理论 [M]. 上海：上海教育出版社，2012.

13. 浅谈教师指导幼儿游戏的策略

黄州区赤壁实验幼儿园　余雯倩

【摘要】幼儿通过游戏体验成功与失败，获得身心和谐发展。教师作为幼儿游戏的支持者、合作者、引导者，应当把握适当的时机介入幼儿游戏。只有在孩子需要教师的介入时，教师的介入才是最有效的，才能在更好地指导游戏的基础上，促使游戏向更高水平发展。

【关键词】教师；指导；幼儿游戏；策略

自主游戏中幼儿自主选择活动场所、活动时间、活动对象和活动材料；老师基于幼儿园活动场所的熟悉，正向引导，让幼儿在空间选择上走捷径，玩得更舒适，最大化地全面发展；在游戏中可以让幼儿自主选择玩伴，让游戏价值最大化；活动材料不仅仅可以由园所提供，教师们也可以在保证玩法安全的情况下，让幼儿尝试各种低结构材料的教具，根据幼儿的粗细动作、手眼感知、语言表达能力发展情况选择能让幼儿玩并且能一具多玩、多用的材料。

在游戏中，幼儿最先关注的就是在自己看到的东西，所以了解视角的高低也很重要！师在展示材料时应当与幼儿的视线平行，互动的时候要教具、幼儿、教师三位一体才能真正玩起来，从而更好地促进幼儿认知能力、表达能力、交往能力和探索能力发展。

教师介入指导游戏的方法，一是提出问题。为引导幼儿解决游戏中的问题而提出问题，是介入幼儿游戏常见的一种方式。为了使幼儿在活动中可尽情发挥想象，教师应少干预，以免使幼儿的思维受到他人的暗示。教师要多问幼儿开放式的问题，而非直接给予信息；鼓励幼儿多作尝试，而不是急于得到答案，从而开发幼儿智力，培养幼儿的创新能力。二是隐性指导方式。教师在幼儿附近和幼儿玩相同或不同材料的游戏，而不与之交谈，可以引导幼儿模仿，这种指导是隐性的，这样幼儿也可以注意到教师如何游戏，而学到不同的游戏方法。

影响教师介入幼儿游戏的因素包括教师的观察能力。如在区域游戏中，许多教师不会通过自己的观察去判断是否需要介入、以哪种方式介入，不会通过观察去分析思考如何深挖幼儿区域游戏的价值，让幼儿获得更多的经验、得到最大程度的发展。教师的观察不到位、不深入、不全面，直接导致教师进行评价时不能做到有的放矢，不能针对幼儿在游戏中的表现作出准确的评价，无法帮助幼儿认识到此次区域游戏的收获和不足，无法使幼儿得到长远的发展。

教师的专业知识和原有经验也是影响教师介入游戏的因素。由于地区发展的差异，每个幼儿园的师资力量是各不相同的。教师所受教育以及所具有的教育经验直接影响着他们对为何介入游戏、如何开展游戏、如何延续游戏、如何评价游戏等的认识和做法。

教师在游戏中的角色定位对教师介入游戏也有一定的影响。教师，是幼儿学习的对象，在幼儿园课程中，游戏是主要的，所以教师要潜心研究如何玩、如何玩得好、如何一直玩、如何在玩中发展、如何在玩中教育，要积极灵活采用合适的指导策略，让幼儿在快乐游戏中充分发展！

总而言之，游戏是幼儿教育中永恒不变的主题。在对幼儿的教育过程中必须充分利用游戏内容，使之成为教育幼儿的有效手段，才能更好地启迪幼儿的智慧，培养幼儿良好的品质，增强幼儿的动手实践能力、观察能力、创造能力，应当更好地吸纳民间游戏活动中的传统文化观念，使幼儿形成对民间文化的认同感，为幼儿的未来成长奠定基础，在“玩中学”“学中玩”的幼儿游戏教育中，使幼儿体验到生活的真谛。

14. 自主游戏中教师引导策略初探

武穴市实验幼儿园大桥园区　周丹、刘淑芬

【摘要】我国著名教育家陈鹤琴先生说过：“游戏是儿童生来就喜欢的，儿童的生活可以说就是游戏。”游戏是儿童成长和学前教育不可或缺的因素。儿童喜欢无序无规则的游戏，并通过游戏过程中的沉浸式体验将自我代入游戏角色中。而这种沉浸式体验和代入游戏角色源于儿童成长过程中自我观念和世界观发展的需要，游戏角色的代入可以实现内心好奇和需要的具象化。本文主要探讨儿童自由游戏以及教师如何引导及配合儿童角色扮演游戏的展开。

【关键词】自由游戏；教师；引导；角色扮演游戏

一、研究内容背景

约翰·胡伊青加认为“人是游戏者……游戏是一种自愿的活动或者消费，这种活动或消费是在某一固定的时空范围内进行的，其规则是游戏者自由接受的，但又有绝对约束力，游戏以自身为目的而又伴有一种紧张、愉快的情感以及对它‘不同于日常生活’的意识。”在角色扮演游戏中，儿童的自主性得到了最大的体现，但同时角色代入产生的沉浸体验也更容易被外部环境破坏，使儿童从虚拟自我转向现实自我从而导致游戏的中断。

那么作为教师能否协助儿童进入角色扮演游戏？面对儿童参与的角色扮演游戏，教师又该如何保证儿童快乐游戏？本文将通过对照试验来探讨儿童进入角色扮演的外部环境要求及刺激条件，最后根据实际教学经验提出对儿童进行角色扮演游戏的建议。

二、研究方法

晨间活动的这段时间是儿童自由活动的时间，因此本研究的实验均在晨间活动展开。

针对对照组，在进行实验时不进行任何变量控制，所有的外部环境以及教师的工作均按照日常教学活动来设计。

在对照组中，有的儿童看书；有的做手工；有的选择各种体育器械；有的在玩自己想玩的游戏。十多分钟后，有两位儿童进行角色扮演游戏，这两儿童头上分别带着大灰狼头饰和大象头饰，他们扭打在一起已经很长时间了，刚开始是打打闹闹你追我赶，大概有一两分钟的时间，带大灰狼头饰的儿童被带大象头饰的儿童压在地上，并坐在他的身上。过了几分钟后，他们的位置移动了一些距离，他们的表情很开心，渐渐形势发生变化，带大象头饰的儿童又被带大灰狼头饰的儿童迅速压在了地上，相互扭打，动作很大也很激烈，但是他们发出的声音却特别开心。他们这样游戏大概有十来分钟左右，最后因为一位带公鸡头饰的儿童插入，他们结束了这个游戏去选择其他的游戏。

针对控制组，对环境进行了调整，投放了一些长短不一但只有两种颜色的纱巾，还增加了一些头饰和小花伞。通过观察发现这些比较受女童的欢迎，她们把纱巾拿来表演、跳舞、抛、甩、跑、搭房子、做窗帘等等，使用了很多很多的玩法。

通过观察发现有两位女童有不同的玩法，她们拿着纱巾嘀嘀咕咕好半天，一位儿童站着任由另外一位儿童拿着纱巾在她身上比画半天，我尝试通过儿童的视角来思考，他们也许一位当模特或者是新娘子，另一位当设计师，设计师让模特或者是新娘子站着，为她量身做衣服，她们在相互交流怎样做最好看，共同出主意，最后设计出了两位儿童都满意的模特或者是新娘服装，长长的裙子，带上漂亮的、用来做皇冠的纱巾和头饰，观察到她们非常开心，玩得不亦乐乎。衣服做好了，设计师对新娘说“好了，你真漂亮！我们要不要一起出去走走”。新娘子高兴地同意了，她们就出去了，从小班的走廊走到大班的走廊，小班中班的儿童们都很惊奇地看着她们说她们真漂亮，她们非常的开心，准备到操场上走走，但是新娘的裙子都掉在地上了。她们就回到教室继续研究怎样让裙子更稳地穿在身上不掉下来，通过打结的方式让纱巾稳稳地穿在身上，但是由于这是精细的手部动作，她们打的结很快就松了，我在旁边看了很长时间，于是拿起纱巾对照着镜子为自己做裙子，我把纱巾塞进外裤的松紧带里，她们看到也仿照这样做，果然很方便又快捷，然后又去拿了有松紧带的头饰，设计师说“我们把头纱也塞进头饰的松紧带里，头纱也不会掉了”。她们边说边做，不一会儿衣服就做好了，设计师又想到了好方法，拿了一把小花伞给新娘子撑着，她们去了操场，小班中班的小朋友们就跟在她们的后面，一边走一边说着话，好大的一支队伍。

三、研究结果与讨论

在对对照组进行观察时，好几次我都想介入他们或者是直接打断他们的游戏，因为他们的大闹对于我们教师来说实在是太危险了，同时我也知道作为一名游戏旁观者的责任和使命，我一次次克制着自己不要轻举妄动，不要在脸上露出紧张害怕的表情，我的脑子里观察—倾听—思考—观察一直在循环转动着，思考在危险没有出现的情况下我应该怎样看，怎样听，怎样做？因此我决定近距离接近儿童看看他们在干什么，有没有哪一方感觉不舒服，并评估有没有危险，在确定没有危险的情况下有计划地离开并进行远程监视。

自主游戏具有多种类型，有打闹游戏、创造性游戏、沟通性游戏、表演游戏、幻想游戏、运动型游戏。儿童们自发游戏，就自带这么多的游戏类型，而不是教师按照这些游戏类型来安排幼儿游戏，儿童是快乐的小鸟，我们不要去做关小鸟的笼子，让他们自由飞翔。这也是我经常跟我们幼儿园教师说的。我也把这一事件讲给我们幼儿园的教师听，并跟他们讲解，我们先从简单的做起，第一步是从传统的以规则游戏为主的观念转变到以自主游戏为主的游戏观念；第二步准备丰富的高低结构混合材料；第三步学习克制自己的手脚表情动作。

在对观察组的观察中，我一直看着儿童们对相同物体产生不同玩法，她们很有自己的主见，会把自己的想法告诉同伴，愿意与同伴一起合作完成自己的想法，我也在听，听她们各种有趣的看法和想出的好主意，也在听她们在相互之间的交流和讨论。这中间我有介入进去，但是不是直接介入，在看到她们尝试不同方法想让头纱裙子固定在身上，直到最后有些失望了，我才角色扮演地介入进去，这中间我们没有任何的交流，只是通过动作来提醒。

站在儿童的角度思考问题，通过自己的努力去了解观察倾听儿童的心声，不断思考，是成为更好的幼教工作者的基础。

【参考文献】

[1] 李姗泽 . 学前教育应重视中华民族优秀传统文化——论民间游戏在幼儿园课程资源中的地位和作用 [J]. 课程 . 教材 . 教法，2005（05）：31-35.

[2] 约翰 · 胡伊青加，成穷 . 人：游戏者 [M]. 贵州：贵州人民出版社，2007.

15. 基于儿童视角的真游戏探究
——放手与安全的矛盾，游戏与常规的断层

黄州区赤壁实验幼儿园龙王山园区　严若杰

【摘要】孩子是游戏的主人，但是在幼儿园中难以真正开展自主游戏，究其原因主要有两个，一是不敢真正做到放手，二是游戏与常规出现了断层。

【关键词】**自主游戏；放手；常规；断层**

“孩子是游戏的主人，把游戏真正地还给孩子，让孩子真正地做游戏的主人”，在我们一线教师的工作中和我们学前教育界中，不乏会听到这样的话语。但是，在我们日常的工作中，却少有人能真正地开展自主游戏，能真正让幼儿做游戏的主人。

一、在幼儿园开展自主游戏的现状

目前，在幼儿园开展自主游戏尚处于起步与摸索阶段，不少幼儿园还处在摸着石头过河的试错试误阶段。不过，无法否认的是有一些幼儿园对于自主游戏的探索走在了前列，如浙江的安吉游戏，就因充分体现幼儿在游戏中的自主性而闻名海内外。但是，不少幼儿园尝试照搬安吉的自主游戏模式却尝到了失败的滋味。这是因为千园千面，每个园的人文环境不同、人员团队不同、教育理念也不同，所以照搬的路走不通。

我们常说，游戏是幼儿最好的学习方式。真正的游戏，能让幼儿获得身心、语言、想象力、社会性、情绪上的全面发展。让孩子瞎玩乱玩或许会有情绪稳定性上的发展，但是却不能使幼儿得到全面的发展。而在学界，对于游戏的定义普遍是：游戏是以幼儿为主体，自发自主的令幼儿愉悦的有序的具有虚构性的活动。由此定义来看，教师过多干预与控制游戏是不可取的。有这样一个案例：某班级教师在学期初为幼儿准备了丰富的游戏材料，并制定了游戏规则与游戏玩法。随后，在游戏前给幼儿讲了玩法与规则，再让孩子们排队去玩，在“游戏”进行中，孩子们的参与度很高，但在活动结束时，大部分孩子长叹一口气说：“呼，终于结束啦，我们可以去玩我们自己的游戏啦”！由此可见，教师精心组织，全程参与，孩子只需要玩的游戏在孩子看来并不是真的游戏。

二、自主游戏在幼儿园难以真正开展的原因

那么为什么会出现上面所说的情况呢？我认为主要有以下几个原因。

（一）放手与安全之间的矛盾

有一天我带着孩子们来到户外，孩子们一接触户外的环境，就如脱缰的野马一般奔向了器材柜，自由地去选择材料。而在选材料的过程中，纷争出现了，有两个小朋友为争抢器材打了起来，还有小朋友由于跑得太快，竟摔倒致腿磕破出血红肿。进入到沙池后，小朋友们分别用工具和器材修沟渠，引水搭桥，分工合作，不亦乐乎。一时间，奇思妙想，友好合作令我欣喜。但等到游戏结束，孩子们自顾自一溜烟儿跑回了活动室，将器材全部扔留在了沙池。无奈，只能让教师来善后。

做完这些，我立马给被打伤和磕到腿的幼儿家长解释和致歉。由此可见，自主游戏难以在幼儿园真正开展的第一个原因在于：放手与安全之间的矛盾，其中也包括了家园沟通与家园理念的矛盾。

（二）常规与游戏的断层

前文有提到，游戏是幼儿自主的，但是也是有序的。在幼儿园中，游戏的进行要有序，需要的是一个良好常规的建立。就我个人而言，会出现上述案例的情况，是因为我们没有将培养幼儿的常规观念全面、持之以恒地融入一日活动的每个细节中。

三、如何在幼儿园组织开展自主游戏

（一）培养良好的一日常规

应从小班入园开始培养良好的一日常规，从入园晨检、早操、劳动、盥洗、进餐、散步、午睡、喝水、入厕、穿脱衣服鞋帽和离园等，都要培养游戏活动的良好常规。

（二）放开手，管住嘴

前文曾提到，我们不少教师在工作中难以做到真正地放开手。他们往往害怕一旦放开手后，幼儿会脱离自己的掌控，从而发生安全事故。但事实上，放开手，我们可以看到孩子的想象力与专注力，就如我前面提到的我们班小朋友修渠游戏中，放开手，孩子们给了我千万条不一样的水渠，让我看到了他们的奇思妙想，也看到了他们分工与合作的能力。

（三）留心观察，发现精彩

观察，是一名幼儿教师成长与进步的绝佳手段。每一个幼儿都是一粒需要专心挖掘的闪闪发光的宝石，而如果你不去专心观察，闪闪发光的宝石也会变成一粒粒尘土。为什么要留心观察？举个例子，依然是那个沙坑修渠游戏，每个小朋友都对修水渠有自己的想法。

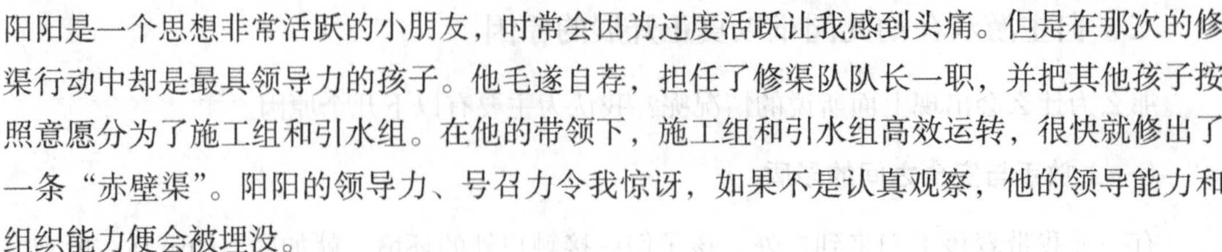

阳阳是一个思想非常活跃的小朋友，时常会因为过度活跃让我感到头痛。但是在那次的修渠行动中却是最具领导力的孩子。他毛遂自荐，担任了修渠队队长一职，并把其他孩子按照意愿分为了施工组和引水组。在他的带领下，施工组和引水组高效运转，很快就修出了一条“赤壁渠”。阳阳的领导力、号召力令我惊讶，如果不是认真观察，他的领导能力和组织能力便会被埋没。

（四）家园沟通，密切合作

通过多种形式，争取家长的合作与支持。想要真正开展自主游戏，需要让家园教育理念共鸣，我们可以通过家长开放日、家长会、育儿知识分享等多种方式拉近家园距离，做到理念共鸣。

（五）彻底革新理念，塑造游戏精神

在我们对于幼儿教育探索的过程中，师幼关系与教师理念经历了这样几个阶段。

第一阶段：教师主体阶段，重视教师技能，如唱歌、绘画。

第二阶段：幼儿主体，教师主导阶段，重视五大领域集体教学活动。这一阶段，教师的教育理念强调组织一个优秀的领域活动。

第三阶段：幼儿自主阶段，重视幼儿自主游戏，发挥游戏精神。这一阶段，教师的教育理念是挖掘孩子，形成游戏精神，做好一个观察者和支持者。

第四阶段：师幼全学习阶段，这一阶段无论是教师还是幼儿均能真正在一日生活活动、集体教学活动、游戏活动中获得发展。这一阶段，教师的教育理念是师幼高度互动，互相学习。

我园虽对于自主游戏的研究刚刚起步，但是，我园自转公办以来一直通过教研活动对自主游戏进行探索，时至今日，我园对于自主游戏的探索已有显著进步。我们呼吁，游戏是孩子的游戏，请让我们携手同行，齐头并进，真正地把游戏还给孩子吧！

【参考文献】

[1] 李季湄，冯晓霞 .3—6 岁儿童学习与发展指南 [M]. 北京：人民教育出版社，2012.

[2] 中华人民共和国教育部 . 幼儿园教育指导纲要（试行）[M]. 北京：北京师范大学出版社，2001.

[3] 董旭花，韩冰川，阎莉，等 . 自主游戏 成就幼儿快乐而有意义的童年 [M]. 北京：中国轻工业出版社，2021.

16. 幼儿园自主游戏与幼儿创造力的探究

红安县城南幼儿园　刘春霞、潘孟玲

【摘要】本文通过探究幼儿园自主游戏与幼儿创造力发展之间的关系，旨在为幼儿园自主游戏提供有益的启示。研究发现，自主游戏为幼儿创造力发展提供了自由的空间。在幼儿园自主游戏活动中，教师应该提供丰富的游戏材料和舒适的游戏环境，尊重幼儿的主体地位和选择权，提供个性化的指导和支持，创设合作与交流的游戏环境，注重家园共育，共同培养幼儿的创造力。

【关键词】**自主游戏；幼儿创造力发展**

在幼儿园教育中，游戏被认为是最重要的活动之一。自主游戏是幼儿在没有教师干预的情况下，根据自己的兴趣和需求，自由选择游戏内容、游戏材料、方式和伙伴的游戏活动。近年来，越来越多的研究表明，自主游戏对幼儿的创造力发展具有重要的促进作用。

一、自主游戏与幼儿创造力发展的关系

（一）自主游戏为幼儿创造力发展提供了自由的空间

自主游戏是指幼儿在没有教师干预的情况下，根据自己的兴趣和需求，自由选择游戏材料、游戏内容、方式和伙伴的游戏活动。这种自由选择的游戏，有利于激发幼儿的游戏兴趣和动手能力。在自主游戏中，幼儿可以自由发挥想象力，创造出独特的游戏内容和方式。

（二）自主游戏促进了幼儿创造力的多样性

自主游戏中，幼儿可以通过各种形式表现自己，如语言表达、绘画、手工制作、音乐舞蹈等，多样化的表现方式有利于培养幼儿的综合能力和创新思维。

（三）自主游戏为幼儿创造力的培养提供了支持

自主游戏中，幼儿可以在教师的支持下自由发挥想象力，创造出独特的游戏内容和方式。这种开阔自由的环境，充分尊重了幼儿的选择。幼儿在游戏中的探索和尝试，也有助于培养幼儿的创新思维和解决问题的能力。

二、幼儿园自主游戏中培养创造力的策略

（一）创设舒适的游戏环境

教师应该充分给予幼儿游戏时间和空间，满足幼儿持续游戏的需求，创设轻松愉悦的

游戏氛围，让幼儿在游戏中学会与他人合作和交流。舒适的游戏环境有利于培养幼儿的团队合作精神和沟通能力，从而促进幼儿创造力的发展。

例如，在“秋天的旋律”自主游戏活动中，教师带领幼儿去户外亲近大自然，这时一片片树叶从空中缓缓落下，丁丁顺手捡起一篇树叶说：“这树叶真漂亮啊，上面还有很多小孔呢！”旁边的同伴都被他的话吸引，纷纷在宽广的草坪上捡树叶，一个比一个捡得多，一个比一个跑得快，这时在远处捡树叶的玲玲说：“老师，你快看，这片树叶很像我们的小手呀，中间还有爱心呢”，教师凑过去一看还真的是，中间被虫子咬出来一个爱心型的洞，大家都在忙忙碌碌地捡树叶，欣欣不禁感叹起来了“要是能让这些树叶一直留在我们教室就好啦”，于是阳阳有了一个好主意，她说把捡到的树叶带回教室，进行美工创作。教师提供胶水、双面胶、剪刀等材料，幼儿合作将落叶粘贴在一张大纸上，拼出一幅美丽的作品，有树叶制作的帽子、小金鱼、小刺猬、太阳公公。最后，教师还带领幼儿对自己的作品进行了展示，并邀请其他幼儿一起欣赏和评论。在展示的过程中，幼儿可以互相交流自己的创作灵感和想法，分享彼此对秋天的感受。这样的交流和讨论不仅促进了幼儿的语言表达能力发展，也激发了他们的思维能力。

在整个活动过程，幼儿需要相互协作、分工合作，共同解决问题。他们要商量如何合理分配任务，如何利用不同形状和颜色的落叶来创造出更好的作品，幼儿不仅学会了团队合作，他们的创造力和想象力得到了进一步提升。

（二）提供丰富的游戏材料

首先，提供丰富的游戏材料是至关重要的。教师可以准备各种各样的玩具、绘画工具、手工制作材料等，让幼儿在游戏中有更多的选择和发挥空间。同时，开放式的游戏环境也可以激发幼儿的好奇心和想象力，让他们根据自己的兴趣和需求自由选择游戏内容、游戏材料、方式和伙伴。其次，设置不同的游戏区域也很重要。幼儿园可以划分出不同的游戏区域，比如攀爬区、沙水区等，让幼儿在不同的环境中自由探索和创造。

例如，教师带领幼儿在户外活动时提供了很多粉笔，并引导幼儿在平坦的地面上用粉笔画出“格子”，两两或三人一组进行跳房子的游戏。其中瑶瑶小朋友拿起粉笔在地面上画出来大大小小、颜色不一的圆圈，她还大声告诉小伙伴“快来看啊，我画了好多泡泡”，幼儿都欢呼雀跃地跑过来“踩泡泡”。还有几个小男生拿起旁边沙铲在那里挖了好多个大大小小的坑，言言拿起旁边木板平铺在这些坑上，他的举动吸引了一旁挖坑的小浩，“我们一起挖沙子，把这些坑挖大一点，然后连起来就是一条大河了！”于是，他们找来木棍、水桶、积木，都运用了起来，有的用来挖沙，有的用来装沙，有的用来装水，仔细一看，“大河”施工队就形成了。在幼儿的齐心协力下一条“大河”出现在我们面前，在里面灌满水，辰辰说“要是有几条船就能在河上划船了”听到幼儿有这个想法，教师立马拿出卡纸折了几支船，他们玩得开心极了。这些活动不仅可以让孩子们放松心情，还可以促进他们的身心发展，让他们在快乐中学习成长。

在活动过程中，教师应当提供丰富的游戏材料，并时适引导幼儿参与到活动中去，鼓励他们结伴游戏，共同研讨。同时，教师应该及时给予幼儿肯定和鼓励，让他们在游戏中获得乐趣，感受到自己的成就，这样的自主游戏活动，既符合幼儿的年龄特点，又能够达到教育的目的。

（三）突出幼儿的主体地位

在自主游戏中，教师应该尊重幼儿的主体地位和选择权，让幼儿自己动手操作、动脑思考。教师应该避免过多干预幼儿的游戏活动，给幼儿充分的发挥空间。教师可以观察幼儿的游戏过程，了解幼儿的游戏兴趣和需求，但不要过多地指导幼儿的游戏行为。这样，幼儿才能充分发挥自己的想象力和创造力，在游戏中得到成长和发展。

（四）提供个性化的指导和支持

在自主游戏中，教师应该根据每个幼儿的特点和需求，提供个性化的指导和支持。教师应该关注每个幼儿在游戏中的表现，及时发现幼儿的兴趣和潜能，及时鼓励肯定幼儿。

通过户外活动，幼儿可以在游戏中学习和体验生活中的各种技能，发展自己的动手能力和创造力。而且，这些活动也能让幼儿与同伴互动，培养其团队合作精神和解决问题的能力。教师的及时鼓励和肯定，不仅能增强幼儿的自信心，也能激发他们对学习的兴趣和热情，这样的教育方式能让孩子们在游戏中快乐成长。

（五）加强家园之间的合作与交流

幼儿园教育与家庭教育是相辅相成的。教师应该与家长密切交流合作，教师可以通过家园联栏、家园联系手册的反馈，与家长共同关注幼儿在游戏中的表现，支持并满足幼儿在游戏中提出的要求。在游戏中给予幼儿充分的时间和空间，鼓励和支持幼儿的表现自我。例如，家长可以多花点时间陪伴幼儿一起玩游戏，提供开阔的场地和丰富的材料；家长还可以与教师保持沟通，了解幼儿在园的游戏表现，共同制订培养幼儿创造力的策略。通过家园共育的方式，家长和教师可以共同努力，为幼儿创造一个良好的成长环境，让幼儿在玩中学、学中玩。

三、结论

幼儿园自主游戏与幼儿创造力发展之间存在着密切的关系。自主游戏为幼儿创造力发展提供了自由的空间，为幼儿创造力的培养提供了支持。在幼儿园自主游戏中，教师应该提供丰富的游戏材料和舒适的游戏环境，突出幼儿的主体地位和选择权，提供个性化的指导和支持，创设合作与交流的游戏环境，注重家园共育，共同培养幼儿的创造力。通过这些策略的实施，为幼儿园游戏活动提供有益的支持，促进幼儿创造力的发展。

【参考文献】

[1] 庄蜜 . 区域游戏材料投放对幼儿自主性和创造力发展的研究 [J]. 好家长，2019（24）：1.

[2] 庄蜜 . 玩转区域游戏 发掘幼儿潜能——如何在区域游戏中发展幼儿自主性和创造力 [J]. 科学大众（科学教育），2018（05）：87.

[3] 朱克辉 . 如何在区域游戏中发展幼儿自主性和创造力 [J]. 语文课内外，2022（30）：13-15.

[4] 谭雪梅 . 自主游戏促进幼儿创造力提升的条件与策略 [J]. 广东教育：职教，2017（12）：3.

[5] 冯香，李春雨 . 指向幼儿创新素养的自主游戏课程建构与实践 [J]. 现代教育，2022（2）：19-22.

17. 浅谈游戏活动在幼儿生活中的价值

黄冈市园丁幼儿园　程文秀

【摘要】游戏是幼儿园的基本活动，孩子在游戏中成长，获取知识。游戏活动贯穿幼儿在幼儿园的一日生活，通过音乐游戏、体育游戏、创造性游戏、语言游戏、益智游戏等游戏活动的开展，孩子获得更多的游戏体验，习得的本领将会帮助幼儿在生活中明白一些道理，解决一些问题，体现游戏活动的价值。

【关键词】**游戏活动；幼儿生活；价值**

陈鹤琴先生指出：“游戏是儿童的生命”，正如我们所知晓，幼儿在游戏中可以获得欢乐，游戏可以发展儿童的身心，扩展儿童的思维，丰富儿童的经验……游戏随时随地都能展开，秋季掉落在地面的一片叶子，可以当成“风筝”；扫地的笤帚，可以作为唱歌的“话筒”；走廊处的木头可以搭建积木，长长的积木看上去就像“滑板”一样。随处可见的游戏材料可供幼儿游戏，愉快的游戏氛围使幼儿的生活充满乐趣与欢声笑语，这无疑是游戏活动所带来的有益价值。

那游戏活动与幼儿生活有什么紧密联系呢？游戏活动对幼儿的生活有什么具体的价值呢？下面就日常工作中的实践谈谈自己的看法。

一、游戏活动深受幼儿喜爱，可提供多元化生活体验，积累知识

游戏对于幼儿而言，充满无限的魅力。不论面对哪个年龄段的孩子，只要和孩子说，我们接下来玩个游戏吧！孩子们都会高呼“好，好”，脸上露出满足、期待的笑容，可见，

游戏是深受幼儿喜爱的，对孩子有很强的吸引力。不难发现，处在户外游戏中的孩子，像翱翔在天空中自由自在的小鸟，孩子们肆意地在户外场地上挥发自己的汗水、爆发自己的力量，这亦是锻炼身体，提高身体机能，提高孩子身体素质的一种良好方式，长期的户外游戏，会增强幼儿身体力量，形成一道天然的保护屏障，使幼儿有很强的抵抗力。

孩子喜爱的音乐游戏《小兔和狼》，上演了一场动物之间智慧的角逐。可爱的小兔子会被凶狠的狼抓走吗？它会如何保护好自己不被狼发现呢？这个游戏在班级中百玩不厌，孩子们乐于扮演更厉害的狼的角色，在幼儿的刻板印象中，狼比兔子厉害，狼会把兔子抓了吃掉，所以在进行这个音乐游戏时，大半的孩子都举手要当狼，热衷于体验狼的凶猛。遇到这种况状时，我会先让孩子根据个人意愿参与游戏中，当幼儿体会到乐趣后抛出一个问题："小兔子，你们有那么多只，是一个群体，而狼只有一只，咱们可以怎样更好地保护好自己和同伴呢？有什么更好的方法将狼赶走呢？"问题抛出后，孩子们七嘴八舌地议论起来，很快就有了这样的答案：小兔子要团结起来，一起活动，不能单独出门，这样狼就不敢随便出来抓我们了；我们还可以表现出很厉害的样子，不要害怕狼，可以像猎人一样给它设置一个陷阱，由一只勇敢的兔子将狼引到陷阱里，我们就能打败它……诸如此类的游戏活动是幼儿将日常生活中的经验迁移到游戏中的结果，游戏中的思考、竞争等为幼儿提供多元化的生活体验使之积累更多的知识，促进幼儿各方面水平的提高。

二、游戏活动促进幼儿之间社会性交往，与社会小范围接轨

游戏源于生活，源于身边的一草一木。孩子之间的游戏经常是偶发性的，例如：早餐后的户外建构是班上孩子向往的区域游戏，一个个长方体、半圆形、圆柱体等不同造型的木块在孩子手中俨然成为搭建大型建筑物的好材料，孩子们三五成群，扎堆在一起共同搭建出一个个宏观的建筑物。孩子的想象力是丰富的，思维也是相当活跃的，他们可以把半圆形看做拱桥、桥梁、城堡的大门……一句"我喜欢公主住的城堡，好漂亮呀！"几个小姑娘便聚在一起向城堡发起挑战，你搭城堡的大门，我搭城堡的阁楼，时不时还商量着可以这样搭，在你一言我一语的交流中，孩子间的社会性交往更亲密，同伴间的语言交往更频繁，沟通技巧也在逐渐提升。小社会在幼儿园这个团体中正逐渐深入幼儿的心中，游戏活动中的交往、讨论，亦是幼儿提前适应社会的良好方式，长此以往，孩子们不断地与社会进行小范围的接轨，习得社会性沟通技巧。

三、游戏活动助力幼儿学习，丰富幼儿生活，不断内化经验

教学中的游戏是实现教学活动目标的手段，在充足的游戏材料，宽松的游戏氛围下，幼儿可在游戏中自由探索，动手去实践，寻求答案，从而不断内化自身经验。在数学活动《区分左右》中，以幼儿熟知的熊大熊二为突破口，引导幼儿学会区分左右，这种吸引幼儿注意力的游戏教学往往可以达到事半功倍的效果，以幼儿的视角来理解左右的区别，使

之更直观地习得知识，不断内化学习经验，丰富幼儿的生活。

游戏以独特的魅力围绕在幼儿的生活中，对于孩子们而言，生活就是游戏，游戏也离不开生活，游戏让生活更精彩，游戏为幼儿生活提供多样的价值，让游戏回归生活，助力生活。

【参考文献】

[1] 殷馥薇 . 基于游戏化的幼儿园体育课程研究 [M]. 长春：吉林出版社，2022.

18. 浅谈开展户外自主游戏的策略

第三幼儿园草盘地园区　谭焱

【摘要】儿童游戏是自发性活动，户外游戏让儿童自主决定游戏内容、方式和伙伴。随着年龄增长和能力提高，儿童游戏的需求不断变化。户外自主游戏立足儿童视角，利用幼儿园资源，引导幼儿操作材料与环境互动，体验生活化的自主游戏，促进其表达能力、思考能力、交往能力和合作能力发展，有助于身心健康。

【关键词】**幼儿；户外；自主游戏**

一、回归大自然，利用大自然中隐藏的“边角料”

我园是一所乡镇幼儿园，位于毕昇故里。户外是一块规整的大面积场地，结合地处环境，“采购”大自然“边角料”——石头，创造以“石文化”为主题，让幼儿自主探索“石头的作用”以及“石头可以干什么”的科学活动，让幼儿自己去挖掘，去探索。孩子们发挥奇思妙想，将一颗颗普通的石头变成一幅幅美丽的画作，一件件漂亮的艺术品。而教师们将孩子们创作的艺术品合理地运用在幼儿园的各个角落，除了打造幼儿园的环境，还能使儿童更好地去了解自然，探索自然，打开儿童的天性。

二、创设丰富的游戏材料

户外自主游戏就是给足孩子自主权，教师只负责提供材料给孩子，至于怎么玩、和谁玩，孩子有自己选择的权利。在提供材料时，应该充分考虑孩子的年龄特点和兴趣特点，选择适合不同年龄段的游戏材料。同时，应该保证游戏材料的丰富性和可变性，这样才能使幼儿在游戏中进行多种组合和创造。此外，还应关注游戏材料的安全性和卫生问题，确保幼儿在游戏中的安全。

三、游戏的设置

游戏的设置，应该结合幼儿的兴趣和发展需要，为幼儿提供多样性的游戏活动和游戏项目。比如：运动类的游戏（篮球、跳绳、丢手绢、老鹰捉小鸡等）、益智类游戏（搭积木、拼图等）、探索类游戏（石头、树叶、虫子）等多种类型的游戏活动，让幼儿在活动中得到全面发展。

（一）教师的角色

在户外自主游戏中，教师的做法分两种情况：

（1）现阶段的户外自主游戏，教师急于求成，急切地希望每个孩子在每一次的活动中都能得到明显发展，介入太多，跟幼儿强调游戏玩法和规则，剥夺了幼儿游戏自主创造的权利，最后教师成了游戏的主角，孩子成了配角。

（2）在开展户外自主游戏活动时，教师过于注重让幼儿自主，觉得幼儿想怎么玩就怎么玩，只要不影响身心就行，不关心幼儿活动进行的情况，不观察幼儿在活动中是否得到发展。

作为教师，要有一双善于观察和发现的眼睛，当发现幼儿遇到困难时，应通过为幼儿提供材料、抛出问题、角色介入、讨论分享等方式来帮助幼儿发现问题、解决问题，推动户外自主游戏的持续发展。

（二）游戏的时间

《3—6 岁儿童学习与发展指南》中指出：保证幼儿的户外活动时间，提高幼儿适应季节变化的能力，幼儿每天的户外活动时间一般不少于 2 小时。充足的游戏时间是保证幼儿户外自主质量的关键。在游戏中，应该给予幼儿足够的时间去探索、尝试与体验，让幼儿在游戏活动中能够充分发挥自己的想象力和创造力。同时，还可以根据活动的实际情况，来延长或缩短游戏时间，以适应不同的活动需求和环境条件。

（三）游戏的情境

教师根据不同的户外自主游戏设置不同的情境，不仅能够激发幼儿的游戏兴趣，还能让幼儿身临其境，通过不同场景感受不同游戏，让幼儿发挥其创造力和想象力，同时，还能让幼儿在游戏中能更好地理解和掌握知识技能。根据现实生活创设游戏情境，比如：过马路、过河、扮演爸爸妈妈等生活场景，让幼儿在这些情境中扮演不同的角色，可以锻炼幼儿的社会交往能力和解决问题的能力。

四、游戏的分析与评价

评价的终极目标在于调动幼儿参与游戏活动的积极性，确保游戏活动效果的最大化，而有效的评价机制是提高幼儿户外自主游戏质量的重要保障。在游戏中，应该建立科学的评价标准，对幼儿的行为、表现和发展进行全面分析与评估。同时，应该采取多种评价方式，包括教师评价、幼儿自评、幼儿互评等，来使幼儿在评价过程中更好地认识自己和他人，增强幼儿的自信心，也能让教师在游戏中发现幼儿的闪光点。

综上所述，为了让孩子在户外自主游戏活动中更有意义地去玩，需要从以上几个方面进行优化和完善。科学合理地组织幼儿户外自主游戏活动，可以有效地促进孩子的身心全面发展，提高孩子的社会交往能力、解决问题的能力，以及想象力和创造力等，同时也有助于培养幼儿的自主性和自信心等各方面的良好品质。因此，我们在开展户外自主游戏活动时，应该重视户外自主游戏活动的开展与实施工作，努力为幼儿创造一个更加优质的游戏环境和学习氛围，促进每位幼儿的健康成长和发展。

【参考文献】

[1] 张少雅 . 户外自主游戏开展的问题及对策 [J]. 幼儿教育研究，2022（05）：10-12.

[2] 沈宇 . 关注幼儿浅议玩具发展适宜性 [J]. 教育与装备研究，2021，36（01）：82-85.

[3] 赖斯慧 . 幼儿户外自主游戏中同伴互动的研究 [J]. 华夏教师，2021（17）：40-41.

[4]3—6 岁儿童学习与发展指南 [M]. 北京：首都师范大学出版社，2012.

19. 浅谈自主游戏中的观察与反思

蕲春县幼儿园横车园区　高秀秀

【摘要】在幼儿园教育中，自主游戏是培养幼儿自主性、创造力和社交能力的重要手段。为了更好地发挥自主游戏的教育价值，教师需要仔细观察和分析幼儿的游戏行为，提供适宜的支持和回应策略。

【关键词】自主游戏；日常指导；反思行为；支持回应

一、学会观察和解读幼儿

教师在幼儿自主游戏时首先要密切观察幼儿的游戏行为，包括他们的兴趣、问题解决能力、合作与交流等。通过观察，教师可以了解幼儿的需求和特点，为后续的支持和回应提供依据。例如，秋季我园户外种植区中许多菜长得又大又壮，孩子们都喜欢到种植区来浇水施肥，观察到这个区域只用来种植可惜了，于是我召集幼儿园教师在种植区中增加了一些锅碗瓢盆，目的是让孩子们把蔬菜与烹饪相结合，刚投入材料不久，幼儿选择这一区域的兴趣得到了激发，不约而同地跑到此区域里玩耍，大家都争抢着当“厨师”，因为“炊具”数量有限，有的幼儿没有拿到操作材料，他们最初还能自觉地等待他人玩得差不多时再参与，但是后来就焦急万分，总是跃跃欲试，这时我们教师就要注意解读幼儿的游戏信号，幼儿在游戏中通常会通过表情、动作和语言来表达他们的需求和情感。教师需要认真解读这些信号，理解幼儿的需求和期望，以便为他们提供更有效的支持，我们发现投放的材料无法满足幼儿的体验感受需要，教师可以做的有两点，一是增加材料；二是角色分配，以幼儿为主，集体活动时引导其讨论：你们今天玩儿了什么？怎么玩的？开不开心？还想要些什么？还可以怎么玩才能容纳更多的小朋友？这些问题的提出再次巩固了游戏的内容，也增强了幼儿对游戏的探究欲望，结合实际生活操作，他们恍然大悟“原来我们还可以这样！”接着就是提供适宜的支持，与幼儿商量如何使得游戏参与度更高和游戏更丰富多彩。

二、提供适宜的支持

根据孩子们的想法和需求，我和孩子们一起进行了游戏空间的规划与材料投放，之后我们教师还需要持续性关注游戏材料的更新和调整，以满足幼儿不断变化的需求。当空间规划和材料投放适宜以后，为了使游戏更加丰富多彩我们还需要做的是创设游戏情境来激发幼儿的游戏兴趣和创造力。我们可以通过引导和启发，如，厨师做菜那么好吃没有顾客怎么办呢？这时就可以让一部分小朋友担任顾客的角色，顾客有了那餐厅服务员呢？顾客不多时引流员要在门口吆喝等等，这些帮助了幼儿拓展游戏情节和丰富角色设定，同时进一步提高了他们的游戏水平和社交能力。

三、游戏中的回应策略

在幼儿参与游戏时教师要及时回应幼儿的求助，当然并非任何时候都去回应和介入，也并非把方法和行为直接告诉幼儿，那么在游戏中到底什么情况下需要教师及时回应呢？那就是当幼儿遇到困难或求助时，比如游戏中孩子们想搭一个灶台需要一些砖，我觉得这个想法很好，而且幼儿园也有一些闲置的砖放在停车棚的角落，这时我们就可以给予必要的指导和帮助，确保幼儿能够继续参与游戏，及时衔接好游戏的进程才能使幼儿真正地从中获得成长。

其次教师要鼓励幼儿的创新行为，在自主游戏中，幼儿常常会展现出惊人的创新能力和想象力。教师需要敏锐地捕捉这些闪光点，给予积极的肯定和支持，激发幼儿的创造力和想象力。

最后教师要引导幼儿解决矛盾冲突，在游戏中，幼儿之间难免会出现冲突，教师需要及时介入，引导幼儿学会协商和解决问题。通过帮助幼儿掌握解决问题的方法，培养他们的合作精神和社交能力。

四、反思教育行为与优化支持回应策略

（一）反思教育行为

在自主游戏的日常指导中，教师需要不断反思自己的教育行为，关注自身观察能力、解读幼儿能力以及支持回应策略的有效性，通过反思，不断优化自身的教育行为，提高自主游戏的质量和效果。

（二）收集反馈与调整策略

为了更好地支持幼儿的自主游戏，教师需要积极收集幼儿的反馈意见，通过与幼儿的交流和观察，了解他们对游戏环境和支持策略的满意度，根据幼儿的反馈，及时调整和优化支持回应策略，使自主游戏更好地满足幼儿的需求和发展。

幼儿园自主游戏的日常指导是一个持续的过程，需要教师不断观察、解读和支持幼儿的游戏行为。通过反思教育行为和优化支持回应策略，教师可以提高自主游戏的质量和效果，促进幼儿的全面发展。在未来的研究中，应进一步探讨如何将自主游戏与幼儿的一日生活相结合，为幼儿提供更加丰富多样的游戏体验。

【参考文献】

[1]3—6 岁儿童学习与发展指南 [M]. 北京：首都师范大学出版社，2012.

[2] 幸福新童年编写组 .《幼儿园保育教育质量评估指南》解读 [M]. 北京：开明出版社，2022.

[3] 董旭花，韩冰川，阎莉，等 . 自主游戏 成就幼儿快乐而有意义的童年 [M]. 北京：中国轻工业出版社，2021.

[4] 董旭花，韩冰川，刘霞，等 . 幼儿园自主游戏观察与记录 从游戏故事中发现儿童 [M]. 北京：中国轻工业出版社，2015.

20. 关于幼儿园户外游戏活动的探究

红安县直机关幼儿园　宋丹

【摘要】户外自主游戏可以为儿童提供更多的运动机会，更好地促进儿童的运动能力、认知能力与社会性的发展，增强儿童的体力和与自然亲近的情感。我们幼儿园结合户外自主游戏活动，巧妙地将自主游戏活动与民俗游戏有效融合。以了解幼儿的学习方法和特点、充分尊重幼儿的自主性为基础，努力创造游戏条件和机会，大力支持幼儿参与户外游戏活动，促进幼儿身心健康发展。

【关键词】**幼儿园；户外游戏活动；探究**

幼儿园一日活动皆课程，户外游戏可以帮助孩子们保持健康，促进幼儿身心健康发展。为此，我们开展了常态化的幼儿户外游戏活动。

我们由长期的幼儿园户外游戏活动经验总结出来，在开展幼儿园户外游戏活动时需要关注以下几个问题。

一、基于儿童能力，尊重幼儿自主

教师可以把体能大循环活动融入户外游戏的教学中，因为体能大循环活动的优点是多样、简单、容易学习、幼儿兴趣强烈、运动适当等。我们针对大中小各年龄段幼儿的发展特点，制订了不同的游戏方案，还对传统的体能大循环活动进行了创新，增强其趣味性，例如我们中班组的体能大循环活动，让幼儿在指定的区域进行走、跑、跳、爬、钻等技能的训练。每周会有不同形式的体育器械器材活动。此外，在体能大循环活动中，很多都是团体活动，可以培养幼儿的情感，增强其集体意识，提高其团队合作的能力。

二、基于儿童需要，提供多元条件

（一）自主选择户外环境

在本学期开始的时候，我们开始思考户外游戏的环境的问题。这些户外游戏环境能否激发幼儿兴趣？利用率是多少？有足够的机会和条件开展户外游戏吗？基于这些想法，我们提供了各种各样的户外游戏环境，给孩子们选择，并努力及时满足他们的需求，让游戏成为幼儿真正喜欢的游戏。

孩子们对自然环境有着特殊的喜爱。我们为幼儿提供自然野外环境，使孩子可以接触自然，这不仅有独特的游戏趣味性，还有利于激发儿童的环境意识和创造性。同时我们还为幼儿提供多种多样的运动方式，为他们准备垫子、竹梯、木梯和绳索，以及其他材料，让孩子们练习攀岩、膝盖攀爬等，使孩子在自然环境中不断享受游戏的创意和创新，也使孩子可以改变器材的形态。

（二）自主选择游戏

自主选择游戏可以从很多方面满足儿童的需求，还能够清晰地让幼儿体会到自己在户外民俗游戏中的成就感和喜悦感。我们为孩子们提供了多种球类任其选择，如足球、篮球等，幼儿可以从中选择自己喜欢的球类，自主设计游戏规则，设计游戏情节，如“和球儿赛跑游戏”“跳球游戏”“传球游戏”“拍皮球游戏”“门球游戏”等。我们还为幼儿提供了丰富的民间游戏；比如车类游戏，为幼儿提供了小三轮车、独轮自行车等器材，幼儿可以选择其中的游戏器材，自主设计好玩儿的游戏。

三、基于儿童需要，提供多元材料

（一）自主选择材料

幼儿户外游戏和材料有着不可分割的关系，教师在无法预测儿童游戏内容的情况下，如何为儿童提供物质支持？我们为幼儿提供了工具、材料、图片素材等给孩子们选择。孩子们可以和同龄人一起讨论户外游戏的内容，然后选择自己的素材，创造游戏场景，然后进行户外游戏。因为不是由教师提前设计好的，而是孩子们根据自己的希望和想法来设计的，所以幼儿对户外游戏更加感兴趣，参与度也更高，可以更好地与同伴互动。

（二）自主选择器材

真正的户外游戏活动是孩子们根据自己的兴趣自发进行的活动。所以，在户外游戏活动之前，教师问孩子们："你今天想玩什么户外游戏？需要什么装备？"孩子们会认为游戏是属于他们自己的，他们可以选择他们喜欢的装备。在户外游戏中，教师给儿童最大限度的自由，倾听儿童的要求，自然地刺激儿童的创意思维。

四、结语

幼儿园的户外游戏活动是为了给不同水平和需求的孩子们提供更舒适、更自由、更独立的游戏机会，我们要创建一个独立开放的幼儿园户外游戏活动环境，提供活动的材料，努力创造出"自由、自由、开放和互动"的游戏环境，让幼儿享受到最大的快乐。

【参考文献】

[1] 张宏 . 游戏精神引领下幼儿园户外自由活动的开展 [J]. 新教育时代电子杂志（学生版），2018（35）：52.

[2] 孙亚琴 . 游戏精神引领下幼儿园户外自由活动的开展 [J]. 科普童话，2020（24）：147.

[3] 林晓雪 . 引导幼儿在自主式游戏中成长——以户外游戏"野战营"为例 [J]. 新课程：综合版，2019（01）：1.

[4] 姚璐 . 户外自主感统游戏活动促进幼儿自主性的发展——让幼儿户外自主活动真正"动"起来 [J]. 科学大众：科学教育，2020（05）：1.

[5] 郑晓峰 . 快乐游戏，有效学习——对《3—6 岁儿童学习与发展指南》的游戏精神的探索 [J]. 福建教育，2020（07）：3.

21. 优化幼小衔接教育提升幼儿科学素养

黄梅县龙感湖中心幼儿园教联体刘佐园区　吕丽星

【摘要】幼儿园应深入贯彻落实《幼儿园教育指导纲要》，充分尊重幼儿身心发展规律和特点，实施科学的保育教育。幼小衔接作为幼儿成长的重要转折时期，应当引起重视。本文将通过对如何提升幼儿科学素养，促进幼儿热爱科学进行分析，提供较为完善的保育方案。希望能够让幼儿做好身心各方面的准备，实现从幼儿园到小学的顺利过渡。

【关键词】**幼小衔接；科学素养**

一、幼小衔接下科学区角活动的设计

（一）丰富实验活动引发幼儿参与感

小学科学教学要跟随新课标的指引，从观念、教学方式、管理方式等方面跟上时代潮流，让课本上的内容与幼儿的实际生活联系起来。所以，为顺利做好衔接，幼儿园活动需要从兴趣入手，让幼儿无论是在对各种科学知识的探索过程中，还是在各种科学相关活动或游戏的参与过程中，都充满热情。幼儿在观察、交流、实验等过程中，能深深地体会到科学的魅力和价值。

（二）趣味游戏活动优化幼儿精神状态

幼儿园的科学活动要使幼儿细心观察、亲自实践、及时交流，比如制作科学小道具，给自己的小组成员一起种植盆栽，并写出植物成长观察报告等，加强教学革新，使活动充满生机，变化无穷。幼儿通过协作取得一个个成就，能够充分享受成功者的喜悦，很好地缓解不良情绪带来的压力，增进身心健康，以更积极向上的精神面貌去迎接未来的学习与生活。

（三）充实活动资源强化幼儿综合素养

新型科学活动涉及了大量的综合元素，比如利用了信息技术，与语言学科的阅读理解关联，涉及宇宙的发展，幼儿不仅可以由此了解了科学知识，也能得到知识、情感、技能、态度，以及价值观和行为习惯等方面的综合提高，幼儿会变得更加好学奋进。不仅能够提高自己的想象力和创作力，还能够提高互相合作的能力。与此同时，师幼之间、幼儿同伴之间的关系也会越发融洽，幼儿会越来越享受科学探索，享受教师带来的活动。

二、具体的强化科学素养的方法探究

（一）赋予“称号”，打造团队化实验模式

教师需制订严谨的教学方案，激发幼儿兴趣，避免难度过大。应分析学生特点，制订个性化教育方案，或赋予称号，如行动力强的为“小老师”，富有想象力的为“设计师”，清晰头脑的为“领导者”，激励幼儿发展，使之体验科学魅力。

（二）利用“场域”，充分亲近大自然

活动的设置是合作的基础与核心内容，丰富多彩的活动能够让幼儿感受到合作的魅力，尤其是一些与自然相关的科学活动，比如认识岩石土壤，仅仅凭借教材上的图片以及多媒体上播放的PPT都是不够的，需要教师带领幼儿们一起去户外寻找岩石和土壤，让幼儿们自主收集并进行对比，可以让每个小组进行比赛，看哪一组收集得多，哪一组认识的岩石与土壤多，这样活动的趣味性大大加强，小组之内也会更加团结。科学活动要与自然密切联系，我们的活动不能仅仅局限在室内。要利用好园内操场、周边的公园、广场等场所，让幼儿亲近大自然，这样不仅能够获得更为优质的活动效果，还能放松幼儿的身心。

（三）合理“分层”，建立科学评价机制

在活动中，应尊重幼儿个性化发展，因材施教。教师应进行差异化奖励，让幼儿体验成功喜悦与进步自豪，促进其互学。如完成S级任务的小团队获五颗星，A级的获四星，积极表现者获“最佳状态奖”，举一反三者获“最佳脑力奖”。合理的评价机制有助于提升幼儿学习能力，促进其自我提升，激发其前进动力，提高活动效率，获得优良教学效果。

（四）重视“德育”，强化幼儿身心健康

在科学活动中，教师要重视幼儿的身心健康发展。在实验过程之中要培养幼儿坚持不懈的美好品质，提高幼儿的心理承受能力、抗挫折能力，强化幼儿的心态。同时，要让幼儿以真诚的态度对待科学实验，不仅要提高幼儿的知识水平与技能，还要让幼儿形成良好的品质。

要重视科学素养的培养，让幼儿获得更多的能力，使他们充分进入到自主学习、探索的状态。面对新鲜的知识，有趣的活动内容时，幼儿会产生强烈的好奇心，能自主发现问题，探索问题，自觉地解决问题，不断丰富自己的经验和阅历，变得更加主动，热爱学习。

【参考文献】

[1] 李娟，崔蕾，李洋．幼小衔接存在问题与解决策略的实践研究——基于西安5所小学一年级幼儿入学适应现状调查[J].中国校外教育，2017（23）：47-48.

[2] 谢桦．幼小衔接中存在的基本问题及对策——基于厦门市湖里区幼小衔接现状开展的实践研究[J].福建教育学院学报，2014（12）：39-41＋44.

22. 幼儿园区域游戏中的幼儿合作学习探析

黄冈师范学院附属幼儿园　李莎

【摘要】自主游戏是幼儿自愿参与的，通过自主调控、想象创造反映现实生活的愉悦活动，是他们的主要学习方式，也是促进儿童发展的重要途径。要想正确认识自主游戏与儿童早期发展的关系与策略，教师首先要明确自主游戏活动的意义，并不断学习提升幼儿自主游戏水平的策略，提高创设适宜自主游戏环境的能力，从而促进自身的专业发展以及幼儿的终身发展。

【关键词】**自主游戏；促进；幼儿早期发展**

一、明确自主游戏活动的意义

自主游戏是孩子的最爱，不仅是自主游戏特点所致，更是因为自主游戏活动可以满足幼儿身心发展需要。自主游戏能满足幼儿社会交往以及自我实现的需要，不仅能让幼儿获得积极的体验，发展幼儿认知，还促进幼儿想象力、创造力的发展。

二、习得提升幼儿自主游戏水平策略

“幼儿园以自主游戏为基本活动”早已是幼教同仁的共识，当幼儿在自主游戏时，教师应承担怎样的角色和任务呢？

（一）做好自主游戏的“准备者”

教师应幼儿在自主游戏活动前，做好准备工作，一是要在充分考虑幼儿自主游戏经验的前提下，提供充足的自主游戏时间；二是要为其创造良好的自主游戏环境，其中包括幼儿自主游戏时所需的愉快氛围、自主游戏情境以及自主游戏材料。

（二）做好自主游戏的“观察者”

在幼儿自主游戏过程中，需要观察幼儿的自主游戏行为，一是了解幼儿的经验水平和发展情况，二是通过观察了解幼儿的需求以及在自主游戏当中出现的问题。

（三）做好自主游戏的“参与者”

在自主游戏中，教师要学会判断是否需要参与，在参与的过程中一定要抱有平等与陪伴的心态，在保持幼儿自主游戏兴趣，不干扰幼儿自主探索的前提下，以伙伴的身份或是角色的身份，加入到幼儿自主游戏情节中。

1. 参与幼儿自主游戏的方法

（1）平行法

当发现幼儿只爱玩一种材料或是某一种自主游戏，对其他的自主游戏类别或材料不感兴趣，甚至是不会玩时，教师可参与进去，在幼儿身边玩其他材料，渲染开心有趣的感觉，以便吸引幼儿注意、模仿或是加入到新的自主游戏中。

（2）交叉法

当幼儿需要教师帮助，主动邀请教师，表达需要教师参与或帮助的意愿时，教师可以通过角色扮演的方式参与进来。但值得注意的是，一旦幼儿不再需要教师的参与，教师就应该淡化自己的作用或是退出幼儿的自主游戏。教师应学会适时参与和退场，不能介入太久。

2. 进行语言指导的方式

当教师参与幼儿自主游戏时，一定会出现师幼语言互动，能体现出语言指导的作用，语言指导的方式主要有三种。

一是询问式语言，当发现幼儿需要帮助或有指导的必要时，有目的地设置问题情境，提出有针对性的问题，帮助幼儿拓展思维空间，让他们能自己想办法去解决问题。

二是激励式语言，教师可以用激励式语言对幼儿的表现，如创造性的和积极的游戏行为，以及克服困难、坚持自主游戏等品质，给予肯定，以强化幼儿正向行为。

三是角色式语言，当幼儿在自主游戏中遇到情节进展方面的困难时，教师以某种角色的角度与幼儿对话和互动，这样可以丰富自主游戏的情节，让幼儿感到亲切和平等。

（四）做好自主游戏的“调整者”

自主游戏结束后，教师需要根据班级幼儿自主游戏开展的情况进行反馈、评估，思考环境与材料的适宜性，思考如何促进幼儿的发展，并为下次自主游戏做好时间、空间、材料以及经验准备。

教师需要学习并掌握以上自主游戏介入指导的方式及具体的行为和语言指导方法，视幼儿自主游戏的实际情况加以灵活运用。

三、提高创设适宜自主游戏环境的能力

环境创设是幼儿自主游戏的基本保障，环境创设与幼儿的需求密切相关。教师要想提高创设适宜自主游戏环境的能力，首要任务就是掌握环境创设的原则，才能保障环境创设的适宜性。

（一）自主游戏环境创设的原则

1. 依据幼儿的现实经验

环境要适应幼儿的年龄特点和需要，以帮助幼儿积极主动地接纳环境，从而与环境充分互动、获得发展。

2. 满足互动性、可操作性

创设的环境要满足幼儿操作的需要，激发幼儿的操作兴趣，从而使其在操作、互动中获得发展。

3. 满足幼儿的发展需要

不同幼儿的发展水平不同、自主游戏需求不同，因此创设的环境要具有一定的层次性，提供的材料要能促进幼儿最近发展区的发展。

（二）创设适宜的自主游戏环境

幼儿园不同年段幼儿的经验和发展水平有差异，因此大中小班自主游戏环境创设的重点是不同的。

（1）小班自主游戏环境的创设要求简单，对玩具材料的逼真程度要求较高，所以应尽量提供高结构材料，并且同一种自主游戏材料数量要多，以帮助幼儿在重复的自主游戏中进行经验的回忆与巩固。

（2）中班需要较为丰富的自主游戏区域，玩具材料应多样化，高结构及低结构材料都要有，不仅要求材料种类多，而且同一种类材料的数量比小班少，以提供幼儿在自主游戏中互动与交往的机会。

（3）大班自主游戏环境需满足幼儿认知能力及社交能力发展的需求，要求玩具材料具有可变性，应多提供低结构材料，满足幼儿与同伴交往合作以及自主探索的需求。

当然，在真正实践中教师无法完全预料到幼儿的动态发展状况，这就要求教师多关注幼儿的兴趣、经验及表现，进而根据实际情况不断适时调整。

此外，教师在观察以及做好观察记录后应该进行观察分析与反思。教师的观察分析及反思应建立在了解该年龄段幼儿心理特点的基础之上，不仅要了解幼儿的自主游戏水平、自主游戏动机、自主游戏需求，还要能挖掘自主游戏的教育价值，通过观察发现游戏中的问题，进而深入分析种种自主游戏现象，反思并找出应对措施，通过自主游戏有效促进幼儿的发展。

【参考文献】

[1] 邱学青 . 学前儿童游戏第 4 版 [M]. 南京：江苏教育出版社，2008.

[2] 邱学青 . 给幼儿园教师的 101 条建议——自主游戏指导 [M]. 南京：南京师范大学出版社，2011.

23. 浅谈如何培养幼儿的游戏精神

红安县直机关幼儿园　占雯雯

【摘要】游戏，是最简单的快乐源泉。它不仅让人身心愉悦，还能开发幼儿智力，挖掘其潜能。积极的游戏有助于培养幼儿的游戏精神，而良好的游戏精神可以培养幼儿各方面的能力，因此，教师应在幼儿的日常活动中积极培养幼儿的游戏精神。

【关键词】幼儿；游戏精神

《幼儿园工作规程》规定，幼儿园教育“以游戏为基本活动，寓教育于各项活动之中”。可见，游戏在幼儿园教育中的地位和作用十分重要。不单要将所有的课程以游戏的形式呈现出来，而是要将游戏精神渗透在幼儿的学习与生活当中。

一、游戏精神的误区

（一）家长的认知误区

说起游戏，很多家长对它的认识过于局限和单一，认为给孩子提供各种新奇玩具或者看动画就是游戏。殊不知我们的孩子所接触的游戏正逐渐室内化、电子化，不能在广阔的大自然中自由地飞奔，无法倾听虫鸣鸟叫，孩子之间缺乏有效的互动。

（二）教师的认知误区

很多教师认为在课堂教学中简单地组织一场小游戏，吸引幼儿的目光就行，而忽略了游戏精神在课程中的体现。我们要明白游戏不是单纯的玩耍，而是要让幼儿通过游戏掌握生活常识以及其他知识的学习方法，这才是游戏精神。

二、游戏精神的价值

游戏作为幼儿园一日活动的重要组成部分，在受到幼儿欢迎的同时，对幼儿的智力、体力、社会性、动作发展等方面都起着极为重要的作用。良好的游戏精神可以培养幼儿各方面的能力：比如在幼儿午睡起床时，我会组织他们开展一场叠被子的比赛，比起口头教学，这种快乐的学习方式更受欢迎，让幼儿在娱乐的同时，也能掌握叠被子的生活技能。

三、游戏精神的具体体现

（一）在幼儿园的教学过程中

幼儿心智不成熟，认知能力不足，传统教学难达自主学习效果。应赋予幼儿主动权，如让幼儿自由选择角色表演，自行互动，以此激发幼儿竞争与合作意识，提升理解能力。

（二）在幼儿园的游戏活动中

从去年开始，我园每天都会组织幼儿到户外进行大型游戏活动——体能循环。幼儿自由选择喜欢的路线进行活动，有跳跃、有攀爬，还有匍匐前进等，身体素质好的幼儿个个精力充沛，他们随时变换线路，不断挑战自我。而身体素质稍为差一点的幼儿即使掉队，他们的同伴也会赶来提供帮助。在整个游戏过程中，孩子们收获的不仅仅是快乐，还形成了关爱他人的良好道德品质。

四、如何培养幼儿的游戏精神

（一）给予充足的游戏时间

只有长时间持续的游戏，才能使幼儿有机会不断深入地探究和创造，从而在游戏中培养自己的游戏精神。因此，增加幼儿自主游戏时间显得尤为重要。比如，将集体游戏改为自由活动，或者在教学过程中转换思路，将游戏贯穿在每一堂课当中，使幼儿在学中玩，玩中学。

（二）提供丰富的游戏材料

幼儿对于游戏中使用的材料充满好奇心。因此，活动中所用到的各种材料都是幼儿园里最具吸引力的：用来爬行的彩色皮垫、练习开合跳的呼啦圈、模拟登高用的废旧轮胎、训练钻爬的课桌等等。由于是幼儿经常接触到的东西，操作方法也熟悉，所以玩起来得心应手，也更容易创造出新的玩法。

（三）创设合适的游戏环境

良好的游戏环境能够让幼儿感到轻松和愉悦。经常在户外进行游戏，不仅能锻炼体能、发展智力，近距离与自然亲密接触，更能激发幼儿对事物的探索欲望。在设计体能循环时，我们将活动场所选在宽敞的操场上，让孩子在游戏的空隙，还能亲近自然，呼吸新鲜空气。

（四）尊重幼儿的游戏意愿

游戏精神倡导的是幼儿的自由自主。在班级进行区域活动时，我不再提前规定活动主题，而是让幼儿自由选择区域并允许他们跨区域进行游戏。只有让幼儿在一种充分自由的状态下进行游戏，他们的创造力才有机会施展出来，进而提升他们的沟通交流能力 .

（五）善于发现游戏精神

《3—6岁儿童学习与发展指南》中指出："幼儿在活动过程中表现出的积极态度和良好的行为倾向是终身学习与发展所必需的宝贵品质。"游戏中，幼儿积极主动、认真专注、敢于探索和尝试。我们要用欣赏的眼光去看待幼儿在游戏的过程中所表现出来的良好学习品质。幼儿的进步得到了老师的认可，他们才有动力将游戏精神继续发扬下去。

游戏精神对幼儿至关重要，教师应传递真正的"游戏精神"，在日常教学中倡导自主游戏，为幼儿创造丰富适宜的游戏环境，使之张扬天性。在游戏活动中，交给幼儿自主权，关注个体差异，让他们在游戏中获得启发、成长，实现身心愉悦与勇于创造，这才是真正的游戏精神。

【参考文献】

[1] 李婷 . 幼儿游戏精神在幼儿园课程中的倡导途径初探 [J]. 中国农村教育，2018（24）：1.

[2] 中华人民共和国教育部 . 幼儿园工作规程 [M]. 北京：首都师范大学出版社，2016.

[3]3—6岁儿童学习与发展指南 [M]. 北京：首都师范大学出版社，2012.

24. 浅谈幼儿在自主游戏中的自我发展

黄州区幼儿园　方山梅

【摘要】幼儿园中的各种游戏是孩子们的最爱，游戏不仅能带给孩子们快乐、愉悦、积极向上的情感，还能影响幼儿一生，让他们形成爱动手、爱动脑、能团结协作的良好品格。宽松愉悦的氛围能给孩子们带来真正的乐趣，让孩子们在玩耍中，放松身心，体验快乐，从而获得有益于身心发展的经验。

【关键词】**幼儿；自主游戏；自我发展**

为了贯彻学习《3—6岁儿童学习与发展指南》，我园把幼儿自主游戏开展得红红火火，各种游戏材料品种众多，幼儿人人参与其中，在游戏时，幼儿脸上洋溢着灿烂的笑容，他们还创造性地运用各种材料，表达自己的想法，满足游戏需求，在愉悦的交流中，语言能力和社会交往能力、逻辑思维能力逐渐增强，所以在自主游戏活动中，教师要充分尊重幼儿愿望和想法，引导幼儿自主决定活动方式，并与材料互动，让幼儿真正成为游戏的主人。

我班幼儿在开展《开心游乐场》游戏时，教师问："小朋友，你们去过游乐场吗？游乐场里有些什么呢？"小朋友们纷纷回答："有过山车""有摩天轮""有滑滑梯""有旋转木马""有碰碰车"……经过积极讨论后，小朋友们兴趣高昂，迫不及待地想去搭建游乐场。

此时，教师引导小朋友根据自己的想法和对游乐场的憧憬，在画上设计自己心中向往的游乐场的样子。

初次尝试，彤彤小朋友说“我要搭建摩天轮”，辰辰小朋友说：“我要搭建滑滑梯”，他们的搭建之旅就开始了，小朋友们都找寻自己所需工具进行搭建。在搭建城堡时，晞晞小朋友走过来说：“我们一起用纸杯拼出来，一起在游乐场里玩吧！”彤彤小朋友点点头说：“好呀”于是他们就两两合作在建构区开启了自由探索之路。

在探索中他们发现了问题。搭建材料少，空间小，孩子们不能尽情表现，彤彤说：“为什么纸杯总是爱倒？”辰辰说：“窗户外有风，可能把纸杯刮倒了”，小依说：“我们这太挤了，走过去就会把纸杯给弄倒的”。幼儿发现问题后，进而自己逐步解决问题，最后成功搭建出了游乐场的模型。

在幼儿遇到困难时，教师应给幼儿试错的时间，使之积累经验，自主思考，联系生活实际，解决问题，从而满足自我实现的需要和个性发展需要。

在玩《开心游乐场》游戏时，幼儿一次次地搭建，规则意识逐渐形成，在与材料频繁互动和探索中，对材料的特性有了更丰富的体验，搭建更顺手，更有条理，并形成了初步的合作意识，幼儿在游戏中得到了很多的自我发展。

一、在游戏中，有助于幼儿思考发现问题

幼儿能够在游戏中发现问题，进而萌发解决问题的念头。游戏有助于提升幼儿的认知水平，培养幼儿善于发现问题的良好品质，有助于培养幼儿动手、动脑的良好习惯，充分调动幼儿积极性，丰富幼儿的想象力、创造力，让幼儿创新意识如沐春风，破土而出，茁壮成长。

二、在游戏中，有利于培养幼儿良好习惯的形成

在教师适宜的引导下，游戏是培养幼儿良好习惯的重要途径，如：在游戏中，需要各种游戏材料，孩子们在玩游戏时不亦乐乎，但游戏结束后，不知道收拾整理游戏材料，玩完就跑了，建构区里乱糟糟的，但后期教师在游戏结束后，将整理材料当作评价的重要内容，表扬爱收拾场地的小朋友，孩子在榜样的影响下，慢慢地变成了爱收拾、会整理游戏材料的小能手。

三、在游戏中，有助于培养幼儿交往能力

在幼儿园有的幼儿活泼好动，善于交往，有的幼儿却很孤僻，不爱讲话，自主游戏可以培养幼儿交往能力。游戏中很多时候，幼儿需要相互合作去完成一项任务，这就给幼儿创造了互助和分享的机会，让幼儿学会交流、学会分享、学会团结合作，让幼儿自然形成良好的交往和协作分享能力。

四、自主游戏有助于开拓幼儿视野

幼儿眼中的世界是五彩缤纷的，玩是幼儿的天性，幼儿们在玩中增长知识，教师教育的关键是引导幼儿在游戏中自主地创造性地玩，在玩中增长知识积累经验，让幼儿大脑快速发育，让幼儿更聪明，手眼反应更快。

五、自主游戏有助于幼儿的心理健康发展

自主游戏给幼儿提供了一个自由、开放、宽松的心理环境，让幼儿学会表达和控制情绪，又能让幼儿体验到自主游戏的快乐，放松身心，锻炼其思维能力和创造能力，激发其自信心、成就感，潜移默化地使之形成积极健康的心理。

总之，幼儿园时期是一个非常关键时期，在这个时期开展幼儿自主游戏，可以让幼儿天性得到发展，积极性得到有效激发，自主能力、思维能力和创新能力都可以得到提升，对幼儿的成长有非常重要的意义。

【参考文献】

[1] 魏卿 . 幼儿自主游戏促进师幼发展探究 [J]. 成才之路，2022（26）：101-104.

[2] 陆萍 . 大班幼儿自主性在角色游戏中的彰显 [J]. 求知导刊，2019（35）：7-8.

25. 幼儿园游戏活动中的儿童视角的探究

英山县第二幼儿园　杨洋、叶方

【摘要】本论文聚焦于幼儿园游戏活动中的儿童视角，旨在深入了解儿童在游戏活动中的思维与行为特点。通过文献综述和实证研究方法，本论文采集了相关的数据，进行了观察记录，以强调儿童视角对于游戏活动的重要性。

【关键词】幼儿园；游戏活动；儿童视角；探究

一、儿童视角对于幼儿园游戏活动的重要性

儿童视角对于幼儿园游戏活动的影响是十分重要的。幼儿园是幼儿接触教育环境的最早阶段，教师需要根据儿童视角来规划游戏活动，以满足幼儿的需求。

儿童视角能帮助教师更好地了解幼儿的需求和兴趣。幼儿正处于快速成长和发展的阶段，他们身体逐渐强壮，兴趣爱好也开始多样化。通过了解儿童视角，教师可以更好地把握幼儿的需求和兴趣，培养他们对游戏的积极态度。其次，儿童视角有助于培养幼儿的自

主性和创造性思维。通过了解儿童视角，教师可以鼓励幼儿自主选择游戏对象，培养他们的决策能力和自主性。同时，儿童视角还能启发幼儿的创造性思维。幼儿在游戏活动中可以进行创造性的想象和表达，教师可以给予他们充分的空间和时间，鼓励他们展示自己的创造力。此外，了解儿童视角还能促进师生之间的良好互动和沟通。

在幼儿园游戏活动中，重视儿童视角不仅能够更好地提供适宜的游戏环境和活动，还能培养幼儿的自主性和创造性思维。通过了解儿童视角，教师可以更好地满足幼儿的需求和兴趣，同时促进师生之间的良好互动和沟通。因此，教育者应该高度重视儿童视角的作用，并在教学实践中不断提升对儿童视角的理解和运用水平。

二、儿童视角对于幼儿游戏活动中的思维特点的启发

儿童的思维方式与成人存在差异，他们具有独特的视角和感知方式，对于游戏和学习的需求也与成人不同。因此，在规划幼儿园游戏活动时，教师需要深入理解儿童视角，以更好地指导幼儿的游戏和学习。

儿童视角可以启发教师对幼儿思维特点的深入理解。儿童在认知和思维方面与成人存在差异，他们的思维方式更为直观和感性，更强调具象和情感的体验。通过了解儿童视角，教师可以更好地理解幼儿的思维方式，并根据他们的认知特点来设计游戏活动。比如，在数学游戏中，教师可以利用儿童视角，教幼儿通过实际操作和感知来学习数学概念，而不是简单地进行纸上计算。这样可以更好地激发幼儿的兴趣和学习欲望。儿童视角可以帮助教师提供更有趣和富有挑战性的游戏任务。通过了解儿童视角，教师可以设计一些具有趣味和互动性的游戏活动，激发幼儿的好奇心和学习兴趣。

同时，儿童视角也能够促进幼儿的认知发展和问题解决能力的提升。儿童视角强调通过亲身体验和感知来主动探索世界。通过了解儿童视角，教师可以提供一些能够促进幼儿主动思考和解决问题的游戏任务。比如，在科学探究游戏中，教师可以引导幼儿观察和提出问题，然后帮助他们通过实验和推理来解决问题。这样的游戏活动能够培养幼儿的观察力、思考力和解决问题的能力。

总之，儿童视角对于幼儿园游戏活动的规划和指导具有重要意义。通过了解儿童视角，教师可以深入理解幼儿的思维特点和需求，从而提供更有趣和富有挑战性的游戏任务。同时，儿童视角也能够促进幼儿的认知发展和问题解决能力的提升。因此，教师应该注重儿童视角的运用，来更好地指导幼儿游戏活动的开展。

三、儿童视角对于幼儿游戏活动中的行为特点的影响

儿童视角在幼儿园游戏活动中的重要性不仅体现在启发教师对幼儿思维特点的理解，还能使教师深入观察和理解幼儿在游戏活动中的行为表现。通过对儿童视角的了解，教师可以更好地发现幼儿在游戏活动中的需求和倾向，并根据其行为特点提供相应的支持和引导。

首先，通过了解儿童视角，教师可以深入观察和理解幼儿在游戏活动中的行为表现。

例如，有些幼儿喜欢扮演领导者的角色，在游戏活动中主动组织其他幼儿，而有些幼儿则更乐于扮演追随者的角色，愿意接受别人的指导和建议。了解幼儿的行为特点对教师根据他们的兴趣和发展需要提供相应的支持和引导至关重要。其次，儿童视角对于建立游戏规则和开展互动也具有重要意义。游戏规则是游戏活动的基础，能够引导幼儿作出合理、积极的行为。此外，儿童视角还能指导教师进行良好的互动，促进幼儿之间的合作和友好交流。教师可以通过观察幼儿的行为，指导他们学会分享、倾听别人的意见和尊重他人的想法，从而提高他们的社交能力和合作能力。最后，儿童视角对于引导幼儿在游戏活动中的行为具有积极的影响。儿童的行为特点会随着年龄的增长而发生变化，了解并引导幼儿在游戏活动中的行为是教育者的重要任务之一。

儿童视角在幼儿园游戏活动中至关重要，有利于教师理解幼儿需求和行为，提供更好的支持引导，建立良好游戏规则，更好地互动，促进幼儿社交能力和合作精神的培养。教育者应重视儿童视角，通过互动观察，深化对幼儿需求的认知，提升游戏活动质量和效果。

教师应该了解儿童视角对于幼儿园游戏活动的重要性，了解幼儿的学习特点，并根据其视角提供适宜的游戏环境和活动。进一步研究儿童视角对于幼儿游戏活动的影响有助于提高教育者对儿童需求的认知水平，促进幼儿游戏活动质量提升。

26. 浅谈“安吉游戏”中的儿童观

蕲春县第三幼儿园管窑园区　卫鑫

【摘要】安吉游戏在学前领域一直占据着重要的地位，其精神和理念被广泛地借鉴推崇。将其游戏模式引入农村幼儿园是有必要的，但需要教师们转变自己的观念，将游戏的主动权彻底归还给幼儿，让幼儿的能力得到最好的发展。

【关键词】**安吉游戏；儿童观**

安吉游戏是一种起源于中国浙江省安吉县的游戏教学方式，以“爱、探索、投入、快乐、反思”五大关键词为原则，它强调孩子们在游戏中的自由、自主和探索精神，把幼儿作为游戏活动的主体，从而将游戏的主导权从教师归还到幼儿本身。那么安吉游戏需要我们形成怎样的儿童观呢？在日常的教育教学中，我们应该做到哪些具体要求呢？

一、重视幼儿天真的梦想

尊重儿童的人格，爱护他的天真烂漫。教师应放弃任何属于成人的条条框框，在幼儿进行自主游戏时不能干涉，特别需要我们“管”住自己的手和嘴巴，这是安吉游戏不同于其他规则游戏的特点之一，也是幼儿进行自主游戏最重要的一点。教师应从旁观察分析，必要时给予引导，给予孩子充分的游戏时间与独立空间，让孩子们尽情地流露他们的本性，去发现真，善，美。在《小人国》这部纪录片里，我们可以认识到孩子们有属于儿童自己的世界，在他们世界里，有着自己的一套“规则”，这些规则都应得到肯定和尊重。无论是性格执着的辰辰，还是具有攻击性行为的池亦洋，大李老师都尊重了他们的选择和决定，保护着孩子的天性，所以对于孩子们来说，《小人国》里的巴学园就像是一个神秘的儿童世界，幼儿们在巴学园里扮演着最真实的角色，进行着真游戏，在那里，他们可以有任何想法，即使“等待南德，和他一起吃饭睡觉”这个不算梦想的梦想，都能得到老师们的认同。

二、观察幼儿童真的发现

陈鹤琴先生说：儿童的世界，是儿童自己去探讨，去发现的。他自己所求来的知识，才是真知识，他自己所发现的世界，才是他的真世界。儿童在进行自主游戏时，是一个喜欢探索和发现的过程，孩子之间存在着巨大的个体差异，我们在观察幼儿玩耍的时候，要学会发现他们的不同，学会站在不同角度去观察，相信幼儿是一个有能力的学习者。安吉教师们相信，如果想让幼儿获得什么经验，不用教师费尽心思去设计活动，不用教师费尽口舌去对幼儿说教，只需创设相应的环境、投放相应的材料、提供相应的机会，幼儿就能自然习得，由此可知，儿童身上的潜能是无限大的，我们应该善于发现他们的“发现”，多记录幼儿在游戏过程中的点点滴滴与奇思妙想，通过这些记录，我们可以深入了解幼儿的内心世界，记录方式可以是自媒体，也可以是文字等不同的方式。

三、尊重幼儿不稳定的发展能力

儿童的认知活动是基于实际经验的，他们通过观察、感受、探索、模仿等行为来认知世界。同时，儿童的能力发展也是一个循环渐进的过程，通过不断的实践和发现不断地向前。在幼儿游戏过程中这个特点得到了明显的体现。

案例：在进行户外游戏时，小班的幼儿在看到幼儿园新引进的玩具攀爬架时，都表现出极大的兴趣，特别是看到中大班幼儿在攀爬梯架上大显身手时，他们也欲欲跃试。但是由于攀爬架过高，有很多地方只有手脚协调能力发展较好的幼儿才能做到在上面“健步如飞”，所以大部分小班的幼儿都选择观望。在观望了大中班两三天后，有个别大胆的小班幼儿开始自己尝试登上攀爬梯架，一开始只敢爬比较低的阶梯，爬的时候也非常小心翼翼，但是经过几天的尝试，他们开始向更高难度更大的阶梯挑战，当发现攀爬难度过高时，他们不得已选择了放弃。

面对幼儿的勇敢或胆怯心理时，首先我们应该去尊重和理解他们的想法和做法，其次我们作为引导者，能够做的就是引导他们找到合适自我的正确方向，有的孩子现阶段确实无法达到和其他幼儿一样的水平，也有的孩子本身在某些方面比较优越，我们要在尊重幼儿本身独特性的前提下，鼓励支持他们去“够一够摘桃子”。

四、提升自身的专业性

《幼儿园教育指导纲要》和《幼儿园保育教育质量评估指南》中的内容是每个学前教育者必须牢记的，除了牢记，学会灵活运用也很重要，我们应当将安吉理念有效地融入日常活动设计中，也要将《幼儿园教育指导纲要》《幼儿园保育教育质量评估指南》和幼儿自身特点更好地融合，以此计划各种活动。这是一件较难的事情，需要我们运用我们的专业知识，需要我们用心来观察，动脑筋。

安吉游戏作为一种开放式游戏教育模式，将游戏的自主权归还幼儿，让幼儿在游戏中真正获得乐趣，让幼儿真正成长为有思想、有魄力、有潜力的时代新人。对于安吉游戏的理念我们学前教育者还需要不断地去探索，去学习，学前教育领域的发展道阻且长，它的发展道路是曲折的，需要我们脚步不停地去探索，正所谓：追风赶月莫停留，平芜尽处是春山！

【参考文献】

[1] 韩康倩 . 华爱华教授访谈录之六“安吉游戏”中的一日生活 [J]. 幼儿教育，2021（31）：4-8.

[2] 曹巧霞 . 安吉游戏模式对幼儿教育发展价值的探析 [J]. 知识文库，2023（07）：182-184.

27. 幼儿园自主游戏中教师角色的转换的初探

武穴市直属幼儿园江林园区　肖秀、刘丽琴

【摘要】《幼儿园保育教育质量评估指南》在“师幼互动”部分提出幼儿园应以游戏为基本活动，确保幼儿每天有充分的自主游戏时间，因地制宜地为幼儿创设游戏环境，提供丰富适宜的游戏材料，支持幼儿探究、试错、重复等行为，与幼儿一起分享游戏经验。

【关键词】幼儿园；自主游戏；教师角色转换；初探

自主游戏作为幼儿园一日活动的重要组成部分，在受到幼儿欢迎的同时对幼儿的智力、社会性、动作发展等方面都起着极为重要的作用。随着游戏的进行，教师的角色也在不断转变。我将从自主游戏中教师角色的定位来谈谈自己的几点看法。

一、游戏前的“引路人”

自主游戏活动是幼儿在自主交流中发生的，我认为，教师应充分尊重幼儿的意愿，灵敏地抓住幼儿的兴趣点，积极扮演好“引路人”的角色，引导幼儿展开交流，在讨论玩法、准备材料中，积极支持幼儿的意见和想法，营造宽松的自主环境。教师对幼儿的这种充分关注，积极支持，能增强幼儿的自信，激发幼儿更多的游戏灵感。对幼儿来说这样的自主探索，就是他们与环境、材料互动的过程，同时也是他们学习与思考的过程。

二、游戏中的“守护者”

自主游戏实践中，我最大的感受就是教育理念的转变。过去，我们主要从儿童成长的角度去看待游戏，着重关注孩子在游戏过程中学习到的知识。现在的我们更多的是作为游戏中的观察者、支持者、合作者，尊重孩子的意愿，认真观察、记录、反思，同时又及时出现在孩子们需要的地方，做孩子们的守护者。同时，随着孩子们游戏的进行，我们会感到惊喜、紧张、期待以及快乐。

三、游戏深入的“隐形推手”

真正的“守护者”不是忙于“挥动巨大剪刀”修剪小树防止其错误生长的人，而是“端着喷壶在温馨阳光中灌溉植物”的慈爱教育者。教师全程持续陪伴幼儿游戏，当幼儿碰到一些问题不能深入游戏时，教师应当适时介入，推动游戏活动的深入和游戏内容的扩展。如何把握介入的时机和方法对教师来说是一种挑战。在观察的过程中，教师需要时刻思考孩子行为背后的意义，判断介入的时机，思考介入的方式。结合我的实际工作，总结出以下介入方法。

（一）材料供应方法

在游戏过程中，孩子们经常与环境中的材料进行互动。为了孩子们的游戏顺利进行，及时地供应并更新游戏材料是至关重要的。教师可以在孩子们游戏的过程中观察他们的表现，根据需要添加或减少材料，推动游戏情节的继续发展。

（二）参与角色设定

参与角色设定也就是教师积极参加孩子们的游戏，充当特定角色，以自我行动去引领小朋友进行游戏。

（三）抛出问题

抛出问题，即在游戏中帮助幼儿发现问题，让幼儿在思考问题、协商方案、解决问题、行动验证的过程中深入游戏。

（四）交流分享

在游戏过程中察觉到儿童遇到了一些具有普遍性或者意义深远的问题，教师可以在游戏终止时，组织儿童讨论交流，为他们解答疑惑，并增进其体验。教师需擅长挖掘游戏过程中儿童的闪光点，组织儿童进行互动交流，并协助儿童将交流后的成果进一步提升，把有效的解决方式应用至未来的游戏里，从而推动儿童游戏水平的提高。

（五）同款游戏

教师与儿童玩相同的玩具，但并不与之交流，也不打扰孩子的游戏，而是给孩子示范自己的玩法。这种方法并不是教师对孩子进行直接的方法传授，而是在潜移默化中为孩子示范，孩子也是在无意识的状态下进行学习和接受，甚至进行模仿。

正所谓“润物细无声”，教师在游戏中作为“隐形推手”，应改变固有的保护心态，遵循“儿童在前，教师在后”的教育原则，让幼儿成为游戏的主导者。

四、游戏后的“评判员”

游戏后，教师可通过儿童行为、言语及材料使用等表现，精准判断其在认知、情绪、社交等方面的发展及个体差异。教师作为游戏后的评判员，需评估环境，如场地、用具、时间等因素，及教师指导是否合适。教师合理评价幼儿游戏行为，有助于因材施教，促进幼儿个性发展，让幼儿在自主游戏中表达想法，展现审美，提升学习效果。

《幼儿园保育教育质量评估指南》不仅仅是评估的指标，同时也是提升幼儿园保教质量的方向引领。我将不断对《幼儿园保育教育评估指南》进行深层次的学习，以进一步理解并执行该指南中的文件核心和指导思想，坚守“以儿童为中心，注重过程，持续改善”的理念，实质性地改变教育观念和行动，提高教育实践技能，科学进行保育教育，全方位提升我在保育教育方面的能力。

【参考文献】

[1] 教育部基础教育司组 . 游戏·学习·发展 [M]. 北京：人民教育出版社，2020.
[2] 幸福新童年编写组 .《幼儿园保育教育质量评估指南》解读 [M]. 北京：开明出版社，2022.

28. 自主游戏对幼儿的影响与指导策略

黄州区幼儿园　胡腾

【摘要】自主游戏对幼儿的发展具有深远的影响。在游戏中，幼儿可以发展他们的身体技能、情感认知以及社交技能。所以，为幼儿提供合适的游戏指导是幼儿园的重要工作部分，本文通过对幼儿自主游戏活动的观察，分析幼儿自主游戏活动中存在的问题，优化自主游戏中教育者的教育决策，避免教育者在自主游戏过程中由于教育观念的偏差，对幼儿全面和谐的发展产生负面影响。

【关键词】**自主游戏；影响；指导策略**

随着经济的发展，教育的改革也在不断深化，人们对素质教育的要求也越来越高，“寓教于乐”的观念深入人心。游戏化教学相比其他教学形式更符合幼儿的年龄特点。

一、自主游戏对幼儿发展的影响

自主游戏活动能调动幼儿的主观能动性，也能引导幼儿开拓思维，促进幼儿独立思考，从而为幼儿创造性思维的形成提供良好的条件。

（一）身体发展

自主游戏可以促进幼儿的身体发展，包括运动协调能力、肌肉力量和灵活性等。

（二）认知发展

自主游戏可以帮助幼儿发展认知能力，如观察力、想象力、解决问题的能力等。

（三）情感发展

自主游戏可以促进幼儿的情感发展，增强他们的自信心、自主性和自我控制能力。

（四）社会发展

自主游戏可以帮助幼儿发展社会交往能力，如合作、分享、沟通等能力。

（五）创造力发展

自主游戏为幼儿提供了自由创造的空间，鼓励他们发挥想象力和创造力。

二、幼儿园自主游戏活动过程中存在的问题

（一）自主游戏的开展始终由教师主导

场景一：安吉游戏中，东东和小义总是想去争抢运送器材的推车，而且每次拉推车都会横冲直撞，误伤其他小朋友。之后每次安吉游戏活动开始前，东东和小义会表现得很乖，非常想去安吉游戏区玩，但总会被教师分配到自己不感兴趣的阅读区。

以上教师完全忽略了幼儿的“自主性”，把幼儿选择游戏的权力剥夺了，慢慢地，幼儿的游戏兴趣会减退，这就背离了自主游戏的本质。

（二）教师在游戏活动中放任不管

场景二：安吉游戏中，小鱼在一次搬运双人梯时，被梯子夹到手，教师当时对幼儿进行了安全教育，游戏结束收玩具时，小明也用错误的方法搬运双人梯，结果也被夹伤了手。

有些教师在活动中曲解了“自主”一词，认为自主游戏就是任由孩子自己玩。教师是

幼儿活动的支持者和引导者，因为幼儿的年龄特点，教师需要时刻观察，在幼儿需要帮助的时候提供指导，在幼儿出现问题时也需要进行指正，以免形成幼儿不良习惯或者出现安全隐患。有时候规则的制订是为了更好地提高幼儿游戏的教育效果。

（三）自主游戏时间控制不当。

场景三：建构游戏中，小于和芳芳非常开心地跟教师介绍自己搭建的城堡，突然发现少了一间房间，这时规定的上课时间到了，小于和芳芳一直舍不得收玩具，最后在教师催促下不情愿地收拾了玩具进教室。

在游戏活动中，教师总是会因为上课时间到了或者其他因素中断幼儿游戏，幼儿的兴趣正浓时，教师不能因为时间不足而使幼儿意犹未尽，否则会大大影响自主游戏的质量和幼儿的游戏兴致。

（四）教师评价内容敷衍并且单一

场景四：美工区域活动中，洋洋兴致勃勃地画了一幅海洋世界，开心地拿到老师面前问："老师我画得怎么样？""嗯好看，真棒"教师回答道，洋洋不开心追问道："你看见我画的鲨鱼厉不厉害？""好厉害"教师回答。之后洋洋再也没问，他认为老师没看见他画的灯笼鱼。教师评价过于单一，没有把幼儿最在意的东西拿出来表扬，长此以往会打击幼儿的自信心和游戏兴趣。

三、幼儿园自主游戏的发展策略

（一）根据幼儿兴趣出发，引导幼儿自主选择游戏

游戏是幼儿发自内心的活动，教师要尊重幼儿的内心需求，激发幼儿的主观能动性。教师应做好观察和记录，根据幼儿的兴趣，确定恰当的游戏主题。

（二）善于观察，注意指导要有艺术性

自主游戏活动中，教师心中要有一把"尺"，随时衡量自身行为。在游戏过程中，教师需要做到直接指导和间接指导相结合，这就要求教育者仔细观察。在游戏过程中，教师要注意两种极端现象，第一种是认为自主游戏就是教师从不干预；第二种是教育者站在成人的角度考虑问题，直接告诉幼儿应该怎么玩，缺乏指导耐心。

（三）根据幼儿游戏情况制订弹性游戏时间

不同年龄的幼儿需要不同的自主游戏时间。例如，小中班的幼儿需要更多的时间来探索和发现新事物，而大班的幼儿需要更多的时间来进行创造性游戏和解决问题。不同类型和内容的游戏需要不同的时间。例如，一些建构游戏需要较长的时间来完成，而一些角色扮演游戏需要的时间较短。幼儿的兴趣和注意力也会影响自主游戏的时间。如果幼儿对某个游戏非常感兴趣，就会花费更多的时间来玩；相反，如果幼儿对某个游戏不感兴趣，就会很快失去结束游戏。教师的指导和干预也会影响幼儿自主游戏的时间。如果教师过多地干预幼儿的游戏，就会缩短幼儿的自主游戏时间；相反，如果教师给予幼儿足够的自由和空间，就会延长幼儿的自主游戏时间。

（四）多元化评价，指导幼儿自发总结

教师要正确地评价幼儿的游戏，充分发挥评价的激励作用，激发幼儿自主游戏的兴趣和热情。教师应该把评价的话语权交给幼儿，引导幼儿自主评价，发挥幼儿的主体地位。教师应该通过提示法和讨论法等多元化方法激发幼儿的交流兴趣，因为幼儿年龄特点，他们缺乏实际生活经验，所以需要教师提示引导，教师可以通过“今天的游戏你玩得开心吗？”“游戏中你觉得有什么困难？”等问题来引导幼儿总结经验；可以抛出问题“那我们可以怎么解决这些问题？”“你想怎么做？”来引导幼儿集体讨论，在你一言我一语中，发展幼儿的语言表达能力，体现幼儿的主体性，让幼儿成为游戏评价的主人。

总之，自主游戏既要发挥幼儿的主体地位，又要帮助幼儿发展各项能力，如何平衡这两者之间的关系，需要我们教育工作者不断地学习探究。

【参考文献】

[1] 邱学青 . 关于儿童的自主性游戏 [J]. 学前教育研究，2001（06）：36-37.

[2] 顾美芳 . 谈谈自主性游戏指导存在的问题及对策 [J]. 长三角（教育），2012（06）：55.

[3] 中华人民共和国教育部 . 幼儿园教育指导纲要（试行）[M]. 北京：北京师范大学出版社，2001.

29. 浅谈幼儿园中启发性教育的重要性

黄梅县小池滨江新区第一幼儿园大桥园区　商乐

【摘要】启发性教育在我国历史悠久。孔子对启发性教育用“不愤不启，不悱不发”来形容。启发性教学法有利于调动孩子的学习积极性，对孩子的思维发展有很好的促进作用。教师应从启发幼儿兴趣着手，观察幼儿生活，灵活改变教学方式，从而有效的良好的游戏活动。

【关键词】**启发性教学法；引导；提问**

启发性教学是调动幼儿自主学习能动性的方法之一，能够激发幼儿的学习兴趣。幼儿的学习主要是以兴趣浓厚为前提的，所以我们不能进行灌输式的教育。调动孩子的积极性，激发孩子自主学习是启发性教学的最大特点，启发性教学也符合孩子的心理发展规律。教师在启发性教学过程中，需要注意适应其年龄特点，适应其心理发展规律，基于此创设活动情境，贴近其生活，吸引孩子的注意力，对孩子各方面的素质进行培养和提高。

例如，在音乐活动中，教师可创设情境引导幼儿感知音乐节奏，如科学活动“神奇鸡蛋”，通过游戏让幼儿自行发现鸡蛋破裂的条件。启发性教学以提问为主，激发幼儿思维，促进其思考。提问和举例需符合幼儿年龄和知识阅历，便于幼儿利用自己原有的知识经验，寻找思路，从而求得问题的解决。如：在“青蛙搬家”语言领域活动中，教师要求幼儿就青蛙搬家的方法进行讲解。有的孩子说：“大雁在天上飞，青蛙跳就能跟着飞。”有年幼的孩子反驳说：“这样蹦到啥时候啊？”“大家纷纷把目光投向了这位教师。教师笑说：“谁能把这种做法改进一下？”一些幼儿说：“青蛙能找到一根很长的弹力杆，青蛙坐在杆子的顶端，一弹，就弹到很远的地方。”这样的想法也让其他年幼的孩子产生了疑问：“这样青蛙会摔死吗？”幼童又说：“把弹力球装在青蛙身上，这样才不会摔死。”教师适当启发，提高了幼儿学习、探究的主动性，同时也起到了持续推动讨论的作用，使活动达到了良好的互动。

启发性教学重在培养孩子的自主思考能力、动手能力。启发性教学的精髓就是引导，《幼儿园教育指导纲要》也明确指出：教师应成为幼儿的引导者、合作者和支持者。具体地说，就是教师要引导幼儿发展主动动手解决问题的能力，鼓励幼儿勤动手、勇于创新，从小培养幼儿动手、动脑的学习习惯。

幼儿主要以游戏为基本活动，通过游戏感知生活、学习知识、掌握能力。启发性教学对幼儿能力提升至关重要，教师应营造宽松、自由、多元的环境，引导幼儿自主创新游戏。教师应扮演观察者、引导者、支持者角色，如参与角色扮演，以便幼儿更直观地体验游戏。通过观察，教师发现并引导幼儿解决游戏中的问题，促使其自我观察、比较、思考、调整、实践、总结、归纳，提升游戏水平和学习质量。启发性教学旨在引导幼儿自我思考、调整和实践，使其体验到过程中的成功快乐，加速提升其交往、语言、反思、解决问题、想象与创造等能力。

总之，在幼儿园的日常游戏活动中，为幼儿营造快乐天地，通过启发性教育让幼儿的能力水平快速提升。幼儿自主思考、实践有助于培养思考问题和解决问题的兴趣和能力。

【参考文献】

[1] 周琳 . 谈启发式教学在幼儿教育中的运用方法 [J]. 科普童话，2020（08）：165.

[2] 苟继霞 . 谈启发式教学在幼儿教育中的运用方法 [J]. 中华少年，2019（34）：18 ＋ 21.

[3] 俞永倩 . 幼儿教育中的启发式教学 [J]. 幸福家庭，2020（08）：51.

30. 幼儿园户外自主游戏的初探

英山县第三幼儿园草盘地园　杨兰

【摘要】自主游戏具有自由选择、自主开放、自发交流特点，是幼儿园践行“游戏为主”的关键。自主游戏能激发幼儿创造力、想象力，培养幼儿社交及解决问题的能力。为推进自主游戏，教师作为观察者，要擅于发现问题、总结问题、解决问题，要明确方向，适时指导，引领幼儿深度学习，使其成为游戏主导者。

【关键词】户外；自主游戏；探索；支持

户外自主游戏是幼儿在户外场地自主自由开展的游戏活动。这种游戏自由发挥性较强，可以让幼儿尽情展开想象。在幼儿园的游戏教育中，户外游戏具有重要作用，其意义深远。因此，掌握有效的指导方法，提升户外自主游戏的效果是至关重要的。

一、户外自主游戏的重要意义

开展户外自主游戏意义表现在：一是增强幼儿身体素质。户外自主游戏涉及幼儿动手实践、运动锻炼，无形中起到了强身健体的作用；二是提高幼儿沟通交流能力。户外自主游戏中需要互相配合沟通，能够在活动中训练幼儿语言表达能力，进一步增强幼儿自信心；三是开发幼儿潜能。户外自主游戏，能够让幼儿培养团结合作精神、形成自主思考问题的意识，愿意主动去解决问题。

二、户外自主游戏存在的问题

（一）外来干预太强

出于安全和活动顺利推进的考虑，教师容易在户外自主游戏的过程中进行一定程度干预和介入，一旦干预过度会导致幼儿产生约束感，难以发挥想象力和创造力，出现师幼互动不当的潜在危机，幼儿的体验乐趣容易打折扣。

（二）有效引导过少

教师在自主游戏中完全放养，没有提前告知幼儿参与规则，表面看起来是让幼儿无拘无束，随心所欲地游戏，实际上是教师消极对待，无法体现户外自主游戏的教育价值。

（三）整体把控欠缺

户外自主游戏需要场地、设施，由于幼儿园教师少和材料设备不充足等问题，加上游戏时间较长，游戏过程中很容易出现秩序混乱，甚至是安全问题，无法实现预期目标。

三、户外自主游戏有效指导的前提

（一）准备充分，条件适宜

游戏前，应做好场地布置、材料购置等前期工作，保障活动有效开展。教师应根据活动主题及幼儿自主选择情况，事先布置好活动场地及准备好游戏活动需要的各种材料。

（二）尊重差异，适度引导

在辅助幼儿游戏时，教师需站在幼儿角度思考，尊重其自主权，合理引导，避免过度干预。应让幼儿自主设计活动步骤、设定方案，从而增加幼儿活动经验。

四、户外自主游戏活动指导策略

（一）通过观察提升能力

游戏指导的好坏依赖于教师的观察能力。自主游戏中幼儿游戏行为的背景和出现的问题呈现多元化特征，因此教师对幼儿游戏行为的解读需要循序渐进。教师需要充分展现个人智慧，根据幼儿在活动中行为和态度和变化及时作出合理指导。因此，教师们需反思并强化观察能力，持续提升行为记录和问题反馈等技巧，以促使个人实践经验的规范化、条理化和整体化。

（二）间接指导潜移默化

在常规的游戏活动中，教师们一般习惯性地采取肢体动作示范、语言引导等直接方式，对幼儿进行指导，这种方式的好处是能够在短时间内帮助幼儿获取掌握知识与技能，顺利推进游戏进程，但显而易见地禁锢了幼儿的创造性和发散性思维。因此，教师应通过考虑诸如活动背景、场地资源及空间环境等因素，采用间接引导的方式，悄无声息地影响幼儿，并提升其参与游戏的效果。

（三）及时调整介入指导

幼儿在知识结构、日常生活经验和理解能力等方面具有一定的缺陷，使得他们在某些自主游戏中会遇到无法自行解决的问题，或者面对一些挑战。因此，教师要及时进行介入指导，了解幼儿难以继续游戏的原因，通过及时且科学的教导帮助幼儿克服生理上或者心理上的障碍。

（四）提供辅助促进参与

教师应认识到不同的幼儿在生活环境、兴趣爱好和性格上都有所差异，这使他们在户外自主游戏中会表现出不一样的行为模式。教师应根据对孩子的了解，适时给予相应的帮助，以激发他们的活力和主动性，努力让所有幼儿都加入进来，从集体游戏活动中得到成就感并增强自信。

（五）发现问题调整优化

教师通过有效指导，引领幼儿参与到游戏活动全过程，促进幼儿之间相互交流分享，激发幼儿的交际意识、团结合作意识等，促进幼儿全面发展、健康成长。但户外自主游戏也会带来一些挑战，比如材料准备不充分、游戏时间不足等等，这些都是教师难以预见的因素。因此，教师应该随游戏的发展进行指导，重视“孩子为主，教师为辅”的观念，根据孩子的实时表现调整指导策略。

在户外自主游戏中，教师要养成观察、解读幼儿的习惯，从“要放手”到“真放手”，从“看儿童”到“懂儿童”，规避幼儿游戏活动中指导目的性不足、急于求成等问题，通过关注细节，加强科学引导，推动幼儿在游戏中的参与度和兴趣度的提升。

【参考文献】

[1] 李桂芳 . 谈幼儿自主游戏中探索与实践的探索与实践 [J]. 名师在线，2020（01）：34-36.

[2] 王小英，刘思源 . 幼儿深度学习的基本特质与逻辑架构 [J]. 学前教育研究，2020（01）：3-10.

31. 自主游戏促进幼儿创新思维发展策略

黄州区幼儿园　李梓微

【摘要】自主游戏是促进幼儿创新思维发展的重要途径。教师通过提供丰富多样的游戏材料、创设开放性的游戏环境、鼓励幼儿自主解决问题、引入具有挑战性的游戏元素以及注重游戏的互动性和合作性，能有效地促进幼儿创新思维的发展。本文探讨了通过自主游戏促进幼儿创新思维发展的一些策略，不仅对幼儿园的教育有着重要的意义，也对社会的创新发展有着积极的影响。

【关键词】**自主游戏；创新思维；发展策略**

创新思维是指在认识和解决问题的过程中，能够提出新颖和有价值的想法和方法的能力。在幼儿园中，培养孩子的创新思维是一项重要的教育目标。为了达成这一目标，需要探索和实施一些有效的教学方法，其中自主游戏就是一种很有效的方法。

一、自主游戏的含义和重要性

自主游戏是指孩子们在没有成人干预的情况下，自由选择和参与的游戏。这种游戏方式可以让孩子们根据自己的兴趣和需要，安排自己的游戏时间、空间、对象和内容，从而发展自我控制和决策能力。同时，自主游戏也能激发孩子们的创新思维，因为孩子们在游戏中会遇到各种问题和挑战，需要他们运用自己的想象力和创造力，来寻找和尝试不同的解决方案。因此，自主游戏对幼儿的创新思维的培养具有重要的意义。

二、自主游戏如何促进创新思维

自主游戏可以通过以下三个方面，促进幼儿园孩子创新思维的发展。

（一）解决问题自主游戏可以提高幼儿的发散思维能力

在自主游戏中，孩子们会遇到各种问题，比如如何使用游戏材料，如何与其他孩子合作，如何应对游戏中的困难和冲突等。这些问题需要孩子们运用自己的知识和经验，来寻找和尝试不同的解决方案。这个过程可以锻炼孩子们的逻辑思维和创造力，培养他们的创新思维。

（二）角色扮演角色扮演游戏可以提高幼儿的想象力和创造力

在自主游戏中，孩子们会通过角色扮演游戏，来模拟和体验不同的人物和情境。这种游戏方式可以让孩子们从不同的角度看待和理解问题，从而发展他们的多元思维和创新思维。

（三）探索活动探索活动可以提高幼儿的创造性智力

在自主游戏中，孩子们会通过探索活动，来发现和学习新的事物和知识。这种游戏方式可以激发孩子们的好奇心和探索欲，这是创新思维发展的重要驱动力。同时，探索活动也可以让孩子们接触和尝试新的游戏材料和环境，这是创新思维发展的重要条件。

三、自主游戏促进幼儿创新思维发展策略

为了更具体地说明自主游戏如何促进幼儿的创新思维，本文将以幼儿园开展的《一起“趣”动物园》《一园青菜成了“精”》《蝶“趣”》自主游戏为例，说明自主游戏促进幼儿创新思维发展的优化策略。在《一起“趣”动物园》《一园青菜成了“精”》《蝶“趣”》自主游戏中，孩子们展现了以下三个方面的创新思维。

（一）解决问题，迎难而上

在《蝶“趣”》游戏中，孩子们面临如何吸引蝴蝶的问题，想出了多种方法如制造黏土陷阱、采花引蝶等。游戏中，孩子们通过自主探究、迁移经验解决问题。如在第二次游

戏中，孩子们决定用花香诱蝶，并把班级种植区的花移至种植园以吸引更多蝴蝶。孩子们对蝴蝶世界充满好奇，通过自主调查了解其特征习性。这些解决方案展示了孩子们的逻辑思维和创造力。

（二）角色扮演，体验拓展

在《一起“趣”动物园》自主游戏中，孩子们通过角色扮演游戏，来模拟小动物及去动物园的情境。他们还用语言和动作，来表达自己的想法和情感，来互动和协作，来创造和发展自己的游戏剧情。这些角色扮演游戏让孩子们从不同的角度看待和理解问题，从而发展了他们的多元思维和创新思维。

（三）探索活动，发现提升

在《一园青菜成了“精”》自主游戏中，孩子们通过探索学习新事物。种植园在细心照料下绿意盎然，蔬菜成熟可采摘。孩子们决定销售蔬菜，讨论卖给谁、如何卖、售款如何分配等问题，运用生活经验解决问题，开启新思路。陈鹤琴：“大自然是最佳教材。”孩子们在卖菜活动中自发、自创、自乐，学有所获，遇到困难时，独立思考、解决问题，丰富成长的可能性。

自主游戏是一种有效的方式，可以帮助幼儿发展创新思维。通过自主游戏，孩子们可以在解决问题、角色扮演和探索活动中，发展他们的创新思维。

【参考文献】

[1] 周乐乐 . 幼儿园户外自主游戏中教师的指导策略 [J]. 学园，2023，16（35）：56-58.
[2] 张娟 . 幼儿园自主游戏中培养幼儿学习品质的策略 [J]. 智力，2023（29）：175-178
[3] 张士华，薛冰 . 试析幼儿园自主游戏分享环节的教育功能 [C]// 中国陶行知研究会 . 山东省泰安市宁阳县堽城镇西台幼儿园，2021：37-38.
[4] 郑立新，肖钰烨 . 在自主游戏中培养幼儿创新思维 [J]. 教育家，2023（17）：52-53.
[5] 王俊芳 . 略谈幼儿园中班的自主游戏开展策略 [C]// 广东省教师继续教育学会 . 察右中旗幼儿园，2023：655-657.

第二章　真游戏的环境创设

1. 基于儿童视角的幼儿园户外自主游戏环境优化研究
——以黄冈市实验幼儿园为例

黄冈市实验幼儿园　郑爱民

【摘要】环境创设是幼儿自主游戏的基石，决定着游戏的质量，幼儿通过与各种材料的互动，促进其认知能力、情感表达能力、身体协调性以及社会交往能力等各方面的提升。本文结合黄冈市实验幼儿园的实践经验，从基于儿童视角的户外自主游戏环境创设的价值、存在的问题以及实施优化三个方面进行论述。

【关键词】儿童视角；户外自主游戏；环境优化

幼儿园户外空间作为幼儿学习生活的重要场所，对幼儿的全面发展起着至关重要的作用。要打造优质的户外自主游戏空间，关键在于我们要从儿童的角度出发，确保幼儿在游戏中的主导地位。我们应在实践中积极探索和优化环境创设，满足幼儿的各种需求，真正实现幼儿的全面发展。

一、基于儿童视角的户外自主游戏环境创设的价值

《幼儿园保育教育质量评估指南》强调：幼儿每日户外活动应超 2 小时，含 1 小时体育活动。户外自主游戏环境对幼儿发展至关重要，提供探索、体能锻炼等多方面的机会，推动其全面发展。一方面，可锻炼幼儿身体机能，提升幼儿身体控制、协调和平衡力。另一方面，可促进其认知、智力发展，丰富游戏情节，发展其象征性思维，发展其感知觉、注意力、观察力和意志力等心理品质。此外，创设受欢迎的户外自主游戏环境，有助于儿童社会性发展，促进其互动交往，塑造其优良个性品质。

二、幼儿园户外自主游戏环境创设存在的问题

（一）户外自主游戏环境规划不合理，空间利用率较低

作为一所有着近 70 年历史的老园，黄冈市实验幼儿园户外环境长期保持稳定状况，

但在环境设计方面未能紧跟时代发展步伐，缺乏先进理念的指导，从而使得环境未能充分发挥其对幼儿发展和课程目标实现的促进作用。

（二）材料投放以体育运动材料为主，且更新频率较低

据统计，幼儿园户外材料中，运动类材料占比大，建构类、探究类材料较少，且部分材料数量不能满足幼儿的多种游戏需求；加之幼儿园一直以来经费较为紧张，因此户外材料更新频率较低，且有部分存在破损情况。

（三）环境创设以教师为主导，材料管理待优化

前期，幼儿园户外环境创设及材料投放以教师为主导，幼儿参与度不够，其表现为：一是材料来源较为单一，以教师投放为主，少量是幼儿从家里带来的废旧物品；二是游戏中教师占主导，过多强调规则，投放的材料未能充分考虑幼儿游戏的需求和发展；三是材料收纳柜不便于幼儿拿取和收放，存在一定的安全隐患。

三、实施户外自主游戏环境的优化

我园积极探索、创设富有童趣的育人环境，在以儿童发展为本的课程理念的引导下，力求在课程建设和环境创设中为幼儿营造自然和自由的活动氛围，在实施过程中注重游戏的开放性和生成性，确定了生态视野、生态体验、自然发展的思路，确定了“自然—生态—野趣”的游戏化环境理念。

（一）基于儿童视角，打造自然生态的户外环境

一方面，教师通过参与幼儿的活动，以游戏伙伴的身份与幼儿交流，了解幼儿对于户外自主游戏环境的真实想法。另一方面，幼儿园以环境生态教育为目标，本着生态与节约、自然野趣的设计理念对幼儿园的户外场地进行合理的空间功能划分，布置了树上精灵乐园、开心农场、阳光球场、山野探险、沙水浴场、林间漫步、丘陵乐园、森林教室八个特色区域，各区域相互串联融合成一个整体，满足各年龄段儿童的活动需求。同时结合幼儿提出的想法，充分利用了树下和林下的游戏空间，以自然坡地为载体，营造生态野趣的幼儿园生活环境，打造具有特色的户外自主游戏环境。

（二）整合资源，增投丰富的游戏材料

材料是幼儿活动的物质基础，是幼儿探索、发现与学习的中介和桥梁。我园从生态体验出发，倾听孩子的想法，投放适宜的材料。一是为幼儿提供较充足的自然材料，户外材料多为木材、石材、沙子，水、泥土等生态材料，为孩子们提供丰富的触感体验；二是投放户外的大型木梯、碳化积木等木制材料，让幼儿多感官、全方位地与材料互动；三是各区域合理设计收纳区，便于幼儿拿取、使用；四是注重各类材料投放比例均衡，有一定数量的高结构材料和低结构材料，充分满足幼儿多样化的游戏需求。

（三）理念反思，创设安全愉悦的游戏环境

我园结合“我们都是大自然的孩子”的理念对幼儿教育进行了反思，将户外自主游戏作为重要的教学模式，在游戏活动中以幼儿为主体，实现“我的游戏我做主”。打破区域之间的隔阂，摆放低结构材料创造开放环境。教师在幼儿游戏过程中观察、记录，适时回应，深化幼儿在游戏中的学习。为幼儿创造自由、安全的游戏环境，依托“自然”，引导孩子用“五感”探索，用手触摸、用脚丈量、用眼发现、用耳朵听、用嗅觉感知、用味觉体验，让孩子们成为游戏的主体，释放幼儿天性。

2. 浅谈幼儿园区域活动中低结构材料的投放原则与实施策略

红安县教育科学研究院　袁红朝

【摘要】《3—6 岁儿童学习与发展指南》中倡导：“多为幼儿选择一些能操作、多变化、多功能的玩具材料或废旧材料，在保证安全的前提下，鼓励幼儿拆装或动手自制玩具”。合理运用生活化材料、注重材料多样性投放，能激发幼儿的创造兴趣，促进幼儿健康成长。

【关键词】低结构材料；投放原则；实施策略

低结构材料，指的是结构松散、可变性强、玩法多样的游戏材料，如纸盒、冰棒棍、瓶盖、吸管、易拉罐、树木、碎布等。低结构材料的成本低、变化多，幼儿在与这些材料互动中可以感受自主的快乐，体验创造的乐趣，获得能力的发展。

一、区域活动中低结构材料的使用现状

（一）幼儿园区角材料使用存在问题

（1）材料使用规则不完善，随意性强。

（2）教师投放材料不科学，无法满足孩子自主游戏需求。

（3）幼儿与低结构材料交互水平较低。

（二）产生这些问题的原因

（1）现有的低结构材料相关理论不完善，教师认识不足。

（2）缺乏完备的材料管理制度和收纳习惯。

（3）低结构材料没有合理整理分类。

（4）教师对低结构材料的研究和反思不足。

二、区域活动中低结构材料的投放原则

区域活动是幼儿园课程实施中的一种重要组织形式。合理的区域设置和区域材料投放能够有效促进孩子自主游戏的深入开展。在区域活动中，投放低结构材料应该遵循以下原则。

（1）生活化原则

熟悉的低结构材料更能引发幼儿的探索兴趣与求知欲望，因此，教师应该选取贴近幼儿的日常生活的材料，激发幼儿的生活回忆，使幼儿产生浓厚的探索兴趣，在已有的水平上完成有趣探索与开心创造。

（2）灵活性原则

幼儿年龄不同，喜欢的材料也不一样。幼儿随着年龄的增长，生活阅历与生活经验的不断增加，在游戏中表现出的合作能力、创造能力、规则意识随之增强，所喜欢的材料也会发生改变。因此，教师在投放低结构材料时，应结合幼儿的不同年龄特点，作出相应优化与调整，投放科学合理的区域材料，满足不同年龄幼儿实际发展需求。

（3）有效性原则

低结构材料要足够吸引学生，在一日活动中，教师可以通过持续观察学生或者区域，了解材料投放是否有效，作出科学判断，灵活调整材料种类，确保材料有效，能激发幼儿的探究兴趣。

三、区域活动中实施低结构材料的意义

低结构材料的投放发展了幼儿动手能力和探究能力。

（一）多样化发展需求

教师在幼儿园区域活动中，合理运用低结构材料，满足不同年龄段和需求的幼儿，使其得到不同程度的发展。

（二）自主探究意识

低结构材料具有可塑性，能激发幼儿自主探究，促进其独立思考和发挥创造力，解决实际问题。

（三）创造力与想象力

低结构材料易于收集，结构简单，能够为幼儿提供探索空间。在区角活动中，幼儿可利用低结构材料如小石头、纸张、树叶、树枝等进行创作，展现和发展创造力和想象力。

四、区域活动中实施低结构材料的策略

通过优化游戏材料投放策略，投放生活化、层次化、适宜、有趣的低结构材料，可激

发孩子自主意识，确保游戏深度开展。依据《幼儿园教育指导纲要》，活动应紧密联系实际生活，教师应运用生活相关工具，让幼儿借助生活化低结构材料，提升动手操作和自主探索的能力。教师可充分利用幼儿身边事物与现象作为探索对象，将生活易中接触的低结构材料分层次投放至活动区，如废旧报纸、挂历等可用于数学区提升幼儿的数字敏感度。教师应利用生活化、低结构材料，促进幼儿与材料互动，促进其动手能力和语言发展，提升幼儿的社会交往能力，让幼儿在活动中学会解决问题。结合活动内容，投放带有趣味性的低结构材料，如纸、报纸、布料、玩具等，鼓励幼儿制作作品，提升创造力。

在幼儿园的区域活动当中，合理地选择、管理、运用低结构材料，不仅可以丰富幼儿认知，而且还能够有效激发幼儿的学习兴趣、探究欲望和创新能力，提升孩子解决问题的能力。

【参考文献】

[1] 刘玉花 . 区域活动中低结构材料的投放与运用 [J]. 课程教育研究，2018（48）：32.

[2] 施宜 . 大班区域活动中低结构材料的投放 [J]. 当代学前教育，2017（2）：25-27.

[3] 杨淑恋 . 浅谈如何在低结构材料区域中采用支持策略 [J]. 西藏教育，2016（12）：52-54.

[4] 陈丹青 . 关于小班低结构材料在区域活动中的投放、使用情况的研究——以妙桥幼儿园为例 [J]. 山西青年，2020（10）：48-49.

3. 在场景化自主游戏中促进同伴交往能力的发展
——以大班游戏《菜鸟驿站》为例

黄州开大实验幼儿园　陈玲

【摘要】游戏是儿童的语言，有助于他们扩大社交圈。自主游戏以幼儿为中心，尊重其自主学习，主要聚焦于幼儿的学习经验和生活圈，贯穿于其日常活动中。为大班幼儿提供游戏场景，使之直接感知、实际操作和亲身体验，促进其主观能动性和交往能力发展。

【关键词】**场景化自主游戏；同伴交往；深度学习；社会性发展**

心理学研究表明，游戏中的同伴交往对其社会性和个性发展具有极其重要的作用。场景化自主游戏中幼儿在与同伴交往过程中会形成和学会交往态度、交往行为、交往方式以及处理冲突时自我调整的策略，发展社交主动性能力、亲社会行为能力、缓解社交障碍行为能力。

我班的游戏《菜鸟驿站》就是由孩子们自由发现而发起的场景化游戏。双十一过后的一天户外游戏中，熙熙聊起了帮妈妈收快递的经历，她说妈妈天天收快递，爸爸说妈妈是买买提。随后，其他小朋友也叽叽喳喳开启了关于快递的话题。户外游戏时，张奕扬说我们玩送快递的游戏吧。

孩子们带上班级收集的一些大小不一的纸盒子，开启了送快递的游戏，刚开始送快递时，孩子们只是象征性地模仿快递员的动作送快递。悠然骑在自行车上，做了打电话的手势，然后示意沐子接电话，悠然对着话筒说“沐子，你的快递到了，快来拿”，沐子说“好的”，当她刚挂完电话，悠然就把快递送来了。看到孩子们沉浸在送“快递”这个简单的游戏中，我突然站在中间问，你们怎么知道是谁的快递呢？胆小的筱晞停下车子自信地说，“因为上面有电话号码和名字呀”。生活化的场景帮助孩子们积累了游戏经验，孩子们能积极地参与到游戏中，自由自主地进行游戏。我在给予幼儿自由选择游戏的权利的同时，决定推一把，使游戏往纵深推进。

于是，我请保安搜集来更多的纸盒、纸箱堆放在游戏场地，小小快递员们说“怎么一下多这么多快递？”“好乱啊，到处都是。”“快递太多了，长得都一样，分不清楚了”，正在这时，旁边的豪豪拿起一个小纸盒就要走，于是我以取快递的身份介入“请问快递我可以随便拿走吗？”忙碌的筱晞说，“不行，要在机器上扫一下”。

筱晞继续说：“我姑姑家的菜鸟驿站里有好多层的架子，可以放很多的快递。我们也搭建几层货架吧？”小伙伴们崇拜地看向筱晞，决定听筱晞的意见，建立一个菜鸟驿站。大家齐动手，很快就用砖块积木搭建好货架。紧接着他们一起围着筱晞讨论菜鸟驿站有哪些工作人员，并通过商讨确定了快递员、仓库整理员、卸货员和进货员等角色的分配。再次游戏时，我们看到人员分组分工后，菜鸟驿站里忙而有序，有的给快递编号，有的在有序摆放快递，有的在帮用户取件等等流程。

当沐子拿着一个小盒子说，“我要寄快递。”悠然摸了摸头说“放着吧”，筱晞说，“不行，要问他寄到哪里去？要填写单号，还要收快递呢。”随着送快递、取快递的人越来越多，菜鸟驿站的工作人员又忙得不亦乐乎了。当游戏结束的音乐响起，筱晞开心地带动小伙伴们收拾场景……

从游戏《菜鸟驿站》发展来看，孩子们的场景化游戏经验在不断的深度化学习和探索中促进了同伴间交往能力的提升。

一、场景化游戏空间和充足的游戏材料，驱动幼儿与同伴之间主动探究

《幼儿园教育指导纲要（试行）》中明确强调要培养幼儿的交往、合作能力。在场景化自主游戏中，教师应重视游戏空间和游戏材料的充分提供，这可以促进幼儿和同伴之间的主动探索，提高幼儿的游戏兴趣，同时幼儿在与材料的互动过程中也能与同伴互相协商解决问题，与同伴主动合作，相互配合，有利于促进大班幼儿在场景化自主游戏中的同伴交往，也有利于幼儿创造力和探索能力的发展。

二、把握儿童视觉下的介入时机，让幼儿在与同伴自主解决问题过程中提高与同伴之间的合作交往能力

自主游戏中教师的放手，不等于不介入，教师是幼儿游戏活动的支持者、引导者，需要发挥教育机智，以儿童视觉去观察、分析介入的时机，把握时机以游戏参与者或其他身份去鼓励幼儿与同伴自主解决问题。在共同协商、自主解决问题的过程中，幼儿潜移默化地掌握与人沟通的技能技巧，从而学会更好地与同伴交往。

三、利用社区和家长资源，丰富幼儿的日常生活经验

幼儿园、家庭和社区三位一体共同促进幼儿发展。在场景化自主游戏中，幼儿在幼儿园游戏场景中的行为表现都是来源于家庭场景和社区场景中学习获得的经验，他们通过幼儿园的场景化游戏不断迁徙前期经验。随着游戏不断丰富与发展，幼儿在场景化自主游戏中的游戏水平以及同伴交往的能力也在不断提升。

总之，场景化自主游戏以其独有的特征，为幼儿创设了良好的社会性发展平台，教师要支持幼儿，开发出场景化自主游戏独特的魅力，让幼儿在场景化自主游戏中通过实践探索式的深度学习来促进其社会性发展。

4. 农村幼儿园如何投放低结构材料更利于幼儿“真游戏”活动开展的几点思考

红安县教育科学研究院　刘德琼

【摘要】本文旨在探讨如何在农村幼儿园中更有效地投放低结构材料，以促进幼儿的“真游戏”活动。通过理论分析和实际案例的展示，探讨低结构材料在幼儿教育中的重要性，以及如何合理地选择和使用这些材料，以满足幼儿的需求和促进他们的综合发展。希望为农村幼儿园教师和管理者提供有益的参考。

【关键词】农村幼儿园；低结构材料；投放；真游戏

自教育部等九部门印发《“十四五”学前教育发展提升行动计划》文件以来，红安县的农村幼儿园也迅速发展起来。下面结合湖北省学前教育研究会十四五课题《基于儿童视角的幼儿园真游戏探究》展开了一系列的研讨和实践，结合实际案例探讨低结构材料在幼儿教育中的作用，以及在农村幼儿园中更有效地使用这些材料。

一、低结构材料在幼儿游戏活动中的重要性

低结构材料是指那些不具备固定形状和固定用途的材料，可以自由组合和使用，让幼儿自主探索和创造。这些材料通常包括木块、沙子、水、纸张、泥土、绳子、布料等，它们的特点是材质丰富多样，形态不一，没有明确的用途。接下来说说“真游戏”，“真游戏”是指儿童通过自主探索、发现和创造的方式来学习，而不是受到成人的指导和干预。通过与低结构材料互动，儿童可以积极参与游戏，建立自信心，发展各种智能，如认知、情感、社交和身体素质。其次，农村幼儿园的目标之一是提供综合素质教育，培养幼儿的多方面能力。通过与低结构材料的互动，幼儿还可以逐渐形成创造力、解决问题的能力、协作技巧、沟通能力、自我管理能力等，这些都是综合素质教育的核心内容。

二、农村幼儿园如何选择和使用低结构材料

（一）选择适宜的低结构材料

在选择低结构材料时，需要考虑幼儿的年龄、兴趣、发展需求和园所的特点。例如，我县乡村幼儿园都依据园所地形和布局设置了大小形状不一的沙池，沙池中也根据园所条件放置了各种小工具，如铲子、桶、漏斗、小车等，七里坪镇二幼还特意为孩子准备了小型挖机，孩子们将各种材料搭配起来，玩起了他们认知经验下的各类沙游戏，可以在沙池中自由挖沙、堆沙、建构建筑、模仿农场收晒粮食等。孩子们可以用沙子建立城堡、道路，通过倾倒沙子来理解物理原理，通过玩收晒粮食游戏学习我们的粮食生产、储藏中的一些生活常识，同时掌握合作和沟通技巧。这个简单的沙池游戏不仅促进了幼儿的“真游戏”活动，还满足了他们的各种发展需求。

（二）提供足够的数量和多样

《幼儿园教育指导纲要》强调，要引导幼儿利用身边物品或废旧材料制作玩具等，以美化生活。提供充足、多样的低结构材料，可激发幼儿兴趣，促进其自主选择，开展活动。如觅儿镇小红军幼儿园设立回收材料工作坊，提供纸箱、瓶盖等，供幼儿制作手工艺品。教师鼓励幼儿自主选择，培养其环保意识。孩子们用纸箱制作赛龙舟，全园孩子都爱上了民间传统游戏。大量、多样的材料促进了幼儿的“真游戏”，培养了其创造力与环保素养。

（三）创造适宜的环境

《幼儿园保育教育质量评估指南》中要求经常带幼儿接触大自然，激发其好奇心与探究欲望。为了更好地使用低结构材料，我们所需要创造的环境应该是安全的、激发创造力的、鼓励自主探索的，并能够促进合作和社交互动的。例如：太平桥乡村幼儿园设立了一个自然探索区，其中包括小溪、泥坑、石堆、树木、草地、山洞等自然元素。幼儿可以在这个区域中自由探索，并与自然互动。教师鼓励幼儿观察植物、昆虫，捕捉昆虫并放生，

爬树，建造小屋等。这个实例中，自然探索区提供了低结构的自然材料，使幼儿有机会与大自然互动，并发挥创造力。孩子们通过观察和探索，了解了自然界的奥秘，同时培养了对环境的尊重和保护意识。

三、农村幼儿园选择和使用低结构材料时应注意的几点

在农村幼儿园中，投放低结构材料可以促进幼儿的“真游戏”活动，满足他们的发展需求，推进综合素质教育。为了更好地实施这一策略，教师和管理者还应注意以如下几点：

（1）确保提供足够的低结构材料，包括各种类型和数量的材料，满足幼儿的探究和创造需求。

（2）创造适宜的环境，鼓励幼儿自主探索和创造，同时提供必要的支持和指导，帮助幼儿克服难题和解决问题；创造富有挑战性的环境，激发幼儿的创造力和探究欲望。

（3）注重材料的可持续性和环保性，帮助幼儿培养对环境的尊重和保护意识；注意安全保障，避免投放有毒有害的材料或易碎的材料。

总之，在农村幼儿园中，借助低结构材料，每个孩子都可以享受到真正的游戏和学习的乐趣。这不仅有益于幼儿的个人成长，也有助于农村地区的教育事业的发展。这是一个有益的教育实践，也是对农村幼儿未来的投资。

【参考文献】

[1] 教育部等九部门发布“十四五”学前教育发展提升行动计划 [J]. 家教世界，2022（02）：1.

[2] 中华人民共和国教育部 . 幼儿园教育指导纲要（试行）[M]. 北京：北京师范大学出版社，2001

[3] 中华人民共和国教育部 .3—6 岁儿童学习与发展指南 [M]. 北京：首都师范大学出版社，2012.

5. 基于园本文化视角，幼儿园户外自主游戏区环境创设实践中的探索与思考

罗田县幼儿园　朱莉

【摘要】“尊重幼儿游戏权，理解支持其想法行为，自然融入教育目标，引发其持续探究学习，关注其个别差异，尊重其学习方式，引导其向高水平发展”是幼教工作者推进户外自主游戏的初心。笔者所在山区县新幼儿园努力创造户外游戏条件，最大程度地为幼

儿的户外自主游戏提供支持。2022年秋搬迁后，继续打造特色空间。湖北省“十四五”课题《基于儿童视角的幼儿园真游戏研究》展开，本园尝试将“山水”文化建设与户外自主游戏环境创设同步，挖掘山水文化内涵，利用本土资源，探索两者相互促进、融合的方法。

【关键词】**园本文化；户外自主游戏区；环境创设；本土资源**

游戏是幼儿园的基本活动，这是由儿童的身心发展水平（天性）决定的，所以要充分保障儿童的游戏活动。重视和加强儿童的游戏活动，加强游戏活动的组织和指导，保护儿童的游戏权，是幼儿园的重要责任。

结合户外自主游戏“自由、自主、愉悦、创造”的精神和价值，笔者所在园所通过采取“整体设计、分段实施”的总体环境设计思路，围绕“山水”文化内涵，确定了“一条主线（山水主题文化）—两路资源（大别山精神、义水河品格）—三步落实（社会实践活动采集素材、教研组研讨确定方案、本地工人施工完成）—四个体现（自由、自主、愉悦、创造的游戏精神）”的主旨思想，以“小步走，不停步”的实践与探索，慢慢形成了“一区一特一精神”的户外自主游戏环境特色。

一、因地制宜，挖掘本土资源创特色户外游戏空间

自主游戏区是指在校园内为让孩子感受自然之美、锻炼体格、陶冶情操、开发智力，特意创设的孩子们能自由出入、选择、游戏的，同时能让他们获得创新、互动、挑战方面能力的发展的，以五个点进行打造最后形成的系统性的创意游戏区。

“休闲创意吧”是在幼儿园大门入口处一个十余平方的区域，面积不大但是足够开放、自主。这里收集了很多家长和幼儿一起提供的沙、石、树枝等，创设出了一个安静的小沙滩，旁边还展示了马克笔及彩绘鹅卵石的作品，旨在通过沙、石、树干以及微缩版的义水河、大别山创设丰富的游戏场景，以“润物细无声”的方式鼓励孩子们主动进入并进行自主活动，从而获得发现美、感受美、表现美的游戏体验。

创设此游戏点旨在为早入园晚离园的孩子提供自主游戏空间，以沙玩、装饰等吸引其注意力，缓解其分离孤独感。观察发现，尽管材料充足，孩子却较少主动参与，而是驻足欣赏。原因一是物品摆放边界感强，让孩子觉得受限；二是游戏能力不足，目的性不强。后期调整区内摆设、增加辅材，并组织教师引导孩子参观、了解游戏规则，以鼓励他们参与。

“棒棒能量船”位于主操场右侧，幼儿园校园内的义水河畔。它有助于孩子们锻炼钻、爬、平衡等技能，增强体能，是象征园所“扬帆起航乘风破浪”的标志，寓意着孩子们未来道路顺利。这艘船深受低龄段孩子喜爱。能量船早期的游戏活动简单重复，仅能满足孩子体能发展。在自主游戏开展后，孩子们尝试将“箱、板、梯”等材料与能量船搭接，但在教师介入前效果不佳。在教师引导下，孩子们通过试错，成功整合了能量船和建构材料，体验到了新的乐趣。

“暖暖青石板”所在位置原来是一个设备特别繁杂的边角处，既不美观也不安全。在经过一段时间的思考后，园所在这里种上了一棵有二十几年树龄的桂花树，还在山沟里寻来一块十几吨的青石板，创设了一个既开放又充满童趣的活动空间。当温暖的阳光洒下来，孩子们在光滑的石板上或思考或嬉闹或畅谈，在交错的树干上爬上爬下，整个场景呈现出怡然自乐的游戏状态。

原本这个复杂且危险的场所变为了孩子们自由玩耍的空间，开放、自主。孩子们入园后积极参与这一区域的游戏。小班孩子使用球、滚筒、木板等器械进行滑、滚等动作，拓展了自主游戏价值。后续可以启发孩子们尝试更多材料，创造更多玩法，丰富其游戏体验。

“快乐生态园”是园所结合当地“潘家湾梯田”“平湖金沙湾”的本土文化元素，利用沙、水、石、木、竹等材料打造出来的一个让孩子们流连忘返的种植区、沙水区。游戏时，孩子们在层叠的梯田里体验农耕劳动的快乐、丰收的喜悦；在蜿蜒的小河中，通过实操木板、竹排感受水的浮力，通过“与鱼同嬉”锻炼手眼协调能力；在大树干搭建的木桥上，发展平衡能力，体验独木桥带来的恐惧……

成功的游戏环境创设保障了孩子天性自由与生活体验。观察发现，孩子们对水十分喜爱，对种植园劳动兴趣不足，在沙水区的游戏中缺创造性。原因：孩子未关注种植作物生长变化，情绪体验不足；教师自主游戏环境创设能力不足，沙区水辅材不够丰富，降低了游戏趣味性与创造性。

“红色大别山”是园本山水文化与户外自主游戏融合的游戏点。教育家卢梭提倡儿童保持天性，冒险探索。园内有块“危险”的红色地带，由花岗岩构成，表面光滑陡峭。此处创设时充满困难，教师们多次想要放弃。后来，幼儿园鼓励教师树立“孩子们的危险是成人赋予的”观念，依托“山水”主题文化，以大别山体格和精神为发展目标，挖掘本土低结构游戏材料，如山、水、石、木、草等自然资源和箩筐、背篓、簸箕等乡土工具，创设了这个传承红色基因、释放孩子天性的自主游戏空间。

实践证实，岩石板游戏看似危险，实则安全。孩子们在游戏中可培养自我服务、团队协作、吃苦耐劳等品质，通过对抗游戏，可锻炼抗挫、抗压心理。大别山红色精神悄然深入幼儿内心。

二、多元共建，依托园本文化促游戏价值内涵拓展

一是依照大别山、义水河自然山水特色，以其层叠的空间、流畅的线条、更迭的绿植、依山而建的微缩版梯田，大幅提升了孩子们快乐劳作、亲近自然的幸福感和获得感。同时，整合大别山、义水河的沙、水、石等低结构材料，充分做到木、石、竹、绳、藤、草、花、果、叶均可用，沙、水、土、泥、陶、砖、瓦、瓷皆为材，创设了全面丰富的游戏环境，让孩子们自主游戏时始终有着无限想象和创造的可能，同时也让孩子最大限度地获得动作发展和社会性发展。

二是浸润大别山红色精神。利用幼儿园有限空间，挖掘无限可能，创设具有山区特色

的活动环境，做到房前屋后、地角墙边、岩上坎下皆为活动场，让幼儿过沟攀岩、爬树翻墙、钻洞穿桥各显其能。这种充满刺激和挑战的游戏区创设，让孩子们在游戏中得到了淬炼与成长，将“自由、自主、愉悦、创造”的游戏精神充分融入环境之中。

概括而言，全面推动幼儿园课程改革，注重多元化活动，以儿童发展为依据，激发他们的兴趣，鼓励游戏学习，融入其他活动，贯彻“以游戏为主”的理念，是教师的职责和园所的责任，本园围绕山水主题，挖掘本土资源，丰富游戏材料，支持幼儿自主选择，与环境互动，创新玩法，让他们学会解决问题，获得多领域发展，让幼儿享受真实游戏的快乐童年。

6. 幼儿园自主游戏中低结构材料的投放策略

英山县县直机关幼儿园　查捷

【摘要】低结构材料是幼儿园自主游戏中首选的一种材料，最大特点是可塑性更强、功能丰富、容易获得、操作简单便捷，能有效调动幼儿积极性，发展幼儿动手操作能力、创造力、想象力，满足幼儿多样化发展的需求。不过，其必须与适当的投放方式、活动内容结合起来，才能取得实效。所以，要科学合理地投放材料，才能更好地推动自主游戏的开展。论文就自主游戏中低结构材料的必要性和投放策略，展开了详尽的论述。

【关键词】**幼儿园；自主游戏；低结构材料**

《幼儿园保育教育质量评估指南》中关于环境创设明确地指出两个关键指标：空间设施和游戏材料。其中要求游戏材料种类丰富，数量充足，以低结构材料为主。所以，幼儿园在实施自主游戏活动时应该加强低结构材料的合理投入，有效地促进孩子的全面发展。

一、结合幼儿需求，自主游戏活动需要低结构材料

结合实践，通过游戏环境提升幼儿自主性是非常有必要的，因此必须合理投放材料。在投放低结构材料时，教师要根据不同群体不同活动需求，对材料进行投放使用，才能取得理想中的效果，促进自主游戏良性发展。例如：幼儿在扮演厨师这一角色时，需要用到的食材可以用树叶、树枝等替代，这些材料随手可得，而且还能带给幼儿无限想象的空间，充分体现了低结构材料的优点。

二、低结构材料的投放策略

在游戏中，目标清晰、合理恰当的低结构材料投放策略非常关键。

（一）循序渐进式投放材料

幼儿园自主游戏目前面临的最大困难，就是教师们“一股脑儿”地投放材料，遏制了儿童创造性游戏的开展。要促使儿童在游戏中真正地“主动”，教师可以采取循序渐进的方式投放材料。从最单一的低结构材料着手，逐渐地添加不同类型的游戏材料，使游戏具有足够的延伸性、深度，使幼儿的游戏技能和创新思维得到锻炼，提高对游戏的兴趣。具体可从两个方面进行：一是在单项游戏中，逐步添加低结构材料，让孩子对材料功能、属性有所了解，促使游戏不断深入。二是在阶段性游戏中，逐渐添加材料品种，使孩子从自主游戏中获得知识、提高技能。

（二）了解材料的功能特点后再投放

自主游戏，是教师充分放手，幼儿可以在游戏活动中发挥自主性，但放手并不等于放任不管，对整个游戏过程不进行任何干预。在游戏实践中，存在三个现象：一是材料随机放置在活动区，使得大部分幼儿无法进行完全自主的游戏活动；二是在教师投放材料之前，先简单介绍各种低结构材料的主要功能、特性；三是在投放低结构材料之后，教师逐步引导幼儿对低结构材料进行组合运用，并进行游戏体验，进而取得相应的成果。这三种不同的材料投放策略的效果截然不同：第一种，孩子不会使用材料或胡乱使用，进而造成游戏秩序混乱，成效不佳；第二种情形，部分孩子能成功地自主游戏，多数孩子仍无计划地进行玩耍，造成资源浪费；第三种情形，大部分幼儿都能认知并使用低结构材料，将其融入游戏中。因此，低结构材料的合理投放和使用，一定离不开幼儿对材料的提前了解。

（三）持续优化地投放材料

幼儿能力的培养是个漫长的过程，在幼儿园三年发展周期中，低结构材料的投放必须全方位地不断优化：一方面，必须根据小、中、大班不同年龄段幼儿的特点，以《3—6岁儿童学习与发展指南》为标准，不断调节所投放材料的内容和数量。另一方面，投放的低结构材料一定要与幼儿生活背景相联系，才能使孩子产生好奇心，通过体验开发不同的玩法。例如：教师发现幼儿对石头感兴趣。因此，在活动开展之前先让孩子收集形状、颜色、硬度不同的石头，为后续游戏的开展起到一个铺垫的作用。教师将这些石头投放到活动区，幼儿再根据自己的想法开展游戏。比如，有的幼儿会把石头涂上各种颜色来搭建房子，而有的幼儿却借助不同形状的石头来拼成图案，有的幼儿把石头当成枪械、大炮等武器在搭建好的城堡里玩起了大作战游戏。独特的游戏方法可以直接让幼儿的思维获得更丰富的自主表达和发展空间，并在无形中激起孩子的探究欲，使孩子能够积极主动地在游戏中与同伴合作，让孩子的团队意识与竞争得到进一步的培养。

综上所述，在幼儿园自主游戏中进一步加强对低结构材料的有效投入，有着非常关键的意义，能有效地引导幼儿去探索、创造和发展。所以，幼儿园应该根据孩子需要循序渐进地、贴合孩子实际地投放，不断对自主游戏材料的投放策略进行调整，从而实现理想的材料投放效果。

【参考文献】

[1] 陶学菊 . 幼儿园低结构游戏材料投放存在的问题及建议 [J]. 学周刊，2018（11）：186-187.

[2] 王晓辉 . 幼儿园低结构材料的投放策略研究 [J]. 天津市教科院学报，2017（06）：79-80.

[3] 孙婉贞 . 低结构材料 还孩子一片天 [J]. 教育教学论坛，2016（15）：243-244.

[4] 王晶晶 . 幼儿园户外自主游戏中教师的有效指导分析 [J]. 中外企业家，2020（17）：217.

7. 空间布置在自主游戏中对幼儿行为的影响

团风县思源幼儿园　方玲

【摘要】空间布置对幼儿自主游戏行为及早期发展具有重要影响。优质的空间布置可激发幼儿的探索创造欲，促进其主动参与游戏；可以提供丰富的感官刺激和游戏资源，促进幼儿感知认知发展；有助于培养幼儿的社交技能、合作精神，使之建立良好人际关系。

【关键词】**自主游戏；幼儿行为；空间布置；幼儿教育**

近年来，随着社会经济的发展和人们对幼儿早期教育重视程度的提高，如何提供一个具有良好空间布置的幼儿园环境已经成为一个备受关注的问题。在幼儿园的教育活动中，自主游戏是一种能够促进幼儿全面发展的重要方式。因此，研究空间布置在自主游戏中对幼儿行为的影响，对于幼儿园早期教育的发展和优化具有重要意义。

一、前期研究和理论探讨

（一）空间布置与儿童行为的关联

观察和记录幼儿园自主游戏空间发现，空间布置对幼儿行为有积极影响。首先，优质的空间布置可促进幼儿探索创造，主动参与游戏。幼儿园自主游戏空间应为开放式、多功能空间，满足幼儿的多样化需求。其次，能提供丰富的感官刺激和游戏资源，促进幼儿感知认知发展。幼儿通过感官接收处理信息，认知理解周围环境。因此，提供多样化感官刺激很重要。能培养幼儿社交技能、合作精神，帮助其建立良好人际关系。自主游戏是幼儿的互动场所，他们共同游戏并学会了合作、分享、交流。幼儿园自主游戏空间应促进幼儿交流合作。

（二）自主游戏在幼儿教育中的价值

自主游戏是幼儿在无成人干预下，依据兴趣需求自主选择游戏对象、方式和伙伴的活动。它在幼儿教育中具有重要价值，对幼儿的身心发展和学习能力提升有积极影响。自主游戏能激发幼儿的探索创造欲，促进其主动参与。空间布局对幼儿感知认知发展关键，合理的布局可提供丰富的感官刺激和游戏资源。丰富的游戏资源激发幼儿兴趣，促进其思维语言发展，有助于培养其社交技能与合作精神，使其建立良好人际关系。在自主游戏中，幼儿通过互动合作完成任务，学会分享互助，培养社交能力和合作精神。

二、研究设计与实施

（一）确定研究对象和研究环境

在选择研究环境时，我们主要考虑了幼儿园，作为幼儿早期发展的重要场所，其自主游戏空间对幼儿行为有重要影响。观察结果显示，优质空间布置能激发幼儿探索创造欲，促进其主动参与游戏；合理空间环境提供丰富的感官刺激和游戏资源，促进幼儿感知认知发展；适宜设计有助于培养幼儿社交技能和合作精神，帮助其建立良好人际关系。

（二）制订并执行空间布置方案

（1）空间布置方案应考虑幼儿的年龄特点和发展需求，划分游戏区、休息区、创造区等功能区域。根据幼儿年龄和兴趣投放游戏材料和玩具，游戏材料的放置应方便幼儿取用，激发其兴趣和想象力。营造温馨舒适环境，如柔和灯光、温暖色彩、舒适家具等，提供良好游戏体验和感官刺激。

（2）空间布置方案需重视安全卫生，如设防护网、避免尖锐物，定期清洁游戏材料，保持环境健康。执行方案的过程需与幼儿互动合作，倾听他们的建议，适时调整方案以满足他们的需求。设计和执行方案时需评估反思，观察记录幼儿反应，根据评估结果调整方案，以提供适宜丰富的游戏环境。

优质的空间布置能激发幼儿探索欲，使其主动参与游戏。合理空间布局能提供丰富资源，使幼儿能自主选择游戏，提升游戏体验，有助于幼儿自主学习与发展。适宜环境有助于提供感官刺激和游戏资源，促进幼儿感知和认知发展。如设计精良、布局合理的空间可提供多样化游戏资源，激发幼儿探索欲，促进幼儿智力、语言和动手能力发展。此外，它能培养幼儿社交技能和合作精神，有助于幼儿建立良好人际关系。在合理布局的空间中，幼儿可互动协作，提升社会交往能力和合作能力，培养合作精神和团队意识。

【参考文献】

[1] 靖赛兰 . 儿童户外自主游戏下父母“知信行水平”及组合类型研究 [D]. 沈阳：沈阳师范大学，2020.

[2] 丁恺昕，韩西丽 . 深圳市户外游戏场地空间特征对儿童游戏行为和综合发展的影响研究 [J]. 规划师，2019，35（15）：87-92.
[3] 李泽洲 . 自然教育背景下的儿童户外集体游戏场所评价研究 [D]. 福州：福建农林大学，2018.
[4] 黄靖 . 幼儿园沙水游戏环境创设对大班幼儿自主性行为的影响研究 [J]. 新课程：综合版，2019（06）：1.
[5] 张浩 . 合作游戏对 4-5 岁幼儿社会退缩行为干预的个案研究 [D]. 天津：天津师范大学，2019.
[6] 赖宇凌 . 建构游戏中的分享行为对幼儿社会性发展的影响 [J]. 文学少年，2020（27）：1.
[7] 李金美 . 昆明市 K 幼儿园大班建构游戏中教师支持研究 [D]. 昆明：云南师范大学，2020.
[8] 张雅潇，方建华 . 积木游戏空间密度对中班幼儿游戏行为的影响 [J]. 学前教育研究，2018（03）：54-63.

8. 幼儿园户外自主游戏中低结构材料投放的有效策略

浠水县童之梦幼儿园　张卉

【摘要】幼儿园户外自主游戏中低结构材料投放的有效策略包括：合理选择与投放投低结构材料，鼓励幼儿自主探索，提供适宜指导，强调评价与反思，注重清洁安全。教师应关注投放策略，提供多样材料，创设良好环境，引导幼儿发挥想象力，培养其自主学习能力，加强师生互动，关注其游戏表现，确保安全卫生环境，促进其全面发展。

【关键词】**户外自主游戏；低结构材料；投放策略**

在当前的幼儿教育中，户外自主游戏已经成为促进幼儿全面发展的重要手段。低结构材料，作为一种具有高度开放性和可塑性的游戏材料，其在幼儿园户外自主游戏中的应用具有深远的影响。本文将探讨如何在幼儿园户外自主游戏中有效地投放低结构材料，旨在为幼儿教育者提供一些有益的启示。

一、低结构材料的定义和特点

低结构材料，顾名思义是指结构化程度相对较低的材料。这类材料结构松散，可变性强，内容宽泛。与高结构材料相比，低结构材料在制造过程中对力学性能、物理性能和化学性能的要求相对较低。

低结构材料的特点一是多样性。低结构材料来源于生活废旧用品，种类繁多，形式各异。这些材料包括纸张、包装盒、塑料制品等，涵盖了各个领域。二是可变性。低结构材料具有较高的可变性，可以根据使用者的需求进行改造和再利用。这种可变性为创意设计提供了空间，激发了幼儿的想象力。三是低成本。低结构材料通常成本较低，甚至有些材料是废弃物，经过适当处理后具有较高的使用价值。这使得低结构材料在艺术创作等领域具有较高的经济性。四是环保性。低结构材料很多来源于废弃物，通过再利用，实现了资源的循环利用，有利于减少环境污染和资源浪费。五是创新性。低结构材料的应用领域不断拓宽，已成为创新设计的重要元素，促进了艺术创作的发展。

二、低结构材料在幼儿教育中的重要作用及其深远影响

在幼儿教育中，低结构材料的应用越来越受重视。这些材料种类丰富，能满足幼儿的好奇心和活泼好动的天性。它们有助于培养幼儿的观察力、想象力、创造力和合作精神等能力，从而促进幼儿的全面发展。

（一）低结构材料激发幼儿兴趣的作用

丰富多样的低结构材料能满足幼儿探索欲望，激发他们参与户外自主游戏的兴趣。低结构材料贴近幼儿生活，能激发幼儿对周围环境的好奇心，培养他们的探索精神。教师可根据幼儿兴趣和发展需求，灵活选择和调整低结构材料，使幼儿对他们始终保持新鲜感，从而维持幼儿的学习兴趣。

（二）低结构材料促进幼儿全面发展的作用

低结构材料能让幼儿在自主探究过程中，锻炼观察能力，发现细节之美；低结构材料可促使幼儿发挥想象力，创造出独特的作品，提升审美能力。低结构材料提供了一个开放的空间，让幼儿在自由探索中发现问题、解决问题，锻炼创造力。低结构材料往往需要幼儿相互协作，共同完成任务，从而培养了他们的团队精神。低结构材料让幼儿在户外活动中锻炼身体，促进了他们的身体素质的提升。

（三）低结构材料培养幼儿自主学习能力的作用

低结构材料可以让幼儿在自由探索中发现问题，培养其自主探究能力；低结构材料可使幼儿在实践中发现规律，培养其自主发现能力；低结构材料能为幼儿提供一个宽松的创作环境，让他们在尝试中发现新方法、新思路，培养自主创新能力。

三、低结构材料在幼儿园户外自主游戏中的运用策略

（一）合理选择与投放低结构材料

教师需考虑幼儿年龄、兴趣和发展水平，针对性地投放材料。对于小幼儿，选择安全

性高、易操作的材料；对于大幼儿，提供更具挑战性的材料。根据游戏区域特点投放，满足不同活动需求。

（二）鼓励幼儿自主探索与创造

低结构材料提供了幼儿自主探索和创造机会。教师应鼓励幼儿自由使用材料，培养其创新思维和解决问题能力。

（三）提供适宜的指导和支持

教师需密切关注幼儿游戏状态，了解他们的需求和困难，及时给予帮助，利用教育契机引导幼儿探索新方法，促进其思维发展，引导他们通过分享和讨论提高游戏水平。

（四）重视游戏评价与反思

评价和反思游戏过程和作品，了解幼儿发展状况和需求，可为后续游戏提供参考。教师应引导幼儿自我评价和分享经验，在此过程中获得成功和成长。

（五）注重低结构材料的清洁和安全

教师应定期检查低结构材料清洁和安全，确保幼儿游戏安全，教育幼儿正确使用低结构材料，培养其安全意识。

低结构材料在幼儿园户外自主游戏中的应用具有重要意义。教师要关注低结构材料的投放策略，为幼儿提供丰富多样的材料，创设良好的游戏环境，引导幼儿发挥想象力，培养他们的自主学习能力。同时，教师要加强与幼儿之间的互动交流，关注幼儿在游戏中的表现，确保他们在安全、卫生的环境中开展户外自主游戏，促进幼儿全面发展。

9. 幼儿园自主游戏活动中低结构材料投放策略研究

武穴市实验幼儿园大金园区　宋晓玲

【摘要】游戏是幼儿园的核心活动，与幼儿成长紧密相连。教师常利用游戏达成教育目标。游戏质量与材料投放相关，低结构材料因其强可变性、高可塑性及大探究空间，对提升游戏质量有推动作用。本文研究幼儿园自主游戏，分析低结构材料种类与原则，并从尊重儿童需求、关注差异、重视主题投放、加强互动等方面，提出低结构材料投放策略。

【关键词】**幼儿园；自主游戏；低结构材料；投放策略**

低结构材料是指结构简单，幼儿能够根据自己的想法和需要进行组合、改装的游戏材料。在幼儿园自主游戏活动中投放低结构材料，能够有效地调动幼儿参与游戏的兴趣和积极性，让幼儿在组合、组装和改变材料形式的过程中发展自己的综合能力，在自主探究、主动交往中实现身心的共同发展。

一、自主游戏中低结构材料的种类与投放原则

（一）自主游戏中低结构材料的种类

1. 生活化材料

生活化材料，是指存在于日常生活中，与幼儿生活紧密相关的，能够唤醒儿童生活经验的游戏材料。常见的生活化材料包括塑料瓶、硬纸板、泡沫板、锅碗瓢盆以及螺丝螺帽等五金器具类材料。

2. 自然化材料

自然化材料，是指存在于大自然中，能够激发幼儿创作激情的游戏材料。常见的自然化材料包括植物类（种子、果实、树枝、树叶、花瓣、野草等）、泥土类（干燥的泥土、掺水的泥土等）、自然物加工类（鹅卵石、彩色透明的石头）等。

（二）自主游戏中低结构材料的投放原则

1. 安全性原则

安全性原则主要体现在两方面：一方面教师需要对容易对儿童身体、心理等造成伤害与影响的低结构材料进行筛选，确保低结构材料使用的安全性。另一方面，在游戏过程中，教师需要及时指导幼儿以正确、安全的方式运用低结构材料。

2. 适宜性原则

适宜性原则是指教师在收集和开发低结构材料的过程中，需要从幼儿的年龄特点和个性差异出发，保证所使用的各种低结构材料能够满足幼儿的活动需求。

3. 趣味性原则

在自主游戏活动中投放低结构材料，需要教师从游戏本身和幼儿兴趣、发展需求出发，投放一些具有趣味性的低结构材料，激发幼儿参与游戏活动的兴趣和积极性。

二、自主游戏中低结构材料的投放策略

（一）尊重儿童需求，确保幼儿参与度

教师在投放低结构材料时，需分析幼儿实际情况，将适应其需要的低结构材料投放至自主游戏，激发他们的兴趣、挖掘他们的潜能、发展他们的能力。秋季伊始，幼儿园开展“秋天你好”游戏，教师带领幼儿收集分类树叶，加工创造，锻炼他们的分类和实践能力。教师需观察幼儿的需求和特点，根据其动手能力提供材料，鼓励他们互助合作，完成树叶拼图等，促进他们的实践创造能力提升。

（二）关注幼儿差异，提升幼儿创造力

教师在投放低结构材料时，需考虑幼儿个体差异和年龄特点，提供难易程度不同的材料。阶梯式材料可激发幼儿自主游戏兴趣，使其在游戏中体验到乐趣。如浠水党政幼儿园的“房车”游戏，教师根据幼儿能力投放不同难度的材料，如轮胎、木梯等较难操作的材料和长绳、框子、布料等操作难度低的材料，让孩子们发挥想象力，积极参与房车搭建和使用。以竹梯为例，提供高、中、低三种高度、长度的木梯，让幼儿自主选择。这种梯度式材料可降低幼儿的游戏压力，减少其畏难情绪，使幼儿更主动参与游戏，达成目标。

（三）重视主题投放，发展幼儿表现力

主题投放是提升低结构材料投放效果的良好方法。教师根据季节、节日和主题活动进行材料投放，创设与幼儿生活经验相关的游戏主题，可激发幼儿创造、想象和协作能力。如国庆节期间的“动物园”主题活动，教师引导幼儿参观动物园，了解动物园布局和动物习性，鼓励他们选择材料创作作品，发展表现力和创造力。

（四）整合本地资源，加强材料互动性

《3—6 岁儿童学习与发展指南》强调，教师在投放低结构材料时，应充分利用乡土、地域和生活资源，增加互动性活动材料，并与自主游戏内容、主题结合，保证游戏的丰富性和感染力。如“搭建城堡”游戏，教师可提供纸板、泡沫箱等材料，引导幼儿自主开发利用低结构材料并在活动中激发创作灵感。

低结构材料丰富多样，应用于自主游戏可增强游戏的针对性、实效性，挖掘幼儿潜能。投放时需遵循安全性、适宜性、趣味性原则，尊重幼儿需求和差异，进行主题式、互动式投放，促进幼儿全面发展。

【参考文献】

[1] 陈晓慧 . 大班区域活动中低结构材料的投放策略 [J]. 名师在线，2022（34）：88-90.

[2] 钱宁云 . 区域活动中低结构材料的投放与运用 [J] 华夏教师，2023（23）：58-60.

[3] 张琨 . 幼儿园活动区材料投放存在的问题及改进策略 [J]. 教育观察，2019，8（34）：52-53+113.

[4] 柳世平 . 幼儿园大班自主游戏中低结构材料投放策略研究 [J]. 河南教育学院学报（哲学社会科学版），2019，38（04）：63-66.

[5] 王晓辉 . 幼儿园低结构材料的投放策略研究 [J]. 天津市教科院学报，2017，（06）：79-80.

10. 利用本土资源，玩转乡间自主游戏

麻城市第五幼儿园　王雅

【摘要】麻城市盐田河镇位于麻城市东南部山区，东北群山环绕，西面陵岗起伏，处处可见“绿树村边合，青山廓外斜”的乡村美景，有着得天独厚的地理位置和环境资源，以板栗和柿子种植业闻名，有着“漫山遍野栽板栗、宜栗不空一分地”的赞誉。麻城市第五幼儿园盐田河园区在建设区域游戏课程时，就充分利用“栗乡”乡土文化资源，开展特色教育活动，打造主题区域。

【关键词】本土资源；自主游戏

一、聚焦乡土资源，探索区域自主游戏

（一）了解本地资源，全面更新教育观念

《幼儿园教育指导纲要》中提倡提供丰富的玩具、图书及操作材料，创造多元的互动环境，尊重幼儿差异，实施个性化教学。本园利用本土资源，挖掘传统文化，融入幼儿园活动，努力培养热爱祖国、民族的新一代。将本土资源转为教育资源，需整合教育目标，科学选用；通过问卷调查和座谈会，找出共性问题，确立研究方向和活动内容；组织全园教师学习《幼儿园教育指导纲要》《幼儿园保育教育质量评估指南》等，观摩优秀园区，优化区域活动，提高自主游戏质量，提升幼儿“参与性”“自主性”“协作性”。

（二）通过多种渠道，收集整理乡土资源

在我园，教师不定期收集材料，引导家长幼儿发现身边资源；每学期举办亲子活动，开放式区角展示孩子作品；使家长们发现常见材料有助幼儿培养，提高收集材料积极性。将鹅卵石、莲蓬、树叶等投放到美工区；将废旧纸盒、可乐瓶等投放到建构区；“快乐生活”活动中，投放蔬菜、锅碗等让幼儿洗做菜、制作乐器。在“艳阳天稻场”，投放农作物让幼儿参与劳动操作，满足其探索欲望，发展其自主性。

（三）利用乡土资源，创设特色区域环境

《幼儿园教育指导纲要》强调环境对幼儿发展的促进作用，提倡合理利用三维空间。活动室设主题区域，包括阅读区等；走廊上有本土特色区。一楼以“和谐栗乡”为主题，用废旧菜篮子等创设黄绿主色调的大区域，包括“幸福之家”等。二楼以“富裕栗乡”为主题，用废旧酒盒等创设蓝色调的大区域，包括“菜馆”等。三楼以“勤劳栗乡”为主题，用竹子和木材创设绿色主色调的大区域，包括“艳阳天稻谷”等。设计旨在激发幼儿热爱

家乡、劳动的情感，并通过游戏活动进行民间传统文化教育。户外设有玩泥、玩水、玩沙、种植、烹饪等大型区域，展现现代乡村生活。我们追求社会需求与幼儿个性发展的和谐，通过营造具有本土特色的区域，打造自主化的游戏环境，使幼儿获得全面和谐发展。

二、传承民间体育，点亮快乐童年

习总书记概括教育内涵为“文明精神，野蛮体魄”，强调培养体魄健康、人格健全的新一代。我园以“小体育、大未来”为目标，遵循“一园一品、分类发展”原则，倡导“尊重天性、强身健体、整合发展”的课程理念，以“强身、养成、培养”为目标。如盐田河园区立足本土化游戏活动，开展“传承民间体育，点亮快乐童年”的园本课程，让民间体育游戏融入幼儿园。

（一）积极引入民间体育游戏

一是我园从实际出发，因地制宜，选择适合的路径和方式，大胆尝试、有效开发并充分利用乡土资源，尝试通过游戏的方式引导幼儿全身心、多感官地投入到多样化的活动中。在这个过程中，教师不断反思、总结并积累经验，为更好地开设课程挖掘资源、探寻方式。将“踢毽子”“弹玻璃球”“滚铁环”“打陀螺”“跳房子”等民间体育游戏引入到教学活动中。

二是深入挖掘民间体育活动素材，在积极传承的基础上整合创新，构建富有园本特色的民间体育活动课程。如“学舞龙”“学舞狮”“丢手绢”“打沙包”“挑火柴棒”等。

三是潜心钻研，加强课程整合，促进游戏课程的不断创新，进一步丰富教学内容，促进游戏课程与其他课程的相互生成。比如“炒黄豆”“斗鸡”“编花篮”“翻绳”等游戏创新。

四是引导幼儿巧扮游戏角色，激发幼儿的思维和体育潜能。

（二）积极开展民间体育游戏教研活动

围绕利用本土资源，玩转乡间游戏的目标，细分确定不同主题，组织开展教学研究和园本培训，探讨游戏对儿童运动能力发展的价值。以年级组为单位，分组讨论适合孩子的民间体育游戏，自主创新，尝试情境性导入、多样性示范、全面观察、层次性分组指导、鼓励性情感指导等策略，构建园本特色的民间体育活动课程。开展以民间游戏为主题的说课、讲课、观摩活动，并进行交流评议。探索如何创新传统民间游戏，并研究指导策略和方法。

（三）深入挖掘乡间游戏，形成特色课程

我园融合民间体育游戏与乡土资源，开展特色课程教学，引导幼儿了解、参与并自主探索民间体育游戏，如制作鸡毛毽子、沙包等。举办“变废为宝、巧手创新”自制器械活动，教师利用奶粉罐、易拉罐、废布等制作有趣的体育器械，鼓励幼儿创新玩法，提高其自主创新能力。利用角色游戏如《龟兔赛跑》《老鹰抓小鸡》激发孩子热情，使其体验运动快乐。

盐田河园区在“小体育大未来”课程建设的指导之下，以人为本，挖掘本土资源和民

间游戏素材，以幼儿喜闻乐见、身心健康为自主游戏出发点和落脚点，推进乡土课程特色化建设，在传承中创新，打造真游戏课程，促进幼儿全面健康发展。

11. 户外游戏活动中如何有效投放低结构材料

黄梅县幼儿园苦竹园区　许婷

【摘要】随着教育观念的不断发展更新，人们越来越重视幼儿教育，如何让幼儿在玩中学、学中玩成为我们的研究方向。低结构材料由于其简单性、多样性、开放性，可玩性极高，可塑性极强，更能激发幼儿参与活动的主动性，非常适合投放到幼儿的户外游戏当中。

【关键词】户外游戏活动；投放；低结构材料

一、幼儿园户外游戏中投放低结构材料的意义

（一）通过低结构材料培养幼儿想象力

这类材料简单、易得、可塑性强、无固定玩法，幼儿可自由组合，开发多种玩法。其可为幼儿提供想象和创新空间，满足幼儿的探索天性。

（二）利用低结构材料提升幼儿实操能力

单个低结构材料简单，但可组合成复杂立体物。教师引导幼儿探索三维构建方法，可培养他们的手工技能和创造性思维。

（三）低结构材料助力幼儿团队合作

投放低结构材料于独立游戏可促进幼儿交流、讨论、共同制订游戏策略和学习方法及分配任务，培养他们的组织协调能力、团队合作能力，提高其人际关系和集体生活的适应性。

二、如何把低结构材料科学、有效地投放在户外游戏活动中

（一）根据幼儿的年龄差距和个体发展的差异去投放材料

在选择低结构材料时，教师要考虑所选的材料是否符合幼儿当下发展水平。不同年龄段幼儿的身心发展水平有较大的差异，他们在生活经验、认知水平、动作发展、情感体验等方面具有明显的年龄特征。所以，教师在投放材料时应注意幼儿的发展水平，在幼儿现有发展水平的基础上给予鹰架和延伸，满足幼儿不同发展水平的需求，使他们能够在享受

游戏带来的乐趣时还能促进自身能力的发展。在游戏中，幼儿的能力和兴趣往往会随着游戏的进行而不断发生变化。这就要求教师仔细观察幼儿对材料的利用情况及兴趣倾向，及时对材料进行调整，使材料投放呈现动态性。

（二）根据幼儿需求，进行低结构材料投放的更新优化

首先，我们在收集低结构材料时，要丰富低结构材料的种类，例如，在收集低结构材料的过程中，有必要尽可能与幼儿的实际生活相联系，从而激发他们的兴趣，使之通过体验产生不同的收获。避免材料单一导致幼儿参与度不高。

其次，我们教师要认识所收集来的低结构材料，知道这些材料的用途，方便指导幼儿后续游戏。在投放时，教师要考虑材料的安全性和适宜性，确保所有材料都是幼儿可以安全使用的。同时，教师要注意投放材料的数量和种类，数量不足会限制幼儿在自主游戏中的选择性和创造性，提供不同类型的材料供幼儿探索，能激发幼儿的想象力和创造力。

最后，教师要做好认真观察、及时指导、总结反思、时刻调整等工作，适时地介入，给予幼儿足够的引导和支持，促进幼儿更高水平地发展，提高游戏质量。

（三）根据游戏目标导向进行低结构材料的运用

当孩子们参与自主游戏时，教师可以适当提供符合游戏目标的低结构材料。适用于游戏的低结构材料的应用丰富了游戏的表现和想象空间。在游戏中使用低结构材料不当，不仅不会丰富游戏的内容和结构，还会降低游戏的效率。因此，在幼儿充分参与自主游戏的同时，教师应注意儿童游戏的进展，并根据实际情况使用一些低结构材料。在低结构材料的帮助下，教师应鼓励孩子尽可能独立地解决游戏中出现的问题。

（四）发挥引导作用，优化材料投放

除上述内容外，在投放材料时还要考虑其是否能够被充分利用，避免浪费。另外教师也要具有较强的引导能力，当幼儿想象思维没有被激发出来时，教师的引导至关重要，关系到后续的游戏是否能正常开展。有了前期材料的合理投放以及游戏过程中教师适时引导，低结构材料在户外自主游戏中的价值才能充分发挥出来。

简而言之，在幼儿园户外游戏活动中科学投放低结构材料，不断提高其使用效率非常重要。我们教师应结合幼儿的需求，加强情境设置，贴近幼儿的生活，让材料投放得到优化，使户外游戏变得更加具有趣味性，使我们的“真游戏”活动能得以更好地延伸。

【参考文献】

[1] 姜玉双 . 浅析低结构材料在幼儿园户外游戏中的有效运用 [J]. 读写算，2020（26）：42.

[2] 张雯然 . 基于幼儿园户外自主游戏低结构材料投放的实践思考 [J]. 新课程，2020（39）：111.

[3] 马蕾 . 提升幼儿园户外游戏中运用低结构材料有效性措施 [J]. 启迪与智慧（下），2020（07）：94.

[4] 黄益梅 . 低结构材料在幼儿园户外游戏中的运用与幼儿发展的研究 [J]. 读写算，2020（19）：33.

12. 浅谈低结构材料在幼儿“真游戏”活动中的有效投放

黄梅县幼儿园苦竹园区　柯丽

【摘要】现今，新教育理念受重视，学前教育强调幼儿的自主性、主体地位，重视游戏价值，鼓励幼儿探索学习。教师需结合目标、幼儿发展规律，有针对性地组织游戏活动，营造轻松自由环境。材料投放影响游戏开展，其科学投放可激发幼儿兴趣，促进其发展。低结构材料无定型，可加工创造，适合幼儿游戏，具有高可玩性和可塑性。

【关键词】低结构材料；真游戏；有效投放

一、低结构材料投放误区

（一）材料越多越好

在课题实践过程中，我们发现教师很容易将低结构材料的有效投放理解为“越丰富越好”，认为提供的低结构材料越多越能激发幼儿的游戏欲望，增进幼儿的游戏体验。但是丰富并不意味越多越好，“多则滥，滥则泛”，过多、过杂的低结构材料容易造成幼儿玩得分心，但不能专注于游戏当中。

（二）材料投放后就不再变化

很多教师认为低结构材料的收集、整理，本来就是一件烦琐的事情，加上还要为班级其他事务忙碌，于是，对于低结构材料投放就认为是一劳永逸的，一次投放后便不再操心。但是幼儿每次游戏的关注点并不一定在同一种材料上，每次游戏需要的材料也不尽相同，长期不改变低结构材料的投放，容易让幼儿对低结构材料失去兴趣。

二、低结构材料的投放原则

（一）安全性原则

幼儿由于年龄小，生活经验不足，自我保护意识、自我保护能力都还不足，所以无论幼儿进行何种游戏，使用哪种材料，安全是教师要考虑的第一要素。教师投放低结构材料时，首先，要保证低结构材料无毒、无味，不会对幼儿身体造成伤害；其次，要注意低结构材料是否存在锋利、尖角等问题，避免幼儿在游戏中受伤。

（二）动态性原则

游戏环境的创设不是一成不变的，低结构材料投放也不是一劳永逸的，应根据幼儿的兴趣和游戏需求以及游戏进程，及时增减低结构材料的投放，这样才能让幼儿保持对游戏的兴趣，让游戏深入持久开展。教师可以通过合理增添、减少材料，激发幼儿的游戏兴趣。还可以将低结构材料组合投放，或以半成品形式投放，及时进行调整。还可根据班级或园级活动主题，进行与主题相关的低结构材料投放，让幼儿在游戏活动中加深对主题活动的认知。还可以根据季节变化，加入应季的低结构材料。

三、低结构材料投放策略

（一）根据幼儿的兴趣进行投放

很多教师都知道，要提供丰富的游戏材料供幼儿去探索、去感知，然而丰富的材料并不意味着材料越多越好。教师应注重幼儿游戏时的观察记录，通过观察记录和平时的倾听交流，梳理幼儿的兴趣点。对于幼儿感兴趣的材料，适当加大投放力度，对于幼儿不感兴趣的材料，适当减少或者更换、去除。

（二）根据幼儿的年龄特点进行投放

小班幼儿正处于自我意识关键期，合作意识弱，兴趣持续时间短，规则性弱，以平行游戏为主。应提供种类少、量多的低结构材料，如大纸杯、易拉罐等，增加挑战性材料，如架子和扭扭棒。中大班幼儿正处于合作游戏和集体游戏阶段，对多样化材料感兴趣，合作能力和解决问题能力较强。应提供多样、具挑战性的低结构材料，如大班“自助”模式，用储物箱存放材料，锻炼其独立思考和解决问题能力。

（三）根据使用方法进行投放

低结构材料具备简单、可塑、易收集特点，可以为幼儿提供广阔的游戏空间。但不同材料有不同层次和使用方法。部分材料应单独使用，如小班幼儿喜爱的沙水区道具；部分应与其他材料结合，如大班幼儿的大型积木搭配轮胎、易拉罐、纸盒等，以培养幼儿的空间思维。投放时，应注意搭配相应道具和组合材料。

（四）鼓励幼儿进行创新，“一物多玩”

低结构材料可操作性强，没有固定的玩法，因此可以鼓励幼儿利用一种材料尝试多种玩法。鼓励幼儿选择自己喜欢的低结构材料，按照自己的想法进行游戏。例如，给幼儿一张纸，幼儿可以写字画画、剪纸、折纸；给幼儿一个轮胎，幼儿可以玩滚轮胎、打地鼠、小兔跳等多种游戏。

综上所述，正确地投放低结构材料，既可以扩展幼儿的视野、增强幼儿的认知，又可以提升幼儿对于游戏活动的兴趣，加深幼儿与游戏材料的互动，真正促进“真游戏”活动在幼儿园的开展，并在游戏活动中培养幼儿的想象力创造力、语言表达能力、团队合作能力等等，全面促进幼儿身心健康发展。

【参考文献】

[1] 张腾 . 幼儿园户外自主游戏低结构材料投放的实践思考 [J]. 当代家庭教育，2021（31）：53-54.

[2] 余华 . 幼儿园自主游戏中低结构材料投放策略研究 [C]// 中国管理科学研究院教育科学研究所 .2021 教育科学网络研讨会论文集（二）. 贵州省铜仁市江口县实验幼儿园，2021：4.

13. 幼儿园游戏活动的融入与低结构材料投放的意义

黄梅县小池滨江新区第一幼儿园大桥园区　商乐、王晶

【摘要】为了更好地满足幼儿的需求，“寓教育于生活、游戏之中”的活动设计应当结合其独具魅力的游戏内容、丰富多彩的游戏环节，以及适宜的娱乐方法，使活动更加生动、更加丰富多彩，从而帮助孩子们获得更多的欢笑，更加自信地成长。通过这种方式，我们可以帮助小朋友养成优秀的品格和行为准则，为他们的终身发展奠定坚实的基础。

【关键词】游戏；低结构材料；活动

游戏是幼儿对世界进行理解的有益途径，有益于他们的快乐和学习。若过度限制幼儿的游戏，会抑制他们的多样化发展，摧毁他们的潜能。

一、在幼儿园的教学活动中，通过将游戏与教学相结合，可以取得显著的效果

（一）利用游戏因素，把教学活动游戏化

1. 用游戏性组织活动

用游戏性组织活动，如《假如你有翅膀》，以生动方式引发孩子的深入思考和积极参与。如：“让小鸟来和小朋友们交朋友，你们愿意吗？”

2. 组织假想游戏活动

组织假想游戏活动，设定角色，如让孩子扮演角色，假想剧情，如以树叶离开母亲，

渴望回家的假想，开展《给树妈妈穿衣打扮》活动。

3. 以园本特色开展游戏活动

以园本特色开展游戏活动，鼓励孩子用废旧材料创新游戏。提供多样活动，让孩子自主选择。每周安排运动和技巧挑战，如拍球、跳绳等，培养孩子技巧和创造性。

（二）把完整的游戏引入教学活动中，使教学活动游戏化

利用多元游戏优化教学氛围，提高教学效率。将教学活动游戏化，激发孩子兴趣，提高其参与感。如开展体验性、娱乐性、互动性游戏，使学生深入思考，积极参与。优化游戏化方式，提升活动效果。

（三）通过生成策略，在集体教学活动中适当地融入创造性的游戏

创造性游戏旨在激发小朋友潜能，包括角色游戏、表演游戏、结构游戏，可助其发展思维与感知。如，角色游戏能将日常生活灵感转化为故事。提供多样化游戏可培养孩子独立想象、解决问题的能力，锻炼其口头表达、逻辑推理的能力，激励尝试新事物、挑战自我。创造性游戏对幼儿身心发展有特殊意义，能促进其综合能力发展。

二、幼儿园自主游戏活动中，低结构材料的有效利用和投放

幼儿园教育活动开展需要游戏载体的支撑。游戏材料选择的效果直接决定了游戏的质量。低结构材料操作起来灵活简便、适应范围广，在幼儿园自主游戏活动具有明显的可操作性。需要重视低结构材料的作用，让孩子们在低结构材料的海洋里，享受自主游戏的魅力，开动脑筋，最终提升个人动手能力、表达能力、合作能力等等，为他们的全面发展助力。要对低结构材料的应用路径进行全面的了解和探索，为开展自主游戏提供有效支持。

（一）选择生活气息浓厚的低结构材料，使幼儿乐于探索

以表演游戏为例，教师应提供生活化材料如纽扣，引导幼儿联系生活经验，发挥创意。幼儿学会纽扣用法后，会想要制作个性衣物。教师再提供绳子，让幼儿串纽扣，体验手作乐趣。随后，教师提供纸板等材料，引导幼儿根据制作的纽扣链进行绘画。此过程可提升幼儿审美意识、动手能力，培养其发散思维和认知能力。

（二）利用低结构材料的自发性特点，进行游戏内容的落实

低结构材料能激发孩子想象力，使其自由创作，促进其自主发展。如《我来玩瓶瓶罐罐》游戏，教师让孩子自主设计，给予自由空间。孩子们创意无限，开发多种玩法如瓶罐翻滚下坡道等。教师需关注安全，不过多干预游戏。投放低结构材料要考虑幼儿兴趣，与游戏内容、幼儿兴趣爱好契合。教师应为幼儿提供新灵感，引导他们拓展思维，丰富游戏内容。适当应用低结构材料，满足不同游戏需求，提高自主游戏效果。

游戏在幼儿教育中扮演着重要的角色，它不仅仅是一种娱乐方式，更是将学习与游戏

紧密结合的桥梁。它为幼儿提供了一个有趣的、充满欢乐的学习环境激发幼儿对学习的兴趣，并通过游戏活动和低结构材料的投放应用，使幼儿积累相关的知识和经验，让他们在后续的学习和生活中得到更全面的发展。

【参考文献】

[1] 顾春凤 . 游戏在幼儿园教育教学中的运用与融合 [J]. 新课程学习（中），2014（06）：208-209.

[2] 李志雯 . 幼儿教学中游戏教育的应用及其价值 [J]. 新课程（上），2015（10）：164.

[3] 李欣 . 游戏在幼儿教学中的有效实施 [J]. 新课程（上），2015（09）：191.

[4] 张晓霞 . 幼儿园低结构材料的运用与思考 [J]. 教育评论，2019（11）：144-148.

[5] 中华人民共和国教育部 . 幼儿园教育指导纲要（试行）[M]. 北京：北京师范大学出版社，2001.

14. 浅谈陶泥材料在幼儿游戏活动中的应用

蕲春县第二幼儿园檀林园区　龙海燕

【摘要】游戏是促进幼儿学习与发展的重要途径和手段，五大领域的教学目标都可以通过游戏活动让幼儿在自主探究和操作中实现。陶泥材料因其环保、可塑性强、可重复利用等特点深受幼儿喜欢。游戏可以激发幼儿想象力，提升其创造能力，增强同伴之间的互动关系，对幼儿的成长和发展具有积极的促进作用。

【关键词】**陶泥材料；幼儿游戏**

泥巴是孩子们都爱玩的游戏材料。70 后、80 后孩提时和父母在田地间劳作接地气，和小伙伴在泥堆里打滚嬉闹，拥有健康的体魄和快乐的童年。而现在的孩子接触更多的是新奇的玩具和高科技电子产品，很少和泥土打交道。让他们置身于大自然的怀抱，利用自然的材料，创造属于他们自己的玩具和游戏，显得尤为重要。

2022 年春季学期，我园基于儿童身心发展的特点，利用乡镇幼儿园的地理优势，开设了陶艺特色课程。孩子们在陶泥这种材料的性能、成型方法方面积累了一定的经验，陶泥已经成为我园孩子在各种活动和游戏中熟练应用的材料。

一、陶泥材料在五大领域活动中的应用

陶艺活动中，孩子们利用前期掌握的团圆、手捏、模具等成型方法，以及刷泥浆、加固等技法，自由创作自己喜欢的物件，促进了精细动作的发展，丰富了审美情趣；在利用

泥条成型法创作时，他们把泥条盘成各种数字、字母以及自己的姓氏，有效地巩固了幼小衔接的成果；在利用泥板成型法创作时，他们搭桥、盖房子，在一次次坍塌和重建中，既磨炼了意志，又摸索出物体大小、高矮、粗细、方位、重量、面积等关系，增强了自信心；孩子们在游戏中相互交流，促进了语言表达能力和社会交往能力的发展。

二、陶泥材料在户外自主游戏中的应用

（一）陶泥材料在“过家家”游戏中的应用

一天，大二班的孩子在花坛旁的草地上玩起了“过家家”。他们把大石头垒起来当做灶，捡枯树枝当柴火，用硬纸片和破瓦片当锅碗瓢盆，采植物草叶做菜，用泥土和水煮饭。在做饭的过程中，晨晨想捏饺子，可怎么捏泥土都黏在手上无法成型，孩子们发现原来种植区的泥土和陶泥是有区别的。他们找教师取来了陶泥，把泥塑游戏搬到了户外。晨晨在饺子里包上小石头做馅，饺子更易成型了。在晨晨的带领下，小朋友们有的做包子；有的做蛋糕；有的做汤圆；有的做冰糖葫芦……玩得不亦乐乎；有的当爸爸；有的当妈妈；有的布置房间；有出去采购……分工得当，不一会就进行了一次难忘的草地野餐。恬恬的妈妈是茶艺师，恬恬平时耳濡目染。她取来一块陶泥当花泥，从花坛里折来好看的枝叶和花朵插上，为草地野餐增加了一抹亮丽的色彩。

（二）陶泥材料在体育竞技游戏中的应用

男孩子比较喜欢体育竞技游戏，乐乐很喜欢去年幼儿园元旦庙会中的“投壶”游戏，轩轩则更喜欢“套圈圈”的游戏，他还套到了一包零食。他们见恬恬用陶泥插花，也从中获得了灵感，用一大块陶泥当做目标，站在一定的距离外，用树枝投过去，谁的树枝能插到陶泥上，谁就赢。一来二去，两人都摸索出了发力的力度和角度，不分上下。铭铭在一旁说，要加大难度。他家里有一个“飞镖”玩具，爸爸经常带他玩飞镖打靶的游戏。于是，他用细树枝在陶泥上画了几个圆圈，说谁的树枝离靶心最近，谁才赢。这样，铭铭成功加入了乐乐和轩轩的游戏中……我想，随着他们“陶泥飞镖”游戏的进程，以后会不会继续增加难度，把射程距离设置得更远一些呢？把这个想法留给孩子们去探索。

三、探索陶泥材料在幼儿游戏活动中更多的可能性

《幼儿园教育指导纲要》中指出：“培养幼儿对生活中常见的简单标记和文字符号的兴趣。利用图书、绘画和其他多种方式，引发幼儿对书籍、阅读和书写的兴趣，培养前阅读和前书写技能。”

活字印刷是我国的四大发明之一。幼儿天性喜欢涂鸦，各种汉字的线条、花鸟鱼虫的形象等，在幼儿稚嫩的手下都是独一无二的艺术品。孩子们在泥块上刻画各种形状，等泥块风干后涂上各种颜色拓印在纸上，就是一本幼儿自创的绘本故事。幼儿把各种泥块打乱

次序重新组合，就能编排出新的“活画印刷”绘本故事和小伙伴分享，同时能在游戏中感受到传统文化的魅力。

游戏材料具有潜在性、内隐性，累积性，它潜移默化地启发幼儿智慧。游戏材料没有最好，只有巧用。作为幼儿教师，我们要善于发现身边任何一件不起眼的物品，为幼儿的游戏活动提供创造性支持。

15. 浅谈低结构材料在幼儿园游戏中的运用

红安县八里幼儿园　胡慰

【摘要】国家颁布的《幼儿园保育教育质量评估指南》引领幼儿教师在实施幼儿教育过程中，以游戏为基本活动，进行科学保教；引导广大幼儿教师的教育行为，明确评价导向。本文以游戏活动中低结构游戏材料的运用为主题，探讨幼儿园游戏环境创设的重要性和低结构游戏材料运用策略，以增强幼儿参与游戏活动的热情，促进幼儿在游戏中的学习与发展。

【关键词】**低结构材料；游戏中运用**

一、幼儿园游戏环境创设的重要性

教育部根据中共中央、国务院《关于学前教育深化改革规范发展的若干意见》及《深化新时代教育评价改革总体方案》的要求，制订了《幼儿园保育教育质量评估指南》这一指导方针，旨在进一步推进我国学前教育事业的高质量发展。坚持以习近平新时代中国特色社会主义理念为指引，坚持以科学发展观为核心开展德育工作，改变不合理的评价倾向，加强评价结果的应用，倡导科学的教学观念，使幼儿的整体素质得到全面提升，为培育具有良好素质的合格的社会主义建设者和接班人打下良好的基础。以促进幼儿身心发展为目标，注重教育过程的质量，将评价的重点放在幼儿园的办园方向、保育与安全、教育过程、环境创设、教师队伍等 5 个方面。

《幼儿园保育教育质量评估指南》以促进幼儿的身心发展为目标，注重保育教育过程的质量。在游戏中，除了合理地选择场地之外，教师还应提供科学、环保的活动材料，从而使幼儿在游戏活动中获得更多的经验与发展。

二、如何合理运用以低结构游戏材料

（一）低结构游戏材料运用原则

（1）教师在提供低结构材料时，应遵守安全卫生原则，剔除不安全、不卫生、不符合幼儿发展需求的材料，并在游戏过程中提醒幼儿注意安全，引导他们更好地利用材料。

（2）教师需遵守适宜空间原则，以更好地运用低结构材料。在提供材料时要注意尺寸，同时布置环境时要充分考虑空间是否适宜，提供尺寸和类别合适的材料。

（二）投放低结构材料的注意事项

投放低结构材料时，教师应考虑幼儿年龄特征，以其知识经验为基础，确保材料安全，促进幼儿在操作过程中全面发展。若材料不足或活动题目超出幼儿认知，可能导致教学失败。应选用易获得的材料，使幼儿能在园外向亲友展示活动成果。

三、低结构材料在幼儿园游戏中的运用策略

（一）适合幼儿的年龄特点

在区域游戏中，幼儿使用大小适中、种类多样、与自身年龄特点相适应的材料，如积木、玩具、饮料瓶、纸壳、纸板、泡沫塑料等。这些材料具有较强的可操作性和较大的发挥空间，幼儿可根据生活经验和想象力建造空间和物品。如玩“我最爱的动物”时，可用谷物制作小动物。这样的游戏可提高幼儿对生活的兴趣和实际生活技能，同时训练他们的发展、创造力和智力。

（二）注重游戏主题

在幼儿园的区域游戏中，为了使低结构材料合理地发挥其教育价值，教师必须重视游戏的主题，使整个游戏过程具有一定的教育性；通过在游戏中融入主题元素，可以更好地营造主题活动的氛围，与五大领域的教学课程相结合，使幼儿更加深入地了解和体验主题所传达的信息，同时也巩固其所学内容。

（三）丰富材料，提升幼儿兴趣

在幼儿进行的区角活动中，只要能满足孩子们的喜好，这个游戏就会顺利进行。因此，在使用低结构材料前教师要对孩子的兴趣进行深层次的剖析，以丰富的低结构材料来激发他们的学习积极性，培养他们的实际操作技能。

（四）模拟生活，增强情感体验

幼儿园活动中，要训练孩子思考、实践及处理日常问题的能力，选用与生活相关的低结构材料，如旧衣物、奶瓶等，使幼儿熟悉材料。通过生活模仿类游戏，幼儿体验各种生活，如“服装店”游戏、烹饪等。教师可利用孩子爱好，培养其择菜、洗菜技能，放置蔬菜及厨具，提供低结构材料如木棍、竹签等，激发孩子自主制作美食的兴趣，发挥其主体性，培养其思考习惯。

《幼儿园保育教育质量评估指南》旨在推动幼儿身心发展，重视教育教学质量。区角

活动在培养幼儿兴趣、智力、人际关系等方面具有重要意义。低结构材料广泛应用于区角游戏，符合幼儿认知规律和兴趣，能有效激发其想象力，提高其实践能力，促进其全面发展。这与《幼儿园保育教育质量评估指南》的要求相符，有利于提升保育水平，为培养良好素质的社会主义建设者和接班人奠定基础。

【参考文献】

[1] 杨凡 . 学习《幼儿园保育教育质量评估指南》有感 [J]. 课程教材教学研究（教育研究），2022（Z4）：75-77.

[2] 本刊编辑部 . 行走在以幼儿为本的质量提升之路上——关于《幼儿园保育教育质量评估指南》的践行与思考 [J]. 上海托幼，2022（Z3）：4-5.

[3] 张晖 . 落实《幼儿园保育教育质量评估指南》推动课程改革提升保教质量 [J]. 上海托幼，2022（Z3）：6-7.

16. 浅析自主建构游戏中低结构材料适宜性投放的策略

蕲春县第二幼儿园八里湖园区　陈柳

【摘要】在幼儿教育实践中，自主建构游戏对培养幼儿的自主性、创造性和问题解决能力具有重要作用。低结构材料的适宜投放是影响幼儿游戏体验和能力发展的关键因素。我园在课题研究中，结合大中小班的年龄特点，通过观察和案例分析，探讨了低结构材料在自主建构游戏中的适宜性投放。

【关键词】自主建构；低结构材料；适宜性；幼儿教育

低结构材料是结构松散、可变性强、玩法多样的游戏材料，如纸盒、纸杯、扑克牌、奶粉罐等。这些材料玩法不固定，可以自由组合，激发孩子的创造性和想象力。幼儿可以通过不断尝试和调整，进行自我表达和创作，发展自身解决问题的能力。同时，与同伴合作和分享，可促进幼儿的合作和社交能力。

一、幼儿自主建构游戏活动中低结构材料投放存在的问题

（一）材料种类单一

在目前的幼儿自主建构游戏活动中，材料种类过于单一，缺乏多样性。这导致孩子在游戏中选择受限，影响其创造力与想象力的发展。例如，仅提供一种形状或材料的积木，幼儿只能搭建简单结构，无法发挥想象力构建更复杂的游戏。

（二）材料难度不适宜

材料的难度不适宜也会影响幼儿自主建构游戏活动的效果。难度过高，幼儿可能会沮丧；难度过低，幼儿可能觉得索然无味，缺乏挑战精神。因此，选择适合幼儿年龄和能力的材料至关重要。

（三）材料数量不足

在自主建构游戏活动中，材料数量是关键因素。数量不足会导致幼儿争抢材料，影响游戏进程。同时，数量不足也会限制幼儿的探索和尝试，影响他们的学习和成长。

（四）材料更新不及时

在自主建构游戏中，材料更新是关键。但现实中，材料更新往往滞后，幼儿常使用旧材料，游戏兴趣和积极性受到影响。此外，旧低结构材料可能已经损坏，会增加安全隐患。因此，及时更新材料对提升游戏质量和安全性至关重要。

二、幼儿自主建构游戏活动中低结构材料投放建议

（一）材料品种的多样

为了增加游戏活动的多样性，教师应当提供多种类型的建构材料，包括木质、塑料、橡胶等积木，以及 PVC 管和大小不同的纸盒。同时，应利用天然材料激发孩子的创造力和想象力。在一次大班户外建构活动中，李老师准备了多种建构材料，孩子们兴奋不已。李老师鼓励孩子们发挥想象力搭建各种东西。孩子们动手搭建，提高了动手能力和创造力，相互合作、分享和交流。看到孩子们开心的样子，教师深感满足。这些建构材料为孩子们的成长提供了新的启示和机会。

（二）材料难度的适宜

幼儿期是动手能力培养的关键期。选择难度适宜的材料至关重要，初始应选大块、易抓握的，后续可引入更复杂的组件。难度适宜的建构材料能激发幼儿创造力，促进幼儿全面发展；否则，可能导致孩子感到挫败。我园张老师为中班孩子提供磁力棒，但孩子们发现组合困难，如文文无法完成“城堡”而感到沮丧。张老师迅速调整，带孩子们重新选材。她认识到材料难度需适中，才能激发幼儿的创造力和学习热情。后续教师们谨慎选材，确保适合孩子年龄和发展水平。文文及其他孩子也更享受幼儿园时光。

（三）材料供应的充足

充足的材料是游戏活动的基础。材料不足容易导致幼儿冲突或无法完成设想。教师应确保有足够材料满足所有幼儿的需求。在一次小班的建构游戏中，坤坤和贝贝因同一块积木起争执。玉米老师安抚他们，并承诺拿更多积木过来。不久，他带来许多不同形状的积木，

孩子们高兴地开始搭建。教师迅速干预，增加积木，满足幼儿需求，避免争执升级。为避免类似问题，教师应提前清点和准备材料，引导幼儿分享和轮流使用材料，鼓励他们尝试不同造型搭建，丰富游戏内容，提高幼儿空间感知能力和创造力。这些措施可有效避免因材料不足引发的冲突。

（四）材料更新的及时

教师需定期更新游戏材料，旧损材料影响游戏并存在安全隐患。大班建构游戏中，蔡老师发现积木陈旧破损，降低了幼儿的游戏乐趣且威胁幼儿安全。蔡老师与孩子们一起解决问题，询问他们的看法并鼓励他们提建议。孩子们决定每两个月更新一次材料，保持游戏趣味性，避免频繁更新导致浪费。

在自主建构游戏中，低结构材料的投放适宜性对儿童创造力、想象力和解决问题能力培养至关重要。我们的研究深入探讨了适宜性投放策略，包括增加材料种类、选择难度适宜的材料、充足供应、及时更新。通过实施这些策略，我们提高了低结构材料的适宜性，从而更好地促进儿童全面发展。未来，我们将进一步探讨低结构材料与其他材料的结合及个性化投放，并关注投放后的评价和调整，以确保持续游戏材料适宜性。

【参考文献】

[1] 柳世平．幼儿园自主游戏中低结构材料投放策略研究 [J]. 河南教育学院学报（哲学社会科学版），2019，38（04）：63-66。

[2] 李仕玉，李雪平．幼儿园游戏材料的选择策略研究——以认知发展游戏理论为视角 [J]. 江苏第二师范学院学报，2017，33（07）：84-87.

[3] 黄丽丽．幼儿园建构游戏材料的投放策略 [J]. 甘肃教育，2017（21）：123.

17. 关于科学游戏的环境创设的尝试
——以麻城市第二幼儿园“主题科技馆”创设为例

湖北省麻城市第二幼儿园　冯迪

【摘要】幼儿园课程来源于儿童生活又回归于儿童生活。生活化、游戏化的幼儿园课程让孩子们用本真、自然的眼光和态度去认识生活和世界，探寻生活和自然中的科学奥秘。麻城市第二幼儿园在各班“主题科技馆”的创设中，着力打造动手动脑的科学探究环境，激发幼儿科学探究兴趣，使其体验探究过程，提高其科学思维能力，培养其实践能力和创新精神。

【关键词】科学；自主游戏；创设

一、互动式的科技环境浸润

（一）创设丰富、宽松的环境

环境创设是麻城二幼“科学+”课程实施的首要路径，在园所公共区域、班级区域、走道廊道等创设以科学为主线的互动式空间；在楼顶打造星球知识科普空间、时空隧道、科技作品展区；在大厅打造玩转科学的互动摇杆齿轮墙和传声筒区；打造了智能控水照光的养殖区和种植区；在班级书包柜上打造作品展示区；楼梯转角设置为互动角；消防栓门板为打造科普知识扫码互动区；更有12个不同主题的“科技体验馆”，让孩子置身于科技气息浓厚的环境中，让孩子用自己的方式探究、理解科学知识，获得更深层次的发展。

（二）构建多方位的学习环境

民主、平等、和谐的师生关系是幼儿游戏开展的重要支柱之一，打造家园携手、教师培训、幼儿探究三位一体的学习方式更是幼儿园精神环境创设的重中之重。为了创设良好的师幼、幼幼、亲子互动氛围，我们在二幼公众号上开辟科普栏目，从培养家长的科学素养入手，从培训教师的科学指导能力出发，通过多方位多角度的活动和方式为幼儿建构快乐宽松的学习环境。

二、主题式的科技馆创设

确立了主题后，我们以12个班级为载体，从生命科学、物质科学、地球与宇宙、工程与技术四个方面打造了12个主题不同的“科学体验馆”，通过不同年级组、不同年龄段目标的设立，构思每个科学体验馆的主题脉络和创设途径。

各班级老师和孩子就是主题馆的构思者、创设者、实施者和参与者。各班级根据各自主题馆的内容，延伸至五大领域，结合家长力量和资源，多次进行园内教研、组内教研、班级教研、头脑风暴，通过方案的一遍遍打磨，游戏设置的一步步实操，实际操作的一点点反思，园内组织的一次次研讨，主题馆打造趋于成熟，初显成效。

例如，中二班“磁铁主题科技馆”的创设，就从孩子们常见又感兴趣的玩磁铁入手，设置了讨论、寻找、探秘、玩转、运用5个流程，分阶段一共投放了50多种材料。例如，探秘区，幼儿探究磁铁的穿透力游戏，让孩子初步了解磁铁的磁性，在此基础上增加一张纸，幼儿通过探索得知磁铁能隔物吸铁之后，再次投放材料，进行“沙中寻宝”“小猫钓鱼”“会跳舞的瓶子”等游戏，让孩子了解磁铁的磁力会随着纸张厚度的增加，逐渐减弱；不同材质的材料和不同磁力的磁铁最终实验结果各不相同。通过循序渐进的游戏和实验，从认识磁铁到最终尝试制作电磁铁，并将磁铁的特性运用到生活中去，孩子们在游戏中探究，在游戏中成长。

在各个科技馆的自主游戏中，教师引导幼儿开展以幼儿自主发现、自主操作、自由探究为前提的科学探究活动，帮助幼儿积累探索、联想、动手、动脑、发现和表达表现的经验。

以游戏为基本活动是幼儿园活动的重要原则。我们将继续以探索兴趣为核心、以自主游戏为支架、以生活经验为基点、以多元表征为载体探索和实施二幼“科学+”课程，让幼儿真正成为游戏的主人，在充满趣味性的环境下高效开展自主游戏，在自主游戏的过程中增加幼儿的知识，发展其想象、创造的能力，在快乐、愉悦的游戏中发展幼儿乐观进取的个性，使之在与同伴接触玩耍时养成合作、互助、团结等良好品质，并促进幼儿身体健康、全面发展。

18. 浅析幼儿视角的幼儿园户外运动区环境优化

蕲春县第二幼儿园新建园区　张乐

【摘要】教育观念更新使幼儿户外运动从传统体育教学向自主运动转变。传统的幼儿园户外运动过于注重幼儿身体机能的提升，缺乏自主探索机会。本文调研幼儿园户外运动区教育实践问题，并提出建议。

【关键词】**幼儿园；运动区环境；优化策略**

幼儿园户外运动区应具备多元功能，如体育、游戏、教学、休闲及交往。当下很多幼儿园运动区材料管理不善，使用受限，维护不及时。教师应尊重幼儿自主权，提供独立锻炼机会。研究聚焦户外运动区，通过收集幼儿视角的数据，与教师共制订优化场地规划、物资投放、教师支持的行动方案。

采用目的抽样，以 A 镇实验幼儿园为研究地。其为公办幼儿园，有 12 个班，园内幼儿 389 人。占地 9325.4 平方米，设有运动等 7 个户外活动区。游戏材料分布各区域，支持孩子探索学习。本研究遵循“规划—行动—调查—反思”环节，每轮行动前反思，发现问题，优化研究计划。实地考察后，对幼儿园户外运动区环境提出优化建议。

一、幼儿园户外运动区教育实践中游戏环境存在的问题

（一）运动区场地规划不利于幼儿开展运动活动

运动区游戏场地应设在平坦宽阔的位置，以保证足够的活动空间，满足儿童游戏的需要。应设置塑料地板，当幼儿使用梯子、木箱、滚轮等新型材料时，塑料地板可以起到保护作用。然而，A 镇实验幼儿园田径场左半边为成人设置的体育设施阻碍了儿童的游戏活动。例如，幼儿的滚轴游戏被栏杆打断了。不仅如此，幼儿在取放材料时，运动设施也会影响到幼儿收纳材料的进度。

（二）幼儿的主体地位彰显不足限制其对运动性游戏的深入探索

在实际的活动中，幼儿主体地位彰显不足，这体现在幼儿对单一材料的多种玩法探索不足，结合运动材料的能力较弱。

“幼儿在玩滚筒的时候更多的是利用轮胎和滚筒结合建造一些造型，真正去探索滚筒滚动性的，一个班可能也就那几个幼儿。”（教师 PAP）

“我看到大班的幼儿玩来玩去还是那几个搭建。”（园长 XXJ）

从以上教师的采访中可以看出，幼儿对材料的使用更多地局限于某种固定的搭建形式，反映出孩子们在材料使用上缺乏创新。教师应时刻关注幼儿的经验水平和幼儿游戏进度的兴趣点，适当支持和促进儿童联系生活经验，促进其深度学习。

（三）教师对幼儿游戏行为缺乏足够的认识和支持经验

运动区放置了不同类型的低结构材料，不局限于体育比赛。幼儿可以自由地使用材料进行建构游戏和角色游戏。在建构游戏的过程中，既有建造，也有运动。通过操作，孩子们可以了解规格等材料的基本物理性质，以及事物的空间取向、相对性等数学概念，也可在搭建好的作品上玩游戏，进行走、跳、钻、钻等动作，从小肌肉到大肌肉都得到锻炼。然而，在访谈中发现，教师忽视了幼儿建构游戏的其他价值，对其建构行为的认识有限。

二、优化幼儿园户外运动区教育实践中游戏环境策略

（一）规划安全适宜的游戏场地支持幼儿广泛开展身体移动活动

运动区的材料存放区设置要注意两点：一是考虑材料存放设施与运动区的距离。研究人员观察了游戏过程之后，发现大多数孩子会选择在材料存放区附近玩游戏。因此，在设置材料存放设施时，要靠近游戏区，方便孩子取放，有利于孩子完成发现—使用—归还材料的过程。二是考虑在材料存放区张贴存放标志。存放区张贴的标志使材料与存放设施有对应关系，有利于培养孩子独立存放和整理的能力。清晰的存放标志可以帮助孩子形成分类意识，帮助孩子培养良好的学习素质，还可以使之在收集和整理材料的过程中积累知识和经验。

（二）教师营造支持性氛围引导幼儿积极参与游戏活动

若没有一定的规则，游戏中会具有高度的不确定性，容易出现危险情况。因此，教师在运动区上制订了各种规则，限制孩子的挑战性运动行为，也限制了孩子运动能力的发展。教师需要在幼儿具有挑战性的运动行为中平衡“放手”和“限制”。幼儿通过游戏中具有挑战性的运动行为寻求冒险并获得最大的发展。教师需要营造自由、轻松的氛围，给予充分的鼓励和赞赏，支持孩子们的挑战性运动行为。

（三）教师运用有效支持策略促进幼儿在运动中实现深度学习

例如，在游戏开始前或游戏分享环节中为下一场游戏制订计划。当幼儿能够成功实施计划时，就会产生主动感。教师可以通过绘画、交流等形式引导幼儿主动规划自己的游戏内容，帮助幼儿成为有能力、自信的规划者，激发幼儿运动的主动性。

本研究调查幼儿园户外运动区环境问题，分析幼儿需求，打造合适环境。首先，入园调查户外运动区实践中的问题。其次，深入探讨体育游戏，发现教师对儿童游戏理解不足。通过研究总结反思，认为安全合适的运动区能支持幼儿体育运动。教师应营造支持性氛围，引导幼儿积极参与，运用有效策略，促进其深度学习，创设基于幼儿视角的户外运动区。

【参考文献】

[1] 赵霞 . 幼儿园户外运动区域环境创设的实践与思考 [J]. 科学咨询（教育科研），2021（03）：125-126.

[2] 张华 . 幼儿视角下的幼儿园户外活动环境规划五步教研 [J]. 山东教育，2021（32）：15-16.

[3] 周嘉琳，罗雅婧，罗冬梅 . 行为地图在幼儿园户外活动环境与幼儿身体活动关系研究中的应用 [J]. 中国体育科技，2018，54（02）：91-97 + 104.

[4] 李鑫 . 森林幼儿园户外活动设计与实施的行动研究 [D]. 重庆：西南大学，2020.

19. 幼儿视角下幼儿园户外沙水区游戏设计探究

英山县县直机关幼儿园　胡婉瑶

【摘要】本文对幼儿视角下的户外沙水区游戏进行了初步探究，发现了包括团队合作和互动性不足、缺乏多样性和包容性、安全问题以及卫生和维护问题等不足。我们提出了强调互动性和合作性、增加多样性和包容性、确保安全问题、加强卫生和维护、鼓励自由游戏和创意发展等对策。这些对策旨在改善幼儿游戏体验，促进幼儿的全面发展。

【关键词】幼儿视角；户外沙水区；游戏探究

随着现代科技的不断发展，幼儿渐渐远离户外活动，沙水区作为一种具有创意和互动性的户外活动，应当引起我们的关注。在当前沙水区游戏设计中存在一些问题，如互动性不足、缺乏多样性和包容性等。因此，为了促进幼儿在户外沙水区游戏中的积极参与和全面发展，我们需要通过一系列对策来提升设计质量。本文将探讨幼儿视角下户外沙水区游戏设计的现状，并为解决这些问题提供相应的对策，为幼儿户外体验带来更多的乐趣和发展机会。

一、幼儿视角下户外沙水区游戏现状

安全问题是一个关键挑战。一些沙水区游戏设计存在安全隐患，缺乏适当的护栏或围栏，增加了孩子意外跌落的风险。在没有围栏或护栏的沙水区，一名孩子不小心滑倒在沙水池的边缘，险些跌入周围的水中。此外，部分沙水区地面的平整度和缓冲性不足，增加了孩子们受伤的风险。

多样性与创意缺失问题。部分沙水区游戏设计单一，让孩子们感到游戏单调乏味，期望更多类型的游戏设备。卫生与维护问题也需关注。部分水池未定期清洁消毒，沙子玩具质量差，易损坏，增加了孩子们感染或受伤的风险。沙子污浊有垃圾时，孩子们会感到不舒适。沙水区游戏设计缺乏团队合作与互动性，多为单人游戏，无法培养孩子们社交能力和合作精神。

二、解决幼儿视角下户外沙水区游戏的对策

（一）确保安全问题

确保沙水区游戏设备具有适当的护栏、围栏和安全措施，以减少意外风险。定期检查和维护设备，确保地面平整且具有足够的缓冲性，采用柔软的地面材料，如橡胶地板或防滑材料，以减少跌倒和碰撞的风险。此外，向幼儿和家长提供有关安全注意事项的教育和指导，教导他们如何正确和安全地参与游戏活动。

（二）鼓励自由游戏和创意发展

培养和鼓励幼儿的自由游戏和创意表达。提供开放式的沙水区环境，提供丰富的游戏材料和道具，如玩具桶、水枪、漏斗等，激发幼儿的创造力和想象力。为幼儿提供自由探索和发展的空间，不过分干预和指导。鼓励幼儿参与合作游戏和角色扮演，培养其团队合作意识和社交技能。支持他们在沙子和水的环境中发挥想象力，创造属于他们自己的游戏场景。

（三）多样性和包容性

在设计沙水区游戏时，要考虑到不同年龄、能力和兴趣的幼儿的需求。提供不同高度和难度的游戏设备，以满足各个年龄段幼儿的参与需求。同时，为年幼或身体能力有限的幼儿提供易于参与的游戏设备，确保每个孩子都能享受游戏的乐趣。幼儿园可以与专业设计师和教育专家合作，开发出多样且创意的沙水区游戏设备，如不同类型的攀爬设施、秋千、滑梯、水喷射设备等，设计具有丰富互动元素的游戏场景。鼓励幼儿自由游戏和发挥想象力，同时为他们提供有趣而挑战性的游戏体验。

（四）卫生和维护

对沙水区定期进行清洁和消毒，特别是沙池和水池。教育幼儿正确的卫生习惯，如洗

手和保持沙子玩具清洁。定期检查沙水区设备的状态，修复或更换损坏的部分，并保持场地整洁。与学校和相关部门合作，确保沙水区的卫生和维护工作得到及时处理。

（五）强调互动性和合作性

引入团队游戏，创造多人参与的游戏形式。同时，设立共同目标，鼓励幼儿们协作努力，增强其团队合作的意识。此外，鼓励幼儿交流与合作，培养幼儿互助精神，促进幼儿之间的互动和合作。通过这些措施，可以有效增强沙水区游戏的互动性，培养幼儿的社交能力和合作精神。

通过本文的研究，我们可以得出结论：强调互动性和合作性、增加多样性和包容性、确保安全问题、加强卫生和维护、鼓励自由游戏和创意发展等对策可以有效改善幼儿在户外沙水区游戏中的体验。为了不断提高游戏设计的质量，我们需要不断实践和反思，并及时调整和改进设计方案。通过这些努力，我们可以为幼儿创造一个更好的游戏环境，让他们在游戏中快乐成长。

【参考文献】

[1] 唐春秋 . 基于幼儿视角的幼儿园户外沙水区环境优化研究 [D]. 桂林：广西师范大学，2022.

[2] 徐子涵 . 基于幼儿立场的幼儿园户外游戏区改造 [J]. 好家长，2022（16）：82.

[3] 徐丹丹 . 因地制宜打造乡镇幼儿园户外支持性游戏环境——以邦溪镇中心幼儿园为例 [J]. 新教育，2019（14）：37-38.

[4] 郑银花 . 基于园本的户外游戏环境改造与创设 [J]. 好家长，2019（19）：15.

20. 浅谈低结构材料在游戏中的应用

黄梅县实验幼儿园下新二园区　殷锦

【摘要】在游戏中，低结构材料对于幼儿的发展和想象能力提升具有重要的意义。幼儿成长中要手脑并用，低结构材料更贴近生活，符合幼儿的成长需求，可以更好地促进幼儿全面发展。

【关键词】低结构材料；游戏应用

一、将低结构材料与游戏充分结合

低结构材料是幼儿在生活中常见的物品，只需简单地引导，幼儿就能灵活应用。教师可以将低结构材料应用于游戏，采用科学、有效的方式投放材料，让低结构材料与游戏碰撞出火花，促进幼儿的发展。

（一）低结构材料的正确选择方式

3—6岁幼儿对生活中的事物充满好奇心，在选择低结构材料时，教师要注意，应尽量选择能够引发幼儿想象的低结构材料，使幼儿在使用低结构材料的时候，充分发挥想象力和创造力，开发出形式多样、内容精彩的游戏。教师要考虑幼儿的年龄特点及生活经验，选择在生活中应用广泛、出现率较高、安全的材料。

（二）低结构材料的合理投放方式

低结构材料投放后，教师应在旁引导幼儿选择合适的材料开展游戏。教师要带领幼儿依次认识投放的材料，组织幼儿思考、探讨这些材料有什么玩法，可以创造什么游戏。在讨论过程中，让幼儿充分想象、畅所欲言，给予幼儿运用材料进行创造的机会。教师在幼儿把玩材料时应当仔细观察，当幼儿遇到困难时，要及时给予帮助，耐心沟通和引导，让幼儿能够更好地开发、享受新游戏。教师要更换投放的材料。考虑到幼儿的个体差异，为确保幼儿在区域游戏中持续发展自身能力，保持兴趣，教师投放材料时应当注重材料的层次及渐进性。

（三）灵活运用低结构材料

低结构材料在幼儿的世界中是自主探索、发现问题、分析问题并解决问题的重要载体，蕴含着丰富的价值。我们会根据幼儿的生活环境及当地文化为幼儿提供具有季节性、代表性的材料。如“秋天的稻草”，我们会把稻草投放到美工区引导幼儿进行稻草人的制作，锻炼幼儿的手眼协调能力；把孩子们制作的稻草人放入户外开展我们的户外游戏《稻草迷宫》。将低结构材料灵活组合既有趣味性又有创造性，且能锻炼幼儿的体能，培养幼儿的团结合作精神及集体意识。

二、充分利用本土资源，引导幼儿发挥想象力和创造力

陶行知的“生活、平民教育”等理念对于现今的教育仍具启发意义。教师可以联系幼儿的家长询问是否乐意提供一些可以让幼儿在游戏中使用的材料。如家长从家中带来了竹竿、旧报纸等材料。在游戏中竹竿成了幼儿骑的马，旧报纸成了望远镜、沙包，幼儿开动脑筋，对获得的材料进行了灵活运用，这些被开发出来的新游戏、新玩法凝聚着幼儿的智慧，对培养幼儿的想象力、创造力有很大作用。这些材料十分简单，教师只要适当进行引导，就能够让幼儿将这些简单的材料用出花样。

合理规划游戏，培养幼儿的能力。3—6岁幼儿活泼好动，教育工作者在设计活动区域时，应了解幼儿的运动能力和身体发展情况，尊重其年龄特点。如“种植园的晒秋”“茶室贩卖茶的游戏”“石磨坊的活动”中，小班扮演服务员，中班扮演接货员。小班在游戏

中锻炼了通过任务认识地点能力。中班扮演快递员，自行规划路线送货，明白了规则重要性。

另外，在设计游戏时，教师应当提前了解各个教学区域适合进行什么游戏，以及各种教学活动的强度差异，并计划清楚每次活动需要让幼儿完成多少活动量、对幼儿开展什么教学等。因此，为方便教师进行教学设计，幼儿园可以给每个活动区做个标记，这样也便于不同教师同时进行针对不同年龄段幼儿的教学规划。

为更好地发挥低结构材料在游戏的作用。教师在组织游戏时，可以适当融入低结构材料，对幼儿开展有本土特色的教育，提高幼儿对周围环境的感知，提升幼儿学习兴趣，发展幼儿想象力，培养幼儿的能力，给予幼儿正面积极的评价，并引导幼儿在游戏过程中自主发现问题并且解决问题。

【参考文献】

[1] 陶静 . 解放天性快乐游戏：浅谈陶行知创造教育在幼儿游戏活动中的实践 [J]. 知音励志，2016（17）：124.

[2] 左婧 . 解放天性快乐游戏：浅谈陶行知创造教育在幼儿游戏活动中的实践 [J]. 新课程（综合版），2018（03）：5.

21. 农村幼儿园户外游戏环境的探索反思

罗田县城南幼儿园骆驼坳园区　张红

【摘要】随着社会的发展和人们生活水平的提高，越来越多的家长开始关注孩子的教育问题，尤其是学前教育。在学前教育中，幼儿园的环境创设是一个重要的方面。良好的幼儿园环境可以促进幼儿的身心发展，提高幼儿的学习兴趣和能力。而户外环境的创建是幼儿园环境建设的重要组成部分。对户外环境进行因地制宜的创建，满足孩子们游戏的需求，对于我们这样一所乡镇中心示范幼儿园而言，具有更特殊的现实意义。

【关键词】户外特色环境；构建

一、我园户外游戏环境创建的起因

2017 年秋季，我园成为罗田县乡镇幼儿园中第一批通过市级示范园验收的园所之一，宽阔的操场、天然的草坪和山包、自制的户外活动器材等环创亮点在验收过程中获得评审组一致好评。六年过去了，随着上级主管部门对幼儿园管理要求越来越严格，家长对幼儿园环境建设与保教质量期望值越来越高，教师在组织幼儿户外活动时遇到的问题越来越多

（幼儿选择单一，有的户外设施安全性能差，有的因使用年数长已经陈旧，无法满足幼儿全面发展的需求），于是，我们全园教师下定决心进行户外环境大改造，力创优质特色环境，促进幼儿身心发展。

二、我园户外游戏环境创建的策略

（一）深入思考分析户外环境特色不明现状

我们对幼儿园整体布局和环境进行了全面分析，尽管我园户外环境板块清晰（操场右侧是大型的户外滑滑梯和蹦蹦床，左侧即我们的天然草坪，草坪上有荡桥、秋千、滑索、沙池等设施，操场已经全部软化），但在促进幼儿体能锻炼上，没有很明确的目标性设置和层次性划分，全园户外环境特色不鲜明。

（二）依托引领定位户外环境创建的方向

自今年秋季学前教联体改革以来，我园依据核心园城南幼儿园“德育 +”特色创建的主线，确立了我园“德育 + 社会实践”园所特色创建的方向，我们也由此确立了我园户外特色环境构建的方向：户外环境的构建要以体能锻炼为基础，以动作发展为重点，以素质提升、社会适应能力培养为目标。

（三）反复调研确定户外环境的内容

为创建有特色的户外环境，我园多次召开专题会，教师们各抒己见。有教师认为我们可以以骆驼坳这一地名为切入点，打造挖掘和弘扬骆驼精神的户外环境；有教师认为可以以幼儿园旁边的虎母山的故事为切入点，创设让幼儿知恩感恩户外环境……同时我们也向家长发起了调查问卷，并在幼儿入园离园时对一些家长进行访谈，了解他们对幼儿园户外环境建设的看法和建议。多方调研之后，我们决定打造以骆驼坳燕儿谷为原型的户外特色环境，燕儿谷不仅有多个训练体能的户外项目，还有各种民俗体验项目（如打糍粑、扯油面、磨豆腐等）、农耕体验项目、非遗文化传承项目（工匠学校里的茶艺、陶艺、刺绣、竹编等），这些环境内容与我园“德育 + 社会实践”园本特色一脉相承。

（四）制订方案开启户外游戏环境创建落实

2023 年秋季，县教科院教研员、县名师工作室一行人来我园视导，我园向她们展示了园所楼道及走廊的“德育 + 社会实践”特色环创。楼道吊饰、班级主题墙分别是不同理念的环境教育：“爱劳动”“爱祖国”“爱科学”，而楼梯两旁，我们将园所近期开展的各类社会实践活动、主题教育等以幼儿与教师共同制作的图文方式完全展示出来。同时，我们向视导组汇报了我们的户外特色环境构建的想法和思路，得到了视导组成员的一致好评，他们也给予了我们很好的意见和建议：将入园右侧的大型户外玩具搬到草坪中，让幼儿游乐设施集中到一起，右侧完全空出，打造有燕儿谷风情特色的生活体验活动区。

三、因地制宜创设达成户外游戏环境的共识

我园户外游戏环境创建历时几个月，教师们形成了如下共识。

（1）幼儿园户外环境的建设要与幼儿的身心发展特点相适应，要有足够的、多样的设施；

（2）幼儿园应该加强对户外环境的维护和管理，确保幼儿的安全和健康；

（3）家长和教师应该积极参与幼儿园户外环境的建设和管理，共同促进幼儿的身心发展；

（4）幼儿园户外环境创建应该依托地域特点，打造对幼儿成长有影响的特色区域，同时注重生态、环保和可持续发展。

作为基层幼教工作者，我认为只有营造一个科学合理而富有童趣的现代意义上的户外活动空间，才能让幼儿自由充分地游戏和锻炼，让其在与自然互动中增强体魄磨炼意志，培养人际交往能力，也只有富有童趣的活动环境才能促进幼儿全面和谐地发展，为其之后小学的学习生活乃至终身幸福奠定坚实的基础。

22. 创设无限可能的精神环境激活自主游戏

英山县第二幼儿园　余琳

【摘要】现今我国幼儿园坚持开展的自主游戏是幼儿的内在动机性行为，是一种自由选择的活动。实现真正的自主游戏，激发孩子发展的无限可能，是我们的美好愿景，但目前我们还要消除一些潜在的障碍，尤其是儿童、教师和家长的儿童观、教育观、价值观等方面的障碍。本文阐述了创设无限可能的精神环境激活自主游戏的两大途径：其一，树立正确的儿童观和教育观，相信儿童的无限可能；其二，重视游戏精神的培养和引导，实现游戏价值的无限可能。

【关键词】**无限可能；精神环境；自主游戏**

米切尔·雷斯尼克用“婴儿围栏”和“游乐场”隐喻和阐述环境对幼儿学习的影响。前者限制孩子自由探索，后者开放，促进孩子发现问题、解决问题、创造力和社交等能力的发展。环境影响儿童探索未知程度和自信心。我国幼儿园自主游戏是开放性活动，有助于激发孩子发展可能。但要实现真正自主游戏，需消除儿童、教师、家长观念等方面的障碍。创设具有无限可能得精神环境是激活自主游戏的有效途径，为其提供保障，实现其最大价值。

一、树立正确的儿童观和教育观，相信儿童的无限可能

尊重儿童的看法，关注其在自主游戏中的主动学习。在繁忙的幼教工作中，面临传统教育重结果、外部考评等压力，教师有时会忽略儿童需求，导致课程计划以教师为主导。因此，幼教工作者需不忘初心，坚持儿童立场，转变观念，为孩子争取更多的发展可能。

建立科学的保教质量观。优化评估方式，突出过程评估、自我评估和班级观察，提高评估的科学性和实效性。重视保教过程，减轻档案材料负担，注重连续自然观察，加强幼儿园自我诊断，确保全面真实地了解保教过程质量，促进幼儿园保教质量提升。应采取全面、情境性的多元评价，儿童、家长、教师共同参与，共同记录儿童进步。教师应作为平等的伙伴陪伴孩子成长，倾听、解读、理解幼儿，支持幼儿全面发展。自主游戏观察解读是关键，教师需摆正角色，携手家长，关注孩子游戏，守望生命的无限可能。

相信儿童的无限可能，我们要把每个孩子都视为有能力的主动学习者。儿童是作为有能力、有自信的学习者和沟通者的主角主导自己的生命成长的，其生命的成长存在着可塑性和变化性，人们应充分利用儿童的非凡潜力和内在动力，帮助儿童通过主动学习，实现无限可能的发展。自主游戏是儿童表达独特个性和思维的载体之一，教师要敏锐地观察发现每个孩子的独特性，尊重他的发展特点，赋予其游戏的自主权，有时静待花开，有时推波助澜，因势利导，支持其主动学习与发展。

二、重视游戏精神的培养和引导，实现游戏价值的无限可能

游戏作为一种跨越文化和年龄的人类行为，是自由自主地行为，是个体获得愉悦满足的非功利性行为。游戏可以让孩子自己选择，追随自己的本能，不受成人的支配，自主选择、探索、交往、创造、活动、挑战自我，是他们当前生活的重要组成部分，对他们的发展至关重要。

还原游戏的本质，珍视游戏的独特价值。不应当将游戏功利化，而应将其看作孩子在自然成长过程中一种表达和探索的方式。一方面，幼儿游戏不一定非要实现一定的学习目标，幼儿可以遵从自己的内心需要单纯地去玩，教师应给其自主游戏的权利。另一方面，教师应该通过隐性环境激发幼儿游戏的无限可能，珍视幼儿的内在动机、情感体验、个性化思考表达、多元发展，交还幼儿游戏自主权和决策权。保护他们的游戏权利，支持并给予科学的指导，使他们充满无限可能的能量，获得身心健康成长。

建立正确的游戏态度，构建包容性的游戏氛围。幼儿园和家庭应一起营造尊重、包容、关爱、赏识、接纳、支持的游戏环境，教师和家长应和孩子一起平等参与游戏，给予他们充分的支持和鼓励，减少干预，让他们在尊重、赏识与关爱中自信大胆地享受游戏的自由、自主，得到快乐的情感体验和无限可能的成长。尊重幼儿游戏的假想性，让幼儿天马行空地去想象虚拟他们的游戏世界，尽展才能，用自己的方式去发现、解决问题，用自己的经验方式去玩属于他们自己的游戏，孩子们的创造力、想象力在自主游戏中会绽放出无限可能。

支持合理的“冒险性”游戏。风险是儿童成长不可避免的，有助于其认识自身能力、限制及培养解决问题能力。允许孩子面临危险有一定争议，传统安全观认为安全重于冒险。实则，幼儿需有机会面对和应对风险，以培养风险辨识和自我保护能力。我们应允许孩子承担合理风险，满足其冒险需求，使幼儿学会风险管理，增强体能、抵抗力及追求成功的韧性，培养抗逆力。

23. 幼儿园利用本土化材料进行“真游戏”的研究

黄梅县实验幼儿园下新园区　吴莹

【摘要】幼儿园的教育活动中以游戏为基本活动，幼儿身心健康素质、能力也在游戏中得以提升。《幼儿园教育指导纲要》强调提供健康环境，满足幼儿需求，助其快乐成长。材料作为游戏玩具，必不可少地满足了幼儿园游戏中孩子们的需求。本土化材料贴近生活，易获取，受幼儿喜爱，本文就本土化材料在幼儿园游戏中的应用问题进行了探究。

【关键词】**本土化材料；幼儿园；真游戏**

游戏对幼儿全面发展、情感认知及想象力发展有巨大影响。游戏有助于幼儿身体协调能力、观察力、注意力、记忆力、思维能力等提升。启发幼儿使用本土化材料进行游戏活动，可激发其想象力与创造性。当前，关于本土化材料在幼儿园游戏中的应用的研究不足，需持续反思并在实践中探索答案。

一、幼儿园利用本土化材料进行真游戏存在的问题

（一）对本土化材料游戏价值认识不足

教师对本土化材料游戏的价值不够清楚，导致幼儿缺乏积极引导，材料的投放存在盲目跟风的情况，有些教师看到其他幼儿园投放高大上的玩具材料，就照搬到自己的幼儿园，其实适合的才是最好的，本土化材料游戏对幼儿而言是具有很大的发展价值的。

（二）本土化材料游戏容易出现两极分化

1. 过于放任型

利用本土化材料进行真游戏虽然是一种幼儿自主自愿的活动，但教师不能完全地放手，教师应是幼儿游戏的支持者、合作者与引导者。很多教师对游戏的材料、目标、角色等完全放手，对于游戏过程过度放任，幼儿想怎么玩就怎么玩，形成教师变成旁观者的误区。

2. 过多介入型

教师往往在介入指导的时候，干预过多，从指导慢慢地变成了控制，剥夺了幼儿自己动手动脑、亲身实践的机会。有研究表明，教师控制程度与幼儿自主性存在着因果关系：教师的干预越多、控制程度越高，幼儿越被动，主动性就越低。

二、利用本土化材料进行真游戏的实践策略

（一）游戏准备要充分

我们要创设丰富适宜的游戏环境，保证充足游戏时间，充分赋予幼儿游戏权。游戏关系要平等和谐，开放待人。教师提供多样游戏材料，鼓励幼儿参与收集，从小的瓶瓶罐罐到大的木板、纸箱、竹竿等。所有收集的材料经清洗消毒后分类摆放，让幼儿成为游戏材料的主人。

（二）角色定位要准确

转变教师的游戏观，游戏是教师与幼儿共同参与，而非教师导演、幼儿主演，非教师控制游戏目标与游戏内容等。幼儿是游戏的主体与主导，教师是游戏的支持者与引导者，教师要充分尊重幼儿，和幼儿共同商定游戏环境的布置、材料的收集、游戏内容、游戏的玩法等。

（三）教师支持要合理

教师要少干预，做幼儿游戏活动的观察者、支持者与合作者，不随便打扰幼儿；多观察，在游戏过程中，观察幼儿对材料是否感兴趣，材料能否引发幼儿的游戏行为等；分析幼儿行为背后蕴含的教育契机，并及时提供支持和帮助等；巧支持，选择合适的方式帮助幼儿完成游戏。当幼儿多次尝试、反复操作无果时；当幼儿无所事事、游戏无法正常推进时……这都是教师介入的时机。

（四）游戏评价要全面

游戏评价不仅有利于幼儿自主游戏水平的提高，而且可以促进教师专业实践能力的持续发展，能够帮助幼儿发现问题、解决问题。在教师介入之前幼儿游戏通常已经完成，所以对幼儿游戏的评价应先进行幼儿的自我评价，再进行教师评价。应主要针对幼儿游戏的材料、过程与结果及获得的支持进行评价，支持幼儿先开展分享式评价与讨论式评价，教师再进行补充评价，并在评价过程中坚定游戏的过程导向、方式方法多元化等教学原则。

总之，游戏材料是幼儿进行游戏的基本物质支柱，离开了游戏材料，游戏几乎很难推进，利用本土化材料进行游戏是非常贴近幼儿的生活，能够促进幼儿全面发展的重要手段。利用本土化材料游戏能充分发挥幼儿的自主性和创造性。孩子们游戏的过程，也是积极探索、模仿体验的过程，教师要把幼儿放在游戏的主体地位，不断丰富幼儿的生活经验，幼儿才能更好地把生活经验应用到本土化材料游戏当中去。

【参考文献】

[1] 中华人民共和国教育部 .3—6 岁儿童学习与发展指南 [M]. 北京：首都师范大学出版社，2012.

[2] 中华人民共和国教育部 . 幼儿园教育指导纲要（试行）[M]. 北京：北京师范大学出版社，2001.

[3] 中华人民共和国教育部 . 幼儿园工作规程 [M]. 北京：首都师范大学出版社，2016.

[4] 高宏 . 幼儿园游戏 [M]. 哈尔滨：哈尔滨工业大学出版社，2014

[5] 邱学青 . 学前儿童游戏 [M]. 南京：江苏教育出版社，2018

24. 在幼儿自主游戏中教师如何有效投放低结构材料的探究

红安县城南幼儿园高桥园区　黄文琦、李可、张丽芳

【摘要】面对幼儿自主游戏环境中材料的投放，教师应关注材料的丰富性，在材料投放中明晰环境创设定位，紧紧围绕《幼儿园保育质量教育评估指南》关于环境创设的指标要点，以区域规划为重点，以低结构材料投放为抓手，在育人角色的定位与游戏环境的规划中，探索出自主游戏环境创设中关于材料投放的科学策略。

【关键词】**自主游戏；低结构材料；区域规划**

在“教育 4.0”框架下，《幼儿园保育教育质量评估指南》关注幼儿游戏区域规划，要求最大化地满足孩子游乐需求。教师应从环境创设出发，优化多元游戏设计，为低结构游戏材料有序投放创造多区域空间。如：环境创设可分为公共环境和班级环境，应结合区域划分及幼儿综合素养发展，科学规划活动区域，设计区角标识，结合区角环境和低结构材料投放，提高幼儿游戏效果。

一、以需求表征为导向，丰富游戏材料

在自主游戏环境设计中，教师不但需要在低构成游戏材质上与情境设计进行配位。更需要全面关注《幼儿园保育教育质量评估指标》中游戏材质上强调的“玩具材料品种多样，总量充裕，以低构成材质为重”的需求。立足需求表征。从而确保自主游戏开展的趣味性、多维性与规范性。大班幼儿在进行材料的使用时，更多的是利用和同伴一起收集的低结构或者废旧材料进行组合，因此游戏材料应具备可变性。

《幼儿园保育教育质量评估指标》强调游戏材料应品种多样、种类齐全。教师可结合安吉游戏教育的 5 个关键词：“爱、冒险、投入、喜悦、反思”，从需求表征、区域划分、

关联设计三个维度，对室内外环境创设及区域规划的低结构材料投放进行深入思考。如户外环境投放轮胎、树木、木块等低结构材料。环境创设要结合幼儿需求和想法，因地制宜，统筹划分，并依据区角标识投放低结构材料，以打造良好的自主游戏户外环境，促进幼儿自主成长。

二、以游戏主题为核心，创设自主空间

在自主游戏环境创建中，低结构材料应与幼儿游戏主题契合，体现个性化特征。教师应通过这类材料引导幼儿独立、创新思考，创设自主游戏空间。大班孩子因对社会的了解和直接经验增加，想象力活跃，游戏具有目标和规划性。教师可投放有利于游戏情节发展的材料，使象征性游戏水平较高的幼儿可自行找到替代品或创作游戏材料。如“美味餐厅”角色区游戏，幼儿用扭扭棒、黏土等制作食物，并介绍不同品种的食品。教师应从情景化角度投放游戏材料，为幼儿创造多元化游戏情景，培养幼儿游戏习惯。

三、以趣味投放为标准，尊重幼儿兴趣

伴随着幼儿园基础游戏课程改革的逐步推进，《幼儿园教育活动设计与指导》明确指出幼儿园应当充分聚焦趣味化游戏活动，对幼儿开展常态化行为管理、科学化身心培育与品德化思想教育，引导幼儿园的游戏课程向着趣味化、协同化、科学化方向转变。因此，聚焦低结构材料投放视角下幼儿综合素质的培养要求，教师可从游戏环境创设的自由性、自主性、自理性、自觉性、集体性等角度出发，对目前低结构材料的投放与应用现状展开调研分析，尽量减少孩子不熟悉或不感兴趣的材料的投放，真正使游戏环境自由、自主、自信、自如。

综上所述，在自主游戏环境创设过程中，教师可紧抓低结构材料投放策略。围绕《幼儿园保育教育质量评估指南》充分聚焦幼儿游戏意象的自主性与游戏环境创设的规划性两个维度。以表征为彰，以区域规划为引，以区角设计为抓手，将低结构材料投放与不同游戏场地的大小、功能及特色区域的综合设计相结合。将幼儿的需求表征与丰富材料投放种类相结合，在充分发挥低结构材料投放在自主游戏环境创设中的联动功能的同时，使各项游戏活动与游戏区域之间既相互联系又相互对立，从而提高自主游戏环境创设的综合成效。

【参考文献】

[1] 俞洋 . 儿童为本 科学评估 质量提升——《幼儿园保育教育质量评估指南》解读 [J]. 幼儿 100（教师版），2022（05）：11-12.

[2] 颉莉 . 以低结构材料为基础的幼儿园区域活动构建策略研究 [J]. 天天爱科学（教育前沿），2022（03）：9-10.

[3] 胡丽娜 . 美工区低结构材料的妙用 [J]. 幸福家庭，2021（08）：81-82.

[4] 杨立婷 . 低结构活动促进大班幼儿数学核心经验发展的研究 [D]. 上海：华东师范大学，2019.

[5] 郭素彤 . 大班美工区低结构材料投放促进幼儿创造活动的实验研究 [D]. 天津：天津师范大学，2019.

25. 低结构游戏材料与幼儿创造力发展的关系探讨

龙感湖中心幼儿园刘佐乡园区　张月

【摘要】低结构游戏材料是特殊的教育工具，可激发幼儿创造力，锻炼其独立思考、创新意识、问题解决能力，促进其社交互动和合作学习。将低结构材料与数字技术结合，可提供丰富个性化学习体验具有巨大的研究价值。

【关键词】低结构游戏材料；幼儿创造力研究

传统教具与成品玩具会限幼儿思维，低结构游戏材料因其开放性、多变性、易操控特性，渐受教育者喜爱。与成品玩具不同，低结构材料无固定玩法，为孩子了自由创造的空间，可激发其想象力与探索欲。幼儿接触低结构材料时，从被动接受变主动创造。本文探讨低结构游戏材料对幼儿创造力发展之影响，及其在现代教育中的重要性。

一、研究背景与研究意义

（一）低结构游戏材料的研究现状

低结构游戏材料，无固定形态或用途，能激发幼儿探索创造的欲望。相比传统玩具，低结构材料开放多变，提供无限玩法。研究发现，使用这类材料的孩子更投入游戏、更具创新性。自主探索过程有助于幼儿理解物体性质功能，培养其问题解决能力和批判性思维。

尽管低结构游戏材料在实践中得到了广泛的应用，但关于其对幼儿发展具体影响的深入研究仍然有限。很多研究仍停留在观察和描述的阶段，缺乏深入的理论支撑和实证研究，因此进一步探讨这种材料与幼儿创造性、认知和社交发展之间的关系，对于幼教实践和理论研究都具有重要意义。

（二）幼儿创造力发展的研究现状

幼儿创造力发展是近年教育界热点话题，指个体产出新颖、有价值的思想或产品的能力，培养创造力的关键在幼儿阶段的引导教育。目前对创造力培养与发展的研究集中在两个方面，一方面是对幼儿创造力评估的研究，另一方面是对有效发展方法的研究。虽有进展，但创造力的定义与评估仍存争议，研究者采用的评估方法不同，导致研究结果存在差异。

（三）低结构游戏材料与幼儿创造力的关系

低结构游戏材料是特殊的教育工具，无固定形态和预定用途，有助于幼儿创造力培养。这类材料提供了自由探索空间，有助于培养独立思考、创新社交及能力。孩子们需合作探讨游戏方案，提高了沟通、协作能力，培养了团队合作精神。我们应研究如何结合其他教育方法，最大化地提高幼儿创造力。

二、低结构游戏材料对幼儿创造力的影响

（一）创造力表现

低结构游戏材料可为幼儿提供自由探索和创造的平台，激发其想象力，提升其创造力。幼儿可以依赖想象创造新玩具或工具。此类材料可以促进幼儿的多元化表达，如绘画、雕塑等，培养具审美观念和艺术创造力。同时，鼓励幼儿自主解决问题和批判性思考，如制作稳定塔、组合不同材料等，可锻炼其解决问题的能力和批判性思维。

（二）学习和认知发展

低结构游戏材料不仅对幼儿的创造力表现产生影响，同时也在其学习和认知发展方面具有独特的价值。面对这些没有预设形态和功能的材料，幼儿需要自己动手、动脑去发现和创造，这种自主探索的过程有助于培养他们的好奇心和探索精神。随着不断尝试和摸索，幼儿可以逐渐理解物体的性质、功能和用途，从而提高其对物体和环境的认知能力。

三、未来研究展望

低结构游戏材料与幼儿创造力之间的关系已经在教育领域引起了广泛的关注。尽管已有的研究为我们提供了宝贵的启示，但在这一领域仍存在许多未被探索的问题和可能性。低结构游戏材料的定义和分类仍需要进一步明确。目前，这一概念还相对模糊，不同的研究者和教育者对其有不同的理解和解释。

跨文化和跨地域的比较研究将是未来的一个重要研究方向，如何将低结构游戏材料与其他教育方法和技术相结合，也是一个值得探索的问题。例如，数字技术、虚拟现实等新兴技术，如何与这种材料相结合，是一个有待深入研究的领域。低结构游戏材料在教育中的应用和普及，也面临挑战。如何将这种材料与日常的教育实践相结合，如何为教育者提供有效的培训和支持，都是未来需要重点关注的问题。

低结构游戏材料在教育领域逐渐成为焦点，这些不具有固定形态或预定用途的材料为幼儿提供了一个自由、开放的玩耍环境。低结构游戏材料为幼儿教育带来了新的机遇和挑战，未来的研究和实践将聚焦于如何更好地利用这种材料，更有效地培养幼儿的创造力和创新能力。

【参考文献】

[1] 顾艳萍 . 低结构材料在幼儿园自主游戏中的运用及思考 [J]. 家长，2023（20）：171-173.

[2] 桂荣 . 自主游戏中低结构材料投放策略的园本化实践研究——以青岛市市北区海逸幼儿园为例 [J]. 当代家庭教育，2023（12）：12-14.

[3] 林小岚 . 浅析低结构材料在幼儿园区域游戏中的应用 [J]. 名师在线，2023（13）：92-94.

26. 构建户外游戏场景支持儿童真游戏

武穴市直属幼儿园花桥园区　刘小平、樊燕菲

【摘要】随着幼儿园教育的逐步完善与发展，幼儿园户外游戏场景的构建越来越受到教师的重视。本文基于幼儿自主探究能力的培养，从户外游戏场景构建出发，分析适合儿童发展的户外游戏场景的特征，结合实际情况对幼儿园户外游戏场景构建的具体路径提出建设性意见，旨在打造一个幼儿喜欢并且可以培养其自主探究能力的户外游戏场景，为幼儿园教育的可持续发展提供参考。

【关键词】户外游戏；场景构建；真游戏

蒙台梭利说：“在教育上，环境所扮演的角色相当重要，因为孩子从环境中汲取所有的东西，并将其融入自己的生命之中。”户外游戏场景的构建不仅能为幼儿打造一个优质的户外游戏环境，更是促进幼儿劳逸结合、学玩结合的重要手段。立足于幼儿的自主探究来构建户外游戏场景，是当前幼儿教师主要任务之一。一个真正适合幼儿发展的户外游戏场景，可以让幼儿玩出兴趣、玩出能力、玩出智慧。

一、自主探究视角下户外游戏场景构建的原则

（一）场景构建要具有自然性

自然性场景构建的重要性在于，它能让幼儿主动参与到活动中来。大自然是最富有创造性和可塑性的资源，能激发幼儿的探索欲望。特别是在园本课程的开发中，让幼儿接触大自然，全面认知自然，以沉浸式玩乐代替景观欣赏，有助于培养幼儿的认知能力和探索精神。教育家陈鹤琴认为，大自然是儿童的最佳教材。

（二）场景构建要具有趣味性

幼儿园阶段的孩子处于身心发展的敏感期，具有趣味性的户外游戏场景可以吸引幼儿注意力。教师在构建户外场景时，一定要突出趣味性。幼儿在感兴趣的环境中参与游戏，会获得出有益的经验与美好的体验，收获更多的快乐。

（三）场景构建要具有探究性

户外游戏场景的探究性，是保证幼儿长时间在同一个环境中保持新鲜感的重要因素之一。具有探究性的场景，是富有吸引力的，可以促进幼儿智力的提升与思维的发展。

二、构建户外游戏场景，开展幼儿游戏活动

（一）以先进思想为重要指导理念

著名教育学博士鄢超云提出："幼儿园应该是一个可以从后院玩到屋顶的大玩具。"教师要更新思想，户外游戏场景构建不仅是为了实现运动功能，而是实现游戏、探究与学习的综合价值。教师作为户外游戏场景的创设者，只有更新思想，才能真正在实际的创设中考虑到幼儿的感受，立足于幼儿的视角。

（二）以空间优化为基本构建理念

在户外游戏场景构建中，教师应优化空间利用，预先规划功能分区，以提高游戏实施效率。场景构建需兼顾游戏价值及幼儿观察、体验、表达能力的培养。应根据需求设置游戏区等，在"轮胎自主区"游戏中，幼儿创新了轮胎玩法但兴趣渐减。为激发其兴趣，教师需审视场地、材料和情节，明确主题，增加多种低结构游戏材料，扩大场地，创新游戏，让幼儿重拾对"轮胎自主区"的热情。

（三）搭建"轮胎堡垒"

在"轮胎自主区"，浩辰思考如何搭建轮胎堡垒。他先放置了一个小轮胎，再扔上一个大轮胎，但由于大小不同，轮胎未完全重叠。浩辰拍拍轮胎说："有点晃，但没关系。"他又加了一个轮胎，三层轮胎逐渐倾斜。浩辰推倒轮胎，要再试一次。我问他："你在做什么？"浩辰回答："我在搭建轮胎堡垒，能躲避敌人。"他的想法吸引了其他幼儿纷纷加入"轮胎堡垒"游戏。

游戏中，浩辰的创新想法引发了我对轮胎在户外自主游戏中的作用的新思考。轮胎是一种开放性材料，但我并未深入关注其对幼儿发展的影响。此次事件提醒我，户外自主游戏的主题应源于幼儿兴趣和教师的观察思考。我们应抓住教育契机，了解幼儿游戏需求，通过多种方式激发其创新意识，尊重并推动幼儿自创游戏主题，引导幼儿探索轮胎搭建方式。

（四）案例：发现“梯子”的作用

“轮胎堡垒”游戏中，浩辰和伙伴们因轮胎高度问题遇到困难。我在现场引导提问，启发他们寻找增加身高的方法。优优提出使用墩子作为梯子，成功进入堡垒。教师应适时干预，成为游戏参与者，引导幼儿寻找辅助材料。新材料的加入丰富了游戏体验，使幼儿认识到灵活运用材料解决游戏问题的重要性，推动了游戏情节发展。

真游戏中，教师需扮演观察者、支持者、引导者与合作者的角色，关注儿童游戏过程，了解其动机与兴趣，观察他们的行为互动。发现需求，提供支持引导，帮助幼儿实现游戏想法，鼓励幼儿参与，增强儿童自信心。引导儿童学习发展，提出问题、建议引导讨论，拓展游戏内容，提高幼儿技能，增强其社交能力。通过示范演示，协助儿童掌握规则、技巧。与儿童共同制订规则、分配角色、解决问题，培养其合作意识与团队精神。在师幼互动中了解幼儿需求，提供有效支持。

【参考文献】

[1] 吴丽珍 . 基于儿童发展的幼儿园户外环境创设的基本要点 [J]. 福建教育，2016（Z3）：13-15.

[2] 孙建华 . 基于儿童视角的幼儿园户外环境创设 [J]. 动漫界：幼教 365，2019（12）：8-10.

[3] 鄢超云 . 幼儿园应该是一个可以从后院玩到屋顶的大玩具 [J]. 幼儿教育，2018（16）：4-5.

27. 自然资源在幼儿园游戏活动中的有效运用探究

黄冈市黄梅县幼儿园　王喆

【摘要】在幼儿园游戏活动中自然资源的合理利用非常重要。但多数幼儿园教师对其重要性认识不足。幼儿的游戏材料缺乏本土特色就无法满足幼儿的游戏需求。本土化材料与自然环境相容，对幼儿活动具有积极影响，也有助于幼儿与大自然亲密接触、增长儿童的知识、培养幼儿良好行为习惯，对幼儿身心健康起到积极影响。大自然是儿童珍贵的游戏资源库，也能促进其身体和情感的发展。如何利用自然资源提升幼儿园游戏活动的效能至关重要。

【关键词】自然资源；游戏活动；有效利用

一、凸显本土特色，感受文化底蕴

开展幼儿园游戏活动，要为幼儿打造更开放、自由的活动空间，可将宽广的自然环境作为游戏场所，给予幼儿游戏的无限可能。教师要注重对本土材料的开发与应用，在游戏中融入家乡文化资源，让幼儿在良好的教育生态环境中开展游戏活动，因地制宜地营造游戏氛围，在游戏中尽显地方文化特色。

如：柳林园区地处大别山南麓，群山连绵，风景优美，其自然环境中蕴含丰富的活动资源。教师带领幼儿收集树叶、鲜花等材料，让幼儿在活动中感受自然、认知自然，在充满“野趣”的游戏中获取对大自然的认知及经验，让幼儿感受到乡土气息。苦竹园区则有竹林、竹筒画、竹秋千、竹林冒险营等。总而言之，不同地区有着不同的文化特色，教师在对本土资源进行开发与利用时，可以将本土文化融入游戏中，这样会增强幼儿与地域之间的共鸣，使之在自主游戏中感受家乡蕴含的文化底蕴。

二、解锁自然资源，激发游戏思维

（一）丰富的土地资源

自然中蕴含着无尽的知识和未知的奥秘，亲近大自然对幼儿有着很高的教育价值。乡镇园所的土地资源极为丰富，在开展游戏活动时更能提供有效帮助，教师要利用好这一特点，将其合理地利用起来。例如：苦竹园区举办“植树活动”“参观香樟园”“插秧”等活动，不仅能够让幼儿亲身体验，还能让幼儿感受到植物生命成长的奥秘；五祖园区的幼儿能够无拘无束地在草坪上奔跑、能够体会爬坡的乐趣；柳林园区将一根大树干做成“荡桥”，使幼儿在不断的晃动中找寻身体的平衡；将中型树干，锯得长短不一，栽入地面，按照一定的阵形排列，供幼儿在木桩上挑战行走；将木材制作成跷跷板等。在游戏活动中，幼儿对木桩尤为感兴趣，乐此不疲。胆大的幼儿，上跑下跳，闪转腾挪，好似一个个武林高手。胆子稍小的幼儿也能在同伴和教师的鼓励下小心翼翼地通过。这些活动不仅锻炼了幼儿的身体素质，还锻炼了幼儿的心理素质。柳林园区开辟了种植区，幼儿可以从播种到收获一直观察植物的成长，同时还亲身参与体验。这不断激发幼儿对事物的求知欲，并使幼儿探索答案，满足幼儿好奇心的同时拓展了幼儿的见识和视野。

（二）独特的气候资源

湖北省地处亚热带，位于典型的季风气候区内，冬冷夏热，四季分明。教师在开发利用自然资源时，还可以将各个季节的气候资源进行合理运用，帮助幼儿在游戏活动中收获更为奇妙的体验。在不同的季节，教师可以引导或带领幼儿参与多元化的游戏活动。例如：在春季，教师带领幼儿去竹林，挖一挖竹笋，量一量身高，探索竹子的生长过程；在夏季，教师可以组织幼儿去较浅的溪边观察小鱼、小虾，或者是带领幼儿去认识各种各样的昆虫、制作标本；在秋季，教师引导幼儿采集树边散落的叶子，制作成有趣的剪贴画，利用稻草编制各种木偶、玩具；在冬季，教师带领幼儿观察下雪之后大自然环境一些的变化，组织幼儿开展一些雪上运动。教师合理地将气候资源开发并利用起来，能让幼儿在游戏活动中感受到大自然的魅力，进而促进其身心健康发展。

三、挖掘乡土资源，传承民间游戏

自然资源的利用还包括对乡土民俗资源的挖掘，民间传统游戏是人们在历史实践中利用当地的自然资源创造的，充满民间智慧和乡土气息的游戏形式，例如：跳竹竿、滚铁环、打连厢、捉迷藏、跳皮筋、弹玻璃球、打陀螺等，幼儿园游戏活动可以从这些乡土资源中汲取营养，为孩子设计充满趣味性的民间游戏，以吸引他们参与到游戏活动中来。这样，一方面丰富了幼儿游戏活动内容与形式；另一方面也推动了自然资源教育价值的挖掘，以及民间游戏的传承。

综上所述，自然资源在幼儿游戏活动中具有丰富的利用价值，教师应根据特定的自然条件，结合孩子的身心发展特点，创造良好的游戏活动环境，拓宽游戏活动内容，进而提高游戏活动参与度，促进孩子的身心协调健康发展。让幼儿真正成为游戏的主人，更好地发挥出幼儿园游戏的教育功效。

28. 幼儿自然野趣游戏创设的探索研究

武穴市永宁幼儿园刊江园区　李美玉、查丽丽

【摘要】自然野趣游戏是利用自然环境培养儿童热爱和保护自然意识的游戏。通过创设有趣的游戏环境和活动，使儿童体验自然，培养其兴趣、好奇心和联想能力。自然野趣游戏强调开放性和体验性，让儿童主动参与，刺激感官和思维发展。在游戏中，儿童观察、探索、实践、合作，获得自然情感体验和认知，形成兴趣和保护意识。

本文对自然野趣游戏的概念、自然野趣游戏的特点、儿童视角下幼儿自然野趣游戏创设难点及环境创设的策略进行了初探。

【关键词】幼儿；自然趣味；游戏探索

一、自然野趣游戏的概念

自然野趣游戏能让幼儿在游戏中感受自然之美、理解自然之道。这种游戏方式不仅能够激发幼儿的兴趣和好奇心，还能培养他们的观察能力、动手能力和团队合作意识。同时，自然野趣游戏能让幼儿更加了解和热爱大自然，培养他们的环保意识和责任感。

二、自然野趣游戏的特点

自然野趣游戏让儿童亲身参与和感知自然，直接体验大自然的美丽与奇妙，增强了儿童与自然的情感连接；自然野趣游戏注重儿童的主体性和自主选择性，培养其自主思考和

判断的能力；自然野趣游戏通过观察和探索，培养儿童的观察力和探索欲望，提高其思维能力和专注力。

三、儿童视角下幼儿自然野趣游戏创设难点

（一）自然野趣游戏内容与幼儿年龄、发展水平不匹配

每个幼儿之间在认知和发展方面都存在差异，兴趣、能力和理解水平也不尽相同。因此，在设计自然野趣游戏时，需要考虑到幼儿的年龄和发展水平。游戏内容应该符合幼儿的认知能力，既不能过于简单，又不能过于复杂，使幼儿能够充分参与并获得积极的学习体验。

（二）缺乏专业的指导教师

自然野趣游戏需要专业的指导教师来引导幼儿的参与和学习。然而，现实中存在教师缺乏相关自然知识和教育技能的问题。为解决这个问题，有必要加强教师的自然知识培训，提高其自然知识水平，并提供相关的教育资源和指导工具，以支持教师进行有效的指导。

（三）安全管理与风险控制

在自然野趣游戏中，安全管理和风险控制是至关重要的。幼儿在自然环境中会面临一些潜在的危险，如摔倒、触碰危险物品等。为了确保幼儿的安全，需要制订相应的安全管理政策和操作规范，并教育幼儿掌握基本的自我保护能力。同时，教师需要时刻监督和引导幼儿的行为，及时防止发生可能造成伤害的情况。

（四）缺乏家长的参与支持

家长在幼儿自然野趣游戏中扮演着重要的角色。然而，现实中存在家长对于自然野趣游戏的认识不够充分的情况，导致家长缺乏对游戏的支持与参与。解决这个问题，需要加强幼儿园与家长间的沟通与合作，向家长提供相关的教育资讯和培训，加深他们对自然野趣游戏的认识与理解，并鼓励他们与孩子一起参与游戏活动，共同分享学习的乐趣。

四、幼儿自然野趣游戏的创设策略

（一）利用室外场地和自然资源

在创设幼儿自然野趣游戏时，我们应充分利用幼儿园的室外场地和自然资源，打造一个丰富多样的自然环境。通过合理规划和布置，可以创造出小树林、菜园等具有自然元素的区域。在这样的环境中，幼儿可以与真实的自然互动，观察植物的生长、听鸟鸣声、感受微风拂面等。

（二）设计探索任务和挑战

幼儿自然野趣游戏可以设置各种探索任务和挑战，以激发幼儿的好奇心和求知欲。使幼儿在自然环境中主动观察、探索。这还可以培养幼儿的观察能力、问题解决能力和探索精神，让他们在游戏中积极参与自主学习。

（三）创设角色扮演活动

通过角色扮演活动，幼儿可以身临其境地参与游戏，模拟真实的自然场景和生活环境。通过扮演不同的角色，幼儿可以更深入地了解自然并体验其中的乐趣。角色扮演活动能够让幼儿在游戏中亲身体验自然，激发他们对自然的兴趣和想象力，并培养他们的合作意识和沟通能力。

（四）与自然保护教育相结合

在创设幼儿自然野趣游戏时，可以与自然保护教育相结合，引导幼儿认识到环境保护和可持续发展的重要性。例如，设计垃圾分类活动，让幼儿了解垃圾处理的方法；组织植树活动，让幼儿亲身参与保护环境的行动。这样的活动能够培养幼儿的环保意识和行动能力。

（五）注重情感体验与联想

自然野趣游戏中不仅要重视幼儿的认知与探索，也要注重幼儿对大自然的情感体验，应利用音乐、绘画、手工等艺术元素，为幼儿提供更丰富的情感表达和联想的机会。这样的活动可以丰富幼儿对自然的情感体验，培养他们对自然界的深刻感受。

综上所述，自然野趣游戏对幼儿关于自然的认知和态度具有积极影响。通过自然野趣游戏，幼儿可以培养对自然界的认知能力，提高观察能力、思维能力和判断能力。同时，自然野趣游戏也会影响幼儿对自然界的态度，培养他们对自然界的喜爱、尊重和保护的态度。然而，需要注意的是，自然野趣游戏的创设应该合理，避免对幼儿产生负面影响。

【参考文献】

[1] 冯莉萍 . 安吉游戏视角下户外游戏环境的创设 [J]. 甘肃教育，2023（07）：72-75.

[2] 林兰芳 . 实施“一线三段”式主题活动培养幼儿的科学探究能力 [J]. 广西教育，2021（45）：145-146.

[3] 张伟花 . 让游戏回归自然让幼儿乐享童年 [J]. 山东教育，2021（44）：27-28.

[4] 孙会珍 . 乐享野趣游戏，绽放童真光彩 [J]. 教育家，2021（42）：66.

[5] 张伟花 . 游戏课程化背景下的幼儿自主游戏实践探究 [J]. 好家长，2021（45）：30.

[6] 林兰芳 . 利用“自然野趣”构建幼儿科学探究新样态 [J]. 广西教育，2021（21）：144-146.

[7] 袁华 . 从自然野趣谈幼儿园户外体验场活动 [J]. 幸福家庭，2021（07）：25-26.

第三章　真游戏的组织与实施

1. 幼儿教师在游戏中的观察、解读与支持策略探析

黄冈师范学院附属幼儿园　梅珺珺

【摘要】幼儿教师如何观察、解读幼儿的游戏行为，提供适时有效的回应与支持，从而促进幼儿的深度学习，已经成为幼儿园教师队伍建设的一项重要内容。首先，在幼儿游戏中教师不仅要观察幼儿的游戏行为，还应关注游戏的发展走向和可能的发展契机。再次，教师对幼儿游戏行为的解读要有理有据、客观公正且充分适宜。最后，教师可以采用互动式及时回应、推进式延时回应、合作型反思回应等多种方式支持幼儿游戏的发展。

【关键词】**幼儿游戏；观察策略；解读策略；支持策略**

游戏是幼儿自主自发的活动，能够满足幼儿的游戏性体验，让幼儿在身心愉悦的同时获得发展。游戏作为幼儿园的基本活动，对幼儿的学习与发展有着不可替代的作用。因此，幼儿教师应掌握行之有效的观察策略、解读策略以及支持策略，才能更好地促进幼儿游戏水平的提升。

一、幼儿教师应掌握的观察策略

观察是幼儿教师的基本能力之一，也是其了解幼儿，掌握其发展情况的重要途径。但在实践中，幼儿教师常常不能及时捕捉有教育价值的典型片段，存在“看得见，看不准”的“盲目观察”现象。

（一）要学会捕捉幼儿的典型游戏行为

游戏中幼儿会出现大量的游戏行为，但并非所有的游戏行为都有进一步追踪和研讨的价值，因此，我们在游戏观察中应有针对性地去捕捉典型的游戏行为，拓展观察幼儿游戏行为的视野，关注幼儿的语言发展、情感发展、以物代物等方面的游戏行为。

（二）要关注幼儿游戏的发展走向

幼儿在与环境、材料、同伴互动的过程中，会产生很多有价值的游戏行为，这些互动

往往决定了游戏的发展走向，是制约游戏往纵深发展的重要因素。其中，幼儿的兴趣、经验和游戏主题决定了游戏发展的起点，游戏环境和材料是游戏发展的基础，游戏的计划和规则则指明了游戏发展的方向，这些都是我们在游戏观察中需要重点关注的要素。

（三）要关注可能的发展契机

游戏中有些行为可能当下并不是游戏中的典型行为，但它指向了幼儿可能的发展契机，教师应挖掘该行为背后隐含的教育价值，借机生成“合作游戏”等相关课程，推进幼儿社会交往能力的发展及游戏的发展进程。关注可能的发展契机，也对教师的专业发展提出了新的挑战，需要教师不仅能观察捕捉游戏行为，还要有完整的课程观、发展观和儿童观。

二、幼儿教师应掌握的解读策略

开展游戏观察记录是为了解读幼儿游戏行为，进而采取相应的回应和支持策略，促进幼儿游戏水平的发展。因此，解读是连接游戏观察和指导的桥梁，起到了承上启下的作用。在实践中，解读这一环节也是经常会被遗忘的环节，多数教师对游戏的干预往往只有观察和指导，在观察后就主观地得出了结论，进而直接指导幼儿的游戏。

（一）解读要客观公正

为了降低主观因素对教师解读幼儿游戏行为的影响，可采用多维角度对幼儿游戏行为进行解读，避免仅仅从某一内容、场景和观点进行解读，综合考虑诱发幼儿游戏行为的因素，进行全面的解读。此外，还可站在多学科的角度进行解读，如站在教育学、社会学等多学科立场，进行跨学科的解读。

（二）解读要有理有据

对观察到的游戏行为进行解读时，不能仅凭教师的教育经验和主观判断，而是要寻求支撑这些游戏行为的理论依据。如在观察发现游戏中的规则出现问题后，不能急着去调整规则，可以先去查阅《3—6岁儿童学习与发展指南》，看看该年龄段的孩子在社会规则的发展方面的具体要求和建议，再科学地开展指导。

（三）解读要充分适宜

教师应尽量避免表面的蜻蜓点水式的解读，而要透过现象看本质，透过游戏行为本身，分析幼儿发展的可能性，尽量做到全面解释，透彻分析，通过充分且适宜的解读，为支持策略的选取提供依据。

三、幼儿教师应掌握的支持策略

幼儿游戏的发展是以幼儿的“问题”为中心，在教师与幼儿、幼儿与环境、幼儿与幼儿之间的互动中不断丰富和发展的动态过程。有了观察和解读幼儿的“问题”做基础，教师就能有针对性地回应和支持幼儿游戏。

（一）善用互动式及时回应

幼儿是游戏的主体，教师应扮演幼儿游戏的观察者、支持者和引导者。基于此，当教师观察捕捉到的游戏行为可以成为教育契机时，教师可以采取情景再现、问题回抛等策略，将游戏中的“问题”回抛给幼儿，同时也把解决问题的机会留给幼儿。

（二）巧用推进式延时回应

当幼儿游戏的发展受到幼儿现有经验的约束时，当游戏的玩法不统一，规则不清晰，影响游戏的发展时，我们可以采取投放新的环境材料、丰富幼儿游戏经验、固化游戏规则等策略来推进幼儿游戏的发展。

（三）常用合作型反思回应

当游戏中出现需要协商解决的问题时，当小组中出现亟待解决的问题时，当幼儿的角色需要进一步细化时，我们可采取同伴学习、集体或小组讨论、角色分工等合作型策略来支持幼儿游戏的发展。

【参考文献】

[1] 史燕平，周桂勋 . 幼儿园大班角色游戏指导策略探析 [J]. 幼儿教育研究，2016（04）：21-26.

[2] 刘仰倩 . 基于教师视角的幼儿园户外自主游戏研究——以运城市 T 幼儿园为例 [D]. 太原：山西师范大学，2020.

[3] 陈雪欣 . 幼儿自主游戏中教师指导策略探究 [J]. 天津教育，2023（04）：147-149.

2. 有效开展幼儿园沙水游戏的实践探索

黄冈科技职院附属幼儿园　乐君俐、郑萍、孙豫卉

【摘要】教育家陶行知先生在生活教育实践中提出：“在生活里找教育，为生活而教育”，幼儿的学习要接近生活，同时要联系幼儿在日常中已有的初步经验。沙和水都是生活中常见的低结构自然材料，玩沙、玩水、沙水结合的游戏，深受幼儿喜爱。玩沙游戏中加入水的因素，会增强幼儿游戏的兴趣和探究欲望，丰富的辅助材料有利于促进幼儿合作行为的发生。因此，本文从幼儿的兴趣出发，探寻幼儿园沙水游戏的有效开展策略。

【关键词】**幼儿园；沙水游戏；有效开展**

沙水是日常生活中随处可见的资源，也是幼儿游戏的天然材料，开展沙水游戏可以满足幼儿的天性，促进幼儿发展。

一、“思”材料的运用，激活孩子游戏的灵感

教师常常会看到幼儿不断变更游戏内容和材料，原因在于其无法引发幼儿探究的兴趣。作为教师要考虑幼儿的需求，及时提供能诱发幼儿探究行为的材料。

沙水池的工具琳琅满目，孩子们会被色彩缤纷的造型工具所吸引，难免会忽略颜色不鲜明的管道。但因孩子喜欢玩水的天性，及具有挑战、探索等欲望的特点，让幼儿自主寻求身边能够运水的材料，完成从易到难的组合搭建过程。

起初让孩子自主选用材料把水运进沙里，尝试用桶接水、用长长的管道接水等不同方法，瞬间让幼儿喜欢上了搭建管道游戏。因为管道长且能运水，从游戏中孩子能体味到挑战的趣味，怎样把水管拼搭在一起的问题，激发了他们游戏的动力。在一次一次失败的拼搭中，孩子们开始寻找支撑架，并最终成功搭建。沙水游戏不仅给孩子带来不一样的感受，也可以让他们在玩中进行发现与探索，同时也能促进幼儿的运动技能，感知、平衡、协调等各种能力的发展，最重要的是能让他们学会团队合作。

二、“思”幼儿的兴趣，游戏助推自主探索

“兴趣是最好的教师”，幼儿对某种事物充满兴趣的时候，就是他们学习的最佳时机。因此，在沙水游戏中，教师要时刻关注着幼儿的兴趣，捕捉幼儿在游戏中出现的创意或闪光点，并适当地加以引导，不断丰富游戏的内容和形式。

玩沙水游戏中，教师有目的、有计划的恰当指导是深化活动的关键，能促使幼儿去探究，调动幼儿参与活动的积极性。如：当游戏中，意外突然发生了，“快，你们快把水龙头关掉，漏水了。”果果说：“我来帮你一起接水管，我用树桩帮你架住”昱衡说：“你的管道没接好，我来重新接”。怎么总是漏水？为什么水流不下去等问题接踵而来。这时，我进行了追问，管道为什么会漏水呢？怎么样才能使管道平稳流水？幼儿你一句我一句的探讨了起来。昱衡把上管道压在了下管道下面，很快水就冲进了沙子，沙子一下被冲出了大坑。精彩的瞬间就出现了，在旁边游戏的小朋友快速拿起铲子向前挖了起来，于是新的探究又开始了。在细致的观察中，教师不仅能看到幼儿在学习探究的过程，更能获得分析和解读幼儿行为的详实、客观的依据。

三、“思”同伴的评价，分享家园共育理念

（一）相互评价，共同进步的重要性

当分出不同水道时，幼儿也经常围在一起相互评价，“呀，这水道的水可真好看，不

过我觉得再挖长一点就更好看了。”“水道旁的沙还能做山呀，如果可以把它堆在边上的沙变成光滑的山，估计会干净点。”通过同伴自主的相互评价，孩子们挖水道的经验更加丰富多彩了，随之他们挖的过程中加入了新的元素和技能。教师应在一旁聆听，适当给予肯定、引导，给孩子一个畅所欲言的空间，从而培养幼儿交流和语言表达能力。

（二）培养家庭共育理念

为了让家长理解并辅助我们的教育，我们坚持多管齐下，通过家长栏、班级群、家长会、半日活动等家园沟通方式来宣传玩沙教育目标，深入浅出地让家长了解到孩子在玩沙过程中探究能力、思维的发展，沙水游戏就是助推幼儿各方面发展的重要方式。

在家长半日开放活动中，我们有意识地选择“有趣的沙水游戏”等针对性强的集体活动进行展示，巧妙设计让家长参与玩沙的环节，让家长和孩子一起体验沙水教育。在区角游戏中，我们鼓励家长参加“我心中的水道”绘画设计活动。在家园共育的过程中，给孩子们提供了探索的空间，并使用多媒体技术让孩子去观看有关水往低处流、材料空间的利用等视频。借助记事本记录幼儿的游戏行为，了解幼儿玩沙中存在的不足与优势，知道了幼儿在玩沙后的水平是否有提升。

【参考文献】

[1] 李季湄，冯晓霞 .《3—6 岁儿童学习与发展指南》解读 幼儿园的教师指导 [M]. 北京：人民教育出版社，2013.

[2] 教育部基础教育司组织 .《幼儿园教育指导纲要 试行》解读 [M]. 南京：江苏教育出版社，2002.

3. 自主游戏中教师支持行为适宜性分析及对策

黄冈市春晓幼儿园　何柳、王立山

【摘要】自主游戏是幼儿教育中的重要组成部分，它能够激发幼儿的创造力和想象力，同时也有助于培养他们的社交技能和解决问题的能力以及专注、坚持等良好的学习品质。然而，自主游戏的进行不是“高控”也不是“放任”，而是站在幼儿的角度，为其提供支持和引导。本文将以“搭小人积木的男孩”为案例进行分析，进而对自主游戏中教师支持行为的适宜性进行探讨，并提出相应的对策。

【关键词】**自主游戏；教师支持；适宜性**

随着对幼儿游戏的不断深入研究，“放任”和“高控”的游戏已被慢慢淘汰，许多研究者正在寻找两者之间的平衡点。探索教师如何在幼儿自主游戏中提供适宜的支持行为，对促进幼儿全面发展具有重要作用。以下将通过搭建小人积木的游戏案例，对教师提供的支持行为进行分析。

一、教师支持行为适宜性的案例分析

（一）“搭小人积木的男孩”案例描述

班上新到了一批小人积木，瞬间吸引了小朋友们的兴趣，在开始玩之前，教师先进行了讲解，然后让孩子们首次尝试垒小人积木。当教师发现小轩成功垒上去一个小人后，却怎么也垒不上第二个，并且情绪上也不开心的时候，决定给予小轩一些引导。在此次游戏中，小轩尝试了三次搭建小人积木。

第一次搭建：发现小轩无法垒上第二个小人积木时，教师在旁边提出问题：“还有什么方法立起来？”然后小轩尝试横放，此次几乎搭建成功，教师及时鼓励，并组织其他幼儿进行围观，但是小轩在尝试搭建最后一块积木的时候，积木倒塌了。

教师说一定要轻轻地，并引导小轩思考是什么原因导致积木倒塌，这个时候小轩说太重了。教师说：“是太重了吗？是你碰到了旁边的积木，所以放的时候一定要注意，不要碰到旁边的，你自己再尝试一下。”

第二次搭建：小轩想用木头尝试，教师说不用木头也可以搭得高。在搭建过程中，教师在旁指导如何放得更稳一点。搭到一半，再次倒塌，教师说“再尝试一下。”还剩三块小人积木时，教师鼓励他换一种方式。小轩搭建成功，教师第二次呼唤其他小朋友围观，并对其进行鼓励。

第三次搭建：接下来，教师引导幼儿换一种方式把积木垒得更高一点。教师提问引导：“没有更多的小人积木了怎么办？”小轩尝试用木棒将积木垒高，教师进一步引导，能否将所有积木摆上去。

教师在幼儿搭建小人积木的游戏过程中提供了激发幼儿兴趣和创造力的木条和小人积木材料，并给予了幼儿一定的游戏空间。教师进行了游戏前讲解，引导性提问，失败后引导幼儿反思和总结，每次成功都及时进行了鼓励，这些都有助于幼儿进一步掌握搭建技能、提高搭建水平。

但是在搭建过程中，一方面未让幼儿独立掌握平衡搭建技巧，教师主动用手去扶时，需要告诉幼儿为什么扶，让幼儿下次自己扶，经历不断试误的过程。

另一方面教师干预过度，让孩子丧失了自主探索的机会，在前两次搭建失败的过程中，教师语言支持过多，导致幼儿较难抓住话语重点，进而出现幼儿无助地看向教师的情况，孩子对教师产生了依赖。因此，教师应远距离观察幼儿建构行为，在能促进幼儿深度学习发展的环节，提供关键信息，给予适宜、适时的支持。

二、自主游戏中教师有效支持行为的对策分析

（一）树立正确的教育观、游戏观，提高自主游戏支持能力

教师需要正确理解游戏的本质和价值，夯实自主游戏的理论基础。游戏不仅是幼儿的天性，也是他们学习和发展的重要方式，而自主游戏是幼儿根据自己的兴趣和需要，自由选择游戏内容和方式的游戏活动。因而，教师需要提高自主游戏的支持能力，包括提供丰富多样的游戏材料，创设安全舒适的游戏环境，引导幼儿正确使用游戏材料，鼓励幼儿创新游戏方式，以及及时给予幼儿反馈和指导等，给予每一个幼儿发展提高的空间。

（二）加强对幼儿的观察，寻找合适的支持时机

《幼儿园工作规程》明确提出，“幼儿园教师的主要职责是观察了解幼儿，依据国家规定的幼儿园课程标准，结合本班幼儿的具体情况，制订和执行教育工作。”教师提供有效支持行为的前提是有效观察和合理解读儿童的游戏行为。教师需要对幼儿进行全面、细致的观察，包括观察幼儿的游戏行为、情绪反应、语言表达、社交互动等方面。然后，教师需根据观察结果，寻找合适的支持时机。

（三）进行游戏评价，引导幼儿反思，增加幼儿自主游戏动力

教师需要通过观察和记录幼儿的游戏行为，以及与幼儿的交谈和反馈，来对游戏进行全面、细致评价，包括评价幼儿的游戏技能、创新思维、问题解决能力、社交互动等方面。在评价的过程中还需要通过提问、讨论和分享等方式引导幼儿进行反思，比如让幼儿回顾自己的游戏过程，思考自己在游戏过程中做得好的地方和需要改进的地方，以及自己在游戏中的感受和体验等。最后，教师需通过对幼儿的游戏能力和进步给予肯定和赞扬，对幼儿的不足和错误给予理解和支持，以及对幼儿的潜力和可能性给予期待和鼓励等进行有效的反馈和指导，提高幼儿的自主游戏动力。

三、结语

教师在自主游戏中的支持行为对幼儿的发展具有重要影响。教师应根据幼儿的实际情况，提供适度的引导，鼓励幼儿合作与分享，设定规则和界限，以提高幼儿的游戏水平和促进其全面发展。同时，教师还应提高自己的专业素养，创设良好的游戏环境，加强与家长的沟通，以提供更适宜的支持行为。

【参考文献】

[1] 董旭花，韩冰川，阎莉，等. 自主游戏——成就幼儿快乐而有意义的童年 [M]. 北京：中国轻工业出版社，2022.

[2] 黄春源 . 基于自我决定理论中班建构游戏教师支持的行动研究 [D]. 四川：成都大学，2021.

[3] 中华人民共和国教育部 . 幼儿园工作规程 [M]. 北京：首都师范大学出版社，2016.

4. 基于儿童视角的桥文化园本课程故事

麻城市第三幼儿园　张健

【摘要】麻城市第三幼儿园地处黄金桥，以“黄金桥”为灵感来源，积极打造三幼桥文化。黄金桥域内有两座高铁站，两条高速的入口，是麻城“交通新城”的形象代表。我们教联体也是一座区域教育的“联通桥”，需要以“童心连未来，全球乐共享”为理念，用爱架起“师幼爱心桥，家园沟通桥，教师同心桥，园所联通桥”“为每一名幼儿架起通向未来成长的桥梁。”提炼出以“坚强、沟通、宽容、跨越、科学、奉献”的桥梁精神！实现教联体的“七个一体化”，打造三幼的桥文化品牌！

【关键词】**“桥”见美好;“桥”见未来**

桥之缘起：为了让家长和幼儿理解和感受三幼桥文化内涵，我们将园所文化融于课程，开展了以“桥”见美好为主题的园本课程教研。

1. 挖掘“桥”文化的课程价值和内涵

（1）依据幼儿年龄特点、已有经验、结合《幼儿园保育教育质量评估指南》的价值导向和幼儿兴趣确定课程主题，挖掘“桥”文化的课程价值和内涵：如：关于“黄金桥”的典故传说（挖掘语言领域价值目标）；寻找麻城有哪些桥，生活中的桥、幼儿园的桥，分别有什么作用（挖掘社会领域价值目标）；桥的承重实验、为何几千年屹立不倒（挖掘关于科学领域园本课程），动手制作桥，表演桥的故事；欣赏桥的音乐（挖掘关于艺术领域的园本课程）；在游戏中搭建各种各样的桥，桥的多种玩法（挖掘关于桥的各种游戏课程）。

（2）收集、整理和挖掘关于“桥”文化的课程资源。大家通过寻找身边的桥、桥的书籍等实体，利用网络资源收集整理各种各样的桥文化的课程资源。

2. 开展“桥”见美好园本课程公开课观摩活动

制订了《麻城市第三幼儿园桥见美好园本课程观摩活动方案》，要求新进教师上亮相课、外出学习教师上汇报课、其他教师上观摩课。各班教师以桥文化为主题纷纷设计了园本课程。

下面一起来看看我们三幼关于桥文化的园本课程故事吧。

一、寻桥之旅

中国是桥的故乡，桥梁是生活中不可或缺的一部分。桥是我们熟悉的建筑，为了让孩子有更好的体验感，带着孩子对桥的问题，设计桥的调查表，请家长利用假期带幼儿打卡各种桥，最后用调查表的形式记录下来：

“桥”的讨论：“小朋友们，你们见过桥吗？”“见过呀，我外婆附近就有座桥。”“每座桥都是一样吗？”“有的弯弯的”“有的高高的”“有的桥是直直的”“有的桥是长长的”“有的桥上可以开车子”“有的桥上只能走行人”……

二、探“桥”之秘：“桥”知多少

寻找到身边不同材质的桥和麻城有哪些桥，认识桥的结构：有桥面和桥墩，还有好看的图案，还有车子在上面走……通过视频了解《桥的历史演变》。让孩子了解从古到今桥的各种变化，以及不同时期的用途。

中班教师运用生活中常见的纸巾、一次性杯子和水等材料，设计了科学探究活动《彩虹桥》，让幼儿通过动手操作体验水的虹吸现象而形成的彩虹。彩虹在孩子心中也是一道桥。大班教师以绘本故事《摇摇晃晃的桥》导入，设计了科学探究实验道具，引导幼儿改变杠杆的距离、秤砣的重量等因素，探索、思考，不断试错后最终获得平衡，激发了幼儿的探究欲，使其获得成就感！

小班教师利用A4纸、积木，设计了科学活动：“不一样的桥”和“神奇的纸桥”，让幼儿通过操作探究怎样增加纸桥的承重能力。孩子们探索出弯曲、折叠、多加几张纸增加厚度，或者增加桥墩的个数、拉近桥墩的距离等方式增加纸桥的承重能力。孩子们动手能力、发现问题、解决问题的能力得到了充分的体现，形成了对“纸桥”浓厚的探究欲望，在心里埋下了“科学”的种子。

三、造“桥”之趣

随着幼儿园园本课程的开展，孩子们用各种各样的材料设计和建造他们“心中的桥”，用塑料积木做桥，用轻黏土造桥……家长也参与到造桥中来，亲子制作的各式各样的桥，完美体现了我园的家园联通桥的魅力！幼儿自己身上也有桥，和好朋友合作，搂着腰牵着手，就变成了“友谊桥”……

在整个造桥活动中，孩子们通过观察、操作、试验，了解到桥的基本结构，尝试用多种材料和方式“造桥”，在搭建活动中提高了动手能力、交往能力以及思维能力，体验了成功的喜悦。

四、爱心架起友谊桥

除了看得见、摸得到的实物桥，还有心灵的“桥”、友谊的“桥”、合作的“桥”……

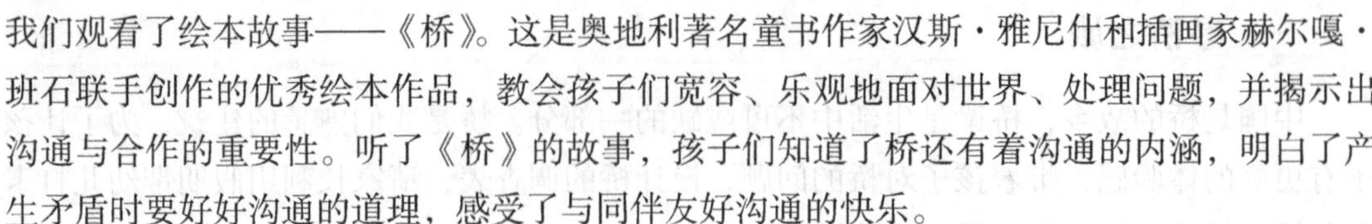

我们观看了绘本故事——《桥》。这是奥地利著名童书作家汉斯·雅尼什和插画家赫尔嘎·班石联手创作的优秀绘本作品，教会孩子们宽容、乐观地面对世界、处理问题，并揭示出沟通与合作的重要性。听了《桥》的故事，孩子们知道了桥还有着沟通的内涵，明白了产生矛盾时要好好沟通的道理，感受了与同伴友好沟通的快乐。

五、桥的故事我来讲

我们让幼儿将自己收集到的桥的故事、儿歌、绘本、歌曲讲述或表演出来录成视频生成二维码，布置在幼儿园楼道。一楼是“寻桥之旅”，二楼是“造桥之趣”，三楼是“桥的故事我来讲”。还将《黄金桥的由来》改编成儿童情景剧，在黄冈市学前教育实验区第六期现场交流展示活动上进行了现场表演，获得现场喝彩，观众说：“在黄金桥住了这么多年，今天才知道黄金桥的由来！”本园的桥文化课程挖掘了民间传说故事，弘扬了非物质文化遗产。

六、关于桥的园本课程故事成长的不仅是孩子，还有我们的教师

故事一：自主游戏要不要设计目标（游戏的课程观）

经过几轮观摩课之后，教师向我提问：“自主游戏到底要不要目标？”经过大家的充分讨论，得出的结论是：孩子在自主游戏中会在自己的最近发展区得到发展，虽然自主游戏中每个孩子达成的目标不一样，但都会获得这个年龄段应具备的能力，也就是达成《3—6岁儿童发展指南》的目标。只要心中有幼儿，支持和尊重幼儿，就会让每个幼儿在原有基础上获得全面而富有个性的发展！

故事二：我到底要不要教（教育观的转变）

教师观摩了两节关于桥的承重实验课后问我：“张园长，这个实验我到底要不要示范？”我很高兴教师能提出这个问题，这说明教师的教育观在发生转变：既担心示范之后，孩子都跟教师一样了，限制了孩子思维；又担心不示范的话，孩子想不出这些玩法。我说，你放手试试呗？同时，你要在激发孩子探究的兴趣上下功夫，让孩子感受到纸的“神奇和不一样”。我现场用一张纸“变魔术”进行导入，先后变成拱形、变成折扇形让孩子猜一张纸可以放几块积木，孩子边猜我边实验，他们都被我的魔术吸引了，我问孩子：“为什么一张纸，有的只能放一块积木，有的可以放很多呢？你们还有什么好的方法吗？”孩子跃跃欲试，再让孩子操作，我们发现孩子不仅自己验证了纸张变形带来的神奇，还用增加桥墩数量、增加纸张数量来提升桥的承重力……孩子有自己发现问题，解决问题的能力，教师的作用不是教授而是激发和点燃！

5. 游戏活动中“师幼互动”现状分析及改进策略

黄梅县龙感湖中心幼儿园教联体　严海霞、吕丽星

【摘要】游戏活动中幼儿能根据自己的兴趣选择游戏方式、内容及材料，并在积极的互动和探索中获得自我成长。适宜的师幼互动，能提高幼儿在游戏中的参与度，促进幼儿的多元发展。改进师幼关系，有利于发挥游戏活动的最大价值。本文围绕游戏活动中师幼互动存在的问题，提出了相应改进策略，为提高师幼互动效益提供参考。

【关键词】**师幼互动；游戏活动；有效策略**

在幼儿园的游戏活动中，教师不自觉地将自己定位为指导者和督促者，导致了师幼关系的紧张。此种心理氛围下幼儿对游戏活动的参与兴趣不高，游戏看似轰轰烈烈十分热闹，深入探究则会发现幼儿的思维长时间停留在原有水平上，幼儿游戏行为也是简单的低水平重复，游戏质量难以提升。

一、师幼互动的积极意义

高质量的师幼互动，有利于提高幼儿的实践能力，激发儿童游戏的主动性、积极性，最终通过游戏活动提升儿童的各项能力。良好的师幼互动，有利于改善教师与幼儿间的关系，当幼儿在活动中遇到阻碍、产生疑惑时，教师的适时互动，可以帮助幼儿克服困难，突破瓶颈，从而使活动顺利进行下去，有利于幼儿积极正面情绪的发展，也可使其加深对教师的信任感与亲近感。

二、游戏活动中“师幼互动”的改进策略

（一）有高度，目的明确不干扰

1. 互动目标明确

日常的互动无目标，幼儿可能从互动中学到些什么，也可能学不到什么。幼儿有时候会学到教师想要教给他们的东西，也有可能学到教师意料之外的东西。然而，当教师主动与幼儿进行有意义、有目的的沟通和交流时，这种有目标的师幼互动能够拓展游戏的范围和深度。有目标的师幼互动不仅可以帮助幼儿实现教育目标，还能充分激发他们的创造力和思维能力。通过积极的互动，教师能够提供适当的引导和挑战，从而使幼儿的学习体验更加丰富多彩有意义；幼儿能够有机会表达自己的想法和意见，同时也能感受到教师的关注和支持，从而获得个人发展和建立自信心。

2. 互动步步深入

幼儿游戏环境是一个动态的环境，孩子们在探究的过程中，针对发现的问题，寻找自己解决的方法，并用实践尝试，教师有逻辑性、有层次地进行指导，有利于深入推进游戏进程。

以大班活动《篮球飙速》为例：以幼儿的经历来看，他们带着篮球提前到达了活动场地，发现了雪糕筒，并学习了绕雪糕筒运球跑的正确方法，每个孩子都记录下了自己的自由运球跑体验。孩子增强了对篮球的兴趣，不仅在不同地点尝试自由运球跑，还在兴趣的驱使下自主练习篮球的技巧。在多次篮球活动的经历积累下，孩子们对于篮球的兴趣更强烈了，他们希望挑战更高难度的篮球技巧。在进行小组讨论与计划后，幼儿决定自主选择场地搭建赛道，利用幼儿园原始地形以及伸缩杆、木板、雪糕筒等辅助材料进行赛道建构。活动中教师引导幼儿在篮球活动里融入对篮球场地的规划、路线的设计摆放、讨论合作搭建等内容，并通过发现问题以及解决问题的方式，不断探索接下去的活动路径，又陆续开展了结合幼儿园地势丰富篮球挑战区、升级篮球挑战区等一系列建构活动。

（二）有深度，追求质量不随意

1. 控制情绪，以平等尊重的态度与幼儿互动

在开展游戏的过程中，教师要善于与幼儿建立情感联结，这是师幼互动的纽带。在幼儿游戏的过程中，教师要重视与幼儿的互动交流，让幼儿感受到教师的情绪情感，这不仅是一种良好的教学状态，也能让幼儿对于游戏有良好的心态。

2. 关注语言，以开放引导的语言与幼儿活动

一些教师在与幼儿的互动中常常采用封闭式语言进行交流，无法促使幼儿进行深入的思考与探究，导致互动的效果较差。所以，在这个过程中，教师要有意识地引导幼儿反思，如“你有什么好办法解决这个问题呢？”“你的想法是什么？”等。

（三）有温度，形式多样不单调

1. 要语言互动，也要体态互动

教师与幼儿进行语言互动后，应给予幼儿充足的时间去理解问题、思考回答、选择表达的词汇等，在对话过程中，教师需要耐心等待，还要进行体态互动无法割舍，包括面部表情、眼神交流、身体姿势等。比如，用期待和鼓励的眼神注视着孩子，向他们微笑，身体稍前倾或蹲下来与孩子保持目光交流等，这些行为都能传递给孩子力量，有助于营造一种宽松、自由的沟通氛围，进而引起孩子的积极响应。除此之外，还可以适时地根据实际情况来加入额外信息或例子。

2. 要现场互动，也要延迟互动

师幼互动主要出现在整个游戏开展过程中。如教师对幼儿行为的观察分析，提供有价值的活动支持帮助以及与幼儿分享经验、共同探讨。教师不仅可以在游戏过程中直接进行现场互动，也可采用延迟互动的方式，比如表征后的记录与评价，游戏后的反馈与交流。

我们应该对幼儿表达自己在游戏、阅读图画书和观察等活动中的经历，予以高度重视。这种表达行为是幼儿发展和成长过程中的重要组成部分，需要我们加以关注和支持。通过对幼儿游戏后表征进行解读，可以捕捉幼儿的游戏状态，借助表征不断思辨，适时调整策略，积极支持幼儿的游戏。以户外游戏《爱莎魔力城》为例：教师在游戏结束后，鼓励幼儿采用“游戏日记”的形式，记录下自己在游戏中印象最深刻、最有趣的事情，并和爸爸妈妈、同伴或老师分享，以此唤起孩子的搭建过程的记忆，使之向同伴介绍搭建的新方法、搭建过程中出现的问题，以及如何解决这些问题。

有效的师幼互动不仅能使教师和幼儿建立亲密的关系，还能促进游戏质量的稳步提升。因此，教师要不断思考、反思自己的教育行为，在游戏中尊重幼儿的主体地位，在实践中积累丰富的互动经验，并将经验灵活运用于游戏指导中，开展积极有效的师幼互动，激发幼儿学习的主动性，促进幼儿自主、全面地发展。

【参考文献】

[1] 姜德芬 . 幼儿园角色游戏中师幼互动存在的问题及策略研究 [J]. 当代音乐，2018（01）：3.

[2] 金文洁 . 幼儿园户外游戏中师幼互动的有效策略 [J]. 新课程，2020（39）：144-145.

6. 基于儿童视角聚焦区域游戏的实践探究

黄冈市实验幼儿园　刘斯

【摘要】区域游戏是一种教学组织形态，通过教师运用游戏元素创设情境，能让儿童自主选择、操作和练习，使其在与环境的互动中，体验游戏的乐趣，实现身心、情感、知识和社交等全方位发展。本研究旨在探讨区域游戏中存在的问题及其解决对策，从儿童的视角分析区域游戏的重要性。

【关键词】**儿童视角；区域游戏；实践探究**

儿童视角是指在区域活动中坚持以幼儿为本，将幼儿视为独立的个体，注重倾听他们内心的声音，给予他们参与活动的权力和机会，从而真正实现以幼儿为中心。在区域游戏中教师要充分尊重幼儿认知发展的规律，鼓励他们主动参与、自主选择。同时，为他们营造适合的学习生活环境，引导他们在游戏中学习、合作、创造，兼顾个体差异，确保每位幼儿都得到良好的自我发展。

一、区域游戏存在的问题

（一）区域活动材料的缺失

在幼儿的游戏中，游戏材料扮演着至关重要的角色，是孩子们进行游戏的物质基础。然而，当前区域游戏中存在一些问题。一是部分游戏材料与主题内容存在偏差。教师们在区角游戏中努力提供符合主题和幼儿发展需要的材料，但仍有部分教师无法及时更新材料，导致游戏材料与主题内容脱节。二是游戏材料的层次性不够突出。幼儿对于单一的高结构材料并无显著偏好，相反，他们更倾向于多样化的低结构材料。若材料种类与数量匮乏，将制约幼儿的认知与动作发展，进而影响他们在活动中的主动性和参与热情。三是部分游戏材料的安全性亟待加强。安全是投放游戏材料的首要原则，但某些材料对幼儿构成安全隐患，如废旧铁、铝和建筑材料。若不谨慎投放，可能导致安全问题。

（二）区域活动指导不及时

教师对于区域游戏活动的指导意义重大，他们的角色既是观察者，也是引导者和合作者。若缺乏必要的引导，游戏活动的教育价值将难以实现，幼儿的发展也会受到限制，游戏将沦为纯娱乐的方式，这与幼儿教育的目标是不符的。当前，教师的引导存在两极分化的现象。一方面，一些教师过度放手，导致幼儿在游戏中遇到问题时无法解决，从而放弃；另一方面，另一些教师则过度干预，限制了幼儿的创新思维，使他们在游戏过程中过于按部就班。

（三）区域活动评价较单一

区域活动评价旨在针对幼儿园区域活动中幼儿游戏的表现，进行客观的价值判断。在评价过程中，普遍存在评价主体、形式和内容单一，方法不够丰富的问题。同时，教师过于关注结果而忽视主题目标达成度、幼儿活动规则意识以及材料收放情况等方面欠佳。在主题区域活动的评价环节中，教师评价较多，而幼儿自评和互评的机会较少，未能充分发挥同伴互评的作用。

二、导趣区域游戏的优化策略

（一）基于儿童需要，有效投放

在区域游戏活动中，游戏材料的投放是至关重要的环节，它直接关系到活动的推进和最终的教育效果。因此，教师需要科学地选择和投放游戏材料：（1）确保所选材料与主题紧密贴合，满足幼儿实际需求。教师要依据活动主题对材料进行筛选，确保所投放的材料既能满足参与幼儿所需，有效推动主题的展开，又能激发幼儿的主动探索精神。同时，教师需根据游戏推进情况，持续优化教学材料的投放，确保游戏的顺利进行。（2）尊重幼儿的个体差异。教师应充分尊重幼儿的主体性，倾听他们的意见和需求，尊重他们的权利，鼓励他们成为材料投放的主导者。同时，教师还需关注个别幼儿的不同需求，综合各种因素进行投放。（3）保证材料的安全性。幼儿的身心健康是首先要考虑的问题，教师需确保材料安全可靠，还应了解每个幼儿的能力水平和发展状况，为他们提供符合其最近发展区的材料。

（二）尊重幼儿，有效导“趣”

在区域活动开展的过程，教师的教学目标经常会与幼儿所关注的不同，这就需要教师因势利导，结合幼儿的实际情况及时地调整教育方向。例如，主题为我是小厨师的区域游戏活动中，教育目标是让幼儿们更好地了解厨师的做菜流程，但是在实践活动中发现幼儿们往往并不关注做菜流程，反而喜欢用黏土做饼干、蛋糕，这时教师则可以给予幼儿更多的鼓励，从幼儿们的兴趣出发调整教育目标和方向。

（三）倾听幼儿，有效评价

儿童视角在区域活动中的运用需要教师倾听幼儿的声音，鼓励他们表达自己的观点，去发现和理解其需求。因此，我们应做到：一是在回顾区域游戏活动过程中，教师应运用小组讨论、展示、照片以及录像等多种手段，以使全面深入地理解幼儿的学习历程与体验。二是让幼儿通过记录游戏故事、心情日记或使用图标等方式，分享他们在游戏中的感受、遇到的困难以及解决过程。此外，还可以让他们根据观察和体验，为同伴提供真实的评价。三是教师应多采用激励性评价和纵向比较评价，以激发幼儿的自信心和自豪感。

7. 浅谈幼儿园自主游戏中教师的“静观其变”——以小班自主游戏“滑板一家人”为例

黄冈市春晓幼儿园　郭银、程琳

【摘要】自主游戏是幼儿最喜欢的活动之一，是幼儿的内在动机性行为。幼儿在自主游戏当中，可以自主选择玩伴、自主选择材料、自主决定游戏玩法，在真正意义的自主中，幼儿的认知、情感、行为、社会性都能够得到一定发展。本文将以小班自主游戏“滑板一家人”为例，浅谈幼儿园自主游戏中教师“静观其变”的重要性以及教师基于目光追随、用心聆听、有效预判前提下的“静观其变”对幼儿发展的意义。

【关键词】**自主游戏；幼儿教师；静观其变**

关于自主游戏中教师的支持，我们在文献资源中检索到很多词：材料支持、语言支持、行为支持、环境支持、情感支持等，但是“静观其变”这个词却少之又少，“静观其变”

不等于“放任不管”，而是在用心观察、目光追随、有效预判的前提下“管好自己的手”“管好自己的嘴”。

一、什么是静观其变

“静观其变”是一种有目的、有计划、较持久的活动，是一种多感官与思维结合的复杂行为，是对声音、动作、行为、表情的一种注意、选择和解析的过程。它是指在面对不确定的情况和变化时，保持冷静思考，不急于采取行动和下定义，而是不动声色、安静地观察变化的发展趋势和规律，根据发展的不同情况采取不同的措施。

二、“静观其变”的重要性

（一）“尊重接纳”为前提的“静观其变”让幼儿更真实、更自主

成人思维与儿童思维间的差距导致教师有时很难及时想儿童所想，感儿童所感，无法确切把握儿童的真实想法和需要。不持续“静观其变”地观察幼儿，就没有办法真正了解孩子的所思所想所行。所以，教师首先要做的事情就是放下“我执”和“自我中心”，以尊重、接纳的姿态去“静观其变”。

例如：在小班自主游戏案例“滑板一家人”实录的第一阶段——场地之争中，孩子们之间虽然出现了矛盾，但是教师选择了先“静观其变”，从孩子们在游戏当中的表现我们可以看出，博博是一个力量型的孩子，每次碰到问题都用强硬的方式去解决；芯芯是滑板一家人的核心人物，处理问题的方式非常柔和，每次都能用语言阻止矛盾升级。淳淳是家族的支持者，大多情况下表现出来的是一种从众行为。由于我的“静观其变”，我们可以看到三位小朋友不同的性格特点、真实的人际交往方式和能力，而且小班的孩子没有教师的帮助也可以自主做出合作、协商、退让等行为。

如果在这个过程中，因为孩子们矛盾的出现，教师不给予充分的尊重和接纳，而是刻意用语言或表情去肯定某一种自己主观意识上认可支持的“好的处理问题的方式”，小班孩子大概率会采取模仿、跟随等行为，教师便不会看到如此真实的个体，后期也很难做到在尊重个体差异前提下进行教育。

（二）“有效预测”为支撑的“静观其变”让幼儿的自主解决问题的能力变得更强

“有效预测”是指人们利用已经掌握的知识和手段，预先推测和判断事物未来发展状况的一种活动。在自主游戏的过程中，当幼儿出现冲突和矛盾的时候，教师在“静观其变”的同时应该基于对幼儿的了解和对现实情况的分析进行“有效预测”，这可以让幼儿的游戏实现最大程度的自主，幼儿也有了自主解决冲突和矛盾的机会。

在小班自主游戏案例“滑板一家人”实录的第二阶段——抢板大战中，孩子们因为抢夺滑板出现了激烈的矛盾和冲突，出现了吐口水、尖叫、拉扯、吵架等不恰当行为，按照

教师的惯性思维，往往当孩子们出现矛盾冲突或不恰当行为的时候，就应当立刻出手制止，从语言或行动上去进行干预。但我在一旁观察进行“预判”，在确认孩子们没有出现“心理伤害”和“生理危险”的前提下，选择了在一旁“静观其变”。由于我的“静观其变”，我们会看到，在冲突中，孩子们凭借自己的能力解决了矛盾，这不仅发展了幼儿协商解决问题的能力，促进了同伴间的交流沟通，还推动了幼儿谦让、合作等良好品质的形成。

（三）“冷静思考”为地基的“静观其变”给予教师更多的时间和空间，以便作出更为合理和科学的支持策略。

在管与不管之间有一个空间叫“守望”。守望其实就是带着“理性思考”，守望的过程不仅是给孩子空间和时间，更是给教师自己空间和时间。在自主游戏中，教师的介入不应该是根据自己的“习惯”，而应该是从幼儿角度出发，有理论为依据，更加理性和智慧地“静观其变”，从而在该介入的时候再去介入，这样的观察才有价值，这样的介入才有价值。

例如：小班自主游戏案例“滑板一家人”的“场地之争”和“抢板大战”中，我更多地采取了“静观其变”的支持策略，让幼儿尝试自己去发现问题解决问题，当“游戏无法进行”“双方僵持不下”的情况出现，我才采取了“启发式提问”的支持策略，而且，当我“静观”和“记录”了所有的游戏过程以及游戏中每位幼儿的不同表现之后，在游戏后的集体讨论环节，我的提问和支持是经过充分思考和提炼的，更加有针对性和适合幼儿，真正体现了“儿童视角”和“以幼儿为中心”的教育思想。

三、“静观其变”的意义

丁海东教授指出：“教师专业素养积累的源泉就是观察。”在幼儿自主游戏中，教师适时“静观其变”，是一种重要的观察和思考方式，这个过程中我们不仅可以看见生动、活泼、真实的幼儿个体，给予幼儿自主解决问题和矛盾的时间和空间，还可以给教师自己充分的思考时间，以便作出更有价值和以“儿童为中心”的教育支持或举措。“静观其变”不等于“撒手不管”，而是基于目光追随、用心聆听、有效预判前提下，对幼儿在游戏中的探索行为、矛盾冲突不急于制止，对幼儿的困惑不急于表态，对幼儿在游戏中碰到的困难不急于帮助，让幼儿在游戏中不受外力的干扰，控制自己的游戏节奏。

【参考文献】

[1] 苏津 . 教师专业成长助力幼儿园发展质量 第十九届“当代杯”全国幼儿教师职业技能大赛获奖作品选 上 [M]. 北京：首都师范大学出版社，2022.

8. 聚焦社会热点的自主游戏实践探索
——以“2022年冬奥会运动项目钢架雪车”为例

黄冈市园丁幼儿园　张艺馨

【摘要】当今社会，幼儿处在一个信息大爆炸的时代，作为e时代的原住民，他们在生活的方方面面，都在接受着各种信息。作为教育者，应该敏锐地捕捉时下社会热点，实时跟进热点话题、国家重大成就事件、时事新闻，让幼儿园教育内容具有更强的时代性。在幼儿感兴趣的社会热点中找自主游戏线索，打开自主游戏开展的视野，寻找自主游戏生成的新方向。

【关键词】**社会热点；自主游戏；实践探索**

一、敏锐捕捉社会热点，找准自主游戏线索

如何在社会热点中找到自主游戏线索？这是否违背了三自（自主、自愿、自由）原则呢？第一次尝试将社会热点与自主游戏结合，是在一次机缘巧合中产生的。在2022年北京冬奥会，大街小巷和各种媒体都被“冬奥会”“冰墩墩”霸屏，在班上发现幼儿用“扫把”当作球棒，“小皮球”当作冰球，仔细询问才知道是和爸爸妈妈在新闻里看到冰球比赛而产生的以物代物的灵感，并且班上也慢慢出现了冰墩墩书包、冰墩墩玩具。跟随社会热点和幼儿的兴趣点，我设计了冬奥会活动主题活动系列活动。在主题实施过程中，发现冬奥以物代物运动会最受幼儿喜欢。在孩子们的内在驱动下自主游戏线索就此产生了。

二、追随幼儿兴趣热点，助推自主游戏生成

儿童是天生的冒险家，钢架雪车是冬奥会运动中最危险的项目之一，却成了幼儿最喜欢的运动项目，为了满足孩子们对钢架雪车的热爱，在班级区角投放了几辆滑板车，这几辆“钢架雪车”成了孩子们众心捧月的对象。于是，“钢架雪车”的坡道搭建自主游戏就此产生。

（一）尊重理解，和谐师幼

建立和谐的师幼关系是钢架雪车自主游戏开展的前提。在游戏过程中，教师不拘泥于钢架雪车的正确玩法而中断幼儿的大胆创造；允许幼儿在一次次试误中穿过障碍物和坡道；幼儿畏恐滑梯坡道时，选择尊重理解；碰到意见不一时，赞同分组想法。在和谐平等且具有安全感的游戏环境中，幼儿充分发挥了想象力、观察力等各项能力，他们在“钢架雪车”的坡道搭建中做到了敢想、敢说、敢做、敢创。

（二）自发生成，自主选择

在基于“冬奥会”社会热点的主题活动中，教师观察到幼儿对钢架雪车最喜欢，但是对其玩法一直停留在向前滑行上，单调的玩法不能满足他们的需求，他们需要更多的时间和空间与钢架雪车产生互动。游戏过程中，幼儿可以在幼儿园里到处寻找材料，自己设计线路，合作拼搭跑道，商讨形成规则，大胆尝试，游戏的每一步都是顺势而为，自发生成，自主选择。

（三）问题导向，纵深探究

向前滑行玩法单调怎么办？平面赛道如何设计更巧妙？具有坡度的赛道会不会更有意思？滑梯坡道为什么不可行？怎么搭建坡道跑道？这些问题随着游戏推进自然地出现，要如何解决呢？在每一次游戏结束后的团讨复盘显得尤为重要，孩子们会历经“发现问题—提出猜想—行动验证—解决问题”的完整过程，在不断解决问题中，幼儿不仅掌握了科学的探究方法，也提高了动手能力、合作能力和创造力，在与同伴默契协作下，呈现出了“久别重逢的钢架雪车—对滑梯发起挑战—挑战搭建坡道—再出发寻找最佳坡道—追求坡道细节美”的过程，雪车坡道游戏难度层层提升，自主游戏向纵深发展。

三、热点构建知识经验，实现幼儿全面发展

当今社会出现的新事物、新问题、新情况都是自主游戏构建的活素材，幼儿周围的生活环境为其提供了开展相关活动的有利条件。“钢架雪车”的坡道搭建活动时基于社会热点“冬奥会”主题活动生成的，在游戏过程中，幼儿以运动员标准滑行比赛，以赛道设计师的严谨态度对待自己的搭建作品，这更利于幼儿深入到游戏中，提高了他们发现问题、主动思考和解决问题的探究能力。如在建造“钢架雪车”的坡道时，强烈的兴趣和探索欲让幼儿始终沉浸在自己的游戏里，极富耐心，一遍又一遍地试误、调整、试行。面对搭建困难时，幼儿坚持不懈地探究，利用提供的各种生活材料和玩具材料积极游戏，发展了耐心、坚持和勇敢试误的学习品质。当幼儿在家搜索了钢架雪车赛道相关知识，主动提出更刺激好玩的玩法，经历了由平面向坡面的跨越，幼儿积极调动已有经验，选择不同材料搭建坡面，在坡道试行的过程中丰富了对各种物品特性的认知，如垫子太软、摩擦力不行、不易滑行，初步了解了坡面倾斜度、不同坡面的摩擦力与滑行速度的关系，丰富了关于坡面滑行的经验。游戏最后，幼儿已了解在坡面滑行速度更快，同时两侧需要保护物，还自然地遵循了建筑物对称的原则，在潜移默化中感受了对称美。

9. 追随儿童视角，支持儿童游戏
——以中班建构游戏“赛道变形记”为例

黄州开大实验幼儿园　周婷

【摘要】《幼儿园教育指导纲要（试行）》中指出：“游戏是幼儿园的基本活动。”幼儿建构活动，不仅可以促进他们基本动作和创造性思维的发展，还能丰富幼儿的知识和经验，培养其优良的个性品质。在游戏活动中，教师要尊重幼儿的主体性，采取适当的支持策略。

【关键词】儿童视角；建构游戏；支持策略

一、建构游戏的特点

建构游戏是幼儿利用各种不同的结构玩具或结构材料，拼搭构建具体的物体形象，反映现实活动的一种游戏。单独的结构材料并无意义，只有在幼儿的实际操作中被拼搭建构成某一结构物才具有意义，这是他们对生活的一种创造性反映，反映了他们对生活中美的感受和对创造美的追求。

二、建构游戏的教育作用

建构游戏能促进幼儿的基本动作，特别是手部动作的发展。在进行建构游戏时，堆、握、挖、拼插等动作使幼儿手部小肌肉的力量和灵活性得到了锻炼，同时还为幼儿感知运动机能的发展提供了机会。

建构游戏能促进幼儿创造性思维的发展。在建构游戏中，幼儿为了表现自己想象的形体，会考虑用什么样的材料，用多少，怎样排列组合等，锻炼了他们的观察力、想象力、思维力以及设计构思能力等。

建构游戏能丰富幼儿的知识和经验，培养其优良的个性品质。幼儿的建构以已有的知识和经验为基础，在建构过程中通过不断的探究、尝试、试错和重复，幼儿会逐渐理解物体的结构特征，掌握简单的数理知识以及获得简单的造型知识，也会形成细心、耐心、合作等优良品质。

三、建构游戏案例——《赛道变形记》

（一）活动缘起

晨间建构游戏活动中，诗妤小朋友在积塑区拿到了一辆四轮小赛车后并没有马上选取其他的积塑积木进行拼搭，突然她来到了茉茉旁边说：“王文茉，我有一辆小车，我们来比赛吧。”王文茉点了点头，开心地说：“好啊，但是比赛要有赛道啊，我们一起搭一个赛道吧。”于是，两个人将积木来回搬运放在了植物角附近的空地上。搬运完积木，只见两个小朋友拿起积木竖着摆放，一个接一个拼成了一条赛道，赛道拼好后，两人就玩起了赛车比赛。

（二）活动过程实录

萱萱被她们的游戏吸引到了，跑过来说：“我能够和你们一起玩吗？”两个人点了点头将小车给了她。在比赛的过程中，唯独诗妤一直没有成功，她有点沮丧。观察了一会儿，我走上前询问：“你们在玩什么啊，我可以玩一下吗？”茉茉点了点头：“可以啊，周老师，给你小汽车。”我将汽车调整好方向，用力一推小车到达了终点。诗妤看到了说：“周老师，你好厉害啊，一次就过了，能教教我吗？”我并没有直接告诉她方法，而是鼓励她多尝试几次。在经过反复的尝试后，诗妤发现了规律：“我知道了，要控制车的方向，让小车直直地出去，而且要用力。”接着，她又尝试了几遍全部都成功了。我对她竖起了大拇指：“你真厉害，原来小车能不能成功到达终点，跟方向和力量都有关系。”游戏活动结束后，我们进行了游戏分享和游戏记录。

四、教师支持回应策略

（一）尊重幼儿主体性，支持幼儿游戏

游戏活动是幼儿的基本活动。教师应为幼儿提供数量充足、种类丰富的游戏材料，满足幼儿的游戏搭建需要。在游戏活动中，幼儿会根据自己的兴趣需要选择游戏材料、游戏伙伴和游戏玩法。诗妤小朋友在选择小车后并没有进行物体的拼搭，而是想出了一种新的游戏玩法，用小车比赛，并且选择了自己的游戏伙伴。

（二）调动幼儿已有知识和经验，提供适时帮助

幼儿的游戏活动是以知识和经验为基础的，在拼搭的过程中幼儿会调动已有的生活经验。诗妤和茉茉发现小车总是掉下来，利用已有的知识和经验，将赛道进行了加宽和围合，解决了小车总是掉下来的问题。我在面对幼儿缺乏游戏材料时适时介入为他们提供了材料。搬运材料时，我也没有直接帮忙，而是让幼儿自己想办法。

（三）扮演游戏角色，拓展幼儿游戏水平

幼儿在游戏中遇到困难，找不到解决方法时，我选择了以游戏参与者的身份介入，提出也想参与比赛，让幼儿知道小车要想到达终点需要考虑方向和力量的因素。我鼓励诗妤多次尝试，从中找到原因。游戏结束后，我请她们进行了游戏分享，向大家介绍今天的游戏内容、遇到的问题，以及下一步的计划，提升她们的游戏水平。

【参考文献】

[1] 杨枫 . 学前儿童游戏（第三版）[M]. 北京：高等教育出版社，2018.

10. 户外自主游戏的探析
——以自主游戏《草坪休闲吧》为例

武穴市直属幼儿园江林园区　范源

【摘要】自主游戏是孩子们最喜爱的游戏形式之一，能充分培养孩子们独立思考能力和社会交往能力，教师要充分把握“儿童的意图和需求在前，教师的鹰架和支持在后”的基本原则，善于观察，支持儿童，成就儿童。

【关键词】自主游戏；自主；环创

《幼儿园教育指导纲要（试行）》指出幼儿园教育应充分尊重幼儿作为学习主体的经验和体验，尊重他们身心发展的规律和学习特点，以游戏为基本活动，引导他们在与环境的积极互动中得到发展。笔者通过观察发现根据本班幼儿的游戏发展水平，仅在班级内开展区域游戏已不能更好地支持幼儿的全面发展，于是我们开始尝试对幼儿园的户外场所环境进行创设和改造。

一、基于自然，培养幼儿的天性发展

本园区户外自主游戏场地较为宽敞，但是缺少一些贴近自然的环境创设，如小土坡、沙池水池、绿茵小道、种植区等。由于资源有限，本园区幼儿的户外自主游戏区仅有户外建构区、户外攀爬（木制积木拼搭）区和些许的集体户外游戏器材，供幼儿选择的器材数量少、种类较为单一，幼儿天生爱游戏爱玩，教师为幼儿有目的地创设环境一定程度上决定了幼儿游戏的质量和幼儿游戏的水平及其各方面能力的发展。

基于园区自然环境现状，我们尝试结合孩子们的兴趣进行观察改造，笔者发现园区塑胶操场旁边，有一块较为宽敞的天然草坪，草坪与园内塑胶操场中间的隔离带上种植了一排观赏的绿植，隔离带上投放了若干低结构的材料如黑色大轮胎等，天然草坪中间处坐落着幼儿园的音体美功能室，音体美室外形为六边形砖红色平层建筑，每当户外自主游戏时间，天然草坪便成了孩子最喜爱的地方，孩子们利用自然的馈赠，纷纷开始了自己的户外自主游戏之旅。

二、基于自主，促进幼儿独立思考能力

为了进一步发展孩子们的自主游戏能力和发散性思维，同时促进与其自然的有益互动，我们和孩子们一起参与了自主游戏的环创和具体实践，以游戏《草坪休闲吧》为例。

（一）户外环创

通过前期谈话和投票，我们根据孩子们的兴趣，进行“我想在草坪上做什么？”票选活动，其中烧烤、吃零食聊天、自己做好吃的、搭房子得票较多，我们根据孩子们的需求，基于天然草坪区的自然优势将其打造成打造成“草坪休闲吧”，既满足了孩子们烧烤、聊天、做饭等的需求，还通过投放各种低结构材料供孩子们自主选择游戏玩法。

（二）自制辅材

孩子们都知道烧烤区要有烧烤架子、烧烤食材、桌子和椅子等，由于资源有限我们开始了自筹自制之旅。在前期经验的铺垫下，班级美工区内热火朝天，有的用黏土做各种烧烤食材，如各种肉制品，有的则用树枝将叶子一片片串起来当蔬菜，还有的用剪刀咔嚓咔嚓剪各种碎纸片当烧烤小料等等，为了让“草坪休闲吧”更舒适温馨，孩子们还商讨给部分黑色轮胎添画上美丽的外衣。

（三）活动过程

1. 活动前期

教师将班内幼儿分成两组进行“草坪休闲吧”游戏前的计划，有的说想去做烧烤，有的说想去洗菜做饭，还有的说想和好朋友一起去休闲吧玩沙子。由于这是孩子们第一次尝试在“天然草坪吧”进行自主游戏，笔者便没有继续追问孩子准备用什么材料、怎么玩等，怕一连串的追问会影响孩子们进一步自主游戏的兴致。

2. 活动中期

孩子们热火朝天地进行游戏，我们教师时刻提醒自己“非安全必要不制止”，默默地观察孩子并进行适时适当的介入。活动一开始，计划做烧烤的两个孩子一边摆弄着烧烤架，一边拿起烤肉串倒油翻面，活动中，看到旁边洗菜的小朋友在那里玩水，便跑过去一起加入到洗菜的阵营中。计划炒菜的小伙伴从活动前期一直到结束都在不亦乐乎地忙活着。几个小男生在草坪上忙着摘野草，说是要做炒青菜，结果跑去炒菜时有个小男孩说是自己先来炒菜的，其他人不能过来，“草坪休闲吧”游戏如火如荼地进行着。

3. 活动后期

伴随着户外游戏结束音乐的响起，孩子们纷纷开始收拾整理，个别孩子则“逃避”整理，加入到整理好的队伍中。由于时间和与教师精力有限以及幼儿能力水平的差异，在游戏交流分享环节，我们邀请了大胆分享的几名幼儿，以“我今天游戏做了什么”为主题进行分享，鼓励幼儿大胆表达。

三、基于自信，培养幼儿的社会性发展

在《天然草坪吧》这一自主游戏活动中我们根据孩子的实际情况，给予每个幼儿自由自主自创的机会，鼓励孩子们之间相互交流，比如通过集体谈论炒菜区“是我先炒菜的，其他人不能来”进行班内交流分享，鼓励孩子们自己想出解决这个问题的办法，通过成功处理一件件身边的小事情帮助孩子们建立自我效能感，让孩子们在一次又一次的活动中萌生出自信的种子，游刃有余地处理好自我与他人的关系，从而更好地适应社会。

四、基于自身，鹰架幼儿最近发展区

（一）自主性和创造性不足

本次户外自主游戏由于是第一次师幼共同协商完成，故存在着很多不足，比如，由于是一个班的幼儿进行游戏，教师人数有限，故只开设了一个区，户外其他区没有开放，幼儿的自主性和创造性受到了一定的限制。

（二）观察能力有待提升

活动中，笔者自身虽然对于户外自主游戏相关知识有所涉猎，但是具体到每一个孩子身上，还需要进一步提升自己的观察能力，才能更好地帮助幼儿，促进幼儿更好地发展。

（三）鹰架儿童，成就儿童

自主游戏中的师幼互动不是直接帮助幼儿获取某项知识技能，而是基于儿童意图去支持儿童，帮助儿童养成主动思考问题的能力，通过观察儿童、了解儿童游戏水平、支持儿童意图，帮助孩子在自主游戏过程中达到“最近发展区”。

户外自主游戏是孩子们最喜爱的游戏形式之一，有效的师幼互动、有准备地环创和支持幼儿游戏意图才能更好地支持儿童，帮助儿童在原有经验基础上得到更好的发展。

11. 真游戏，真自主
——浅谈在幼儿自主游戏时如何实施“真游戏”教学

武穴市实验幼儿园　李玉、郭雨雁

【摘要】幼儿园一日活动中，如何落实《幼儿园保育教育质量评估指南》文件精神，进行教育实践，提高幼儿园保育教育质量是目前幼儿教师需要研究的重要课题。在幼儿园保育教育工作中如何尊重幼儿身心发展规律，促进幼儿健康发展和个性发展，不断提升保育工作的有效性呢？我们应该结合幼儿园实际情况，充分落实《幼儿园保育教育质量评估

指南》的理念，引导幼儿在游戏中学习，为幼儿提供丰富多样的游戏内容和丰富多样的游戏材料，积极开展自主游戏活动。

本文以幼儿“真游戏”为基础，探讨在不同年龄幼儿在游戏活动中的行为，并在此过程中关注儿童发展特点，提出相应的支持策略、方法来支持幼儿身心发展需求。

【关键词】**幼儿视角；真游戏；自主游戏**

我们要明确儿童视角和现实教育的关系。幼儿随着年龄的增加和认知水平的提高，对周边环境以及任何事物产生了越来越强烈的好奇心和求知欲，在探索世界的过程中也会出现新的想法、新的经历，所以儿童视角可以使我们开展更适合孩子的教育。

一、根据具体情景创设环境，让幼儿成为活动的主角

幼儿园环境能影响和丰富幼儿的经验，促进其良好发展和身心健康。因此，可以根据具体情景创设出一个与游戏主题相匹配的游戏环境。例如，教师可以制作各种形状、大小不同的球状玩具，并采用颜色鲜明、形象生动的图片加以点缀，并配上适宜的音乐，让幼儿与这些玩具互动。还可以在主题活动中设置很多与之相关的游戏材料，同时结合主题活动把不同种类的材料合理有效地搭配起来。

二、关注儿童的兴趣和需要，为幼儿提供丰富多样的游戏内容

兴趣是最好的老师，在游戏中幼儿可以获得乐趣，掌握知识。我们应根据幼儿的年龄特点及兴趣和需要为幼儿提供不同的游戏内容。例如，以游戏化方式开展安全教育活动，这样既有针对性又有可操作性。在开展“一家人”主题教育时可以通过收集不同人物及动物资料组织幼儿开展相关主题，让幼儿通过自己的讲述将自己学到的知识讲给家人听，使家园共育落到实处。此外还可以根据幼儿的兴趣对其进行相应奖励，例如给予他们一些玩具，也可以通过制作玩具等游戏活动引导幼儿根据兴趣选择并完成相应游戏。

三、为幼儿提供适宜的材料和游戏形式，促进幼儿游戏能力提升

材料是幼儿游戏活动的基础，这就要求我们根据幼儿学习情况提供适当的材料，以及良好的活动环境，让幼儿在游戏中获得生活经验和情感体验。例如，我们在进行大班主题活动《我爱积木》时，提供了多种形式的积木。通过自主游戏方式，幼儿从多种角度去体验、感受不同的活动方法和技巧带来的收获。因此，我们要根据幼儿成长特点和发展需要提供丰富多样的教学资源和游戏形式，使幼儿在游戏中提高认知能力。

四、合理使用不同材料刺激孩子的想象力

我们在鼓励幼儿游戏的同时，应充分利用各种材料，让他们获得丰富多样的体验及经

验。可以带孩子们一起去挖土豆、去捡石头、植树等，还可以结合天气、季节带孩子们制作有趣的手工作品。这样不仅能够提升孩子们的想象力，还能给孩子们带来丰富而又有趣的生活经验。

五、尊重并促进幼儿个性发展

尊重、促进幼儿个性发展是《幼儿园保育教育质量评估指南》的核心理念，教师应根据幼儿的身心发展特点，制订符合幼儿个性发展需要的活动计划，制订与幼儿发展相适应的培养目标及教学目标，努力促进每个幼儿的个性发展。根据每个幼儿自身特点建立起适合全园共同发展的保育教育评估指标体系，并运用到实践中。同时还要建立起激励机制以促进教师教育能力的发展。

【参考文献】

[1] 赵夏夏 . 福禄贝尔幼儿教育思想及对现代幼儿园教育的启示 [J]. 才智，2015（09）：51.

[2] 教育部印发《幼儿园保育教育质量评估指南》[J]. 儿童与健康，2022（03）：79.

12. 幼儿园户外篮球游戏的开展与指导策略

黄冈市园丁幼儿园　蔡馨

【摘要】随着我国经济社会的发展，户外篮球已经成为一项国民运动，并且开始逐渐与幼儿教育结合。在幼儿教育中加入户外篮球游戏可以有效提高幼儿教育的教学效率和趣味性，丰富和发展幼儿的运动体验和运动技能。基于此，本文将针对幼儿教育中户外篮球游戏的开展与指导策略进行探讨，以供参考。

【关键词】幼儿教育；户外篮球游戏；指导策略

一、购买专业器材，做好基础建设

在开展幼儿户外篮球游戏时，教师及幼儿园管理层需要做好前期的准备工作。首先需要按照幼儿的年龄特点来准备专业的器材，包括幼儿专用篮球、篮球比赛所用的设备、球衣、吹哨等。同时，幼儿园需要设置必要的安全设施，篮球活动区域内应避免出现过硬或过尖的事物，并准备好如呼啦圈、篮筐、轮胎等道具，以便教师组织幼儿开展形式多元、丰富多彩的篮球游戏。

此外，幼儿教师需要学习篮球相关的知识，包括篮球比赛的规则、各类篮球游戏的玩法及其能够达到的教育和培养效果、篮球游戏中的安全保护措施等。

二、对幼儿进行分组，开展篮球游戏

在做好前期的基础设施建设后，教师可带领幼儿进行篮球户外游戏。首先，可以带领幼儿进行篮球基本技能和知识的学习，包括运球、投球等基础技能以及篮球规则等，并带领幼儿练习，让幼儿熟练掌握。例如，我所在的黄冈市园丁幼儿园就通过组织幼儿进行篮球游戏和训练，使得大班幼儿逐渐增强对篮球的掌控力，并能够利用篮球进行操作展示。在这过程中，大班幼儿还能够进行队形、队列变换，充分显示出了篮球游戏对于幼儿的培养价值。而在幼儿户外篮球游戏的实际组织中，教师可以采取分组的方式组织各类篮球游戏活动，一方面增加篮球游戏的趣味性，另一方面培养其团队协作能力。

例如，我园探索出“爱的小跳蛙”篮球游戏，教师将幼儿分成若干小组，利用篮球和呼啦圈组织幼儿展开游戏。游戏过程中由2—3个幼儿共同协作，两个幼儿负责在地上用呼啦圈不断摆出前进路线，而一个幼儿则手抱篮球从一个呼啦圈跳到另一个呼啦圈，全程只能通过跳入一个个呼啦圈来前进，终点后将篮球放入篮筐。不同小组之间可以比拼速度，看哪个小组最先完成所有组员的篮球入框动作。

三、做好热身运动，保持安全意识

在开展户外篮球游戏时，教师还需要保持良好的安全意识，在课前带领幼儿做好热身，在充分热身的基础上进行运动，通过充分的热身来保护幼儿的关节及骨骼，确保他们不会在运动中受伤。此外，教师需要坚持安全第一的原则，在开展篮球游戏时，提前清除场所中的危险因素，为幼儿的篮球游戏创设安全有序的环境。

这里以我所在的黄冈市园丁幼儿园为例，我作为教师，有义务为幼儿的安全负责，因此在开展篮球游戏前购买了塑胶软扣，提前把篮球架底座上的螺丝和凸起包裹起来，避免幼儿篮球比赛时出现磕碰。每次游戏前我都会检查篮球场地面，确保场所安全。此外，在进行篮球游戏前，我会带领幼儿进行热身，做小步跑、颈旋转、髋关节旋转、高抬腿、深蹲、拳击小碎步、原地侧弓步等热身动作，确保幼儿全身都充分活动，降低运动受伤的可能性。

四、开展亲子活动，推进家园共育

在开展篮球游戏教学时，教师及幼儿园需要开展各类亲子活动，鼓励家长参与到幼儿教育中，让幼儿在欢快有趣的亲子活动中体会到篮球运动的乐趣。

这里以我所在的黄冈市园丁幼儿园为例，我们举办了亲子篮球趣味运动会，让家长和幼儿共同参与“爱上钻山洞”“爱上冰淇淋”“报纸爱上球”“爱的大小脚”等活动。运动会的整个过程都洋溢着欢声笑语，幼儿和家长为了胜利共同努力，达到了家园共育的效果，并且幼儿对于篮球运动的理解也更加深入，达到了良好的教学效果。

例如，在亲子篮球游戏“爱的大小脚”中，家长与孩子面对面夹着篮球，并且孩子双脚踩在家长的脚上一同向前走，比一比哪一组家长和孩子最先到达终点。这一游戏中，家长和孩子需要相互配合，保证篮球不掉落，同时还要步伐协调，这一方面可以锻炼幼儿的协调能力，另一方面可以增进家长与孩子之间的感情，让小小篮球成为家长与孩子之间的沟通桥梁。

随着我国时代的变迁，篮球运动成为国民运动之一，并且开始逐渐与幼儿教育结合，可以有效提高幼儿的身心素养及团队配合能力，为幼儿的未来发展打下良好的基础。

【参考文献】

[1] 邹蓉 . 幼儿园开展户外体能大循环活动的探究——以篮球游戏的实践为例 [J]. 文科爱好者，2023（04）：205-207.

[2] 许然 . 幼儿园开展篮球运动的策略探究 [J]. 作文成功之路（下），2017（04）：52.

13. 关于中班幼儿游戏“小球滚滚”探究引发的思考

黄冈市第二实验幼儿园　黄晶

【摘要】建构游戏是幼儿教育中的重要组成部分，它能激发幼儿的想象力和创造能力，发展幼儿的动作技能。要想发挥建构游戏的最大教育功效，教师在幼儿建构游戏必须提供适宜的指导。本文将以“小球滚滚”为案例进行分析，对建构游戏中教师支持行为的适宜性进行探讨，并提出相应的对策。

【关键词】**建构游戏；指导策略**

建构游戏是教师有计划、有组织地引导幼儿自主选择材料（如积木、插塑、纸盒等），创造性地反映生活或头脑表象的造型游戏活动。教师可以通过表情、动作、语言、示范等方式介入指导。在建构游戏中，教师运用策略指导幼儿，有助于丰富幼儿的游戏经验、锻炼幼儿的游戏技能、培养幼儿的良好学习习惯和品质，对幼儿的身心健康发展有重要意义。本文探讨游戏“小球滚滚”引发的思考。

一、教师支持行为适宜性的案例分析

睿睿拼搭完管道，马上眼疾手快地去滚球，他的球被卡住了，随即他大声地说：“啊！

卡在这儿了！”调整管道后，球还是被卡住了，发现睿睿沮丧的表情，教师给予了一些引导。在此次建构游戏中，睿睿尝试了三次搭建管道滚球。

第一次搭建：睿睿的球被卡住，教师提问如何避免。睿睿换大圆圈管道仍被卡，教师引导观察原因，睿睿认为缝隙大，教师建议换管道尝试。

第二次搭建：睿睿撤掉圆圈管道，用长条管道拼接。教师扶住连接点指导搭建，球顺利滚出，教师微笑鼓励。

第三次搭建：教师提供丰富的管道材料，引导幼儿思考如何让球滚得更快。幼儿尝试弯斜管道，教师提问能否搭建斜坡管道。

游戏中，教师手扶管道 1 次，鼓励 1 次，介入 5 次，引导深度学习 3 次，分别为：“观察球卡原因”“紧密搭建”“加速滚球方法”。首次搭建失败，教师没有直接给出解决方法，让幼儿自行尝试。3 次失败后介入，共同分析原因。当幼儿情绪低落，适当鼓励。第二次成功时，教师扶管道连接处，引导紧密搭建。其实可让幼儿自行尝试，教师应引导总结卡球原因，提醒紧密连接管道。

分析显示，教师在幼儿搭建游戏中提供了有趣的管道积木、充足地游戏时间和空间；以表情鼓励、引导性提问、失败引导反思、成功鼓励回应支持幼儿，提升幼儿搭建技能。但教师也做出了过度干预，如主动扶助，应教导幼儿自主尝试，给予思考探究时间。教师应适时适度给予有效指导，推动游戏进展。

二、建构游戏中教师支持行为存在的问题分析

通过以上案例分析，并结合日常建构游戏实践，总结以下教师支持行为存在的三个主要问题。

（一）教师观察力不足，缺乏指导的针对性

观察力是教师的关键业务能力，教师要捕捉幼儿的重要表现、解读其游戏行为，助力其学习。但工作中，因忙碌疏于观察，忽略行为背后原因，导致指导缺乏针对性，影响幼儿游戏水平提升。

（二）材料投放层次不明显，缺乏辅助建构材料。

《幼儿园保育教育质量评估指南》强调支持幼儿探索材料特性及物体结构，现幼儿园建构游戏材料丰富但辅助材料不足。具体、形象的材料有助于游戏内容更加丰富。

（三）教师支持与回应方式不当

幼儿是建构游戏的主体，部分幼儿教师过分干预幼儿的建构过程，很多时候幼儿只是在模仿教师的操作，并没有真正参与到建构游戏的创造中。因此，幼儿对参与过程印象不深，这样很难使幼儿的思维得到开发，影响幼儿创造力和想象力的发挥。

三、建构游戏中教师有效支持行为的对策分析

（一）提升教师观察力，为精准指导提供依据

观察是目的明确、方法科学、准备充分的感知活动，教师需对幼儿游戏行为进行有目的、有计划、有准备的观察。观察内容包括幼儿搭建、同伴合作、游戏水平、问题解决能力等，教师需反思自身指导过程，调整后续行为，为幼儿提供建设性、针对性的引导。

（二）按年龄发展的阶段，增添建构辅助材料

建构游戏主要通过幼儿与材料的互动来发展幼儿各方面的能力。丰富多样的材料能够吸引幼儿的建构兴趣，激发幼儿的想象力和创造力，但并不是材料投放越多越好。教师投放材料时要考虑材料的多样性和幼儿的年龄特点及兴趣，吸引幼儿持续“玩”的兴趣。

（三）选择恰当的介入方式

教师适当地介入幼儿建构游戏能提升幼儿建构水平、丰富其游戏经验、实现游戏目的。教师需选择合适的介入方式，如以游戏者或合作者身份参与，引导幼儿进行建构活动并提供技能辅导；或以材料提供者身份介入，适时提供替代和辅助材料，满足幼儿建构需求。

综上所述，教师在建构游戏中的支持行为对幼儿发展有重要影响。教师的指导需结合幼儿年龄特点，才能提升其游戏水平。教师要灵活组织幼儿开展建构游戏，研究不同年龄的特点和发展水平，作为引导者、支持者、合作者、欣赏者，适时给予有效指导，促进幼儿建构技能及身心和谐发展。

【参考文献】

[1] 李金美 . 昆明市 K 幼儿园大班建构游戏中教师支持研究 [D]. 昆明：云南师范大学，2020.

[2] 林耿芬，陈林 . 中班幼儿建构游戏的教师介入指导 [J]. 广西教育，2020（01）：19.

[3] 段婷婷 . 基于观察的中班建构游戏教师指导策略研究 [J]. 家教世界，2020（33）：34.

14. 教师在幼儿自主游戏中的支持策略探析

黄冈师范学院附属幼儿园　曹策

【摘要】游戏不仅能满足幼儿在现实生活中无法实现的愿望，还能排解他们压抑的情绪，并让幼儿学会自发探索。自主游戏中幼儿通过扮演角色，运用模仿和想象，创造性地反映现实生活。不同年龄阶段的幼儿内心拥有不同的童话世界，为了让幼儿融入属于他们

的童话世界，作为教师的我们就应该将游戏贯穿于我们教学的始终，让幼儿在自主游戏中选择游戏角色自主“定位”。

【关键词】**自主游戏；角色选择；自主定位**

一、游戏与自主游戏

（一）定义

《幼儿园教育指导纲要》指出游戏是幼儿的基本活动，幼儿园教育应寓教育于游戏之中。游戏占据幼儿一日生活的大部分时间，在游戏中，幼儿无时无刻不精神饱满，能力强的幼儿能够自己赋予自己角色并与同伴友好交往，欢快地融入他们的童话世界，遇到困难还能请教同伴共同解决，这些都为他们的社会性发展和自身素质的提高创造了条件。自主游戏由参与者自己制订规则，能使之释放独特个性，不同于由他人规定的游戏。在自主游戏中幼儿以物代物，反映生活，积累经验，通过扮演角色，在假想的动作、情景和物体中反映他们眼中的世界。

（二）问题

一些自主游戏中会出现这样的情况——幼儿没有给予自己一个角色的定位，以致游戏无法正常有序地开展。对此，我总结了以下几点原因：

（1）幼儿年龄特点。表现为凡事以自我为中心，不会也不知道换位思考。

（2）幼儿游戏经验不够。对于游戏的玩法或者游戏的情景设置不熟悉，需要教师给予进一步的语言指导以及游戏示范。

（3）幼儿经验不足。幼儿已有经验限制了他们的想象思维和创造力。

（4）幼儿的“对抗”意识。他们往往希望自己能够充当保卫他人的角色而无法将自己定位为其他角色。

二、教师的作用

（一）给幼儿充分的自主游戏的时间

教师可给予幼儿每天有适当的自主选择和自由活动的角色扮演时间。如狼羊扮演游戏中如果幼儿在平时的游戏活动中就接触过这个老狼头饰，那玩这个游戏的时候，就不会因为胆怯、畏惧而不敢参与游戏。所以，当幼儿不敢玩时就需要老师加以引导、鼓励，使孩子内心有所慰藉，从而不因为害怕又想玩而停滞不前了。

（二）给幼儿更多自主选择的机会

幼儿在活动中的表现是对自身情绪的一种发泄，他需要从游戏中做他在平时不能实现的行为举动，而教师可以给予孩子更多自主选择的机会。有了可以自由自主选择的机会，在集体游戏中他们就会积极自主参与，同时也会正确看待自己所扮演的角色。

三、教师角色的定位

（一）与时俱进

游戏是幼儿发展的需要，我们要根据幼儿已有经验和生活中熟悉的事情设计游戏，以便于幼儿自主有效地参与到游戏中，从而真正实现了幼儿在自主游戏选择游戏角色的自主"定位"

（二）自主发展

在今后的游戏活动中，为了幼儿能够健康、有序地参与到自主游戏中，教师必须自主学习、自主发展，尽可能使游戏内容生活化、趣味化、新颖化。在平时的游戏过程中，教师就应注重培养幼儿自主游戏的兴趣与习惯，提高幼儿自主游戏中自主定位和角色扮演的能力。由此幼儿才会积极主动地参与到自主游戏中，从而真正实现幼儿在自主游戏中的自主定位!

【参考文献】

[1] 袁爱玲，何秀英 . 幼儿园教育活动指导策略 [M]. 北京：北京师范大学出版社，2007.

[2] 教育部基础教育司 .《幼儿园教育指导纲要（试行）》解读 [M]. 南京：江苏教育出版社，2002.

[3] 李季湄，冯晓霞 .《3—6 岁儿童学习与发展指南》解读 [M]. 北京：人民教育出版社，2013.

[4] 蔡春美，洪福财，等 . 幼儿行为观察与记录 [M]. 上海：华东师范大学出版社，2013.

[5] 刘森 . 儿童游戏通论 [M]. 北京：北京师范大学出版社，2004.

15. 游戏《玩转塑料瓶》"复盘"环节的反思

黄冈市黄州区赤壁实验幼儿园　张芬、陈鑫林

【摘要】在幼儿园自主游戏中，"复盘"环节是指对游戏过程进行回顾、总结和反思的一个环节，是自主游戏重要的组成部分。它不仅能够帮助幼儿更好地理解游戏，提高游戏水平，还能提升教师的指导效果，提升教育质量。本文将从游戏中存在的问题、复盘环节的重要性、实施方法以及对复盘环节的思考与展望等方面进行探讨。

【关键词】**自主游戏；“复盘”环节；反思**

一、游戏中复盘环节存在的问题

（一）时间安排问题

“复盘”环节需要一定的时间和空间，但是教学进度等原因导致时间安排不够合理，影响了“复盘”的效果。

（二）幼儿参与度问题

有些幼儿因为性格、能力等原因不愿意参与“复盘”环节，这需要教师引导和鼓励他们积极参与。

（三）教师指导问题

部分教师过于强调自己的指导作用，而忽略了幼儿的主体性和自主性。

二、复盘环节的重要性

（一）加深对游戏规则的理解

在自主游戏中，幼儿需要遵守一定的规则来保证游戏的顺利进行。通过“复盘”环节，教师引导幼儿回顾游戏过程，帮助他们理解规则的内涵和重要性，从而避免类似错误的发生。

（二）提升幼儿的反思能力

“复盘”环节不仅是教师对幼儿的表现进行点评的过程，更是引导幼儿进行自我反思的重要机会。通过“复盘”，教师可以鼓励幼儿对自己的行为进行思考和评价，发现自己的优点和不足，从而培养他们的反思能力和自我评价能力。

（三）促进幼儿的社交能力发展

自主游戏中往往涉及与其他幼儿互动和合作的过程。通过“复盘”环节，教师可以引导幼儿回顾自己在游戏中的表现，帮助他们理解自己在社交中的优点和不足，从而有针对性地提升自己的社交技能。

（四）增强幼儿的自信心

在“复盘”环节中，教师可以通过肯定幼儿的努力和进步，鼓励他们勇敢地表达自己的想法和感受，从而增强幼儿的自信心。同时，教师还可以通过引导幼儿发现自己的优点和潜力，激发他们的学习兴趣和动力。

三、复盘环节的实施方法

（一）确定“复盘”的时间和地点

教师需要根据幼儿的年龄、游戏内容和时间等因素来确定“复盘”的时间和地点。通常情况下，“复盘”环节在游戏结束后立即进行，地点可以选择在室内或室外。

（二）引导幼儿参与“复盘”

教师需要引导幼儿积极参与“复盘”环节，鼓励幼儿表达自己的想法和感受，提出问题和建议。同时，教师也需要对幼儿的发言进行回应和反馈，给予积极的评价和支持。

（三）采用多种方式进行“复盘”

教师需要根据不同的游戏内容和幼儿的需求采用不同的方式进行“复盘”。例如，可以采用角色扮演、模拟游戏、讲故事等方式进行“复盘”，帮助幼儿更好地理解和掌握游戏中的知识和技能。

（四）关注幼儿的情感体验

在“复盘”环节中，教师需要关注幼儿的情感体验，尊重幼儿的感受和意见。同时，教师也需要对幼儿进行情感教育和情感疏导，帮助幼儿建立积极的情感态度和价值观。

（五）引导幼儿进行反思和总结

在“复盘”环节中，教师需要引导幼儿对游戏过程进行反思和总结，帮助幼儿发现自己的问题和不足之处并加以改进。同时，教师也需要鼓励幼儿分享自己的成功经验和好的做法，促进幼儿之间的相互学习和交流。

四、对“复盘”环节的思考与展望

（一）深入挖掘“复盘”环节的价值

“复盘”环节对于提高幼儿游戏水平和促进幼儿发展具有重要意义。未来可以进一步挖掘其价值，例如通过复盘环节培养幼儿的批判性思维、创新能力和团队协作能力等。

（二）创新“复盘”环节的形式和内容

可以根据幼儿的兴趣和需求，创新“复盘”环节的形式和内容。例如，可以采用角色扮演、情景模拟等方式进行“复盘”，让幼儿更加深入地理解和体验游戏过程。同时也可以结合其他领域的知识和技能进行“复盘”。

（三）加强教师培训和提高教师专业素养

为了更好地“复盘”，需要加强教师的培训，提高其专业素养。可以通过组织专题培训、观摩学习等方式，让教师了解和学习“复盘”环节的实施方法和技巧。同时也可以鼓励教师不断学习和探索新的教育理念和方法，提高自身的专业素养和教育能力。

（四）建立家园合作机制

幼儿园可以通过与家长共同建立家园合作机制，让家长更加了解幼儿园的教育理念和方法。同时也可以邀请家长参与幼儿的“复盘”过程，共同关注和促进幼儿的发展。这样可以更好地发挥家园共育的作用，为幼儿提供更加全面和优质的教育服务。

“复盘”环节是幼儿园自主游戏中一个重要的组成部分。它不仅能够提高游戏质量、促进幼儿发展、增强教师指导效果，还能够培养幼儿的批判性思维、创新能力和团队协作能力等。未来我们还需要进一步开展挖掘其价值、创新其形式和内容、加强教师培训和提高教师专业素养以及建立家园合作机制等方面的工作。

16. 如何有效地引导幼儿参与足球自主游戏

红安县城南幼儿园　彭菁菁、罗雨琴

【摘要】自主游戏是幼儿积极主动地自由选择、自主开展、自发交流的活动过程，对幼儿的社会性发展、认知发展、语言发展等都有着重要的促进作用。在自主游戏活动中，教师应关注幼儿，把游戏还给幼儿，提供多元化的支持，实现在体验中探索、引导中推动，让孩子真游戏、真学习、真发展。

【关键词】足球；自主游戏；有效引导

2021年红安县城南幼儿园被评定为“全国足球特色幼儿园”，在此背景下我园开展了“基于儿童视角的幼儿园足球游戏实践与研究”的课题研究，并逐步形成园本课程。通过以球育德、以球健体、以球促智，促进幼儿身体机能的发展，培养幼儿坚持不懈、积极向上的个性品质，提高幼儿的团队合作、交往能力，培养幼儿的规则意识。对于如何有效地引导幼儿参与足球自主游戏，我们一直在探索。

一、创设开放的游戏环境，激发幼儿的参与兴趣

（一）创设足球特色环境

幼儿园活动场地中设有三个标准的足球场，在操场周围粘贴了许多足球人物造型；各楼层转弯处张贴了适合不同年龄段的足球游戏玩法介绍，二楼文化长廊将每学期开展的足球嘉年华、足球创意手工作品、赛场上的足球小将、各班足球小明星等等一些风采照片张

贴在宣传栏上，形成了富有特色的、浓厚的足球文化氛围。

（二）提供多元游戏材料

教师在本班创设关于足球的各式各样的区角，语言区有足球明星与文化、美工区有各种各样的足球队服、益智区有足球走棋盘等等，摆设了各种足球造型人像，鼓励幼儿制作多样的足球手工作品。有的班级还成立了“小虎足球队”，设计了特有的标识，把队标设置到各处，可爱的小老虎像天真可爱的孩子，潇洒的姿势像虎虎生风的赛场风姿，整个标志体现了球队积极向上的精神与活力。公共区也投放了大量的足球和各种可操作性的体育器械等等……教师采用不同大小的球门，五颜六色的单元格、标志筒，各式各样的足球辅助器材来激发幼儿参与的兴趣。

浓厚的足球特色氛围，为幼儿创设了一种温馨、轻松、和谐的生活学习氛围，不仅激发了幼儿的探索欲和求知欲，在不知不觉中也培养了幼儿对足球的兴趣，让幼儿了解到了一定的足球知识与技能，并自信、主动地参与到足球游戏活动中来。

二、适宜地引导与回应，支持自主游戏深入开展

在幼儿进行自主游戏时，教师需要适宜地引导与回应，对幼儿的游戏行为进行有效的观察，从“看、听、问、思、记”，多方面、多层次地观察与记录。

例如：大班的孩子们已经解锁了许多足球的新玩法，掌握了许多足球技能，慢慢地对足球的兴趣逐渐减弱。在发现孩子们对足球游戏不再那么感兴趣以后，教师召开了一次班级讨论会，通过讨论了解到孩子们不想踢足球的原因主要有两点：第一，外面太热了。第二，每次都是和自己班里的小朋友踢球，想和别的班级的小朋友比一比。针对孩子们的想法，教师提出疑问：如何和别的班级的小朋友比呢？大家激动地说起来，提出要挑选足球队员、要有队名、记分牌等等。最后，教师引导孩子们用思维导图的方式，将足球比赛的各项准备工作画出来。紧接着，孩子们分工合作，一部分小朋友自主设计挑战书，擅长踢足球的小朋友们组成足球队，一部分小朋友想队名，还有一些小朋友制作红黄牌。设计挑战书时，不会写字怎么办呢？他们想到，不会写字可以画出来。取队名时遇到问题，想了好几个名字，火焰战队、闪电战队、火箭战队……到底用哪一个好呢？教师引导孩子们通过投票的方式，选择了火箭战队这个队名。一切准备就绪，大一班与大二班的小朋友举行了一场酣畅淋漓的足球比赛。

在上述案例中，教师灵活运用了《幼儿园保育教育评估指标》的理念，发现和支持幼儿有意义地学习，采用小组或集体的形式讨论幼儿感兴趣的话题，鼓励幼儿表达自己的观点，提出问题并分析解决问题，丰富幼儿日常生活和游戏中的经验。在之后的过程中积极地与幼儿互动，让幼儿利用自己的兴趣和特长设计出了更有特色的足球比赛游戏。不仅发挥了幼儿的主动性，维护了幼儿的游戏积极性，也进一步促进了幼儿自主意识的发展。

三、巧妙的分享与评价，促进幼儿身心全面发展

游戏后的评价、分享是一个经验传递和积累的过程，也是个体经验的集体分享，是零散经验的梳理分享，更是典型事件的发散迁移。着不仅能帮助幼儿看到同伴在游戏中的精彩表现和创意，还能帮助幼儿思考、探索和积累更为丰富的经验。

（一）评价要有激励性

例如：在户外活动时，孩子们将民间游戏“齐心协力走”和足球相结合，两两一组，一前一后站立，夹着球往前走。前进的时候，由于幼儿的手不能碰触足球，足球经常掉下来。试了好几次都没办法将足球顺利送达终点，慢慢地大家都放弃了。教师看到这一现象后表扬了孩子们的创意，鼓励大家一起想办法，随后引导孩子们进行思考：导致球老是掉的原因是什么？什么办法可以让我们步调一致呢？这时有孩子说道，可以试试喊“一二一”的口号。教师连连称赞这是个好主意，让大家都来试试。慢慢地，大家逐渐掌握了这个方法玩得越来越熟练，还在这个基础上解锁了更多新的玩法。

（二）分享要有趣味性

例如：在自主游戏时，请孩子说一说自己设计的游戏内容、如何使用游戏材料、如何与同伴互动等，分享自己在游戏中的快乐和遇到的问题；比如开展“老师同伴一起夸一夸”，教师将游戏中发现的新亮点、新玩法、新经验等传递给孩子，孩子则学会了观察和欣赏他人游戏，也在潜移默化中学习、掌握了游戏规则，扩展了游戏思维等；而在游戏中的一些共性问题，则需要老师和孩子一起讨论以解决问题，从而帮助孩子们积累游戏经验。

因此，教师不仅要鼓励幼儿与同伴相互交流游戏的感受，还要引导他们积极探讨幼儿游戏中的共性问题。根据不同年龄阶段的特点，在尊重孩子、以孩子为主体的原则上，以多种形式开展游戏后的评价与分享，为之后游戏的深入开展提供有效支持。

【参考文献】

[1] 陈迎晓 . 幼儿自主游戏过程中教师的指导策略 [J]. 基础研究教育，2019（6）：91-92.

[2] 钟莹晶 . 在自主游戏中助推幼儿快乐成长——以本园大班户外游戏活动“小小消防员”为例 [J]. 亚太教育，2022（14）：26-28.

[3] 钟靖怡 . 大班区域自主游戏中教师与幼儿互动行为的研究 [J]. 幼儿教育，2021（18）：13-16.

17. 浅谈大班在自主游戏中实施有效师幼互动的策略研究

红安县永佳河镇镇直幼儿园　郭茜、鄢胜利、陶梦帆

【摘要】师幼互动是游戏活动中不可或缺的一部分，良好的师幼互动能够提高游戏活动的质量，促进幼儿的全面发展。因此，本研究旨在探讨大班幼儿自主游戏活动中师幼互动的策略。

【关键词】大班幼儿；自主游戏；师幼互动

一、大班幼儿自主游戏活动中师幼互动的现状

当前，在大班自主游戏的师幼互动中存在一些问题。首先，教师在游戏中的角色定位不明确，有时过度干预幼儿游戏，限制了幼儿的自主性。其次，师幼互动的内容单一，过于强调知识传授，忽视了情感交流和个性培养。最后，师幼互动的时机把握不当，有时在幼儿需要帮助时未能及时介入，错失了教育的良机，影响了幼儿的游戏体验。

二、大班幼儿自主游戏活动中师幼互动的策略

（一）明确教师角色定位

在大班自主游戏中，教师应定位为观察者、引导者和支持者，观察幼儿的游戏过程，了解他们的兴趣和需求，引导幼儿深入探索，增加游戏的多样性和层次性；同时为幼儿提供必要的材料和心理支持，让他们在游戏中自由探索和发现。

（二）丰富师幼互动内容

除了知识传授，教师还应注重与幼儿的情感交流和个性培养。在游戏中，教师可以结合教育目标，引导幼儿体验不同的情绪情感，培养他们的同理心和社交技能。此外，教师还可以通过鼓励幼儿尝试不同的角色和游戏方式，培养他们的创新思维和批判性思维。

（三）把握师幼互动时机

教师需要仔细观察幼儿的游戏过程，在适当的时机介入。当幼儿遇到困难无法解决时，教师应当给予一定的指导和帮助；当幼儿的游戏出现负面行为时，教师需要及时制止并引导他们正确的行为。同时，教师还需要注意自己的语言和非语言信号，以鼓励和支持幼儿为主。

（四）充分组织与引导游戏活动

教师在游戏活动中应充分组织和引导，确保游戏活动的有序进行。教师可以根据大班

幼儿的年龄特点和发展水平，制订合理的游戏规则和玩法，创设具有启发性和挑战性的游戏情境。同时，教师应注意观察幼儿的游戏过程，及时调整游戏材料和难度，以满足幼儿的发展需要。通过有效的组织和引导，教师可以提高游戏活动的质量，促进幼儿的认知、情感和社会性发展。

本研究通过深入探讨大班幼儿游戏活动中师幼互动的策略，提出了一些实用的建议。在未来的幼儿教育中，还需要加强教师的培训和教育，提高教师的专业素养，更新教师的教育理念，以便更好地促进幼儿的全面发展。同时，家长和社会也应该更加重视幼儿教育，为幼儿提供更好的教育环境和条件。通过全社会的共同努力，相信我们能够培养出更加优秀的下一代。以后我们也将继续关注师幼互动策略的有效性及其对幼儿发展的长期影响。

【参考文献】

[1] 姜德芬 . 幼儿园角色游戏中师幼互动存在的问题及策略研究 [J]. 当代音乐，2018（01）：57-59.

[2] 陈淑萍 . 建构良好师幼互动的策略 [J]. 学前教育研究，2011（10）：38-40.

[3] 邓瑞筠 . 自主游戏活动中的师幼互动现状研究 [J]. 文学教育（下），2020（08）：60-61.

[4] 徐海燕 . 幼儿自主游戏中师幼互动的现状与有效策略研究 [J]. 基础教育研究，2018（19）：87-88.

18. 在幼儿户外游戏活动中老师支持策略初探

红安县永佳河镇永河幼儿园　袁晓、鄢胜利

【摘要】《幼儿园保育教育质量评估指南》提出：通过不少于半日的连续自然观察，了解教师与幼儿互动情况，准确评价教师在推动儿童学习成长方面所付出的努力和提供的支持，全方位、中立、真实把握幼儿园教育的过程和质量。游戏作为幼儿园的主要活动，要依据幼儿身心成长的特点精心设计，教师需通过积极的观察以及时地互动和指导，推动幼儿的全面成长，培养幼儿的游戏精神，增进他们的体魄，同时提高教师独立创设游戏的技巧。

【关键词】**幼儿；户外游戏；支持策略**

户外游戏活动承载了推动幼儿全面发展、提升其基础素质的重大使命，无论是在促进孩子们身心健康成长、巧妙构思能力发展，还是沟通技巧的提升上，都扮演着至关重要的角色。因此，从事幼儿教育的工作者应致力营造一个自由而放松的游戏空间，激发孩子们的想象力与创新性，培养他们掌握分享、沟通与协作的技能，通过不断的互动交流，互相

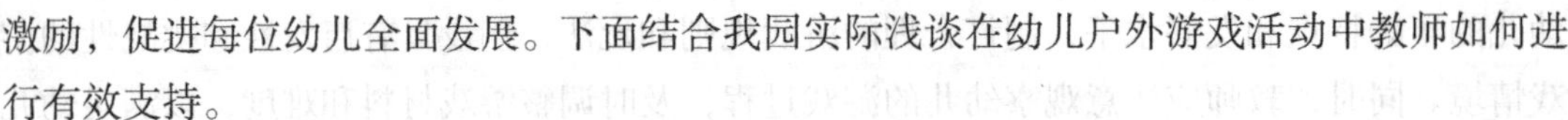

激励，促进每位幼儿全面发展。下面结合我园实际浅谈在幼儿户外游戏活动中教师如何进行有效支持。

一、创设合理游戏环境

《幼儿园保育教育质量评估指南》指出：应当精心营造适宜的环境，积极打造充满儿童乐趣、适合幼儿探索学习、对科学开展保教活动有益的教学氛围。首先，须确保孩童们有足够的游戏材料。这是游戏的基础，他们正是通过这些游戏材料在游戏过程中获得发展。不同的材料特性、用途不同，其选择需以幼儿能够操作使用为前提。在幼儿游戏的过程中，教师不宜过分设限，相反应当让他们自由玩耍，给予他们动手操作探索的空间，例如让他们随意将红、黄、蓝等颜料混入水中，自行探索颜色的神奇转变，制作各色饮料如“乐扣乐扣”“冰霜喷雾”“可乐”；或者任其将纸片撕成各种形状，这时我们会真切感受到，幼儿的想象力和创造力是多么惊人。

再者，所提供的游戏材料需及时更新，以此营造一个充满活力和创新性的游戏环境，不停地吸引儿童，激发其参与游戏的热情。

二、开展自主游戏活动

《幼儿园保育教育质量评估指南》要求：应积极安排各类活动并增进教师与幼儿之间的互动，幼儿园应坚持以游戏为基本活动，重视并理解幼儿，帮助他们在游戏中学习，并逐步提升教学的效果。某次，在室外的游戏中，孩子们都争着想要吹出彩色的肥皂泡，当这些缤纷的泡泡缓缓在天空中飘落时，他们都会兴奋地追逐，竞相伸手去捕捉，并高声欢呼：“老师，我抓住泡泡了！”他们乐此不疲，仿佛是一群重返自然怀抱的稚嫩雏鸟。我认为，这次户外游戏让幼儿在自然的怀抱里体验到了快乐的游戏时光。

（一）设计主题游戏

幼儿的好奇心和探索欲比较强，教师可以引导幼儿开展一些比较有趣的主题游戏，激发他们对富有趣味的主题游戏的积极性。如：幼儿喜欢进行一些比较有意义的故事性游戏，教师要可以在靠近墙壁或者小山坡的地方建立游戏区，在这个区域投放麻绳、木头和砖块等，让幼儿能够自主独立地建构自己喜欢的场景。在儿童进行游戏互动前，教育者可以先向他们介绍故事情境，并询问孩子们谁愿意扮演进攻者，谁偏好守卫者的角色。通过这项活动，孩子们能组建自己的小队伍，并相互配合，这不但有助于增强他们之间的协同作业能力，而且有助于从幼年起培养其集体主义精神，塑造孩子健全的价值观、人生观以及全球视野。

（二）开放的自主游戏

在给幼儿组织游戏的过程当中，教师要充分考虑到跟大自然有关的材料，比如树木、沙子、水管、绿草地等，教师要充分地运用这些在大自然当中就可以取得的材料，并且有目的地进行整合，让幼儿能够更好地与大自然和谐相处。要深刻地观察到幼儿对自然界中哪些东西比较感兴趣，及时进行材料的投放，要考虑每一个年龄段幼儿的发展，使他们能够更好地与其他伙伴交往。比如，教师可以给他们设立一个游戏情景，例如：有人在一片森林当中受伤了，其他小伙伴应该怎样把伤员抬到安全的地方？教师需提供一些自然材料，如木排哦、藤条，要引导幼儿学会利用自然当中的一些资源。

三、科学观察指导

《幼儿园保育教育质量评估指南》指出：以科学观察指导为重。通过至少持续半天的自然观察，深入了解教师同小朋友的互动情形，准确评估教师在推动儿童学习成长方面所付出的努力及提供的帮助，全方位、客观真实地把握幼儿园教育照料的过程与质量。对班级进行评价时，随机选取至少三分之一且包括不同年级的班级。仔细记录幼儿在各项活动中的行为表现，基于一定周期的持续观察，对幼儿的成长状况和需求作出公正全面的评价，给予切实有效的支持。并通过教师的主动观察与适时的反馈和指导，促进儿童全面发展。同时，培育孩子的游戏精神，增强其体质，并提高教师自主设计游戏的专业能力。

四、引导交流分享

《幼儿园保育教育质量评估指南》指出：教师应持有积极向上、快乐的心态，应通过亲和力强、引导性的举止及态度与幼儿进行互动，公正地看待每位幼儿，确保他们在日常活动期间能够安心且勇敢地展露自己的真实感受以及各式各样的看法。在游戏当中，不免会出现一些小的问题纠纷，教师要了解这个问题的根源在哪里，有效调节幼儿之间的矛盾。教师也要在幼儿想要进行其他游戏时，给他们科学的指导和支持，激发幼儿的活动兴趣。

【参考文献】

[1] 哈斯塔娜 . 幼儿自主游戏中的教师指导策略探讨 [J]. 求知导刊，2016（06）：125.

[2] 经光霞 . 彰显游戏自由 创设游戏精神——幼儿园自主性游戏指导策略的研究 [J]. 教育观察（中下旬刊），2014，3（17）：32-33.

[4] 北京师范大学教育系 . 北京崇文区光明幼儿园自选游戏课题组 幼儿园游戏指导 [M]. 北京：北京师范大学出版社，1996.

[5] 刘英 . 教师回应策略研究——基于师幼互动情境中 [D]. 兰州：西北师范大学，2008.

[6] 教育部印发《幼儿园保育教育质量评估指南》[J]. 儿童与健康，2022（03）：79.

19. 幼儿绳子游戏活动实践探索

黄州区东门学校附属幼儿园　操红玲、易佳

【摘要】真游戏是以“让游戏点亮儿童的生命”的一场幼儿教育改革。它强调把游戏的自主权还给幼儿，让幼儿在自主自由的真游戏过程中获得经验，达到自身最大的潜能。在我们幼儿园里，游戏是孩子的，孩子在游戏中学习和发展。本园将“以游戏为基本活动”从理念落实到行动，因地制宜，依托宝贵的自然资源，探索各种适应孩子需要的、能够激发孩子兴趣与能力的游戏材料与环境。

【关键词】**真游戏；绳子；实践探索**

跳绳是我国传统的民间体育游戏，深受孩子们的喜爱。将跳绳游戏和童谣巧妙结合在一起，很好地调动了孩子们的积极性，符合幼儿活泼好动的个性特点，锻炼了孩子身体的同时，也发展了幼儿的动作能力、智力，陶冶了幼儿的情操，是幼儿身心发展的重要途径之一。在我们生活中，绳子随处可见，有跳绳的绳、捆东西的绳、编网的绳、长绳、短绳，在幼儿的游戏材料中，也有很多是和绳子有关的，有跳绳的塑料绳、棉线绳、“抓尾巴”游戏用的纸绳、布绳、攀登架上的尼龙绳……仔细观察可以发现，绳子的变化也无处不在，一根绳摆弄一下可以形成各种形状，如三角形、圆形，可以用绳子拼成门和窗，可以用绳子编中国结 .....

如何引导孩子从认识各种绳子到了解各种绳子在生活中的用途，从而利用绳子来开展各种游戏呢？我们有意识地组织并开展了这次关于绳子的活动，让孩子张开好奇的眼睛，展开想象的翅膀，去认识和体验“绳”的用处。

一、游戏材料及开展符合幼儿的探索和尝试需求

本次活动开始的“小兔子”跳，体现出了孩子是天生的游戏家的本质，他们发挥自己想象力和创造力，将绳子摆弄成各种形状或者想象成各种工具来玩。跳绳游戏大大提升了幼儿的感知空间和动手能力，发展了幼儿协调能力、臂力等方面。教师们从跳绳时手的抓握位置、绳子的摆放位置、到跳绳动作进行了详细讲解与展示，并对幼儿跳绳时的错误进行了及时的引导纠正。随着幼儿对绳子玩法的多样化，游戏内容的不断丰富，孩子在探索的道路上有了更好的发展。

二、实践支持性策略，让活动顺利开展

在自主游戏活动过程中，我们采取的支持性策略主要有：给予幼儿宽松的游戏环境、

活动时间和空间。整个活动过程中，教师以组织者、引导者、参与者的身份出现，幼儿在自由探索的过程中更能学会如何观察、如何思考以及表达自己的想法。单跳，很多孩子都能基本掌握，自己完成。双人跳则更考验协调能力、合作能力。从一开始的失败，到在努力坚持下可以与伙伴进行双跳，在这一过程中孩子们收获了成功的愉悦。而多人跳中，孩子们从一开始的不知所措到找到规律并有节奏地跳起来，这一探索过程不仅锻炼了孩子的独立思考能力，还锻炼了孩子们的动作协调能力、团队协作能力等等，也让整个活动进入了更深层次。

三、进一步推进游戏层次，丰富活动内容

绳子是一种多样化的玩具，游戏区域里放置了很多的游戏材料，并不只是绳子。随着孩子们积累了丰富的游戏经验，可以选择各种材料来进行组合，游戏难度大大提高，更能发展幼儿的探索能力、团结合作能力、空间认知能力。在活动中孩子们感受到了游戏的快乐，能够主动积极地探索绳子的变化，传统的教学模式被打破，不再是以往的教师教，幼儿被动地学。也培养了幼儿的探索精神，让幼儿学会了探究的方法，体验了发现的乐趣。活动内容的组织应考虑幼儿的学习特点和认识规律，注重综合性、趣味性、活动性，寓教育于游戏之中。

四、游戏中创造宽松的氛围，有利于幼儿的创造性表达

在活动过程中教师营造了较为宽松的游戏氛围，鼓励幼儿自己探索游戏玩法。比如，教师为每个幼儿提供了一张草稿纸，幼儿不确定或有疑问时，可以自己先在草稿纸上涂鸦，也可以询问同伴，让同伴在草稿纸上进行示范，丰富自己的经验。再例如，教师引导幼儿讨论交流，让幼儿通过观察同伴各种各样的玩法，积极参与游戏并了解到绳子游戏的多样化，锻炼了幼儿的思维、激发了幼儿的想象力。孩子们在绳间跳跃，形成了一道别开生面的亮丽风景线。教师们与幼儿一起不断探索花样跳绳的魅力所在。

教育家陶行知说：“我们发现了孩子有创造力，认识了孩子有创造力，就必须进一步把孩子的创造力解放出来。”游戏是幼儿学习和成长的重要途径，观察孩子是教师专业成长的重要平台。从“有趣的绳子”这个案例中我们学到的是一种创新的理念，也就是学会观察、认识到观察的重要性。“把游戏还给孩子”，我们希望成为孩子最好的伙伴！

【参考文献】

[1] 董宝良 . 陶行知教育论著选 [M]. 北京：人民教育出版社，2015.

20. 浅谈自主游戏与晨间活动的融合

蕲春县第二幼儿园　陈双主

【摘要】我们应坚持“儿童为本”，尊重幼儿年龄特点和成长规律，注重幼儿发展的整体性和连续性，坚持保教结合，以游戏为基本活动，有效促进幼儿身心健康发展，通过园本游戏活动的开展让“游戏”活动落在实处。

【关键词】**自主游戏；晨间活动；融合**

游戏活动是指把游戏作为幼儿活动的基本形式贯穿到幼儿园教育的各方面、全过程中。教师在集体教育活动中引导幼儿在游戏中学习的同时，还应在日常生活、区域游戏、户外游戏等活动中设计大量幼儿喜爱的游戏。

在课程游戏化建设中，越来越多的幼教工作者在专业观察与反思中发现，我们日常组织的角色游戏存在着许多“伪游戏”成分，没有实现真正幼儿“自主”游戏，幼儿在教师的导演下，按预设模式进行着貌似快乐实则价值不大的游戏。我们对教学实践观察反思，分析了“伪游戏”的几个表现方面，并对改善“伪”游戏，实现“真”游戏提出了三个有效的模式，这对促进幼儿个性的自主发展有着重要的参考价值。

模式 1：晨间户外游戏。自主游戏是幼儿自主参与、伴有积极的情绪体验和角色扮演的活动。根据园所环境和实际情况创设情景和场地，把我园分为三个区域，规划每周 1、3、5 为大班晨间户外游戏活动时间，每周 2、4 为中班、小班晨间户外游戏活动时间。在开展游戏活动时教师提前带幼儿开展一系列的热身活动（可根据活动强弱和春、冬季进行相对应的热身）并介绍游戏活动规则，各班按园本计划选择区域和提供游戏材料，幼儿则自主选择所需游戏材料及怎样“玩”教师在这过程中主要作为“安全员”和观察记录者，对于个别能力较差的幼儿我们还扮演“引导者”角色。在游戏活动中以“幼儿”为主体，让幼儿展开想象把游戏活动变成自己的“乐园”和成长的沃土。游戏活动结束后，教师引导幼儿按类归还好游戏器材，并让幼儿谈谈今天游戏活动的收获和感想，巩固这次晨间户外游戏活动效果，使幼儿在认知和学习上得到有效的提高。

模式 2：有趣的大课间。游戏是对幼儿进行全面教育的主要形式，应根据幼儿的特点来组织游戏，应因地制宜为幼儿创设游戏条件，也应充分尊重幼儿对游戏活动的选择，根据幼儿的实际经验和兴趣在游戏过程中给予适当的指导和帮助，始终让幼儿保持愉快的情绪，促进幼儿能力的全面发展。为了让幼儿的大课间丰富多彩生动有趣，我园错峰开展每班一小时左右的大课间活动，以中班、小班、大班的顺序组织活动，各班组以园本计划为指导设计开展手语操＋足球操，操后开展游戏活动（如：构建、涂鸦、钻爬、平衡、跳跃、投掷、攀爬、骑行、沙水）。幼儿自主创设情景和玩法，“随意”选择自己喜欢的游戏材料进行游戏，通过讨论、协商、建议、沟通来创造自己的“小乐园”，在游戏中发现问题、解决问题。如：在“吊索平衡过桥”游戏活动中有些幼儿平衡能力较弱，所以产生“抗拒”心理，但另一方面“天性”驱使他们也想“玩”，这时教师就要“引导”幼儿，首先我们就要让幼儿去观察能力好的小朋友是怎样通过自己努力去玩游戏，在绳索晃动时怎样去控制身体平衡（也可以先让小朋友在平地上练习），在平地多次练习后再让幼儿上“吊索”，以幼儿为主，教师为辅，帮助幼儿完成这次活动，幼儿通过“吊桥”后的高兴，是我们难以用语言去描述的。幼儿自主游戏活动有利于增强动手动脑的能力，促进幼儿身体发展，以及感知能力、思维能力、语言能力、想象能力提高。

模式3：户外自主游戏活动。我园园本计划每日下午进行户外游戏活动，以中、大班为主，开放攀爬、滚筒、沙水、投掷、构建和钻爬区，让幼儿通过亲身体验和自主合作逐渐认识外界环境，认识到事情都是有前因后果的，并以不同的途径理解事物的内部联系。

为了促进幼儿健康成长，提高我园保教质量，真正将游戏活动融入一日常规，保证每班户外运动不少于2小时，根据孩子身心发展情况，结合我园实际，各班开展了不同融入的户外游戏活动如：班级游戏活动循环、户外游戏小循环、区域循环等并逐步将其形成一日常规。

通过以上三种模式把游戏活动贯穿到一日常规中，通过游戏活动，教师们感受到了孩子们的快乐，同时也看到了部分孩子由于缺乏锻炼而表现出的欠缺：比如缺乏探索的勇气，身体不协调等。透过孩子，反观自己的教学活动，教师们一定要摒弃原有的呆板、传统的活动模式，逐步将游戏活动、区域活动融入一日生活，充分发挥孩子们的主动性、创造性，促进幼儿身心的全面发展！

21. 传统文化与创新游戏理念在幼儿园教育中的融合与实践

黄梅县实验幼儿园下新二园区　郭玉婷

【摘要】幼儿教育是推动孩子全面发展的关键时期，传统文化和创新游戏理念在其中扮演着重要角色。将两者融合对于幼儿园教育意义重大，可以增强幼儿的文化认同感、自尊心，激发其学习兴趣，培养其独立思考和问题解决能力，拓展其视野，提升其对世界的理解和探索能力。

【关键词】**传统文化；创新游戏；融合与实践**

一、传统文化与创新游戏理念的融合

（一）传统文化和幼儿游戏之间存在着密切的联系

中国传统文化中的民间游戏、传统节日游戏等，都是幼儿游戏的重要组成部分。这些游戏不仅有着丰富的历史和文化内涵，也是幼儿学习、认知和社交的良好途径。传统文化也对幼儿游戏的开发、设计等具有重要的参考意义和启示。

民间游戏在中国传统文化中占据着非常重要的地位，它们是人们在生活中形成的一种特殊文化形态，承载了人们对于生活和社会的理解和思考。许多民间游戏看似简单，但是背后有着深厚的文化底蕴。让幼儿参与这些游戏，可以培养他们的认知能力、身体协调能力、社交技能和情感表达能力。

（二）创新游戏理念是提升幼儿游戏体验和教育效果的重要途径

游戏设计应考虑幼儿的发展水平和个体差异，并注重游戏的新颖性、创意性、多样性和教育性等方面因素。在游戏内容和形式上，可以通过多元化创新和基于实践和体验的创新，提升游戏的趣味性、参与度和教育效果。教师在游戏中的角色定位也需要创新，应作为幼儿的游戏伙伴、观察者和引导者，采用引导式、支持式、合作式和推动式等指导策略。同时，家园协同合作的创新模式可以促进家长和教师之间密切联系，共同参与幼儿游戏的过程，提供更加全面和优质的教育。

二、融合传统文化与创新游戏理念的实践

中国传统文化中有许多故事，这些故事既能够引导幼儿树立正确的价值观，又可以让幼儿在游戏中学习知识。当在幼儿游戏中融入传统文化元素时，还可以使用一些具体的手段来增加游戏的趣味性。比如，利用传统文化中的礼仪、节日等元素，设计具有创新性和趣味性的游戏任务；通过教唱古诗、跳传统舞蹈等方式，让幼儿更深入地了解传统文化，并从中感受到快乐和自豪。

三、融合传统文化与创新游戏理念的效果评价

（1）“安吉游戏”是安吉幼儿园游戏教育的简称，是程雪琴基于安吉县的学前教育环境，改革探索出的一种以“游戏教育”为主要形式的全新学前教育实践模式。安吉游戏以“探索真游戏，培养真儿童”为理念，成为幼儿户外建构游戏的典范，也推动了幼儿课程游戏化。在安吉游戏的指导下，幼儿的天性得以自由释放，个人潜能得到充分挖掘，学习品质得到有效培养。与此同时，“真游戏，真探索，真建构”的理念，对于教师观察和分析幼儿游戏行为的能力提出了全新要求。

（2）当实践安吉游戏理念时，教师需要通过深入、科学的游戏观察和分析提升自身的教育能力，观察幼儿的游戏行为，捕捉适宜的介入时机，以确保幼儿能够在游戏活动中

获得最大化的自主探索和成长体验。为此，教师可以采取各种途径，首先需要深刻理解幼儿发展规律，并以此为出发点，开展对幼儿游戏行为的观察和理解。其次，教师应根据幼儿的兴趣点和游戏偏好，合理选择和组织游戏材料及场景，并通过观察和记录幼儿反应，不断优化游戏计划和活动内容，以满足不同幼儿的个性化需求。最后，在户外游戏中，教师应以游戏活动为桥梁，以幼儿发展为中心，不断提升自身的观察和分析幼儿游戏行为的能力，从而更好地理解幼儿游戏的本质。因此，教师专业能力的提升是实现传统文化与创新游戏理念融合、成功实施安吉游戏的关键之一。

传统文化的融入可以丰富游戏内容，让幼儿在游戏中接触、体验和理解传统文化的内涵。例如，设计具有中国特色的游戏活动，可以使幼儿更好地了解传统文化，培养他们对民族传统文化的自豪感和归属感。而创新游戏理念的引入则能够激发幼儿的想象力和创造力。幼儿园游戏教育领域的发展方向是进一步推动传统文化与创新游戏理念的融合。通过不断探索和实践，开发更多富有创意和教育意义的游戏活动，以适应现代幼儿的需求和特点。同时，加强对教师的培训和促进其专业发展，提升他们的教育水平和游戏设计能力，努力打造一个充满创造力和乐趣的幼儿园游戏教育环境。

【参考文献】

[1] 周洁 . 大班角色游戏中有效推进幼儿游戏情节的策略运用 [J]. 新教育，2023（S2）：228-229.

[2] 张颖君 . 安吉游戏理念下幼儿教师观察与分析能力的提升 [J]. 甘肃教育，2023（17）：125-128.

[3] 韩凤凤 . 基于传统文化对幼儿游戏的创新策略 [J]. 考试周刊，2023（33）：161-166.

22. 从儿童视角看幼儿园游戏活动的创新与实践

团风县实验幼儿园　陶金

【摘要】本文从儿童的视角出发，深入探讨幼儿园游戏活动的创新与实践。通过日常对幼儿游戏活动的指导实践，结合理论知识与实际经验，对自身的教育行为进行反思，以期提升教育方法的适宜性。文章内容涵盖游戏案例的记录、游戏故事的分享，以及幼儿游戏的支持回应策略的分析等方面，旨在为教育工作者提供有益的经验与启示。

【关键词】**儿童视角；游戏活动；创新与实践**

在幼儿园中，游戏活动发挥着培养儿童创造力、社交能力和认知能力的重要作用。随着教育理念的不断演进，越来越多的学者强调，从儿童视角出发，通过游戏活动的创新与

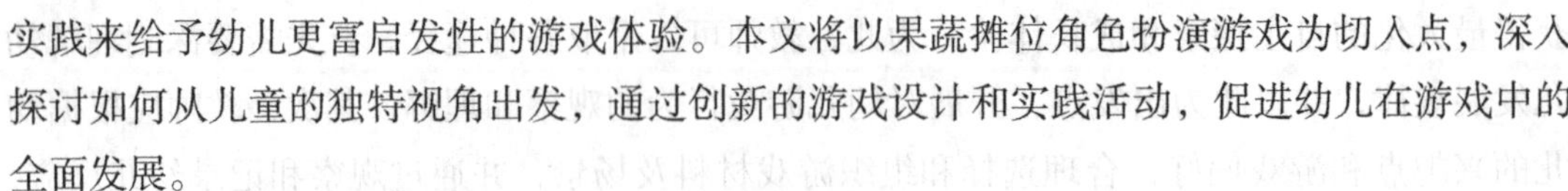

实践来给予幼儿更富启发性的游戏体验。本文将以果蔬摊位角色扮演游戏为切入点，深入探讨如何从儿童的独特视角出发，通过创新的游戏设计和实践活动，促进幼儿在游戏中的全面发展。

一、开展果蔬摊位角色扮演游戏的背景

随着社会的不断发展和教育理念的更新，幼儿园教育越来越注重以儿童为中心的学习体验。在这一背景下，富有创意和互动性的游戏活动被视为促进幼儿全面发展的有效途径，果蔬摊位角色扮演游戏应运而生，为幼儿创造了一个生动有趣、充满学习机会的虚拟市场场景。在当今社会，食品安全逐渐受到重视，人们对于健康饮食和食品来源的关注度不断提高。这使得培养幼儿对水果和蔬菜的认知成为学前教育中的重要一环。通过模拟市场的方式，让幼儿通过角色扮演亲身体验购物的过程，有助于激发幼儿对食物的兴趣，提高其对水果蔬菜的认知，同时使之在游戏中自然地获得健康饮食的启示。果蔬摊位角色扮演游戏的设计基于“玩中学”的教育理念，幼儿通过参与角色扮演，能够在愉快的氛围中学习，体验真实生活中的情境，逐渐形成社交能力和合作意识。这样的游戏活动旨在激发幼儿学习的主动性，通过亲身参与的方式，使幼儿更好地理解周围的世界。

二、果蔬摊位角色扮演游戏的过程

（一）游戏准备

（1）在教室或操场设置一个小型市场区域，摆放桌子和椅子，每张桌子代表一个果蔬摊位。

（2）准备各种水果和蔬菜的模型或图片，并放置在摊位上。

（3）准备模拟的货币，如彩色纸币或塑料硬币，用于模拟购物过程。

（二）游戏过程

孩子们进入到市场区域，教师简要介绍市场的概念，以及摊位上的水果和蔬菜。孩子们通过商量分为买家和卖家两组。买家在市场中自由选择水果和蔬菜，卖家向买家介绍摊位上水果和蔬菜的特点和营养价值。买家向卖家询价，然后使用模拟货币进行购物。

三、幼儿教师指导幼儿游戏的支持回应策略

（一）观察和了解幼儿

在幼儿园教学中，观察和了解幼儿是一项至关重要的支持回应策略，尤其在游戏活动中更加不可或缺。从儿童视角看，这一策略不仅为教师提供了深入了解每个孩子的机会，也为儿童在游戏中的参与和发展提供了关键支持。教师通过定期观察，用心记录每个

幼儿在游戏活动中的表现，着重关注幼儿的兴趣点、玩耍方式和喜好。这不仅有助于建立每个幼儿的个体档案，更为儿童的个性化学习提供了有力依据。例如，在果蔬摊位角色扮演游戏中，教师可以通过观察幼儿对不同水果蔬菜的选择、交流方式和互动反应，更好地了解幼儿在这个虚拟市场中的喜好和社交技能。在观察过程中，教师需要保持灵活性，采用多样的观察方式，以深入了解儿童的多方面表现。正式观察、自然观察和小组观察等方法相互结合，能够让教师能够从不同的角度看待儿童的参与和互动，更全面地把握幼儿的特点。

（二）使用积极的语言鼓励

使用积极的语言鼓励是在从儿童视角看幼儿园游戏活动的创新与实践中，极为重要且有效的支持回应策略。这种策略不仅能够激发儿童的兴趣，还有助于培养幼儿的自信心和积极的学习态度。在游戏活动中，教师使用积极的语言鼓励，将关注点放在儿童的努力、创意和成就上。当儿童在果蔬摊位角色扮演游戏中独立思考或合作互动时，教师可以及时赞赏："太棒了！你们组合得很好，一起完成了这个任务。"这样的语言鼓励不仅让儿童感受到了被认可和肯定，也激发了幼儿在游戏中继续付出努力的动力。从儿童的视角看，积极的语言鼓励能够营造积极向上的氛围。当教师用鼓励性的语言表达对儿童的信任和期待时，儿童会感到自己在游戏中是受欢迎的、被重视的。这种积极的体验将使幼儿更愿意参与游戏、分享想法，并敢于尝试新事物。

（三）建立合作和分享观念

建立合作和分享观念是游戏活动中至关重要的支持回应策略。促使儿童在游戏中建立合作关系和分享经验，有助于培养幼儿的团队协作精神。在果蔬摊位角色扮演游戏中，教师可以巧妙设计小组活动，要求儿童共同制订销售策略、分工合作，从而促进他们彼此间的协作与互助。一组儿童负责设计招牌，另一组负责销售，通过协同努力，孩子们能够共同完成任务，体验到团队合作的成就感。教师在游戏中强调合作的重要性，通过激发儿童的团队协作精神，让幼儿体验到分享成功的喜悦。同时，通过分享角色任务，教师培养了幼儿尊重和互助的价值观，使幼儿学会了在困难时互相支持，为其全面发展奠定了坚实基础。

从儿童视角看幼儿园游戏活动的创新与实践，可以深刻认识到游戏是幼儿快乐学习的天地。通过与教师的互动和引导，幼儿在游戏中发现了自己的兴趣、潜能和团队协作的乐趣。游戏活动不仅仅是课堂中的一种形式，更是幼儿思考、发现和成长的舞台。在果蔬摊位角色扮演游戏中，幼儿体验到了成功背后团队合作的力量。教师用积极的语言鼓励幼儿，让幼儿感受到在学习中的每一步都值得被认可，这让幼儿更有信心尝试新的挑战。

23. 打造金桥文化，探寻自主游戏

湖北省麻城市第三幼儿园　唐义娟

【摘要】麻城市第三幼儿园教联体共有开发区、木子店、张家畈等四个园区九所幼儿园。在麻城市教育局的领导下，我们全面贯彻党的教育方针，遵循幼儿身心发展规律，尊重幼儿个体差异，以游戏为基本活动，坚持“科学、规范、优质”的办园方向，不断探索园本特色，努力促进教联体各项管理水平和保教质量整体提升。

【关键词】金桥文化；自主游戏；探寻

一、文化引领，铺设教联体协同发展的“高速桥”

黄金桥经济开发区境内有两座高铁站，是麻城“交通新城”的形象代表。基于我们教联体的园所地理分布跨度大和中心园地处黄金桥的实际，我们把“桥文化”建设作为园所发展和课程改革的切入点，秉承“坚强、联通、宽容、跨越、科学、奉献”的桥梁精神，充分发挥“桥”的纽带作用，积极连接外部资源，加强内部沟通，促进教联体和谐发展、合作共赢。

（一）能力提升，研训一体促成长

一是积极整合资源，牵线搭桥，为教师提供更多培训学习的平台。二是研训一体促进教师成长，创设使教师获得幸福感的“心田式”教研。

围绕《“桥”见美好》主题开展园本课程探索。亮相课、汇报课，观摩研讨课，每节课主讲教师要进行说课、反思，备课组教师一起研讨，在讨论中出现了很多真实而开放的问题，教师们的儿童观、教育观得到革新，通过这种案例式教研有效促进教师专业化成长。

（二）数字赋能，教联体协同发展

管理数字化。改善了幼儿园的信息化设备，使我们的各项工作畅通无阻。信息技术与教育教学深度融合，教育教研数字化，城乡教师的研讨活动在云上进行。教师研训跨越时空，实现了同频共振、共同发展。评价数字化，利用视频观察，注重过程评估，进行数字分析。

（三）共建共享，实现多元化联动

举行了“携手金桥，相伴成长”四园同庆的开学典礼、“运动悦童心，陪伴向未来”亲子运动会、“萌芽初长成，汇报展风采”期末班级开放日等四园联动系列活动，架起了家园沟通桥、师幼爱心桥、园所联通桥，具有浓郁的仪式感，深受孩子和家长的喜欢。

二、自主游戏，架设幼儿快乐成长的“彩虹桥”

“让游戏点亮幼儿的生命”，我园一直鼓励教师开展自主游戏活动，在滚筒区进行了尝试和探索，教师们欣喜地发现了从教幼儿玩到放手让幼儿自主探索怎么玩，孩子的能力超乎我们想象，孩子的进步让教师欣喜和意外。因地制宜创设了彩虹攀爬区，其深受孩子和老师的喜欢。运用微视频对幼儿自主游戏进行了有效观察，看见儿童转变儿童观，理解儿童转变教育观，支持儿童改变课程观，师幼共同成长。

根据教联体地域特色，探索中华传统文化和民间游戏的传承和创新。木子店园区开展了打糍粑、制作老米酒的食育课程，张家畈园区开展了舞龙、跳皮筋、竹竿舞、丢手绢等传统民间游戏。自主游戏保护了孩子的天性，尊重了孩子的个性，促进每个幼儿全面个性化发展。

三、课程研发，搭建园所特色发展的“立交桥”

（一）生活课程为幼儿搭建了“成长桥”

各班根据幼儿年龄特征让幼儿逐步养成自我服务的良好习惯。在幼儿园里设立：“文明小天使”“小小广播员”“小小值日生”“小小接车员”等角色让幼儿在自我服务的基础上逐步服务他人，树立主人翁意识，体验成为幼儿园小主人的成就感。

（二）运动课程为孩子搭建了“健康桥”

每天早晨全园进行体能大循环，中午进行徒手操、器械操，下午分班级进行篮球、足球、传统民间游戏、特色游戏等运动课程。充分利用我园丰富多样的体育活动器械和开阔的场地，让孩子利用多样的体能器材进行一物多玩，锻炼多样的走、跑、跳、攀爬、跳跃、钻、躲闪、平衡等能力，促进每位幼儿全面而富有个性地发展。

（三）基础课程为孩子搭建了“智慧桥”

强调让幼儿通过探索获得各类知识经验，满足其身心成长的多种需求。确定周主题、周重点。进行环境创设和家园共育，教师跟随幼儿兴趣进行规划和调整。一周一重点，一周一小结，各组的一周工作小结精彩纷呈。

（四）园本课程为孩子搭建了“特色桥”

打造桥文化的环境和区域。园内有桥文化长廊、欢乐剧场、生态园、建构区、沙水湾，种植区、养殖区、骑行区；班级有金桥面馆、金桥理发店、小小桥梁设计师等区域，让幼儿在多种体验中感受和理解桥文化内涵。教学楼以“寻桥之旅”“桥的故事我来讲”“我设计的桥”等多种形式进行了桥文化的表达。我们幼儿园围绕“桥”文化在各班开展了班本课程，除了识桥、搭桥、画桥，还有心灵的“桥梁”、友谊的“桥梁”、合作的“桥梁”……

在观看了绘本故事《桥》后，孩子们懂得了要宽容、乐观地面对世界、处理问题，感受到沟通与合作的重要性，知道了桥还有着沟通的内涵，明白了产生矛盾时要好好沟通的道理，感受到与同伴友好沟通的快乐！

24. 民间游戏在幼儿园游戏活动中的实践与思考

英山县县直机关幼儿园　胡晓宇

【摘要】民间游戏作为传统文化的重要组成部分，承载着劳动人民的智慧。在民间游戏过程中不仅能传承民族文化，还能感受民族传统文化与日常生活的亲密衔接，孩子们玩耍时模仿现实生活中的人物的模仿，形成对国家的认同，以及民族感情。因此，幼儿园游戏中融入民间游戏是必要的。本文就民间游戏在幼儿园游戏活动中的优化运用展开讨论，让民间游戏更好地融入幼儿户外自主游戏之中。

【关键词】**民间游戏；幼儿游戏；幼儿教育**

一、民间游戏在幼儿园游戏应用的必要性

当前，儿童玩具日益多样，电子产品也趋于多元化，幼儿很容易被这些新兴的物品所吸引。同时父母忙于工作，并没有足够的时间来和孩子一起玩耍，智能让他们玩这些电子产品。这使得他们沉迷于电子产品无法自拔，也使得这些幼儿很少接触到民间游戏。幼儿园内外都有大量的现代玩具，如塑料玩具、积木、大滑梯等，民间游戏在幼儿园活动中的应用非常少。民族文化在现代幼儿教育中的实际运用明显不足和缺乏。民间游戏承载着当地文化和民族文化底蕴，将民间游戏活动引入到幼儿教育中，不仅可以将优秀的民族文化传递给幼儿，而且有利于民族文化的传承和发展。

二、民间游戏在幼儿游戏中的应用现状

（一）教学中运用的游戏种类单一

通过对日常教学的观察发现，在幼儿园户外游戏中，民间游戏中的老鹰抓小鸡、跳房子、跳皮筋的应用较多，民间歌谣使用频率较低。总体来看，民间游戏使用内容不够丰富，而且使用频次也偏低。我们应挑选更多民间游戏融入幼儿园游戏和健康教育活动中，让幼儿了解更多的民间游戏形式和民族文化。

（二）日常游戏与民间游戏缺乏融合

根据我的观察，在幼儿园的日常游戏中，民间游戏没有有机地融入户外游戏体系，只

作为极少的教学活动。例如，在某次中班民间游戏活动《翻花绳》中，教师准备先用一段简单的传统故事引发孩子们的兴趣，然后开始游戏活动。但是在实际的教学过程中，孩子们对故事非常感兴趣，教师准备较少，所以只能开展游戏活动。此时的孩子们还沉浸在新鲜的故事中，并不能很好地展开游戏活动。所以，这次的游戏活动设计上是存在问题，该游戏也没能很好地发挥作用。该游戏的计划缺乏新颖性，活动阶段的设计也比较简单。无法引起幼儿的兴趣，游戏就无法实现其教育价值。由此来看，在幼儿园中对于民间游戏的运用还存在着一定的局限性。

（三）教学中组织设计民间游戏能力不足

我在对部分教师采访中发现，在开展民间游戏活动时，部分教师没有根据幼儿发展水平和需求改编游戏，很多老师由于没有创新的思路只能从别处复制。幼儿园老师的综合素质和能力的欠缺就体现了出来。同时，有的教师没有将民间游戏的规则向幼儿详细说明，因此孩子也不能在了解游戏规则的基础上创新游戏。在进行民间游戏时，有的教师只监督孩子们的安全，对游戏活动的内容进程上的引导不足。

三、幼儿园游戏活动中民间游戏的优化策略

（一）多方渠道收集民间游戏方案

在收集民间游戏的过程中，充分利用当地的一些资源，可以号召幼儿园、教师、家长和社区群众收集游戏，而且还可以利用媒体资源等收集游戏。幼儿园要了解民间游戏的教育价值，动员教师来发现和发展游戏，组织教师收集和记录他们所熟悉和玩过的民间游戏。幼儿教育中幼儿园和家长都有义务和责任，家长对民间游戏的理解是开展民间游戏活动的基础。在此基础上，邀请家长参与收集民间游戏，幼儿园可举办家长民间游戏座谈会，具体介绍民间游戏对幼儿发展的教育意义。民间游戏是历史和文化的产物，社区中的许多老年人对民间游戏有更多的了解。通过社区走访的方式，可以收集到更多的民间游戏。

（二）合理选择游戏内容

民间游戏内容的选择应以幼儿为中心，适应不同年龄段儿童的发展需要。活动内容的设计也应能引起幼儿的兴趣，并鼓励他们参加民间游戏。要把幼儿作为教育的主体，一切工作从幼儿出发，必须考虑他们的兴趣和爱好，选择孩子们喜欢的游戏。在选择民间游戏活动的内容时，要考虑当前时代的特点，摒弃历史遗留下来的不良因素。综合分析民间游戏在幼儿教育过程中的具体应用，结合现代游戏的特征，利用本土资源以及当地不同季节和节日来创新民间游戏。

（三）充分发挥教师的引导作用

教师的组织和指导能力很重要，教师在游戏过程中指导不足，会导致幼儿对游戏中失

去兴趣，从而阻碍孩子积极参与。因此，在户外民间游戏中，教师应该关注幼儿的表现，并多方面观察每个孩子的表现分析孩子作出相应行为的原因，并考虑到幼儿的发展和接受能力，在出现问题时应及时指导幼儿。教师的指导也应以幼儿为中心，考虑到不同幼儿之间的个体差异，提供有针对性的指导。

幼儿园日常活动中，游戏活动是非常重要的环节，也是促进幼儿身心健康成长的必要活动。民间游戏是具有地方特点，来源于我们的生活，具有一定的文化属性，可供幼儿园利用的宝贵教育资源。同时，民间游戏的应用，有利于将地区特色民间文化传授给幼儿，促进本土民间文化的传承与发展。

【参考文献】

[1] 尚娜．浅谈民间游戏的教育价值及挖掘意义 [J]. 天天爱科学（教育前沿），2023（12）：75-77.

[2] 沈艳凤．幼儿园民间游戏课程的开发 [J]. 学前教育研究，2023（12）：80-83.

[3] 杨海文．民间游戏融入幼儿园体育教学的路径探析 [J]. 体育世界，2023（10）：156-158.

[4] 林小惠．传统民间游戏助力幼儿园户外游戏的开展 [J]. 当代家庭教育，2023（17）：103-105.

[5] 焦春艳．民间游戏融入幼儿园健康教育研究 [J]. 求知导刊，2023（18）：122-124.

25. 对幼儿园户外建构游戏分享环节的几点思考

浠水县实验幼儿园　江育春

【摘要】在探索“安吉游戏”本土化的实践活动中，在建构游戏的分享环节中，教师出现了走流程、千篇一律地夸奖、逃避问题等行为。为改变这种现状，教师必须分组认真学习安吉精神、认真领悟并付诸实践，经过实践—反思—实践的长期过程，才能优化建构游戏的分享环节。

【关键词】**建构游戏；分享环节；思考**

游戏分享是幼儿自主游戏结束后与同伴和教师相互交流、补充和内化经验的活动环节，是游戏活动的重要组成部分。在我园实施的学习“安吉游戏”精神，探索“安吉游戏”本土化的实践活动中，教师在建构游戏的分享环节中，还有很多的困惑和不足。

一、幼儿园建构游戏分享环节存在的问题

案例一：主题建构游戏“我的祖国”结束后，师幼一起进行游戏分享。教师说：“今天小朋友们都搭建了非常棒的作品送给祖国妈妈，谁来分享一下搭建了什么？”小宇说：“我拼搭了‘中国’两个字。”“看，这就是小宇拼的‘中国’两个汉字，他不仅认识这两个汉字，还能用积木拼搭出来，真厉害！”教师边让小朋友们看照片边说。“你为什么要拼‘中国’这两个汉字呢？”教师又问道。“昨天我拼了这两个字，老师都说拼得好，叫我今天再拼这两个字。”小宇认真回答道。“还有谁再来说一说，你今天拼了什么？”教师继续问道。

问题分析：随着安吉游戏本土化活动的不断推进，教师逐渐认识到自主游戏的重要性，也能放手让幼儿进行游戏，比如前一天小宇就用积木拼搭了“中国”两个汉字，完全是他自主自发的行为。可是因为今天是观摩活动，教师就不能做到真正相信幼儿、放手游戏了，又习惯性地对幼儿的游戏作出“指指点点”的高控行为。

案例二：在建构游戏中，辉辉搭高楼，每次搭到第八层左右时，高楼便会轰然倒塌，无法搭得更高。针对这一现象，教师在游戏分享中和幼儿进行讨论：“谁有什么好办法能让楼房搭得更高？”朱铭说：“我们用一样的积木，每次对齐就不会倒了。”教师请朱铭给大家示范，他把上一层的积木放在下一层两块积木的正中间，教师说：“这个办法真好，你真聪明！”教师还出示楼房的图片，“你们来仔细看一看砖的位置，是不是和朱铭说的一样？”幼儿观察后，齐声回答：“是的！”教师接着说：“下次游戏时，你们可以用朱铭说的方法再试一试，看看能不能把楼房搭得更高。”

问题分析：在游戏分享中，教师能发现幼儿在建构技能中存在的积木摆放问题，并让幼儿进行观察、讨论，对幼儿提出“把上一层的积木放在下一层两块积木的正中间”的摆放方法让大家学习。还有积木与积木之间的距离、围墙转角的问题等，都没有涉及。如果教师提出“除了这种方法，还有别的方法吗”这种开放性的问题，对幼儿建构技能和游戏水平的提高会更有帮助。

二、对优化建构游戏分享环节的建议

（1）教师在建构游戏分享环节，可以以一对一或小组分享的形式展开。教师只观察了A（A组）幼儿，就与A（A组）幼儿进行分享，把自己的记录（照片、视频）给幼儿看，以开放性的问题引导幼儿回忆、讲述、反思自己游戏。例如：今天你做了什么游戏？是怎么做的？这个是什么？它有什么作用？教师可以尝试引导幼儿丰富自己的回答，再把自己观察到的、想到的与幼儿的回答进行一一比较，再分析、反思两者之间的差距。

（2）教师可以共同观察一个建构游戏案例，观察完后围绕“我观察到了什么”“幼儿学习了什么”“分享环节我这样进行”等话题进行讨论，分别说出自己的发现和观点，共同构思分享形式并用于实践，再讨论反思这种分享形式的优点和不足之处。

（3）教师可以根据幼儿的游戏，只选取一至两个关键问题让幼儿进行讨论分享，例

如：你发现了什么？你的新玩法是怎样的？为什么会出现这种情况？你觉得还有别的原因吗？今天游戏时你遇到了什么问题？你是怎么做的？解决了吗？谁还有更好的办法？教师有目的、有重点地引导幼儿对户外建构游戏进行交流分享，不仅有助于幼儿梳理游戏经验，还有助于幼儿间的相互学习与借鉴，拓展幼儿的思维，对提升幼儿游戏水平具有重要意义。

安吉游戏本土化实践活动，不是一周、一个月、一个学期能完成的，也不是园所部分教师能完成的，必须全园从上至下每个人认真学习安吉精神、认真领悟并付诸实践，要经过一个漫长的实践—反思—实践的过程，并长期坚持才会有成效。

26. 支持幼儿在建构游戏中深度学习的策略——以大班建构游戏“青云塔”为例

黄冈市黄州区幼儿园　王谦

【摘要】幼儿园建构游戏中，教师如何满足幼儿需求？如何让建构游戏成为幼儿真正玩起来的真游戏？本文以大班积木建构游戏“青云塔”为例，探索建构游戏的生发店点，探讨教师如何适时支持幼儿在游戏中的深度学习，及探索建构游戏的有效指导策略。

【关键词】自主游戏；深度学习；策略

黄州青云塔矗立在黄冈市宝塔公园的钵盂峰上，又名南塔、文峰塔、俗称宝塔，因高入青云而得名。它与鄂州西山隔江相望，是古城黄冈的一大名胜。

本学期以幼儿视角下的建构游戏探究为切入点，对“青云塔”这一资源从幼儿可探究（问题）、可感知（方法）、可创造（游戏）的角度进行了审议，开发了寻访、观察、写生、建构等教育活动。

对大班幼儿来说，“青云塔”建构游戏有哪些生发点？幼儿会碰到哪些困难，最关键的问题是什么？教师在鼓励幼儿自已解决问题的过程中，应该怎样支持幼儿跨越学习的难点呢？

一、印象中的青云塔

教师和幼儿围绕“青云塔”的形态、结构进行谈话交流，回忆已有经验。如宝塔是什么样的？跟房子有哪里不一样？

谈话之后，孩子们画出了自己心中的宝塔。

从孩子们画的“青云塔”中我们看到，幼儿对宝塔有一定的印象，有塔尖、塔身、多层等特点。但是不难看出，幼儿画的宝塔层数、形状各不相同，尤其是每一层的翘角飞檐这一特征几乎没有幼儿关注到。

二、实地考察青云塔

在了解幼儿已有经验的基础上，我设计了一张调查表。具体包含以下六个问题。

（1）我见到、调查的塔是（名称、几层、几面、什么材质？）

（2）宝塔有哪些组成部分？

（3）我可以用哪些材料搭建宝塔？

（4）我的其他关于宝塔的问题？

（5）我和爸爸妈妈的调查结果：

（6）画一画美丽的宝塔。

三、教师的支持策略

宝塔是一种特殊的建筑样式，实地观察是幼儿主动学习、形成经验的重要途径。通过实地观察，幼儿感知到了宝塔的高大、层级、多面，采用了目测、触摸、比较等方法，并现场写生为搭建宝塔做了充分的经验准备。从幼儿的作品来看，幼儿对宝塔的经验有明显改变。

（一）第一次搭建（宝塔造型初探）

2023 年 11 月 8 日上午 9：40，小小建造师们开工了，幼儿自发分组合作建构起心中的宝塔。他们选用中长型木块和小正方形木块搭宝塔的第一层，刚开始很顺利，用 4 块长方块做最下面的垫层，再用 4 块中长型木块搭第一层，就这样一边调整一边交替进行着，很顺利。等到了第五层，小建筑师们因身高问题无法再继续搭建。廖清诚说：“我们的宝塔已经很漂亮了！来给它做个尖尖吧！”柳嘉阳说：“可是太高了，宝塔尖怎么放上去呢？”殷浩然说：“把积木垫在脚底下就高一点！”于是小朋友们完成了宝塔的封顶，并高兴地邀请我来参观。我鼓励他们：“这是一座很漂亮的塔，可是它和青云塔像吗？”黄鑫邦说：“不太像，它没有尖尖的角”王元希说：“宝塔有七层，这座塔没有。”黄依宁说：“它也没有门呀，宝塔有好多门。”在幼儿进行讨论时，廖请诚小朋友将小三角形积木放在塔每一层的四周，远看颇有宝塔翘角的神韵。这是幼儿对于宝塔角的表征，虽然宝塔造型初建并不完美，我依然表扬了他们的探究精神。

幼儿的经验中的宝塔的特征让他们在游戏情境中发现了问题，并激发了幼儿搭建和改进的动力，幼儿通过交流，再一次回顾宝塔的特征，然后用三角形的积木表征了塔的翘角。幼儿不仅能自己发现问题，而且能想办法解决问题，这就是在情境中学习的优势。

（二）第二次搭建（解决八个面的问题）

2023 年 11 月 14 日上午 9：40，小建造师们又来到建构区搭建着他们作品——青云塔。

我观察到黄鑫邦、袁晞浚兄弟俩正在尝试用长方体积木搭建八个面的宝塔。他们的宝塔已经初见雏形，第一层底座已经搭好了。黄鑫邦拿来一块长木板放在上面，底座塌了，袁晞浚说："你的木板太长了！下面压塌了。"黄鑫邦说："是因为他们有的高有的矮，不稳定。"他们选择了一样长度的木板，再次进行尝试，这一次顺利搭到了第二层。于是他们复刻了底层的搭法，搭到第四层后，因为木板不够，他们选择了结束搭建。这一次所搭建的宝塔终于有了八个面的突破，但是因为幼儿身高原因，依然没有七层，并且没有表现出翘角和飞檐。

幼儿的问题：

虽然在日常生活中，幼儿去过宝塔，但是并没有从形态、结构等进行有目的的观察，所以幼儿对宝塔的认识是比较肤浅和模糊的。搭建宝塔活动，需要幼儿对宝塔的特征有足够的了解，否则会演变为教师导演下的搭建。

（三）第三次搭建

经过前几次搭建的铺垫，这次搭建我在网络上收集了其他小朋友关于塔的建构作品。小朋友们发现，原来可以利用的材料有很多，宝塔的八个面也可以用椅子和牛奶箱来完成底座。在搭建过程中，他们对底座的椅子如何去摆放，每一层该选择何种材料，进行反复尝试。其中在研究底层木板是否结实，该如何验证时，殷浩然说"坐一下就知道结不结实了。"在发现中间层选择错误材料，导致木板高度不一样时，柳嘉阳想出了增减彩杯数量来提升高度的好办法。

最后搭建的青云塔虽与真实的塔有所出入，但是"七层八面尖尖角"的特点幼儿基本表现出来了。

四、教师的反思

（一）深度学习，回顾为先

尊重幼儿的认知水平。幼儿搭建的"青云塔"，与实际的塔相比有许多不同，最显著的一点是幼儿搭建的"青云塔"是 4 面，而不是 8 面，也很难达到七层。幼儿自始至终都没有关注这一点，更没有提出改进的要求。教师应该尊重幼儿的认知水平，不再要求表现出七层八面的特点，以免幼儿的自主游戏变成教师的导演游戏。

（二）以"问"为引，探索作答

分析难点适当支持。搭建"青云塔"不是复制，而是用积木这一材料，表现"塔"的主要特征，是一件创造性"工作"，需要幼儿观察实物和图示，选用积木，有目的地组合。这一游戏难在哪里？教师观察中发现了层高和飞檐两个难点。解决层高的问题时用了比较、选择的方法，幼儿尝试在前，教师“提醒”在后，“提醒”幼儿对结果进行思考，得出经验。解决“尖尖角”的问题时，教师等待幼儿自己发现这一特征，然后引导幼儿使用不同的积木，放在不同的位置，产生不同的效果。教师应该关注幼儿游戏中的困难，通过适宜的指导引导幼儿在情境中解决问题，跨越学习难点。

（三）真实情境中主动建构塔的形态特征

教师带领幼儿到实地，并带着问题去观察，将跨越学习难点化作幼儿的感知、操作、体验活动，对幼儿认识塔的特征起到了支持和引导作用。在实际情境中，幼儿围着塔观察写生，全方位探究宝塔的形态特征，获得了塔的整体印象，为搭建做好了充分的准备。在后来的搭建中，幼儿借助自己经验对比，从中发现问题和解决问题，也说明实地观察是非常重要的。

（四）问题情境中主动调整搭建方法

我们知道，幼儿的学习与情境密不可分，搭建宝塔活动具有很强的情境性，问题也蕴含在搭建的情境之中，因此我们看到了幼儿的主动探究和智慧成长。宝塔不够高怎么办？幼儿选用低结构材料，即不同的积木，对搭建结果的观察调整，让幼儿发现了不同积木的建构效果不同，以及积木之间的大小厚薄可以转换。每一层都有飞檐，怎么搭？摆放位置一次次调整，积木一次次选择，幼儿的操作中伴有思维活动，其中最明显的是表征思维。

27. 基于幼儿户外自主游戏现状浅谈教师指导策略的适宜性

黄冈师范学院附属幼儿园　杨静

【摘要】随着幼儿园自主游戏课题的开展，幼儿户外自主游戏时间在幼儿一日活动中的占比逐渐增加，集体教育活动在慢慢弱化，研究幼儿游戏逐渐成为园本课程建设的主流。但在园所内，幼儿的“自主游戏”并非真的自主，教师的支持也并不适宜，园所的自主游戏还存在着教师指导套路化、游戏玩法单一、游戏材料利用率不高等问题，也启发着教师思考如何在遵循幼儿生长发展规律的同时运用适宜的教师指导策略，促进幼儿深度游戏，实现幼儿园真游戏的价值。

【关键词】**户外自主游戏；指导策略；适宜性**

一、户外自主游戏现状存在的问题

（一）游戏场所固定，教师指导套路化

通过多次统计发现，沙水区、积木区是教师们选择次数较多的游戏区域，因为沙子和积木对于幼儿来说，都是较容易塑形、建构的材料，幼儿很容易沉醉其中，打造出自己喜欢的造型、作品，赋予其意义。而教师只需要在游戏前讲述安全规则，在游戏后进行简单小结、评价，录制幼儿游戏过程的视频，就能展现出幼儿较为完整的游戏思考过程、操作过程，从侧面来体现教师指导策略的适宜性。

（二）游戏材料利用率不够，幼儿游戏表面化

通过教师们填写的《幼儿户外自主游戏水平整体性评价表》发现，幼儿园游戏材料重复利用率低，幼儿游戏未能深入进行。以骑车为例，如：小班大部分小朋友处在“我看到了车子，我骑上了车子”阶段；中班大部分小朋友处在“我骑车给你送快递，好了，你的快递到了！”阶段；大班小朋友处在“我还需要梅花桩、单元筒、跨栏，你快骑车帮我运过来”阶段。大部分幼儿游戏虽能达到自尊、自信、自立的基本标准，但仍囿于平时游戏的刻板模式，较难实现材料利用的高重复性、整合性。中大班极少数幼儿能够做到跳出单一，常见的游戏材料玩法，创造新的规则、玩法，但幼儿整体上深度游戏能力较弱，自主创新和实践能力、与材料环境互动的能力、运用完整的语言讲述并交流的能力、有目的地建构能力均有待提高。

（三）幼儿创意的捕捉不及时，教师指导策略不适宜

在开展户外自主游戏时，教师在观察特定幼儿时，余光也要留意其他幼儿，因为中途也会有其他状况出现，如：幼儿之间发生冲突、幼儿请求教师帮助等，同时这些状况也会让教师遗漏掉一些幼儿精彩的创意、想法，从而不能及时进行适宜指导。而老师们在开展户外自主游戏活动过程中属于是摸着石头过河，对于“何时提供支持”“何时视而不见”，不同的游戏背景下，教师们也要作出相应调整。对于刚开始接触自主游戏活动的教师来说，采用适宜的指导策略仍是不小的挑战。

二、开展户外自主游戏的优化措施

（一）立足幼儿游戏实际情况，动态指导幼儿游戏

教师指导策略是解决问题的动态指导过程，是结合了游戏目标、过程、意义等各方面的连贯有序的动态过程。教师指导套路化是因为没有根据幼儿实际游戏情况进行针对性指导，教师在游戏前要立足幼儿游戏的目的性、互动性、留白性、反思性等四个维度，为幼儿游戏指导做好各方面经验积累，幼儿游戏时才能从多角度给予动态指导，推动幼儿进行深度游戏。

（二）增强游戏材料利用率，丰富幼儿游戏经验

创新的基础是模仿，而后才能超越。只有前期游戏经验积累到一定程度，幼儿才能在原有基础上进行创新、创造。

在幼儿日常进行户外自主游戏活动前，教师可以运用榜样示范、绘画表征、视频回放、故事讲述、小组评述等方式，让幼儿迁移相关的间接经验，潜移默化地影响幼儿游戏思维，在一日活动环节中渗透相关经验，刺激幼儿对于游戏规则的再造和游戏材料玩法的挖掘。

在幼儿进行户外自主游戏活动时，教师应适时介入、干预，创设情景或问题，启发幼儿思考游戏材料的特性，再根据材料特点发散思维，最大限度利用游戏材料，最终实现畅玩材料的目的。

（三）恰当运用教育机智，发挥教师的功能性作用

马克斯·范梅南在《教学机智——教育智慧的意蕴》一书中提到有时“机智表现为克制”，有时“机智表现为尊重孩子的主体性”，有时“机智表现为临场的天赋”。

幼儿进行游戏时，会展现出天马行空的想象力，有的时候教师需要克制住自己的干预欲望，给予幼儿创作空间。而有的时候，教师需要细心观察，发现幼儿的与众不同之处，尊重幼儿的独特性和差异性，发挥幼儿的最大优势。而教师对教育机智的恰当运用，会产生意想不到的效果。想要最大限度发挥教师的指导作用，体现教育机智的价值，需要教师多听、多看、多感受幼儿的需求。

【参考文献】

[1] 刘美霞 . 幼儿园中班健康教育活动中教师指导策略研究 [D]. 沈阳：沈阳师范大学，2014.

[2] 马克斯·范梅南著；李树英译 . 教学机智 教育智慧的意蕴 [M]. 北京：教育科学出版社，2001.

28. 幼儿园户外自主游戏“我的纸飞机”的探索与反思

黄州开大实验幼儿园　周海昕

【摘要】本文通过观察和实践，对幼儿园户外自主游戏“我的纸飞机”进行了探究。“我的纸飞机”游戏能够显著提高幼儿的游戏兴趣和参与度，培养幼儿的自主性、创造力和团队合作精神。然而，对于如何将这种游戏更有效地融入幼儿园的日常教学中，还需要进一步的研究和探讨。

【关键词】**户外自主游戏；纸飞机；思考**

户外自主游戏是幼儿园教育的重要组成部分，它对提高幼儿的身体素质、智力水平以及培养幼儿的自主性、创造力和团队合作精神具有积极作用。近年来，随着教育改革的不断深入，越来越多的幼儿园开始注重户外自主游戏的开展。

在一个阳光明媚的下午，笔者与幼儿们共同欣赏了一首名为“我的纸飞机”的歌曲，这首歌曲引发了幼儿们对纸飞机游戏的浓厚兴趣，于是，大班幼儿自主游戏——“我的纸飞机”便在充满好奇与期待的氛围中揭开了序幕。

一、户外自主游戏“我的纸飞机”的活动组织

（一）第一次户外自主游戏活动：飞向自由

在这次户外自主游戏中，笔者带领幼儿们来到一片宽广的空地，让幼儿们在自然的怀抱中尽情地释放童真。在游戏开始之前，笔者鼓励幼儿们自由分组，每组推选出一名队长，由队长负责组织协调小组内的活动。鼓励幼儿们自主探索纸飞机的制作方法，引导他们思考如何让纸飞机飞得更高、更远。

在幼儿们制作纸飞机的过程中，笔者见证了他们无穷的创造力。有的幼儿将纸折成锐利的形状，有的则将纸剪成独特的形状。鼓励他们尝试不同的制作方法，并在小组内互相交流、分享经验。在活动中，有些任务需要幼儿们携手合作方能完成。游戏中，幼儿们乐于合作，共同完成任务，他们彼此帮助、相互尊重，展现出了令人赞叹的合作精神。

当每个小组都完成纸飞机的制作后，笔者组织幼儿们来到空地上，鼓励他们自由尝试让纸飞机飞起来，提醒幼儿们注意安全，不要将纸飞机扔到天上，以免造成危险。在游戏过程中，笔者发现幼儿的参与度非常高，幼儿们非常投入地制作纸飞机并尝试让它们飞起来。当有的幼儿的纸飞机飞得很远时，他们自豪地展示着他们的成果。

（二）第二次户外自主游戏活动：飞跃梦想

活动伊始，笔者鼓励幼儿发表自己的看法和经验，他们纷纷热情洋溢地举手发言，迫不及待地想要分享自己的观点。在这个美妙的过程中，幼儿们充分发挥想象力和创新思维。每个小组需要团结协作，利用纸张、剪刀和胶水等材料，共同创作一架独具特色的纸飞机。

在制作过程中，幼儿们之间的交流非常自然，他们能够用流畅的语言表达自己的想法，能够互相理解、接纳与尊重。一些孩子还会运用肢体语言辅助表达，使得交流更加生动有趣。笔者惊讶地发现，幼儿们非常专注地倾听其他幼儿的发言，他们不仅关注说话者的话语内容，还会观察说话者的表情与语气，从而更深入地理解说话者的意图与情感，这种互相学习、分享创意、共同成长的画面深深地融入了幼儿成长的足迹。

当每架纸飞机精心制作完成后，笔者带领幼儿们来到宽广的空地，举行一场激动人心的飞行比赛。在游戏比赛中，幼儿们敏锐观察、果敢决策，利用技巧让纸飞机在蓝天中翱翔。在飞行比赛中，幼儿们需要遵守规则，将纸飞机投掷在指定的区域内，避免造成危险。这次活动，幼儿们共同体验到了纸飞机的乐趣，还在游戏中提升了创新思维、团队协作能力和自信心。

二、户外自主游戏“我的纸飞机”的活动反思

本次户外自主游戏“我的纸飞机”为幼儿们带来了欢乐与成长。通过自己动手制作纸飞机并尝试让它们飞翔，有效提升了幼儿的动手能力和创造力，同时也培养了幼儿的团队合作精神和自信心。

在活动组织方面，笔者进行了诸多改进，以让幼儿们能更加自由地探索和尝试。将游戏材料放在容易取用的地方，并未对孩子们的使用方法设置过多限制。此外，笔者还增设了小组合作的环节，让孩子们能在小组内互相沟通、学习，并互相帮助。

在本次活动中，笔者也发现了一些不足之处。例如，部分幼儿的纸飞机制作技能还需进一步提高，笔者需要指导他们更好地掌握制作技巧并提升飞行效果。此外，我们还应更加关注幼儿们的个体差异，为不同能力层次的幼儿提供不同的挑战和指导。在未来的活动中，笔者将继续优化游戏组织和指导方式，为幼儿提供更加丰富多样的游戏体验和发展机会。

经过深入反思，笔者认识到，在活动组织中，每个幼儿的能力和兴趣都是不同的，因此我们需要为不同幼儿提供符合他们需求的挑战和指导。此外，还应更加关注幼儿们的安全问题，确保他们在活动过程中始终保持警惕和自我保护意识。通过不断优化活动流程和安全措施，为幼儿提供一个更加安全、健康、快乐的成长环境，从而使幼儿自主游戏活动在未来得以不断地丰富和优化。

29. 安吉游戏本土化过程中的问题研究——以涂鸦游戏为例

浠水县实验幼儿园　刘雨露

【摘要】安吉游戏在我园推行已有三年之久，我们对安吉游戏的印象，从最初的惊讶、难以实施，经历了中期的似懂非懂，无从下手；到现在由内而外地认可，应用起来轻车熟路，这个过程漫长而又曲折，本文聚焦在开展涂鸦游戏时遇到的问题，展开论述。

【关键词】**安吉游戏；本土化问题；研究**

一、开展涂鸦游戏时遇到的问题

涂鸦游戏在我园从无到有，再到小有成效的过程中，我们遇到的问题如下。

（一）涂鸦游戏活动开始前

活动前的准备工作直接影响游戏开展的进程和效果，活动前的材料投放和环境创设是我们遇到的主要问题。

首先是材料投放，包括种类及数量。例如，同样是以秋天为主题的活动，中十班教师投放了树叶、树枝、纸筒、果蔬切面、滚筒、纸盘、喷壶、纸杯等多种材料，活动开始后，大部分幼儿频繁更换材料，但是最后制作出没有一个完整的作品；中四班教师投放了树叶、树枝、透明膜、白纸、喷壶等材料，活动开始不到十分钟，透明膜上就画满了，幼儿就用喷壶喷透明膜上的作品，最后直接用水桶冲。以上两个案例，中十班投放的材料种类过多，干扰了幼儿游戏；中四班投放的材料种类过少，限制了幼儿行为，导致幼儿兴趣点偏移。

其次是环境创设。教师经常提到：涂鸦区没有涂鸦氛围，材料都收在柜子里，作品不是洗了就是带走了，除了洗不掉的颜料，少有涂鸦的痕迹。

（二）涂鸦游戏活动进行中

教师介入时机，一度成为我们最困扰的问题，很多教师表示：涂鸦游戏存在的安全隐患相对较小，但是担心幼儿搞得太脏，难以清洗，又或者怕幼儿“乱玩”，没玩出什么名堂，所以，总是忍不住介入；也有教师认为少介入就是不管，一切让孩子解决。

（三）涂鸦游戏活动结束后

活动结束后，是帮助幼儿积累经验、提升技能的好时机，也是下一次活动的开始。在这个环节，我们遇到的问题比较多：首先，分享交流环节，教师找不到分享的重点，不知道该从哪些方面进行总结评价。其次，幼儿的作品没有地方展示，大部分被洗掉了，大大减弱了幼儿的成就感与参与欲望。最后，材料如何方便幼儿取放，同时又便于教师管理是一个很难兼顾的问题。

二、开展涂鸦游戏解决措施

第一，材料投放。投放前通过游戏计划的方式，调查幼儿游戏需求，按需投放；材料投放时要注意新旧材料的比例，在原有材料的基础上，少量投放。同时，保留幼儿有使用经验的材料，分层投放；投放新材料时，对新材料做简单介绍，拉近幼儿与材料的距离，激发幼儿活动兴趣；投放材料的数量和种类都要适宜，小班保证材料投放的数量，尽可能保护、激发幼儿的活动兴趣。大班将重点放在材料投放的种类上，通过材料的丰富多样性促进幼儿的创造性；最后，运用“饥饿营销”的方法进行投放材料，即适当减少材料投放的数量，通过材料的短缺，促进幼儿的合作与创造，当然，此方法的运用要结合幼儿发展情况。

第二，环境创设和作品展示的问题。首先，开放涂鸦区的花坛、台阶和水池边沿。其次，投放回形针、麻绳、剪刀、夹子、打孔器及作品展示架等辅助材料；对于石头、砖块、青瓦片等重的、防水的材料，清理废弃花坛供幼儿展示；最后，对于实在难以存放的作品，教师通过拍照或者录视频的方式帮助幼儿存储。

第三，教师介入的问题。尽量坚持少介入的原则，但是当出现以下问题时，教师需要介入：当幼儿游戏行为存在明显安全隐患和多次尝试未果时；幼儿一再重复过去玩过的情节，或游戏进一步扩展和延伸有困难时；幼儿主动寻求教师帮助时；幼儿与同伴出现分歧或矛盾，一直未得到解决时。

第四，分享交流的问题。可选择不同的思路：一是可以选取有代表性的作品，有针对地的重点分享；二是从关注幼儿心理，重注幼儿参与感的角度，每个幼儿的作品都分享；为了避免长时间等待，让幼儿自行推选分享哪些作品。

第五，材料管理的问题。在日常活动中加强幼儿习惯的培养；常用材料放在便于幼儿取放的柜子里；颜料、人体彩绘等材料，派专人管理。

以上就是对我园安吉游戏本土化过程中，针对涂鸦游戏存在的问题进行的思考与分析，我们也将继续通过实践活动，不断探索，积极创新，找到更适合我园的游戏模式。

30. 放手游戏发现儿童
——基于户外自主游戏《水渠特工队》的思考与实践

罗田县幼儿园　段悦

【摘要】通过对自主游戏的理论基础、实践应用和教育价值进行分析，我们发现自主游戏能够促进儿童的创造力、自主性等全面发展。同时，我们也探讨了在实施自主游戏过程中可能遇到的挑战，并提出了相应的解决策略。

【关键词】**户外自主游戏；思考；实践**

一、看见游戏中真实的幼儿

教师不仅仅是记录者，更是思考者。每一次游戏观察记录都渗透着教师的教育行为和思考。

（一）观察幼儿游戏的主题

在幼儿游戏活动中，我们应该观察和了解他们的游戏主题是什么，怎样确定这个主题的，为什么会确定这个主题，游戏主题与我们的生活有没有直接关系。还要观察幼儿的游戏是否能够围绕主题稳定开展，在游戏中又会发生什么变化。

在水渠特工队活动当中，孩子们将许多的三角支架和竹片连接到一起，他们觉得这就像一个水渠一样。一个孩子突然说：我们是不是可以用这个水渠给我们的梯田浇水呢？感觉这样浇水比我们平时提水浇好像方便了很多。于是孩子们纷纷停止了手上的动作，商讨起怎样才能把水引入菜地。经过商讨，孩子们准备用树干、竹片、木桩、水管、支撑架等建构材料搭建一个水渠，这样浇水既方便又省力，于是一场奇妙的“引水”探究之旅便开始了。

（二）观察幼儿在游戏中的角色

教师要观察幼儿在游戏中是否进行角色分配，是怎样分配的，他们是否适应这个角色，在分配角色的过程中是否有冲突，如果遇到冲突，是否需要老师的介入和帮助，在游戏中的角色意识如何，有没有能力扮演好。

在水渠等工队活动中，欣欣一开始担任了队长这个角色。在活动中他会给其他小朋友分配任务，组织小朋友们一起商量引水工程里每一个小朋友的特工任务，还时不时地来回巡查，查看是否存在问题并及时补充。世轶小朋友和知秋小朋友在本次活动中担任了主要的搭建任务，帮助队伍，筹谋划策。孩子们通过找队员、分组，在计划中进行游戏的安排，在实际问题中解决问题。

（三）观察幼儿游戏情节的发展

教师要观察在游戏探究的过程中发生了哪些事情。游戏是否有序进行。在游戏过程中面对挑战和失败时幼儿是否能够通过讨论、合作、寻求教师帮助等方式去解决问题。

在水渠搭建中，孩子们通过前两次的尝试成功搭建了水渠，且通水成功，但是在这个过程中也发现了一些问题。例如：虽然水渠可以通水，但是会漏掉很多的水，那么怎样才能让漏掉的水不浪费呢？这个时候孩子们就展开了讨论，他们纷纷发表了自己的想法。这时其中一个小朋友想到了一个好办法，他拿来了长长的竹片，放在漏水的地方下面，让漏掉的水从这个竹片又引入其他块菜地中。在游戏的过程中，孩子们屡屡面对挑战和失败，但是他们没有轻言放弃，而是通过集体讨论、反复尝试等方式去解决问题，游戏情节也走向了更好的发展。在这个过程中，孩子们的合作能力、沟通能力、解决问题的能力得到了巨大的提升。

（四）观察幼儿在游戏中的交流和交往

在水渠搭建过程中，孩子们遇到困难时，会互相寻求帮助与合作。

李之秋大声呼喊：“谁来帮帮我呀？这个木片太重了，我一个人抬不动。”童童马上回应：“我来吧！我来吧！我们一起把这个木片加上去。”

当游戏进行到后期，孩子们在梯田中进行搭建的时候，他们发现水源并不能从梯田的最高处流下来。在这个时候，浩浩突然想到了一个好办法：“我知道了！我们需要动力”“动力？从哪里来呢？”我问道。“我在家里看爷爷用抽水泵在水池里抽过水，我们可以用水泵。”于是孩子们在整个幼儿园开始了大搜索，寻找水泵。

（五）观察幼儿游戏的持续时间与游戏兴趣

教师要观察幼儿的游戏时长有没有一定的持续性，哪些部分持续性比较强。在水渠搭建中，他们保持了高度的持续性。从游戏开始到游戏结束，他们反反复复地进行搭建。而且他们的搭建并不是一次就完成的，而是连续进行了好几天。在这个过程中并没有一个小朋友提出他觉得不好玩儿了，或者是不想玩儿了。

二、看懂游戏中幼儿的发展

“看懂”幼儿——通过记录幼儿的表现，描述幼儿的行为，分析幼儿的发展水平等，从适宜的角度给予幼儿支持和引导，促进幼儿更好地发展。

（一）把握幼儿的发展水平和特点

首先要从《幼儿园保育教育质量评估指南》与《幼儿园教育指导纲要》中全面系统地了解幼儿的发展目标及行为表现。这些内容能够帮助教师了解各年龄段幼儿的学习与发展特点，为教师分析幼儿的行为提供了直观的依据。其次，要了解幼儿发展的个性。从幼儿的年龄段、遗传因素、生长环境、家庭教养等全方面地了解幼儿发展的个性，还要注意幼儿之间的个体差异。

（二）用客观的态度观察、分析幼儿

用客观和中立的态度观察审视幼儿是实现有效观察的重要前提之一。我们要时刻提醒自己保持客观中立，给予幼儿自主探究自然发展的空间。

我们要真正地把游戏还给幼儿，让幼儿在真游戏中快乐地学习与发展。总之，幼儿在丰富有层次的自主游戏活动中，全身心投入学习，语言认知、社会情感、身体机能以及创造力等将得到全方面发展。由此可见，自主游戏对儿童的发展具有深远的意义。

31. 一场“美甲”活动引出的游戏

禹王中心幼儿园　马丽娅

周二放学时，家长们在院子外等待着，孩子们如出笼的小鸟，一个一个地被家长接到手中。航航兴奋地扑到妈妈怀里，眼尖的航航妈一把抓住了航航的小手问，“你这是怎么了？”我再一看，航航的小手指甲上涂满了花花绿绿的颜色，宛然做了一副“美甲”。

第二天来到班上，趁孩子们餐后休息的间隙，我悄悄观察起其他的孩子，果不其然，发现了好几个做了“美甲”的小手。小手的主人们也在那边聊着天，并时不时用余光瞅我的位置。菲菲第一个发现了我正在观察她们，主动跑过来，骄傲地说：“你看，我的指甲好看吧！”晴晴也马上走过来告诉我“她是在蔡老师上课的时候涂的，我们都在涂色，她躲着涂指甲！”菲菲气鼓鼓地回应“你也涂了呀，还有航航、呈呈，他们都涂了！”其他的

孩子都围观过来了，大声笑着“她们臭美，自己给自己涂指甲油！航航还是男孩子，也学女孩子臭美！”破案了，看来这几个小家伙都是一个小组的，在昨天下午区角活动时给自己做的“美甲”。菲菲还没忘记最开始的那个问题，一脸期待地问：“马老师，你看，好不好看？”我笑笑说，“你看，怎么指甲边也涂上了呢？”心里却在琢磨着既然孩子们都这么感兴趣，我不如通过这个话题开展一次主题活动，借此也可以让孩子们有更多关于美的思考。

说干就干，我找来了一些旧纸箱，裁开成纸板分发给孩子们：“你们的指甲涂得真好看，我也想要试试呢！”听到我这么说，孩子们都激动起来，纷纷要帮我做指甲。“你们这么多人帮我做，我的指甲也不够呀？”我假装无奈地说着。“那我们比赛，谁画的最好，谁来帮马老师！”婉晴说。“我妈妈会去万达做指甲，我知道怎么做，我看到了！”菲菲也不甘示弱，大声地表示。孩子们被激起了斗志，按照他们之前玩游戏的分组开始了设计讨论。还没开始画，大家又起来纷争，是先画画还是先涂色呢？指甲那么小，美甲店的阿姨是怎么把画画上去的呢？

菲菲表示，店里有假指甲，店员在假指甲上练习，再在客人的手上画。航航表示，把小手印在纸壳上，就能画出模型。第二个问题是水彩笔在纸上画很细，在指甲上画却很大，怎么办呢？曾曾说，美工区有彩铅呀，把它削尖就可以了。但是昕昕不同意，她认为彩铅在指甲上涂不出颜色，她以前试过。最后琪琪说，把彩笔细的一头的轻轻地在指甲上画，会比使劲儿画的时候线条要细。男孩子们又找来了闪光即时贴，表示电视里的美女都是长长的尖尖的指甲。当即就有孩子跃跃欲试，伸出手做模特。

我在一旁看着孩子们热火朝天地讨论着，一个材料一个材料地试验着，想到黑格尔曾说过：“最重要的艺术本领就是想象。”美术活动的意义不在于孩子们画得有多好，多精致，而是能激发引导出孩子们的想象力，每个孩子都有一颗充满奇思妙想的心，教师的正面鼓励也更利于孩子们释放自己的童心。大班的幼儿已经具有了一定的审美，每个孩子的喜好也不同，我们既要满足孩子的好奇心，也要提高他们对美的感受能力，培养他们对美丽事物的认识。

我静静地看着他们给我设计指甲，在遇到困难时适当地给出一点指导性的建议。在这样积极、愉快、和谐的气氛中，孩子们最后设计出了 3 款美甲供我选择。

第一组准备的是纯色系列，纸板模型上每个手指都涂满了颜色，红的绿的黄的黑的紫的，仿佛要把这个世界上最美好的颜色都送给我。我感叹道：“哇，这个好美呀！这么多颜色我喜欢！”其他小组的孩子不服气了，开始表达自己的看法“颜色太多了，看上去乱七八糟的，像妖怪。”哈哈哈哈哈一片笑声“还有它的边边都涂出去了，太粗心了。”“可是它的颜色很丰富呀！”“太多了就不好看了，我看了店里的指甲，没有那么多颜色。”那么颜色搭配到底几种比较合适呢？我又把问题抛给了第一组的孩子，请他们回家查查资料，明天来告诉大家。

第二组的是用闪光即时贴设计的长指甲，用他们的话说，“皇宫里面的娘娘就是带着这种尖尖的指套，很优雅”。负责演示的小模特还示范喝水吃饭的动作，特别是高高翘起的小手指，可得意了。但是问题也随之而来，航航说：“马老师要帮我们洗碗洗杯子，带着这个怎么做呢？”“还要擦桌子，搞卫生。”“她和我们一起玩游戏，带着长指甲会不会戳到人呢？”我适当地抛出了自己的问题“这么优雅的指甲，我真的很喜欢，但是戴上它我没法儿和你们玩了，怎么办呢？”孩子们露出苦恼的小表情。“那你们帮我想想好吗？”“好！”

第三组的作品则是画了图案的指甲，每个指甲上精心设计了不同的图案。“我们试了，太大的画不出来，小小的就好画一些。”“还要轻轻地吹，等它干了就不会掉。”“我还把妈妈给我的宝石贴贴上去了，马老师你看美不美！”果然有两个指甲上亮闪闪的，是孩子们最珍惜的“宝石”。我问她们怎么粘上去的，晴晴说“我先想贴珍珠，拿了固体胶过来，但是珍珠是圆的贴不住，欣欣说她有宝石，我们就又试了宝石，宝石的那一面是平的，就贴上去了。”“原来是这样呀，你们真是一群善于动脑筋的小朋友！”

随着活动的结束，我把孩子们召集在一起，让他们谈谈做美甲时的感受。有的说，做美甲要很细心，一着急就画歪了；有的说，颜色不能太多太乱，看上去乱七八糟的，就不是美甲了；也有的说，指甲还是不能留得太长，好看是好看，就是不方便。听完孩子们的分析，我进行了小结：“本来美甲就是让人变美的事情，我们都喜欢自己变得更漂亮，男孩子也想自己变得更帅。但是在变美的过程中，我们也要建立自己的审美，要学会判断，不能别人说啥就是啥，对吗？像刚才菲菲说的，什么颜色都有，不管红的绿的黑的都上手，乱七八糟的，哪里美甲了。不过如果变一变，颜色少一点，整齐一点，就像我们穿校服，大家穿一样的校服是不是很整齐，很好看？长长的指甲也很好看，做事确实不方便，不过，如果是周末，马老师不用做卫生就可以优雅地去喝茶啦——”“还可以喝咖啡！”曾曾补充。“还有晴晴在活动中还想到了用粘贴的办法来美甲，这也很棒，还好清洗，不过就是要小心别吃到肚子里哦。”孩子们围着我笑成一片。

虽然这是一次很普通的美术游戏活动，但是我相信它会在孩子心里种下一颗启蒙美的种子，让孩子们在追求美的同时也建立自己的审美。作为幼儿教师，我们要从儿童的角度出发，了解儿童身心发展的需求，以引导者、陪伴者的姿态予以幼儿帮助，使幼儿收获成长的同时，也丰富了他们的生活经验，而教师能也能积累更多的专业的科学的指导经验。

32. 浅谈户外自主游戏中教师的观察与指导策略

浠水县第二实验幼儿园　马丽娜

【摘要】本研究在分析了幼儿户外自主游戏中教师介入现状的基础上，对造成这种状况的原因展开了深入思考，最终提出了幼儿教师应当梳理出正确的游戏观念、制订科学合理的介入目标、增强观察、选择适宜的介入时机等合理意见，希望能为幼师更好地进行幼儿自主游戏活动带来一些建议。

【关键词】自主游戏；教师介入；指导对策

一、目前幼儿户外自主游戏过程中存在的问题

（一）户外自主游戏的开展方式据老师而定，未能尊重幼儿意愿

过度指导和控制的现象在户外游戏中比较普遍。一些教师因为对幼儿行为的担忧或对学习目标的追求，过度介入游戏过程，剥夺了幼儿自主选择的权利。其次，教师主导的游戏活动容易导致游戏内容的单一性和缺乏变化。另外，教师对游戏规则的严格执行也会阻碍幼儿自主发展。

（二）“无效介入”无法真正激发幼儿关键经验发展

教师不关注户外游戏过程中的教育契机，不注重户外游戏的教育功能，很容易导致户外自主游戏“形同虚设”，仅仅给孩子提供了一个自由游戏的时间和空间，其创造力、专注力、观察力、动手能力等关键能力并没有真正得到发展。

例如，追逐打闹的游戏是男孩子热衷的游戏，但教师担心打闹游戏会引发真正的打架，因此再三提醒幼儿不能追逐打闹。

（三）游戏体验时间过短，游戏质量难以提高

儿童自主游戏的时间长短对儿童自主游戏的深度与质量有很大的影响。然而，大部分的班级在进行游戏的时候，在时间上不能得到保障，教师们会因为幼儿园的课程表仓促地结束游戏。

（四）教师的点评方式较为单一，讲评内容缺乏深度

教师在点评自主游戏时常会使用的手段包括：

（1）判断对错，也就是给某些幼儿的行为给出一个不是对就是错的评价；

（2）总结概括，就儿童在自主游戏中的表现，作出一个总结性发言，面面俱到；

（3）陈述答案，即在点评过程中，将儿童的问题指出来，并用成人的方式来告诉儿童应该如何去做。这种点评方法单一、缺乏深度。并且儿童是游戏的主体，这一方法也没有充分地体现出幼儿主体性原则。

二、教师对幼儿户外自主游戏的观察指导策略

（一）投放适龄游戏材料，让幼儿以游戏为主体探索

在孩子们游戏的过程中，教师们应该对他们进行更多耐心的引导，这样才能让孩子们

更好展现自身。幼儿园应该给予儿童多种户外活动空间，对儿童的户外自主游戏环境、游戏材料、游戏过程展开探究，以保证儿童的安全为基本要求与条件，以此来开展儿童户外游戏活动。

在户外游戏场所中，要合理、有序地规划和布置各类游戏材料，一方面要根据场地的真实状况，另一方面材料要种类齐全、数量多、材质无害，要在游戏场地中划分出一块专门存放的区域，以适应儿童发展水平、天气情况和季节变化。

（二）“有效介入”户外自主游戏，促进幼儿能力发展

在幼儿开展户外自主游戏的过程中，教师需要仔细观察幼儿行为，明确幼儿的兴趣，还需要对幼儿户外自主游戏的开展效果进行分析，选择合适的时机进行有效介入。一般来说，在幼儿户外自主游戏出现如下状况时，教师需要进行介入，例如：

（1）幼儿难以继续户外自主游戏时；

（2）幼儿重复游戏行为时；

（3）幼儿难以投入到户外自主游戏时；

（4）幼儿难以和同伴和谐进行户外自主游戏时。

（三）延长游戏体验时间，提高游戏质量

幼儿园教师应合理安排幼儿户外游戏时间，将户外游戏作为每日日程中的固定项目，并确保每个幼儿都有充分的时间参与游戏。例如，在某次角色扮演游戏中，幼儿们正在模拟构建一个城市，他们需要分工合作筹备道具、设计规划等。在观察到幼儿对此游戏表现出浓厚的兴趣并十分投入时，教师可以适当延长游戏时间，让幼儿们有更多的时间去深入探索和体验这个角色扮演的游戏世界。教师应通过观察幼儿参与游戏的兴趣和需求，了解他们对不同游戏活动的喜好和能力水平。在此基础上，可以有针对性地提供相关的游戏材料和活动，以满足他们的个体需求。

（四）提升教师对于幼儿游戏的评价技能，培养专业能力

幼儿园教师在观察和指导幼儿户外自主游戏时，要提升对于幼儿游戏的评价技能，提升专业能力。不同年龄段的幼儿在游戏中的表现和需求不同，因此教师在评价幼儿游戏时应采取不同的策略。

通过合理的评价策略，幼儿园教师可以更好地观察和指导幼儿在户外自主游戏中的表现，并适时给予积极的评价和建议，促进幼儿充分发展他们的潜力和能力。同时，教师自身也需要不断提升专业能力，加强对幼儿游戏的观察和评价技能的学习，为幼儿的游戏提供更好的指导和支持。

33. 关于中班年龄段幼儿自主游戏指导策略在实际中的应用

赤壁实验幼儿园龙王山园区　曾梓淇

【摘要】游戏是幼儿的主要活动，能够激发幼儿的想象力、思维能力和创造力，有助于幼儿身心全面发展。在幼儿园教育活动中幼儿始终处于主体地位，自主游戏培养幼儿对游戏选择的主动性和创造性，引导幼儿感受游戏的乐趣，发展其想象力和逻辑思维能力，进而提升其游戏水平。

【关键词】中班幼儿；自主游戏；有效策略

真游戏是孩子按照自己的想法，自主、自发进行的游戏。游戏形式和内容均由孩子自主决定。教师应在观察中了解幼儿在游戏中的发展水平，掌握每个幼儿的游戏能力，通过间接引导让幼儿得到更好的发展。本文以幼儿在户外活动时自发开展的过家家做菜游戏为例，探讨教师有效的指导策略如何持续深入地支持幼儿游戏活动并贯穿游戏始终。

一、发现幼儿的兴趣和需求，探索“真”游戏

【第一阶段】

在一次户外散步的时候，偶然发现班上的孩子把落叶当做牛肉，用树枝当做青菜，将小石头当做豆腐，“做饭”。在“做饭”的过程中，由于缺少“调料”，一个孩子捧起一把沙坑里的沙子，当做调料撒在锅里，香喷喷的“菜”做好了，她兴奋地邀请好朋友和老师进行品尝，其他的孩子看到刚出锅的“菜”后都围过来想尝一尝，“菜”一点点地被分完了，有的孩子抱怨自己还没有吃到“菜”，晴晴说：“别着急，我再给你们做菜，你们想吃什么菜呀？”大家兴奋地说着自己想吃的东西，晴晴觉得自己一个人忙不过来，就请自己的小伙伴安安一起“做菜”，她们俩开心地“做菜”让其他的孩子品尝，大家都吃到了想吃的菜。

观察总结：活动时，孩子们把石头、树叶和树枝当做食材，沙子充当调料，她们的想象力和创造力让我感到非常惊讶，孩子们基于生活中观察成人做菜的经验以及中班阶段孩子自身的模仿学习能力，将过家家做菜通过游戏的形式展现出来，而当遇到菜不够吃的问题时，晴晴先用语言安抚其他孩子的情绪，其他的孩子则自由地表达想吃的“菜品，孩子们之间因此相互合作，共同探索游戏的乐趣。

【第二阶段】

在一次区角活动时，童童拉着晴晴和安安说：“我们今天继续玩炒菜的游戏吧，你看！我还带了勺子和筷子”。在玩游戏的时候，熙熙想吃白菜，她们在讨论没有白菜怎么“做饭”的问题时，晴晴突然说：“我知道哪里有青菜了，种植区的小菜园里面有白菜，还有好多青菜，我去拔几棵吧！”其他的孩子慢慢被吸引过来，也想参与这个游戏，晴晴说：“吃饭的

人太多了得找一些人帮忙。”于是她们开始商量“招聘”厨师和服务员，晴晴说：“我们让萱萱和行行来做服务员，我们做菜，他们就端菜吧。”参与游戏的人越来越多，孩子们都很期待自己的“美食”。

观察总结：在第二次做菜游戏活动时，幼儿想到把自己带的勺子和筷子带进游戏中，根据自己的游戏经验，合理地将生活中随处可见的材料加入到游戏中，创造了更多的发挥空间，对游戏角色也能进行明确的分配，做菜遇到问题时会自发思考并找到解决问题的对策。

【第三阶段】

早上做完早操后，孩子们跑过来跟我说今天还想玩“做菜”的游戏，几个小伙伴相约来到“小餐厅”，童童疑惑地说：“怎么今天来吃饭的人有点少呢？”看着孩子们陷入了困境，我走过去问：“怎么今天都没有小客人吃饭呀？怎么才能让小朋友来吃饭呢，大家想想有什么好办法？”于是他们开始讨论，有的说给来吃饭的“客人”表演唱歌和跳舞，有的说做奶茶，有的说可以把菜送到任何地方。打定主意后他们就开始学着用餐厅宣传的方式吸引“客人”，在他们的吆喝声中，其他孩子的注意力渐渐被吸引了过来，小餐厅又变得热闹起来。

观察总结：在第三次游戏活动中，教师及时注意到部分幼儿对小餐厅的游戏表现出较往常不那么浓厚的兴趣。针对这种现象，教师启发幼儿思考：“怎么才能吸引小朋友来吃饭呢，大家想想有什么好办法”，并鼓励幼儿自由表达想法，幼儿通过自主思考以及讨论提出了送奶茶、唱歌、跳舞等吸引客人的方式来继续游戏。

二、幼儿游戏的价值辨析和思考

（1）游戏始终以幼儿视角为核心，以他们的兴趣为出发点，全面展现了自发、自主、自由的游戏特征。在游戏过程中，出现了一些问题，例如：缺少调料、菜不够分、如何吸引其他小朋友“点菜”等。这些问题需要幼儿进行思考并解决，最终使游戏顺利进行。

幼儿利用日常中的生活经验和知识经验，解决当前游戏中遇到的困难，在思考解决问题的同时，幼儿不断丰富和发展自己的游戏经验，在解决问题的过程中不断探索，一直处于主动、积极的状态。

（2）教师应始终坚持“以幼儿为游戏主体”的指导理念，在游戏中密切观察幼儿的行为，揣摩幼儿的想法，关注他们的游戏进展。在游戏中遇到无法解决的问题时，通过适时的引导提问来拓展幼儿思维，促进幼儿主动探索，从而激发幼儿的深度创造力。

三、幼儿游戏中教师有效的支持策略

（一）为幼儿提供丰富的游戏材料

游戏材料是幼儿交往的重要媒介，也有助于拓展幼儿思维，应给幼儿提供多样化的游戏材料，让幼儿在游戏中发挥自己的想象力，创造有趣的故事和场景，使游戏形式更为丰富多彩。

（二）创设适宜的游戏环境

为幼儿营造一个安全、舒适、自由的游戏环境，让幼儿在游戏中感受到愉悦和自由。

（三）鼓励幼儿相互合作

积极引导幼儿在游戏中相互合作，鼓励他们学会分享、交流并妥善解决问题，培养幼儿的社会性素质。

（四）适时给予表扬和鼓励

对幼儿在游戏中的表现给予及时的表扬和鼓励，让幼儿感受到自己的创造力和价值。

（五）教师的角色定位

教师应成为幼儿游戏中的观察者和引导者，观察幼儿对游戏的兴趣，支持幼儿的想法，善于发现幼儿的闪光点，抓住游戏中的教育契机并适时介入游戏，提出关键性问题，引导幼儿进行思考并积极探索并解决游戏中遇到的问题，获得更多的经验。

游戏是幼儿园教育的基本活动，对促进幼儿全面发展具有重要意义。作为一线的幼儿教师应尊重幼儿的想法和需求，关注他们的成长需要，通过游戏培养他们的自主动手能力、创造能力和解决问题的能力。同时，支持和推动幼儿自发组织游戏，让他们成为游戏的主体和设计者，实现最佳自主游戏效果。只有这样，幼儿才能真正成为游戏的主人，充分感受到游戏的快乐。

34. 浅谈在乡镇幼儿园的区域游戏中如何培养幼儿自主游戏

红安县城南幼儿园高桥园区　吴晶、王小凤、李颖

【摘要】游戏是幼儿园最基本的活动，教师要因地制宜地为幼儿创设游戏环境，提供丰富适宜的游戏材料，支持幼儿探究、试错等行为。本文从笔者所在的乡镇幼儿园在开展区域游戏活动中存在的问题及改进策略两大方面进行探讨。

【关键词】乡镇幼儿园；区域游戏；幼儿自主游戏

一、乡镇幼儿园在开展区域游戏活动中存在的问题

（1）游戏的主题、内容以及活动形式多为教师设计与指导，缺乏对幼儿真实意愿的调查，幼儿直接参与创设游戏环境的机会较少，以教师创作为主，幼儿自身开展自主游戏

的能力相对较弱，游戏水平不高，游戏的自我生发过程较为缓慢，幼儿在游戏中的自主性未得到完全激发。

（2）乡镇幼儿园未能因地制宜地创设游戏环境，班级主题环境和园所整体环境创设都较为普通，本土特色没有得到彰显，教师对游戏材料的投放较为单一和对本土资源的挖掘不够深入。重点表现在：创设的游戏区域普遍化，以五大常规区域为主，区域主题不明显，教师在各区域投放的游戏材料较为单一、简单，高结构材料居多，低结构、生活化、可创造性的材料投放较少。

（3）大部分乡镇地区的孩子多为留守儿童，爷爷奶奶的教养观念较为落后，受生活条件等因素的制约，孩子们各项能力的发展水平参差不齐，生活经验不够丰富，开展创造性游戏的能力偏低。

（4）大多数乡镇幼儿园的教师队伍建设较为薄弱，优秀教师、骨干教师的数量相对不足，教师在游戏中观察指导的能力各不相同，这些原因在一定程度上影响了幼儿自主游戏能力的发展，游戏内容难以深入，无法促进幼儿各项能力的提升。

二、培养乡镇幼儿在区域游戏中自主游戏的策略

（1）政府应通过多渠道宣传最新的教育文件，加大对乡镇地区家长送适龄儿童入幼儿园的宣传力度，促进乡村教师及时更新观念，为乡镇教师快速提升专业化能力打下基础。在大部分偏远乡村，师资力量不足，教师的专业能力发展得不到保障，幼儿园硬件设施相对落后，创设游戏环境的材料较少，面对突发的雨雪天气，部分幼儿园在一定程度上无法保证幼儿的游戏场地和时间，幼儿游戏的自主性得不到发展。通过政府及社会各界的支持改善乡村幼儿园的办园条件和办园环境，让广大乡村教师扎下根、守得住。促进教育资源广泛传播，为乡村教师搭建学习的桥梁，提高教学能力和专业水平，使乡镇孩子能得到有质量的教育。

（2）拓展幼儿日常生活经验，提高他们的游戏能力，因地制宜地投放安全、丰富、可变、适宜的材料。红色印记是我们家乡的底蕴，红色资源是我们宝贵的精神财富。孩子们身边的人、事物，既可以丰富他们生活经验，又可以激发他们自主探究的兴趣。可充分利用地理条件，因势利导，深入挖掘幼儿园园本课程和校本特色。教师可以从本土幼儿的实际出发，利用乡村地理条件为幼儿创设符合他们特点的游戏环境。如：田间地头、革命纪念馆等，引导幼儿观察生活，启发幼儿开展探究大自然的主题活动，在上学、放学的路上，观察农作物的生长变化、天空中自由飞翔的小鸟等场景，用画笔记录田间自然风光，走进纪念馆感受先辈的经历，用自己的语言讲述革命故事。这样，幼儿在丰富了经验的同时，也提高了绘画与表达的能力。

游戏材料是儿童游戏的物质基础，具体的材料投放可遵循自然质朴和玩法多变原则。自然质朴原则：根据当地的特点和孩子生活中常见的数量多的材料。如自沙、水、木制品（树枝、松果、木头）、草、竹制品（竹子、筷子）、纸制品等；玩法多样原则：投放可移动、

可组合的，如椅子、桌子、木板、木梯等材料。这些不易坏、安全且常见的材料既能满足孩子的游戏需要，又可开发出多种本土特色游戏。

（3）家园多沟通，教师真放手。不干预、不限制，与幼儿一同游戏，真实记录游戏过程，分享游戏欢乐。首先，转变家长在幼儿园阶段要识拼音等不正确的观念，共同确立在游戏中学习，在学习中游戏的理念。发动家长力量，共同谋划，家园携手，让家长参与到幼儿游戏环境的创设中来，共同创设适合幼儿发展的游戏环境。其次，教师找准自身定位，提高专业水平和教学能力，做幼儿游戏的观察者、支持者、合作者、参与者。在一日活动中重点培养幼儿的各项常规，如：排队常规、收拾整理常规等。游戏中在确保大环境安全的前提下做到不限制幼儿，观察幼儿在游戏过程中的趣事，给幼儿自主的空间，给幼儿重复、试错的机会，记录幼儿在游戏中的问题并鼓励幼儿尝试自主探究解决方法。

游戏是儿童的，让游戏的权利回归幼儿本体。珍视生活和游戏的独特教育价值，激发幼儿的自主游戏意识。玩“真游戏”，做“真游戏课程”，做幼儿的引路人，做智慧型教师！

35. 浅析教师介入幼儿游戏的时机与方法

英山县第二幼儿园孔家坊园区　余桂林

【摘要】游戏是幼儿园的基本教学活动，幼儿在游戏中可以获得丰富的经验，同时也可以获得成功与失败的体验感，以此获得身心的和谐发展。教师作为幼儿游戏的支持者、参与者、合作者、引导者，在指导幼儿参与游戏时，要注意把握游戏介入时机，要明确只有幼儿在有需要的时候，才能参与游戏。教师合理地介入，才能在更好地指导游戏的基础上，达到更好的游戏效果。

【关键词】教师介入；幼儿游戏；时机与方法

教师介入，即“教师介入儿童游戏情境中”。教师的适当介入有利于儿童游戏，从而使游戏活动顺利进行。

一、教师介入幼儿游戏的时机

（1）当孩子在游戏中遇到无法解决的问题，或难以继续进行游戏情节时，这种现象可能会导致游戏环节的停滞，当孩子在游戏情境中遇到困难，而自己又无法独立解决时，孩子就会在游戏中遇到阻碍，或者游戏情节难以继续进行下去。那么此时如果教师的介入可以促使游戏继续进行，并且可以帮助游戏的情节扩展，此时教师的介入十分必要和恰当了。

（2）当孩子在互动中产生矛盾时，教师要适当介入儿童之间的冲突，可以使儿童之间的矛盾得以解决，也可以使儿童学习解决策略，如谦逊、协商、合作等，提高他们的社会技能。

（3）当儿童需要教师参与指导时，教师可通过角色扮演来参与儿童的游戏情境。这样既不影响游戏进度，也能使游戏继续进行。如果教师认为需要对幼儿的游戏进行直接指导时，可以根据游戏情节的发展，提出可促使幼儿思考的相关问题。

二、教师介入指导游戏的方法

提出问题是介入幼儿游戏的一种常见方式，教师应多向幼儿提开放性的问题，鼓励他们多思考问题，而不是直接给出提示信息；鼓励孩子多做尝试，以启迪孩子的智慧，培养孩子的创新能力。

观察或模仿游戏行为，这是指教师在孩子身边同时与孩子玩相同或不同材料的游戏，在玩的过程中不与孩子直接交流，这样做的目的是让孩子学会观察，引导孩子模仿自己的行为，从而达到暗示的作用。教师的这种引导是隐性的，让幼儿注意到教师是怎样做游戏的，从而学到不同的玩法。

在目前的幼儿园游戏活动中，通常有两种游戏模式，都比较极端。一种是认为游戏是幼儿自发生成的，只需要任凭幼儿自己玩就好了，教师完全不需要插手介入进行指导。另一种则是教师以游戏为教育契机，为促进孩子的发展而频繁地介入孩子的游戏环节，造成游戏过程不再以孩子为主而是以教师为主，孩子从中获得的经验也少很多。

三、影响教师干预幼儿游戏的因素

（一）教师的观察能力

教师的观察至关重要，是教师对幼儿游戏的形成有效理解的前提，如果教师的观察不细致，不深入，不全面，就会直接导致教师无法对儿童在游戏中的表现作出准确的评价，不能帮助儿童认识到区域游戏中的得失，导致儿童不能充分发展。

（二）教师的专业知识和原有经验

教师的教育水平和教育经历的差异直接影响着教师对游戏的介入。例如，绝大多数新手教师在应对突发情况时，往往第一反应就是直接介入指导。而对于长期在一线执教的教师来可以准确判断游戏中出现的问题是不是常见的，需不需要介入。

（三）教师在游戏中的角色定位

在教师介入指导过程中，把握介入的时机尤为重要。因此，教师在干预过程中，应首先注意及时观察和发现问题，掌握干预的时机。教师应该学会等待，不是所有的问题都需要教师参与，给孩子们留下协调解决问题的空间。但如果游戏暂停时间过长，对进一步深入进行游戏造成影响，或者当孩子会因此而丧失信心而放弃继续游戏的时候，教师要迅速指导，及时解决。

36. 浅析如何有效地将民间游戏融入幼儿园户外游戏活动

黄梅县孔垄镇第二幼儿园　丁睿

【摘要】民间游戏是一种源于民间生活的娱乐性活动，一切均由幼儿自己决定，在游戏过程中，幼儿全身心投入。由于社会环境变化以及高科技电子产品的影响，以前流行的民间游戏，在现在的生活中越发少见，幼儿园就更少开展此类活动。为了将民间游戏的文化和精神更好地传承下去，应有效地将民间游戏融入幼儿园户外活动。

【关键词】民间游戏；融入；幼儿园；户外游戏活动

一、民间游戏融入幼儿园户外活动的意义

（一）从幼儿身心发展出发

3—6 岁幼儿进行适当的游戏活动对其身体发育有着重要作用。教师调查收集了民间游戏的种类以及玩法，然后从幼儿年龄特点出发，选择适合幼儿身心发展需求，并且容易激发幼儿兴趣爱好的游戏融入户外活动中。

（二）深度解析民间游戏，让幼儿在游戏中找到乐趣

通过课题前期的调查问卷以及访谈活动，教师收集到很多的民间游戏，比如：踢毽子、跳皮筋、舞龙和彩龙船等。教师通过一次次的教研活动，讨论出适合不同年龄段幼儿的游戏，纳入户外活动中。教师还进行改编或创编，从而调动幼儿的积极性。比如：“舞龙”游戏，将鞋盒改造加工，制作成“龙头”，龙身用盒子来替代，每个盒子的下面是由家长提供的塑料 PVC 管，通过绳子，将它们连接在一起。孩子们参与“龙”的制作，对游戏产生了兴趣。孩子们在舞动“龙”的时候配上一些吆呵声，以及音乐，让活动的氛围一下更加浓厚。

（三）传承游戏的文化，让幼儿得到认同

民间游戏与幼儿其他的户外游戏是有不同的，主要体现在文化属性这一点。民间游戏作为传统文化的重要组成部分，反映了一个时段人们的生活习俗和生活方式。比如：“拔河”游戏。教师开始以为它就是普通的力气比拼，后来通过调查发现，“拔河”游戏是维吾尔族节假日必有的节目。这种游戏不仅仅可以提高身体素质，还可以增强团队之间的合作能力。这些民间传统游戏在人们生活中有着重要的作用，不但带来了快乐，也体现了人们的

智慧和创造力。教师在开展活动时，对传统文化进行传承和保护，让孩子们在民间游戏中感受文化底蕴，形成文化认同。

二、民间游戏的收集、筛选、整理、改编与创新

教师应充分考虑幼儿的特点和实际需求，选择适合不同年龄段和兴趣爱好的民间游戏。例如，“丢手绢”“老鹰捉小鸡”“跳房子”等游戏，既简单易学又有趣味性，能够激发幼儿参与活动的兴趣。同时，教师也应注意游戏的教育性和文化性，选择具有积极教育意义和文化内涵的民间游戏。幼儿园应充分发挥家园共育的作用，发动教师、家长一起参与民间游戏活动，让活动民间游戏得到更好的效果。经过课题前期的调查和走访，教师收集了很多的民间游戏。通过每个月的教研活动，立足于本园实际，从收集到的游戏中筛选出能够反映幼儿园本地的风俗文化、贴近幼儿实际生活、满足幼儿需求的民间游戏，并按照不同的发展目标对游戏进行整理归类。对不太适合幼儿但还具有一定的教育价值的民间游戏进行改编和创新。一方面，通过降低游戏难度、将两种游戏组合在一起、拓展游戏内容等方法对游戏进行改编与创新；另一方面，从材料的投放、参与游戏的人员和游戏的组织形式等方面对游戏的玩法进行改编与创新。

三、教师在游戏中的组织与指导作用

（一）幼儿自主操作，教师以合适的身份引导

通过调研发现，有些教师在游戏活动时，会固定幼儿参与游戏的模式，这限制了幼儿的动手操作以及思维能力发展。因此，教师应当让幼儿自主参与游戏，自主选择游戏的类别，并自行分配使用游戏材料，当发现幼儿活动发生问题时，教师应以支持者、引导者或合作者的身份加入游戏，引导孩子更好地体验游戏带来的快乐。比如，“抓尾巴”游戏，孩子们开始的时候只知道要去抓对方的尾巴，时间稍久一些，就会出现消极的情绪。此时教师以合作者的身份介入，与幼儿一起玩游戏，将“抓尾巴”的游戏与“跳房子”相结合，通过丢筛子的方式决定跳几步，然后超越对方三步，就扯掉对方的尾巴。

（二）给予幼儿多次尝试的机会

孩子都希望得到关注，想成为别人心中的第一位。所以，每次游戏中，教师会特意设计领头的角色，比如“老鹰抓小鸡”里的“老鹰”；“木头人”里站在最前面的“领头人”。我们应该改变活动的方式，让“老鹰”和“领头人”通过“手心手背”“石头剪刀布”来决定。这样可以让孩子参与度增加，给予其他幼儿更多机会去扮演领头人的角色，让孩子们通过活动形成责任感、集体感。

民间游戏经过代代相传，是传统文化的一个组成部分。将民间游戏融入幼儿园户外活动中，不仅仅可以丰富活动的内容，还能增加活动的趣味性。教师通过教研活动，对游戏进行创新改革，并予以积极引导，让儿童在民间游戏中获得乐趣。

37. 幼儿教师推动幼儿在游戏中深度学习的策略——以纸杯保龄球游戏为例

黄州开大实验幼儿园　方金英

【摘要】自主游戏中，幼儿学习的契机时有发生，教师要为幼儿提供宽松的游戏环境，同时做一个有效的游戏观察者，为幼儿深度学习提供支持。本文以中班自主游戏“趣玩纸杯之保龄球的故事”为例，思考教师如何推动幼儿游戏进展，帮助幼儿拓展新经验，促进幼儿在游戏中深度学习与发展。

【关键词】**幼儿教师；推动幼儿；游戏中深度学习**

我班幼儿喜欢玩纸杯保龄球游戏，我基于孩子们对纸杯延伸出新游戏的兴趣，帮助孩子开展新游戏，组织孩子们开展了关于球的探索活动，在讨论中孩子们认识了保龄球，了解了保龄球的玩法。带着对新经验，孩子们将保龄球运用到了打纸杯的游戏中。

一、如何推动幼儿游戏进展的策略

带着对纸杯保龄球的好奇，孩子们开始寻找与保龄球相似的物体，可瑜指出可以用美工区的纸球来代替，于是孩子们开始了第一次游戏，他们发现，纸球并不能顺利滚动到终点。孩子们经过讨论得出结论，纸球不够圆，滚动的速度较慢，如果要想成功击中纸杯，必须要找更圆的物体，多多提出可以用户外的皮球代替保龄球，这一想法，得到了孩子们的认可，他们再次尝试，这一次皮球能够顺利滚动到终点。

观察分析：在幼儿提出打纸杯的游戏时，我选择了适时介入，激发幼儿对游戏的深入思考，从而顺利进行知识经验的迁移。在日常生活中，幼儿已经对各种图形有了深入的了解，但是对立体几何形状却一无所知，通过寻找合适的球体来代替保龄球，孩子们在实践中认识了球体，感知到了球体的特性，为幼儿关于图形的启蒙奠定了基础。

孩子们找到合适的游戏场地后，开始了新一轮的游戏，他们发现皮球虽然滚动得又快又远，却总是跑偏，如何能瞄准目标物呢？多多和小朋友们展开了讨论，米宝提出：“我们设计一条路线，让皮球按照路线走！”可瑜提出：“可以用积木，我们做一条长长的马路。”于是米宝和可瑜先在画纸上画出自己设想，和小朋友们着手为保龄球搭建路线。可是多次实践后问题又出现了，皮球在滚动的过程中，总是会将围好的积木撞倒。多多说：“我们一起搬来更多的积木，围在马路的后面，这样就不会撞倒了。”

观察分析：多多想要将游戏形式变得更丰富，米宝和可瑜利用了表征记录的策略来呈现问题解决的思维过程。在问题解决过程中多多和小朋友们积极讨论，米宝和可瑜提出自己的想法，商量好对策后着手搭建，调整试错，面对新问题，展开了有针对性的探究。

可瑜说："我想摆一个小一点的三角形，我们摆好之后就能快点打保龄球了。"当可瑜摆好纸杯后，她们发现皮球并不能每次都准确击中纸杯，偶尔还是会跑偏，当孩子们七嘴八舌地为新问题苦恼时，看着他们陷入瓶颈，我决定推他们一把，我在科学区投放了新材料——火车轨道，孩子们认识了火车轨道，借着新经验，如何不考虑纸杯摆放宽度也击倒纸杯这一问题迎刃而解，多多说："我们用积木搭一个火车轨道吧！"米宝说，"把皮球放在火车轨道上。"

观察分析：自主游戏中我们始终强调幼儿自由、自主、自发，如何有效介入推进游戏进展是值得教师深入思考和学习的。在游戏中，幼儿因为调整了纸杯的摆放位置导致皮球不能精准击中纸杯而苦恼，游戏无法推进，这时候我选择间接介入，帮助幼儿打开游戏思路。

案例梳理与延伸：对于纸杯保龄球的探索虽然初见雏形，但是孩子们并没有止步于此，带着对游戏的兴趣，在已有经验的基础上将游戏一次次升级，将保龄球的故事延伸到了户外，利用轮胎、梯子、单元筒、篮球等现有材料玩起了户外保龄球。

二、总结游戏过程，促进深度学习能力的发展

（一）经验迁移，萌发探究兴趣

纸杯初步投放至建构区时，幼儿的兴趣十分浓厚，打纸杯游戏的提出，是幼儿探索行为的体现，幼儿将当前游戏情境与保龄球融合，产生了探究兴趣。

（二）聚焦问题，还幼儿游戏自主权

游戏中，幼儿根据已有经验和游戏兴趣将游戏升级后，发现了问题，通过讨论、相互学习等方式解决了问题。幼儿在游戏中充分与同伴、环境和材料进行互动，在探究式学习中发展学习品质，在思考和试错中提高解决问题的能力，从而进入深度学习，提高认知水平。

（三）合理介入，明确角色定位

在游戏之初，教师组织幼儿探索不同种类的球，采用的是垂直式介入，通过谈话发现，个别幼儿已经了解了保龄球的玩法，若是采用平行式介入，站在幼儿角度探索，给予幼儿充分的思考时间更有利于发挥幼儿的自主性。

38. 户外游戏在幼儿教育中的作用

黄梅县实验幼儿园下新二园区　付聪

【摘要】现代社会快速发展的背景下，幼儿通常会长时间待在室内，缺乏与自然环境的互动。户外游戏为幼儿提供了与大自然亲密接触的机会，不仅增强了他们的身体素质，还促进了他们思维和情感的发展。就幼儿园户外游戏，本人结合在幼儿教育实践中的经验，在此进行研究。

【关键词】户外游戏；幼儿教育；作用

本文对幼儿参与户外游戏的情况进行了深入了解，并分析了户外游戏在幼儿教育中的作用。下面将从三个方面进行分析。

一、符合幼儿身心成长的需求

首先，户外游戏活动为幼儿提供了丰富的实践机会，有助于发展其语言表达能力。如班级里有个性格相对内向的女孩汐汐，在集体教育活动与区域活动中甚少与教师和同伴进行交流，但在户外活动中，她性格变化极大，敢于和同伴说出自己的想法，声音洪亮且自信。在户外游戏中，幼儿敢于大胆和同伴进行交流、合作和互动，通过相互之间的沟通来协调游戏进程和规则。

二、涵盖幼儿认知发展的条件

首先，户外游戏活动有助于促进幼儿的观察力和注意力发展。游戏中幼儿需要仔细观察周围的事物，注意游戏规则和细节。这种细致的观察有助于提高其观察力和注意力，从而使之更好地理解和运用语言。

其次，户外游戏活动有助于培养幼儿的逻辑思维和推理能力。在游戏中，幼儿会遇到各种问题，需要分析情况、找出解决方案。思考和推理的过程有助于提高其逻辑思维能力，使其语言表达更有条理、有逻辑。

因此，我们应该鼓励幼儿积极参与户外游戏活动，为其提供丰富多样的游戏环境和条件，促进其认知和语言能力的全面发展。

三、激发幼儿人际交往的意愿

首先，户外游戏活动为幼儿提供了广阔的人际交往平台。在游戏中，幼儿需要与不同年龄和性格的同伴进行互动，通过交流和合作来共同完成任务或解决问题。这种交往过程有助于培养幼儿的社交技巧和合作精神，同时也能激发其语言表达的意愿，增强其自信。

其次，户外游戏活动的多样性和动态性为幼儿提供了丰富的语言交流机会。在游戏中，幼儿需要根据游戏规则和进程进行沟通、协调和表达，这有助于提高其口语表达能力和沟通技巧，有助于激发其好奇心和求知欲，进而引发更多的交流和讨论。

因此，户外游戏活动在激发幼儿人际交往意愿方面具有积极的影响，可以提供广阔的人际交往平台、丰富的语言交流机会以及培养幼儿人际关系意识和情感交流能力。

结合上述调查结果来看，幼儿园户外游戏对幼儿的发展具有深远的影响和重要的价值。户外游戏活动在促进幼儿身心健康成长、语言表达能力发展、认知发展和人际交往能力发展方面具有显著的作用。

【参考文献】

[1] 王伟 . 户外游戏活动中幼儿语言能力的发展价值、困境与策略 [J]. 黑龙江教师发展学院学报，2024，43（01）：149-152.

[2] 中华人民共和国教育部 .3—6 岁儿童学习与发展指南 [M]. 北京：首都师范大学出版社，2012.

39. 幼儿园户外自主游戏实践初探

英山县第二幼儿园孔家坊园区　占柔

【摘要】幼儿教师应根据不同年龄儿童发展的差异，选择合适的、具有挑战性的内容游戏。如大班活动《穿越火线》，让幼儿在闯关游戏中学会跨越不同高度，且不断挑战更高的闯关难度，在锻炼幼儿协调能力和勇于挑战的素质的同时，给幼儿与同伴配合与思考的机会，让幼儿体会到户外体育活动带来的乐趣。

【关键词】**幼儿园；户外自主游戏；实践探究**

户外游戏提供了一个与室内游戏不同的环境，和更加丰富的材料，更具有挑战性，让孩子有充分的机会对外界进行探索。

一、户外游戏的含义、特点、重要性

（一）户外游戏的含义

所谓户外游戏，主要是指在幼儿园户外，教师为了发展幼儿的基本动作能力和身体素

质，发展幼儿的社会性，有计划地组织幼儿进行的各种游戏，是幼儿一天生活中必不可少的一项活动。

（二）户外游戏的特点

1. 多样性

幼儿园内设置了丰富多彩的活动区域，如：草坪、沙地等，可以使小朋友在大自然中尽情嬉戏。还有很多废旧材料，如轮胎，管道，盒子等等，孩子们都能玩得很开心。

2. 自主性

幼儿是独立完整的人，教师在他们中间只是一个观察者、帮助者和引导者，要充分发挥孩子的天性。做什么活动，孩子们自己决定，可以玩老鹰捉小鸡，也可以赶小猪，也可以踩高跷，或者搭建。除了必要的引导外，教师们的精力更多地投入到安全保卫工作中。幼儿没有受到过多的管束，压抑感没有了，就能自由自在发挥天性。

3. 科学探索性

在户外游戏中幼儿能发现问题、提出问题并解决办法，能积极主动地参与到各项活动中去，用自己的感官去感知和认识户外的新鲜事物，从而创造出各种各样的玩法。

（三）户外游戏的重要性

（1）有利于全面锻炼孩子的身体，增强孩子体质。

（2）虽然教师是有目的地组织儿童活动，但户外游戏仍有利于提高儿童在户外游戏中的主动性和积极性。户外游戏中幼儿自由搭档、自由选择设备、自由活动，所以幼儿教师只能起到支持者、引导者和帮助者的作用。因此，户外游戏的环境比较自由，孩子们可以按照自己的意愿行动。

（3）有利于提高幼儿的社会性发展。在户外活动中，幼儿与教师之间是平等的、相互帮助的关系，幼儿在户外游戏中有自由表现的机会，可以与同伴多方面交往互动。适宜的户外运动可以促进幼儿身体机能的正常发育和动作的协调发展，增强体质，还可以让幼儿与同伙的交往中获得社会性发展。

二、游戏材料的有效投放

成功的活动离不开精心的准备。在户外游戏活动中，教师根据游戏的内容，投放适合的材料。合适的游戏材料可以激发儿童的积极性，从多方面促进儿童的全面发展。如卫生纸管在娃娃家，可以变成小灯笼、擀面杖，或者是卷发筒。不同的材料在不同的区角能发挥不同的作用，应选用操作性强的材料，有助于幼儿思维发展的材料。

如游戏《穿越火线》我们根据游戏内容对低结构材料进行了野外布置，如排球网、奶瓶罐、车轮、碳化梯、行军垫，让幼儿穿越火线—匍匐草地—穿越铁索桥—爬天梯。

这样根据游戏内容投放合适的材料，在有效促进孩子游戏水平提升的同时，也能更好地挖掘游戏材料的使用方法，增强孩子的学习兴趣。户外游戏活动材料的存放应根据幼儿的年龄特点和发展目标加以规划，也可随意调整。游戏材料不固定在一个区域，可以让孩子根据游戏的需要，在游戏时跨区域灵活运用。

三、加强户外活动中的安全教育

特别要加强培养儿童自我保护意识的安全教育。教师无法同时看顾每个孩子，因此应在活动开始前将规则和安全问题传达给儿童，并加强其自我保护意识。如果发现孩子的危险动作，应及时纠正。比如：有的小朋友看过《功夫小子》后，找来棍棒练习。这是非常危险的，一定要及时制止，还要注意把这种好奇心带到有利于孩子发展的轨道上来，可引导孩子用纸卷作为棍子来玩耍。这不仅满足了孩子们的兴趣需求，同时也反映出教师们尊重和培养孩子们的个性。

40. 浅谈幼儿园户外自主混龄游戏的开展

黄冈市黄梅县幼儿园　黄胜红

【摘要】随着教联体改革的开展，我有幸成为黄梅县幼儿园第一批赴柳林园区交流的教师，由于柳林园区处于离县城三十多公里的山区，幼儿人数较少，本学期全园共开设两个混龄班，这对教师来说，是一种新的挑战。本文就黄梅县幼儿园柳林园区开展户外自主混龄游戏中出现的问题和指导策略改进进行了论述。

【关键词】**自主；混龄游戏；开展**

《3—6 岁儿童学习与发展指南》《幼儿园教育指导纲要（试行）》中指出，幼儿园教育应加强与现实生活中的联系，重视发挥游戏活动的价值，通过合理安排幼儿的一日活动，更好地支持与满足幼儿的认知发展需求，让幼儿通过直接感知、实践操作、亲身体验等，了解周围的事物，加强其与教师同伴之间的沟通和交流。

一、户外自主混龄游戏的重要意义

幼儿在户外混龄自主游戏时，需要通过自己的实践操作，参与到游戏的过程中来，不知不觉中，身体素质就会得到提高；另外幼儿会与不同班级、比自己年龄大或年龄小的同伴进行沟通和交流，这就培养了幼儿的语言表达能力、与人交往的能力和合作意识。

二、户外自主混龄游戏中存在的问题

（一）没有体现出以大带小

在游戏的过程中，幼儿偏向于和同一班级的孩子玩，和自己熟悉的同伴玩，很少看到大班幼儿主动带小班孩子一起玩，就算在需要帮助的时候，他们也会主动去找自己熟悉的同伴，而非向陌生同伴寻求帮助。

（二）教师约束过多

不少教师在幼儿游戏时，总喜欢根据自己的一些想法进行干预，殊不知教师干预越多，幼儿的约束感越重，导致他们玩得不尽兴，无法进行真正的自主游戏。

（三）指导点拨过少

部分教师将户外自主混龄游戏理解成“放养式游戏”，很少指导点拨，完全放任幼儿，这样容易出现安全问题，无法发挥其教育意义。

（四）无法控制场面

户外自主混龄游戏需要的场地一般比较大，用到的游戏设施与材料也较多，稍不注意就会导致游戏场面混乱，没有秩序，容易出现安全问题，或者没有达到游戏的预期目标。

综合以上几点问题，在幼儿园户外自主混龄游戏中，教师要纵观全局，考虑到全体幼儿，使每一位幼儿得到发展，具体方法有以下几点：

（1）创设幼儿喜爱的游戏情境

根据幼儿天性活泼爱玩这一特点，将幼儿比较熟悉和喜欢的小动物或动画片中的人物角色作为背景，让幼儿来尝试扮演使其在游戏中再现。

（2）整合游戏的空间

教师要尽量做到让有限的空间得到最大化的利用，让游戏材料有机结合起来，为幼儿提供更广阔的自主探索空间。

（3）提供多元化的低结构游戏材料

教师应熟悉并了解游戏材料的功能和特点，在确保安全性的前提下，按照材料的特征、幼儿年龄阶段的特点进行分类投放，让幼儿大胆创新，玩出更多花样。

（4）推陈出新

教师要多引导幼儿“一物多玩”，发挥幼儿的主动性，让幼儿学会积极思考，发现材料的不同玩法，从而满足幼儿的探索欲望和好奇心。

（5）学会放手，让幼儿做游戏的主人

将游戏的自主权交给孩子，让幼儿之间互相商量，自己制订游戏规则和玩法，这样的游戏孩子们才能玩得不亦乐乎。

三、教师做好幼儿的观察记录

（一）观察角度多元化

以同伴的角度去观察他们的游戏行为，站在孩子的角度去考虑问题。幼儿户外自主混龄游戏是一个动态变化的过程，教师需要从多个角度观察幼儿在游戏过程中的动作、语言和想法，以便更好地解读幼儿的游戏行为。

（二）记录方法的多样化

教师可以利用手机记录下有教育价值的片段，组织幼儿一起探讨，发现问题，及时解决，也可以随身带个小本子，用文字写下幼儿游戏中交流的话题，再与幼儿一起回忆过程，总结分享。

四、教师在幼儿自主混龄游戏中的角色式介入

教师经常会收到幼儿的求助，我们要用启发式的方法，让幼儿通过自己的能力解决，这样才能提高他们主动解决问题的能力。当幼儿在游戏的过程中遇到一些困难，我们教师可以以游戏同伴的身份进入活动，用启发性的提问来帮助幼儿解决困难。

五、幼儿自主混龄游戏的总结分享

每次户外自主混龄游戏活动的结束，教师都会组织幼儿进行一个分享活动，可以让幼儿用绘画的形式表现出来，也可以在观看照片和视频后让幼儿进行问题交流，把遇到的困难一起说出来，大家一起想出好的解决办法，在下一次的活动中幼儿就有足够的经验了。

幼儿户外自主混龄游戏的新篇章已经掀开，我们要紧跟时代的步伐，不断更新自己的知识结构，大胆创新，让幼儿在户外自主混龄游戏的春风下，享受美好幸福的童年！

41. 小班民间传统游戏活动开展的个案研究

黄冈市春晓幼儿园　童安妮

【摘要】民间传统游戏与幼儿日常生活密切相关，是传统文化的一部分。为了让幼儿游戏活动和本土文化进一步融合，我园开展了东坡文化主题活动，对小班民间传统游戏活动展开个案研究，针对活动开展中存在的问题提出优化措施。

【关键词】**小班；民间传统游戏；开展的有效措施**

一、小班主题活动下民间传统游戏活动开展个案研究中存在问题

（一）主题背景下民间游戏的选择和幼儿年龄的适配度难把握

在东坡文化主题活动中，通过问卷调查、前期铺垫，幼儿园小班幼儿认识了少年苏东坡，借此机会，我们将苏东坡所在朝代（宋）的民间游戏活动带入幼儿园小班。“投壶”“锤丸”“套圈”“射箭”，这些熟悉又陌生的词走进了孩子们的世界。此类游戏在小班开展时，遇到以下几个方面的问题：

1. 对民间游戏材料的难操作

例如，在组织宋朝民间游戏“射箭”游戏的初期，幼儿拿弓、搭箭等动作都需要辅助发力，对于小班幼儿来说，动作姿势难度高。显然这一传统游戏不适合 3—4 岁的幼儿。

2. 对民间游戏玩法的难理解

例如，在“锤丸”游戏的初期，该游戏与高尔夫相似，在两个木制或竹制球门旁插以彩旗标记，幼儿需要根据不同的地形，选择最佳的进球路线。小班幼儿在控制锤丸道具时常常因为动作发展还未完善而失败，游戏的“失败”常常会给他们带来挫败感从而使得他们兴趣降低。且本班同龄之间的幼儿能力发展水平有差异，有的听不懂游戏的玩法和规则。

（二）主题背景下幼儿参与民间游戏的积极性不高

在游戏的开展过程中，有部分小班幼儿未能很好地遵守游戏的规则，还有的幼儿注意力不集中，积极性不高。主要问题包含以下方面：（1）民间游戏活动的环境情景创设不足。苏东坡成就了黄州，黄州成全了苏东坡。我园毗邻遗爱湖公园，得天独厚的地理和文化优势使得幼儿浸染在东坡文化中，但资源缺乏高效利用。在传统民间游戏活动组织的过程中，小班幼儿缺乏该文化主题的前期经验，同时心理环境及情景的创设不足，游戏难以抓住幼儿的注意力和兴趣点。（2）民间游戏活动材料的传统玩法单一。在小班民间游戏活动开展过程中，有部分幼儿对传统的民间游戏道具兴致不高，更偏向于其他色彩鲜艳、自由度更高的游戏材料。传统的玩法能引起幼儿一时的兴趣，但重复单一的游戏玩法让小班幼儿失去了探索的兴趣和欲望。

（三）游戏活动过程中教师不恰当的干预

在小班幼儿进行东坡主题传统民间游戏活动的过程中，出现了幼儿不理解新游戏玩法或者不遵守游戏规则的情况。教师的介入和指导是否科学有效值得深思。小班幼儿在活动过程中遇到困难时，有的教师倾向于让其自己探索，有的教师倾向于给予明确性的指导。这就导致在传统民间游戏开展活动中，会出现幼儿无法继续游戏或者在游戏活动中失去自主性的现象。

二、小班主题活动下民间传统游戏活动开展优化措施

（一）合理选择并科学开展适合小班幼儿的传统民间游戏活动

面对有一定操作难度的游戏材料，教师可以根据幼儿最近发展区，提供替代物。例如，在“投壶”的游戏中，可以先投放沙包和大篮筐，让幼儿初步了解游戏规则，等他们自发探索更多的玩法后，再升级游戏材料。

（二）将各种有趣的传统民间游戏活动融入小班幼儿的一日生活

民间传统游戏活动有着它独特的魅力。

1. 融入区域活动，衔接本地文化

结合主题活动的背景，开展特色民间游戏活动如“猜灯谜”，还有“七巧板”延伸而来的各种拼图游戏，结合本土文化，投放与苏东坡的故事、美食、字画、著名景点等相关的材料，让幼儿熟悉自己家乡名人的人物形象，增加了幼儿对自己所处地区人文的了解。

2. 设置游戏情景促进幼儿对游戏规则和玩法更深一层的理解

如“扔沙包”“套圈”“老鹰捉小鸡”“丢手绢”等常见的民间游戏的游戏情节设置中各种角色可以灵活运用和变通。

3. 融入一日生活，实现教育创新

开发语言类民间游戏如“小老鼠上灯台”“炒豆豆”，顺口的歌谣配上简单的肢体动作，促进小班幼儿动作和语言协调发展。

4. 充分利用探索园所资源、家长资源、社区资源

家长可以和幼儿在家探索小时候玩儿过的常见的民间游戏，制作简单的民间游戏材料。家长和幼儿一起亲身体验、直接感知、实际操作，进一步加深了幼儿对民间文化的了解的同时，加强了家园协作。

（三）教师提高自身知识素养，加强团队协作

教师是园本课程建设的研究者和主力军。传统的民间游戏具有一定的时代特征，这就要求教师不断挖掘民间传统游戏的最大价值，抓住教育契机，提供适宜的环境和材料。在日常教研过程中，教师要保持终身学习的思想态度，提前做好知识储备，做好师幼互动和教师互研。主题活动的走向由师幼共同决定，而不是教师单方面计划。

【参考文献】

[1] 陈连山 . 游戏 [M]. 北京：中央民族大学出版社，2000.

[2] 刘婧 . 民间游戏在幼儿园教育活动中的应用研究 [D]. 重庆：西南大学，2011.

42. 小班幼儿户外自主游戏的现状研究

团风县团风中心幼儿园　陈润、罗冰冰

【摘要】《幼儿园保育教育质量评估指南》中提出要重视游戏和生活在幼儿身心发展中的独特价值。笔者结合自己的工作经历，深入了解小班幼儿进行户外自主游戏时存在的问题，思考如何去改善现状。

【关键词】小班幼儿；户外自主游戏；现状

一、户外自主游戏的现状与分析

（一）户外自主游戏时幼儿的参与度更高

不论是户外游戏还是室内的区角游戏，教师都是让小朋友自由选择。但是每天当幼儿听到要进行户外活动时，他们是最积极、兴奋的。

1. 活动场地和活动自由度

户外的场地更大，他们拥有更多的发挥空间。因为室内活动的空间有限，很多时候幼儿会作出爬椅子、爬柜子等危险行为而被教师制止，导致他们觉得自己的行为受到了限制，所以幼儿更愿意参与户外游戏。

2. 活动材料

幼儿的游戏往往依赖于具体的游戏材料或玩具来进行，这也导致游戏材料或玩具的数量和类型很大程度上影响了幼儿参与游戏时的积极性。户外游戏的材料更多，同时天气的不稳定会导致户外活动减少，因此幼儿会更渴望户外活动。

（二）户外自主游戏时教师的压力会更大

好动、好奇心强是幼儿的天性，但是会对教师造成很大的压力。在幼儿园中幼儿难免会出现磕磕碰碰，遇到一些明事理的家长，会理解教师，但是也有家长来质问教师，所以幼儿进行户外活动教师的压力会更大，户外游戏中有的突发状况根本来不及去阻止，所以教师在户外活动时也会慢慢限制幼儿的行为，阻止他们进行一些教师认为的危险行为，甚至会减少幼儿外出的次数。教师通常会害怕幼儿受伤，忽略了幼儿也会自己保护自己，过度保护幼儿是在阻碍幼儿的成长。

（三）户外自主游戏时教师的指导存在问题

1. 忽视了幼儿的自主性

在进行户外游戏时，男孩相对于女孩更喜欢作出一些危险的行为，所以在活动中，教师会有意或无意改变幼儿自主游戏的走向，尤其是会更加容易干涉男孩子的游戏。教师为了保障幼儿的安全选择制止他的行为，比较喜欢按照自己的视角去看待幼儿的游戏活动，忽视了幼儿的自主性。

2. 教师没有明确自己的角色，缺乏等待

在户外自主游戏活动中，教师的角色是多重的，应作为旁观者观察幼儿游戏，在恰当的时机作为参与者和支持者间接对幼儿进行指导，并不是作为主导者告诉幼儿什么该做，什么不该做。部分教师在观察的时候缺乏耐心，幼儿遇到困难时就立即进行指导。教师需要多多观察，培养幼儿独立解决问题的能力。

3. 教师忽视幼儿对游戏后的评价

游戏后，很多教师会自己进行总结分析，询问了几个教师，他们都没有在活动结束后请幼儿说一说自己的感受。现在大部分教师会对活动进行分析与反思，但是忽略了幼儿才是游戏的主体，我们也应该听一听幼儿对自己游戏活动的回顾和总结，这有利于他们自身的游戏经验的积累以及游戏能力的提升。

二、对优化户外游戏实践的启示

（一）幼儿园方面

1. 提供足够数量和种类多的材料和玩具

在幼儿游戏时，数量和种类丰富的材料和玩具是幼儿有效进行游戏的前提，要提供符合幼儿身心特点和兴趣的玩具，在观察中经常能发现幼儿没能选择到自己喜欢的玩具，导致在后续进行游戏时有小情绪，这在很大程度上限制了他的发展。

2. 开展相关培训

尽管现在大部分教师有一定的教学经验，具备学前教育领域专业的知识，但是大部分对于户外自主游戏缺乏全面深入的了解，所掌握的内容也只是停留于理论层面，缺乏在实践中的积累与学习，因此幼儿园应多开展自主游戏方面的教研活动。

（二）教师方面

1. 教师给予幼儿充足的户外时间，重视游戏后的评价与交流

作为教师要明白过度保护不利于幼儿的健康成长，教师要做的是给他们足够的时间和空间。与此同时也要倾听幼儿的想法，在相互交流的过程中，锻炼幼儿的思考能力，丰富其游戏经验，帮助孩子树立正确价值观，并对幼儿接下来的发展进行规划，这样才有利于提高幼儿的能力。

2. 纠正家长错误的观点，教会幼儿自我保护

教师需要帮助家长意识到学龄前的孩子本身就精力旺盛、好动，而他们对肢体动作控制还不十分熟练，难免会碰出一些小擦伤，磕磕碰碰对幼儿来说也是一种成长。让家长明

白过激反应会让幼儿越来越胆小，导致他们以后很多事物都不敢去尝试。要教幼儿学会自我保护，而不是过度保护。

43. 挖掘绘本力量迸发情绪源——浅谈幼儿情绪绘本游戏化的实践与思考

黄梅县龙感湖中心幼儿园教联体刘佐园区　吕丽星、严海霞

【摘要】情绪绘本在提升幼儿情绪能力方面具有重要价值，但现有教学活动中存在幼儿主体性弱、兴趣低、教师主导过多等问题。为落实课程游戏化精神，帮助幼儿理解情绪绘本并解决情绪问题，提出以下策略：选择适合幼儿情绪特点的绘本；从儿童视角创新情绪教育；注重语词策略，情感教育。

【关键词】**情绪绘本；游戏化；实践与思考**

《幼儿园保育教育质量评估指南》提出的“尊重幼儿年龄特点和成长规律，注重幼儿发展的整体性和连续性，坚持保教结合，以游戏为基本活动，有效促进幼儿身心健康发展”的基本原则，在课程游戏化改革的深化下，出现了绘本游戏化这样的绘本阅读活动形式。笔者结合班中幼儿情绪问题，开展了情绪绘本游戏化实践，以下是实践策略与思考。

一、绘本选择——扎根于幼儿情绪特点，选择适宜绘本

适宜的情绪主题绘本是有效开展实践的重要前提。教师要认真倾听幼儿的心声，了解幼儿的喜好，遵循大班幼儿的情绪发展特点，选择有针对性、循序渐进的情绪主题绘本，并深入挖掘其中情绪教育的元素。绘本的选择要兼顾幼儿年龄特点，类型多样，内容丰富，具备多元的教育价值与趣味性。

二、绘本游戏——忠实于儿童视角，创生情绪教育新经验

我们在组织集体活动中，围绕绘本故事的内容和幼儿兴趣点，结合生活经验来开展可操作且具有教育意义的情绪游戏活动。

（一）对情绪识别的整合与补充作用

我班幼儿对情绪的理解和识别，主要借助于绘本故事“礼物”。这绘本目标是“学习调适自己的情绪，尝试从不同的角度看待问题”，通过对目标的拓展延伸，在一日生活环节中创设了“礼物大变身”区域。幼儿在一日生活的空闲时间常聚集在情绪区域里，更换

一日心情的颜色标记，和同伴分享关于情绪的两三事。可以通过挖掘与绘本紧密联系的情绪记录表和情绪小游戏，对绘本活动进行整合和补充。

（二）对情绪起伏的呵护与支持作用

我们中班的孩子对情绪起伏的感知和体验主要来源于主题情绪绘本，很多孩子在看完绘本之后都感同身受，能够将自己投入到故事的情节中，觉得这个情绪区域很有必要。教师应帮助孩子察觉自己的情绪，接纳自己的情绪，可以请孩子们来商讨可以开展什么游戏，创设哪些角色。在讨论中，引导幼儿结合自己的经验创新游戏玩法，在游戏中自我改正、自我调整。因此教师应细心呵护幼儿的情绪起伏，支持幼儿用个性化的方式互相安慰、自我调整，完成对自身情绪的管理。

三、绘本活动指导——着眼于语词策略，寓教于情

在组织幼儿进行绘本游戏时，我采取启发性的指导方式，帮助幼儿更好地理解情绪绘本的内容，更积极参与绘本游戏。

（一）情绪词汇的理解与运用贯通

在幼儿创编情绪绘本时，教师进可引导幼儿结合自己的表情及观察一些情绪“信号”，学习新的情绪词汇，巩固已获得的词汇经验。在师幼互动中提示更多新词汇，如“兴奋”“激动”“好奇”“害羞”等等；在幼儿出现消极情绪时，鼓励使用“紧张”“暴怒”“忧郁”“沮丧”等来表达或用“我现在感到”“我有一点点难过、伤心……”这样的句式来联接情绪词汇；还可以用幼儿创编的情绪剧本将情绪词汇整合，并以舞台剧的形式表现出来。

（二）教师的提示与沟通兼顾

情绪教育中，教师语言指导策略可帮助幼儿理解故事，促进其情绪梳理。在一次区角活动中，彤彤阅读《菲菲生气了》时，因无法识别情绪而困惑。我以聊天方式介入，引导她理解绘本。提及《礼物大变身》中灰色和蓝色代表伤心，引导她关注《菲菲生气了》的灰灰蓝蓝画面，从而理解主人公情绪变化。

在“情绪绘本游戏化”初步实施后，笔者发现班级幼儿的情绪能力有明显提升，面对消极情绪，也能较好调节。可见将绘本游戏的教学与趣味性的游戏相融合的活动方式是幼儿所喜爱的，既能帮助幼儿提升绘本阅读的能力，又能有效地在情境中让幼儿对情绪进行自我管理和调节，尝试自己去探索丰富的情绪世界。

【参考文献】

[1] 郝百慧 . 幼儿园绘本游戏化课程的有效应用路径探索 [J]. 当代家庭教育，2021（25）：2.
[2] 张晗 . 依托游戏快乐阅读——幼儿园绘本教学游戏化探究 [J]. 家长，2020（8）：2.

44. 小型幼儿园教师对幼儿自主游戏的探讨

黄州区禹王街道办事处中心幼儿园　叶子一

【摘要】在幼儿教育中，自主游戏活动占据了很重要的地位，如何开展自主游戏，如何理解幼儿对于自主游戏的需求，基于幼儿视角去探索研究自主游戏，是我们每一位幼儿教师都需要去思考和探讨的问题。

【关键词】小型幼儿园；自主游戏；探讨

一、周期性的自主游戏活动

我们幼儿园是一所小型幼儿园，很少开展大型活动，基本上以自主游戏为主，我园的自主游戏活动具有周期性，以每天一个小活动，每周一个中目标，每月一个大主题，这样的形式去开展设计的宗旨是让幼儿在一个完整的体系中去开展活动，去实现自我的探索和成长。

二、以幼儿兴趣为基础

幼儿园自主游戏开展的基础是幼儿的自主性，所以我们在选择游戏时需要基于幼儿的兴趣和自主性，让他们自主、自由地思考和探索。以幼儿的兴趣为基础开展的自主游戏活动，才叫做真正的“自主游戏”。例如，我们幼儿园的沙池游戏是比较值得认可的。我园各个年龄层次的孩子都很喜欢沙池游戏，孩子们对于如何进行沙池游戏也有自己的方式和见解。

在自主游戏过程中，教师的角色更多是引导者和观察者，并不是指令者和控制者。教师应注重观察幼儿的游戏行为，了解他们的需求和困惑，引导他们解决问题。我认为我目前在幼儿园自主游戏中最大的瓶颈是，经常忍不住去提醒幼儿该如何操作。其实这个问题可在课后反思，还有教研活动的时候拿出来和小朋友和同事们探讨。我认为教师需要反思自己在游戏过程中的指导，思考如何运用专业知识，必须充分思考和充分研究才有机会成就一个成功的自主游戏案例。

幼儿园的教育方式基本上是以游戏活动为主，特别是自主游戏，我认为这也是幼儿自我探索、成长的重要途径。然而，如何开展自主游戏，如何理解自主游戏，却是教师们面临的困惑和挑战。首先，教师要理解自主游戏的价值和内涵。自主游戏不是放任幼儿自由玩耍，应该引导他们去思考，不论是在课堂上还是在游戏中，目前幼儿园阶段的孩子最应该学会的是独立思考，要先有思考的能力才能成就一个爱动脑、爱学习的好孩子。

自主游戏即幼儿在一定的游戏环境中根据自己的兴趣和需要，以快乐和满足为目的，自由选择、自主开展、自发交流的积极主动的活动过程，这一过程也是幼儿兴趣需要得到满足，天性自由表现，积极性、主动性、创造性充分发挥和人格建构的过程。

（一）引导与观望：自主游戏的关键

1. 引导：教师在自主游戏中的角色

在自主游戏中，教师的角色不是发出指令的控制者，而是引导者。我们需要做到以下几点：

（1）创设良好的游戏环境

提供丰富且自主的游戏空间，让幼儿能够自由地去开展自主游戏。

（2）尊重幼儿的兴趣

关注幼儿的兴趣点，并且以此为出发点开展游戏。

（3）提供适当的引导

在幼儿需要的时候，提供适当的引导，让幼儿在不解时能有所启发，继续游戏。

2. 观望：教师在自主游戏中的态度

我们所说的“观望”并不是袖手旁观，而是教师在一旁关注幼儿的游戏，从中观察幼儿的成长，例如这个小朋友今天学会了自己去做一个城堡，另一个小朋友今天主动和其他小朋友一起玩要，从中了解幼儿的需求、困惑。观望的态度包括：

（1）耐心

给予幼儿足够的时间和空间，让他们能够在游戏中充分的去互相探索、思考。

（2）仔细

观察幼儿的游戏过程，记录他们的点滴成长。

（3）反思

教师需要对自己的教学进行反思，以此来提高自己的教学水平。

（二）实践案例分析：沙池游戏

以沙池游戏为例，我们幼儿园将自主游戏设置为周期性活动，每天一个小活动，每周一个中目标，每月一个大主题。

对于不同年龄层次的幼儿，对于沙池游戏的玩法不一样：

小班：挖沙子做城堡。

中班：用沙池和水制作江河及大桥。

大班：沙池还能怎么玩？能与什么其他用具一起玩？对沙池游戏的理解和探索。

幼儿教师在孩子自主游戏时需要怎么做呢？

（1）引导者

教师在自主游戏中应扮演引导者的角色，引导幼儿自主思考、主动探究。例如，在沙池游戏中，教师可以提问幼儿：“你想要用搭建什么物体呀？”“你用沙子做的奶茶还可以加入什么口味的水果进去呢？”从而激发幼儿的想象力，让他们在游戏中充分地自我表达、自我思考。

（2）观望者

作为教师，在幼儿自主游戏时，我们应该成为观望者，而不是一个指挥者。我们要关注幼儿的游戏过程和游戏方式，要观察他们与同伴交流的内容，观察他们的兴趣、需求或者游戏中无法解答的困惑。这样幼儿教师才能更好地了解幼儿，并对他们进行有针对性的指导和教育。

（3）反思与教研

教师在自主游戏结束后，应该第一时间进行反思和教研，要让幼儿回顾自己在游戏中做了什么，与同伴交流了什么将玩游戏的起因过程和总结阐述到位。可能小班的幼儿无法做到最佳，但是我们应该鼓励他们去表达，去思考，为他们的思考与学习添砖加瓦。另一方面，教师在教研过程中，也要了解幼儿需要哪些教师，需要哪些教育教学方面专业知识的指导，这样也能提升自己的专业性发展。

总而言之，幼儿自主游戏的开展是一种非常重要的教育形式，教师在其中扮演的角色早已从一个指挥者变成了引导者。在我园，通过这一系列周期性的自主游戏活动，幼儿能在自由并且开放的环境中找到学习思考的乐趣，能够更快地成长。同时，教师也能在提高自己的专业素质。在这个过程中，教师与幼儿是共同成长的，体现了教育的共赢性。

45. 以儿童为本，幼儿园真游戏的探索与实践

黄州开大实验幼儿园　杨玉

【摘要】本文结合日常指导幼儿游戏活动的实践，通过理论联系实际的方式，对幼儿园真游戏的探索与实践进行了深入反思分享了游戏案例，记录了游戏故事，并探讨了幼儿游戏的支持回应策略。本文旨在通过分享这些实践经验，为其他教育工作者提供有益的参考和启示。

【关键词】**真游戏；探索；实践**

一、日常指导幼儿游戏活动的实践

在日常指导幼儿游戏活动中，我始终坚持以儿童为中心，关注每个孩子的兴趣和需求。通过观察和互动，我发现孩子们在游戏中展现出极大的创造性和想象力，同时也存在一些问题，如部分幼儿在游戏中缺乏自信、不愿意主动参与等。

为了解决这些问题，我采取了一系列措施。首先，我鼓励幼儿积极参与游戏，让他们在游戏中发挥自己的主体性和自主性。我为孩子们提供多样化的游戏材料，让他们自由选择、组合和创新。通过这些活动，孩子们逐渐增强了自信心，愿意主动参与游戏。

其次，我注重引导幼儿在游戏中发现新的玩法和思路。我通过启发式提问和引导的方式，引导孩子们从不同角度思考问题，激发他们的创造力和想象力。同时，我也鼓励孩子们在游戏中与同伴合作、交流和分享，培养他们的合作精神和社交能力。

在指导幼儿游戏活动的过程中，我还注重与幼儿的情感交流和支持鼓励。我关注每个孩子的情感需求，给予他们及时的关注和支持。当孩子们遇到困难时，我耐心地引导他们解决问题，帮助他们建立自信心和积极的学习态度。

二、理论联系实际：反思自己的教育行为的适宜性

在幼儿园教育中，理论和实践是相辅相成的。幼儿教师需不断地反思自己的教育行为，确保它们与理论相符，并适应幼儿的发展需求。

首先，我们需要深入理解幼儿教育的相关理论，包括儿童心理学、教育学、社会学等方面的知识。通过学习这些理论，我们可以更好地了解幼儿的发展特点和需求，制订适宜的教育策略。

其次，我们需要将理论知识与实际教育行为相结合。在指导幼儿游戏活动时，理论结合实际，制订出适宜的教育策略。例如，对于年龄较小的幼儿，我们可以通过提供具体的指导和帮助来促进他们的游戏发展；对于年龄较大的幼儿，我们可以通过启发式提问和引导的方式，鼓励他们自主探索和解决问题。

最后，我们需要反思自己的教育行为。在指导幼儿游戏活动的过程中，我们需要时刻关注幼儿的表现和需求，及时调整自己的教育策略。同时，我们也需要反思自己的教育行为是否符合相关理论，是否适应幼儿的发展需求。

总之，理论联系实际是反思自己教育行为适宜性的关键。只有将理论知识与实际教育行为相结合，才能制订出适宜的个性化教育策略。

三、游戏案例分享

（一）“小小建筑师”游戏

在一次“小小建筑师”游戏中，幼儿们需要在规定的时间内合作搭建一座高塔。在这个过程中，幼儿们不仅需要发挥自己的创造力和想象力，还需要学会与同伴合作、沟通协商。通过这个游戏，幼儿们不仅提高了动手能力和空间认知能力，还培养了团队合作精神和解决问题的能力。

（二）“小小剧场”游戏

在“小小剧场”游戏中，幼儿们需要分组表演一出简单的故事。每个小组都要选出导演、演员等角色，并共同商讨剧本和表演方式。这个游戏不仅锻炼了幼儿的表演能力和语言表达能力，还培养了他们的合作精神和组织能力。

四、记录游戏故事及指导幼儿游戏的支持回应策略

（一）游戏故事记录

在指导幼儿游戏的过程中，教师应通过观察、记录幼儿的游戏故事，了解他们的兴趣和需求。这些故事包括幼儿在游戏中的表现、遇到的困难和挑战，以及他们克服这些困难的过程等。通过记录游戏故事，教师可以更好地了解幼儿的发展状况和需求，从而进一步改进教育行为。

（二）指导幼儿游戏的支持回应策略

针对不同年龄段和差异化的幼儿，教师应采取不同的支持回应策略。对于年龄较小的幼儿，应注重提供具体的指导和帮助；对于年龄较大的幼儿，应更多地采用启发式提问和引导的方式，鼓励他们自主探索和解决问题。同时，还要注重与幼儿的情感交流和支持鼓励，帮助他们建立自信心和积极的学习态度。

此外，我们还需要加强与家长、社区和其他相关机构的合作，共同为幼儿创造一个更加丰富多彩、有趣好玩的成长环境。同时，我们也需要关注幼儿心理健康和情感发展，为幼儿提供更加全面、个性化的教育服务。

46. 生活知行游戏获真
——幼儿园游戏教育的探索与实践

武穴市永宁幼儿园梅府园区　梅方春、吴妹

【摘要】随着现代教育理念的多元化发展，在幼儿生活中融入游戏教育是大势所趋。因此，幼儿园活动必须贴近生活。探索游戏在幼儿园活动中的实践，具有十分重要的现实意义。

【关键词】幼儿园；游戏教育；探索与实践

一、生活游戏促进幼儿心理、身体健康发展

生活游戏，可以培养幼儿强大的心理素质，进一步促进幼儿心理健康发展。《幼儿园教育指导纲要》指出：“培养幼儿对体育活动的兴趣是幼儿园体育的重要目标，要根据幼儿的特点组织生动有趣、形式多样的体育活动，这有助于幼儿身体健康发展。”

（一）找准切入点

一次户外活动中，我听一个稚嫩的声音：“你们快看，这里有个球！哪里来的球呀？”

孩子们都围了起来，有个孩子说："这是哥哥姐姐的球！我看见他们拍球很厉害！""我也要拍球！"对于球，孩子们都有玩的兴致。篮球运动涵盖了走、跑、跳、投等多种运动形式，能全面锻炼孩子的身体，还能让孩子们在互相协作的过程中懂得团结就是力量，增强集体荣誉感。

（二）如何去参与

这圆滚滚的球可以怎么玩？孩子们自由地探索玩法，拍、滚、传、投等等，他们一起去尝试不同的玩法，如：多人传球、背对背运球、比一比谁拍得多等等。不但如此，还将器械与球有机结合，有小推车运球、滑梯滚球、投篮比赛等，孩子们玩得不亦乐乎。有趣的生活游戏，丰富了孩子们的体育活动，锻炼了孩子身体的各个部位，也让他们体验到了无穷的乐趣。

（三）游戏后的感悟

玩球和其他游戏一样，只要孩子们感兴趣，就可以举一反三，触类旁通。游戏之后再玩一个"说一说"的座谈游戏，让小朋友们谈谈我们刚才玩了什么，怎么玩的，玩过之后觉得怎么样，这个游戏还想怎么玩……

通过这样的活动，孩子们不但锻炼了身心，更越来越喜欢上幼儿园，喜欢教师和小伙伴，也愿意参与各种各样游戏活动。

二、游戏丰富幼儿的生活经验和知识经验

（一）游戏活动中发现教育契机

我们开发了班本课程《"光"与"影"的邂逅》，在大自然的怀抱中，孩子们发现了阳光下的影子，孩子们对影子的"神秘性"产生了极大的兴趣。他们追着影子跑，和影子打招呼，去踩自己的和同伴的影子……孩子们你追我赶，玩得汗流浃背。忽然间，有小朋友发现了影子的奇妙："咦，影子一直跟着我，好像一条小尾巴呀！"还有的孩子说，"影子能变出各种小动物哦，真好玩儿！"孩子们追着影子，跑到阴凉处，影子不见了！这就是一个教育契机：影子为什么不见了？它跑到哪里去了？孩子们七嘴八舌地讨论。借助这个教育契机，我给孩子们讲了"光"和"影子"的故事。

（二）游戏中掌握生活常识、发现奥秘

著名教育家杜威曾说过"生活即游戏，游戏即生活"。在互相踩影子的过程中，孩子们懂得了活动中如何避让危险的安全常识。后续还让孩子寻找生活里各种各样的影子，开拓他们的视野，让孩子们发现阳光下会有影子，夜晚的月光下、手电筒和手机灯光下都会出现影子，进一步让孩子们探究影子的大小与遮挡物、光源之间的关系。孩子们在探索的过程中，会发现身边更多的科学奥秘。

三、生活中处处有游戏，游戏就是“小生活”

游戏是幼儿园教育活动的重要组成部分，也与幼儿日常生活息息相关。大自然是孩子们最好的老师，带孩子来幼儿园的草地上、山坡上，大树底下、葡萄架下……让他们与自然谈心，与花草“交友”互动，在自然中释放情绪，在自然中探索、发现、成长。

以上游戏活动都是本班真实生活中的游戏记录，游戏还可以贯穿于孩子们的任何课程中，不论是区域活动中的创造性游戏细化后的角色游戏、结构游戏、表演游戏，还是户外散步时的生活小插曲，都有利于提高幼儿创造性思维能力、语言能力、各类认知能力，增强幼儿自信心，培养其坚强的意志和品格，全面提高幼儿的综合素质，让孩子们在生活游戏中实现全面发展。

结束语：游戏对幼儿的个性发展有着不可估量的重大作用，对社会发展以及人类进步都有着举足轻重的地位。本文旨在让孩子发现生活中的游戏，在生活中窥见奇妙世界，在生活中释放天性，在游戏中放飞自我，在游戏中成长，还给孩子们一片自由奔跑、尽情玩耍的天地吧！相信我们的教育未来可期，相信我们的孩子必定会长成参天大树，不惧风吹雨打！

【参考文献】

[1] 张小平 . 游戏之旅 师幼同行 [J]. 基础教育研究，2016（18）：84 + 86.

[2] 舒冬凤 . 幼儿合作素养的培养研究 [J]. 才智，2016（27）：112.

[3] 张晓光 . 游戏人生：生活即游戏，游戏即生活 [M]. 北京：中国人民大学出版社，2017.

47. 幼儿园开展自主游戏活动的问题与探索

英山县第三幼儿园草盘地园区　李萍

【摘要】幼儿通过自主游戏感知认识这个五彩缤纷的世界，在自主活动中幼儿也会遇到很多问题，对于简单问题教师应该信任幼儿，让幼儿自己解决问题，在幼儿遇到困难时教师应该耐心帮助幼儿分析问题，而不是直接告诉幼儿答案，所以作为教师我们应该多给幼儿一些耐心和信任，这样才能让幼儿获得成就感和自信心，发展思维和各项能力。

【关键词】**自主游戏；开展问题；指导建议**

一、自主游戏的重要性

自主游戏是幼儿自主自愿的活动，而不是成人强加的逼迫性活动，幼儿能自己决定游戏中的全部。让幼儿自主游戏并不是把材料一发就让幼儿自己随便玩，没有教师的参与和指导，幼儿游戏会成为一种无目的、无计划的活动。教师应适当地参与游戏，但也不能完全掌控游戏，游戏的自主还应交给幼儿。如果教师掌控太多，幼儿则会觉得毫无自由，只能在教师的掌控下机械消极地面对游戏。

二、幼儿自主游戏活动的问题

通过对幼儿游戏的观察，我发现幼儿在游戏时会遇到不同的问题，导致了幼儿的游戏无法顺利进行下去，以下就是我在观察中发现幼儿自主游戏中出现的问题。

（一）教师的指导不够

在某些教师理解中，幼儿在进行自主游戏时不需要教师的参与，教师应让幼儿完全自主进行游戏，不对幼儿提供引导和帮助。但幼儿在游戏过程很容易养成不好的生活习惯，脱离游戏教学的初衷。例如：在进行塑料管道搭建时，教师让幼儿自主游戏，便站到一旁看着幼儿，过了一会儿俊俊就把塑料管道当作枪，去打别的幼儿并且扰乱其他幼儿游戏的进行。

（二）部分教师点评方式单一

对于幼儿的健康成长而言，教师对幼儿游戏过程的评价能起到良好的促进的作用。因此，教师需要高度重视对幼儿游戏过程的评价。而目前教师对幼儿的游戏过程中的评价仅仅停留在最基本的幼儿表现概括以及对幼儿行为的是非判断上，常常忽视培养幼儿的主观能动性。因此，教师的评价方式还需要朝培养幼儿自主性的方向改进。

（三）游戏方式由教师安排，未能尊重幼儿意愿

幼儿的自主游戏，大部分是由老师安排的，而不是按幼儿的意愿选择自己想玩的游戏，如果被安排玩自己不想玩的游戏，那么幼儿在游戏时积极性和参与性就会降低。例如：教师："今天我们一起去石头室玩吧，下面我将小朋友分成三组分别去玩石头画、石头拼接、石头搭建"。后来询问该教师："自主游戏不是让幼儿自己选择想玩的区域吗？"教师说："要提前分好，有的孩子不适合玩某些区域，我怕他受伤，有的孩子画画会弄得到处都是，收拾起来很麻烦，而且这样更方便我们进行管理"。教师在自主游戏中不断剥夺幼儿的主体地位和自由选择的权利，经常会将自己的个人意愿转换成幼儿的要求，自己安排幼儿的活动。

（四）游戏时间控制不当，游戏效果减弱

幼儿园的一日活动过程环环相扣，虽然在幼儿园幼儿每天都可以玩游戏，但进行自主游戏的时间是十分有限的，有时幼儿游戏还没玩完，教师就要求收玩具，有时因为游戏时间过少，让幼儿放弃玩自主游戏，而让他们玩一些雪花片之类不需要合作思考的游戏，这样就限制了幼儿社会交往能力以及思维能力的发展，也会降低幼儿在幼儿园对游戏的期望。

三、幼儿自主游戏指导建议

（一）教师应介入游戏中成为游戏中的一员

教师的指导应是参与游戏而不是干预游戏。幼儿在游戏时，教师要关注每个幼儿的状态，如果发现需要适当指导的幼儿，可以以游戏中的角色去参与其中，这样不仅可以引导幼儿，还可以促进师幼之间的关系。例如：在角色游戏中，农家小院的小顾客太多，厨师忙不过来，在一旁等待的小顾客觉得很无聊，这时教师就可以充当服务员的角色为小顾客服务。这样一来，大家在游戏中会觉得非常开心。教师在必要的时候参与幼儿的游戏，可以引导幼儿，并且培养幼儿遵守规则的意识和日常行为习惯。

（二）更新理念，保障自主游戏实施

在推进自主游戏发展的过程中，教师首先要把自己摆在正确的位置，创造合适的游戏环境，同时要正确理解自主游戏对幼儿的意义，建立规范且完整的制度。幼儿的自主游戏意识很强，很容易融入新的游戏角色，无法坚持原先的角色，那么面对这种情况，教师就要制订让幼儿比较容易接受的规则，这样在培养幼儿自主性的同时也培养了他们的规则意识，有益于他们未来的发展。

（三）给幼儿足够的时间和空间

首先要给幼儿充足的游戏时间。幼儿每次游戏的时间至少需要 30 分钟，因为他们需要寻找伙伴，商量游戏的玩法，决定用哪些玩具材料，还要进行分工合作。因此，足够的游戏时间对幼儿来说很重要。如果只有十分钟，很有可能幼儿刚刚计划好，还没开始行动就要结束了。这样的话，幼儿的心理会受到打击，所以在游戏时要给幼儿充足的时间去开展游戏，让幼儿玩得开心、尽兴，这样才会发挥游戏的教育作用。

其次要给幼儿足够的游戏空间。要让幼儿自主选择游戏的内容、形式、材料、伙伴等，不能过多地干涉幼儿，帮幼儿决定好玩什么。室内的每一个游戏区域应至少可以容纳 5—6 个幼儿。如果空间过于狭窄，在游戏时难免会发生碰撞，可能会引起不必要的冲突。在室外，幼儿园内的游戏设备有很多，教师要在保障幼儿的安全情况下带幼儿进行户外游戏。不能因为害怕幼儿受到伤害而不让幼儿去户外游戏。

自主游戏活动是幼儿根据个人想法意愿和兴趣爱好自主选择的活动，每个幼儿在活动中都有自己的思想，并且教师的一言一行都会影响到幼儿。所以，教师在指导幼儿自主游戏时不要将自己的想法强加给幼儿，控制幼儿自主游戏的内容。在自主游戏中教师要将选择权、决定权交还给幼儿。

【参考文献】

[1] 祝丹 . 浅析幼儿自主游戏活动对幼儿发展的意义 [J]. 文理导航（下旬），2021（06）：85-86.

[2] 谢慧 . 幼儿园户外自主游戏中教师的有效指导探析 [J]. 新课程，2020（50）：186-187.

48. 引领与支持幼儿在游戏中走向深度学习——大班户外自主游戏“建构基地”

麻城市第五幼儿园　汪艾

【摘要】在幼儿园课程改革的重点从“关注幼儿”转变为“关注幼儿发展”的大背景下，“游戏课程化”被提出，因此，我进行了在户外自主游戏中引领与支持幼儿在游戏中走向深度学习的尝试实践。

【关键词】**户外自主游戏；深度学习**

我班幼儿在户外游戏场地开展了户外建构项目“建构基地”。通过幼儿园的“旧宝”征集令，号召了我班家长，他们不仅带来了各种生活常见的废旧可利用物品，带来了 PC 管道等材料。在丰富的材料中，孩子们开展了游戏“建构基地”。在“建构基地”的过程中，我们通过如下 5 种方法对幼儿的深度学习进行引领和支持。

一、捕捉游戏中的真问题，促进开启深度学习

（一）提供真实材料，倾听幼儿心声

在整理材料的过程中，孩子们能够自发地进行分组，并且互相介绍整理的好方法，但过程中发生了一点安全问题，于是我们就进行了游戏中的安全讨论，孩子们也想出了很多取放管子的方法和使用时的注意事项，孩子们说“拿的时候我可以把两只手握着管子的两头”“拿的时候要离小朋友远一点”。

（二）观察幼儿行为，分析蕴含学习机会

想要在游戏中引导幼儿进入深度学习，教师首先要深入细致地观察幼儿、研究幼儿。

案例 1：不受欢迎的小组成员。当孩子们进行建构游戏时，我发现有 2 个孩子总是游离在大家的游戏之外，调查原因发现他们俩在建构时不听从小组的安排，只顾自己玩，所以小组内的小伙伴不欢迎他们。于是，我和他俩进行了个别谈话，引导他们融入小组。

（三）自主解决问题，获得成功体验

自主解决问题的方式可以是阶梯式的，如有的问题只需要给孩子提供充足的时间、空间和材料，他们在游戏中就能自己解决或与同伴协商解决；有的问题可以通过同伴榜样的示范，在观察和互相学习中得到解决。

二、给予充足的材料和时间，支持进行深度学习

（一）提供低结构高开放材料，打造自主探究思考创造空间

本次提供的建构材料中有大量的PC管，粗细分为2cm、5cm，长度分为30cm、50cm、70cm，并配有相应的直头、三头和两头的拼插口。这些不同长短、不同粗细的PC管数量远远多于幼儿人数，充足的材料为幼儿的游戏提供了有力的保障。

（二）游戏材料不仅要充足，还需要根据游戏情况进行增减

在游戏中我们观察到，有的孩子会将材料一股脑倒在自己周边，通过询问了解到：孩子们觉得三通管不够用，所以先拿一些放在自己旁边，于是我们及时地增加了一些拼插口。

三、借助持续性项目活动，推进幼儿深度学习

（一）寻找游戏需解决问题，形成研究项目

在游戏的过程中，孩子们总会产生很多的想法，可这些想法往往是不容易达成，但又影响游戏继续进行的，需要教师的支持，此时正是一个研究项目生成的最好时机。

（二）引导幼儿制订实施计划，共同解决问题

案例2：在建房子项目活动中，我问孩子们："怎样才能建好一座房子呢？"于是我们一起了解了建房子的流程：设计师设计房子，工人将房子建造出来。于是，孩子们在每次活动前都会做房屋设计。

四、运用多种介入指导方式，助推深度学习实现

（一）适度示弱，幼儿多渠道收集信息

在建房子的活动中，我告诉孩子们："蔡老师也没有建过房子，不知道房子应该怎么建，怎么办？"有的孩子马上说："我们可以在百度上查一下。"贝贝说："我爸爸是建筑师，可以问爸爸。"于是孩子们回家后纷纷请教家长。

（二）启发建议，引导幼儿自主寻找答案

案例3：在游戏初期，收纳筐放置的位置影响了孩子们的操作，此时我问："筐子放在

什么地方大家拿材料比较方便？”孩子们给出了好几种方案，方案1：我们可以把筐子放在操场的中间，围成一个圈。方案2：我们可以把筐子放在操场中间，摆成一排。教师：“那我们来投票吧。”

五、生发集体活动，搭建游戏与教学的桥梁

（一）当班级幼儿出现共性问题时，适时组织必要的集体教学

如：管子立不起来怎么办？房子怎么搭才能立起来呢？这些问题我们都会放进集体谈话中进行，大家一起讨论解决问题。关于房子的结构以及设计的方法，我们就组织了集体教学活动《房子是怎样建成的》。

（二）通过成功经验的分享，高效提高幼儿的游戏水平

游戏是孩子的功课，能玩出经验、玩出智慧、玩出成长，但也需要成人帮助他进行经验的梳理、提炼和分享。经过教师引导的“建构基地”游戏充分体现了幼儿的深度学习特征，孩子在建构游戏中能够做到自主参与、积极探索和主动利用新旧经验解决问题。从设想到作品展示是幼儿一次想象与现实的完美结合的过程，也是一次科学学习品质与思维的养成过程。

【参考文献】

[1] 冯晓霞，华爱华，刘占兰，等.探索反思超越——走向广覆盖，保基本和有质量的学前教育——中国学前教育研究会2016年学术年会系列报道之二[J].幼儿教育·教育教学，2017（01）：2.

[2] 付亦宁.走向深度学习——透过“浅层”理解“深度”[J].当代教育家，2016（10）：16-21.

[3] 王秋.幼儿园大型户外建构游戏[M].上海：华东师范大学出版社，2017.

49. 借助混龄体育游戏促进幼儿社会性发展的策略

龙感湖中心幼儿园刘佐园区　袁文、戴传佳

【摘要】良好的社会性是提升幼儿社交能力、改善幼儿人际关系的基本前提，是促进幼儿全面自主发展、提升幼儿生命质量的重要手段。混龄体育游戏为幼儿的社会性发展创造了真实、丰富且积极的交往环境，有利于发展幼儿积极的社会性品质。幼儿园应贴近幼儿的生活，设置多维度、多层次、具有挑战性和开放性的混龄体育游戏活动，引导幼儿对

混龄体育游戏活动进行自主评价，促进幼儿的社会性发展。

【关键词】**混龄体育游戏；社会性发展；策略**

混龄体育游戏作为一种有助于培养儿童社会化能力的一种教学方法，以混龄为儿童创造一个真实的交流环境，以游戏的形式来满足儿童的学习需求。

一、混龄体育游戏对幼儿社会性发展的价值

运动游戏是一种结合了运动、游戏和教育辅导三个因素的体能训练运动，它由运动、游戏和教师的引导组成，三者缺一不可。幼儿混龄体育游戏是一种突破了年龄限制的运动游戏，是3—6岁的孩子们自主组队、自愿参加的形式多样的运动游戏。在通过游戏自身能够进行的各种交往规则的学习，辨别交往情境，理解自我和其他人物在游戏中的心理需要以外，混龄体育游戏还提高了同龄人交往的异构性，给孩子们创造了更加真实、丰富和合适的交流情境，这对于他们的社会化发展是非常有利的。运动游戏对儿童体能的发展具有一定的挑战性，它要求儿童在毅力等其他方面付出较多。比如，在动作技能、器械操控方面，儿童要持续地超越当前的能力水平，越是复杂困难的运动游戏，越需要持之以恒，而在战胜困难获得成功的满足感又会进一步增强孩子的自信心，增强他们的意志。混龄体育游戏的进行是建立在儿童独立协商和独立决定基础上的，要想促进体育游戏的成功进行，就需要儿童主动地和同伴进行沟通，让他们对游戏的目的和规则有一个更清晰的了解，让每个参与的人都能满意。在游戏中，需要通过同伴之间的协商，解决问题，分配角色，适应规则，每个问题都是对幼儿社会性能力的一种考验。

二、基于幼儿社会性发展目标设置合理的混龄体育游戏任务

根据儿童社会化发展目标，根据儿童身心发展水平和学习兴趣来设计合适的游戏任务和场景，是进行幼儿园混龄体育游戏的重要内容。在设计游戏任务时，既要与儿童的人生经历和发展层次相适应，又要对儿童的社会化发展有一定的促进作用，这样才能最大程度地为儿童的社会化发展提供支撑。在进行游戏活动时，可以从动作、语言等多个层面对儿童进行社会化培养。早期操作期儿童以自我为核心，在游戏过程中与同龄人发生冲突是非常常见的现象。在游戏过程中，当孩子和伙伴之间产生矛盾的时候，教师要指导孩子积极地用言语来表述自己的思想，并运用适当的方法让孩子们同意自己的意见。这样不仅可以训练孩子的语言表达能力，而且可以让孩子通过观察和模仿学习协作技能，从而提升社会性能力。在新的游戏产生之后，要对游戏任务进行具体的说明，并对游戏任务的成功标准进行明确的描述，从而使儿童对游戏的任务和目的有一个清晰的认识，并对团队中的每个成员进行分工。在讲解游戏的过程中，应采用各种方法使孩子明白游戏的规则。在讲解完以后，可以要求孩子复述一遍，或者提出几个问题，让孩子们自己去解答，以此来检验孩

子对游戏规则的掌握情况。在讲解游戏任务时，也要注重有目的地讲解，提高儿童社会化发展的目的性。

三、总结和提升游戏经验来内化幼儿积极的社会交往行为

及时、适当的评价可以帮助孩子了解他们和其他成员的成绩和不足，以便他们不断学习、进步。在活动之后，教师要指导幼儿对自己和同伴进行评价。由于思想层次限制，言语表达能力不足，幼儿无法对混龄体育游戏活动中的重要环节进行思考与内化。这个时候，教师既要引导孩子们自我，也要引导他们进行自主评价，让他们有一个初步的认识，让他们学会怎样去总结自己的活动，从而促进他们的社会化发展。要让每位儿童都主动地发表意见，使他们对自己在团体中的参与状况有一个清晰的认识。

【参考文献】

[1] 陈玲 . 借助混龄体育游戏促进幼儿社会性发展 [J]. 学前教育研究，2023（10）：91-94.

[2] 张晓娇 . 提升大班幼儿户外自主游戏质量的有效策略 [J]. 科学咨询（教育科研），2023（04）：258-260.

[3] 傅琪蓉 . 幼儿自主晨间活动策略探究 [J]. 亚太教育，2022（21）：173-176.

[4] 冯艺璇 . 具身认知理论下幼儿园区域体育游戏的意义与创设策略 [J]. 齐齐哈尔师范高等专科学校学报，2022（04）：8-10.

50. 儿童视角下的幼儿园自主游戏活动的开展策略

英山县县直机关幼儿园坡儿垴园区　张炼

【摘要】以儿童视角来构建教育体系成了学前教育研究的新领域，其本质是尊重儿童作为独立个体的主体性，对于挖掘幼儿潜能、提升幼儿综合素质有重要的意义。因此，本文从耐心倾听了解、关注个性差异、支持儿童自主三个角度，对如何基于儿童视角来开展幼儿园自主游戏活动进行探讨。

【关键词】**儿童视角；自主游戏；开展策略**

在过去的幼儿园区域游戏活动中，存在忽视幼儿主体性、过于强调教师经验的问题，导致了教育实施效果不理想的情况，需要引起教师的关注。因此，教师有必要探索基于儿童视角的区域游戏活动开展策略，强化幼儿在游戏中的自主性，让幼儿的天性释放出来，使他们积极主动地参与到游戏和学习中去，进而取得更好的育人效果，提升幼儿园教育的质量。

一、耐心倾听了解，明确幼儿需求

基于幼儿视角的教育要求教师对幼儿的需求形成清楚的认识，教师应对幼儿的需求进行深入的了解，及时调整教学方法。基于自主游戏活动的特点，教师应从幼儿的兴趣爱好、与同伴之间的相处方式、幼儿喜欢的游戏方式等角度来了解幼儿的需求，探索新的游戏方式。

在自主游戏中，幼儿要自主选择游戏内容，教师对幼儿进行细心观察，在此过程中，发现在自主游戏活动中，幼儿更喜欢在大的区域玩，同时也更加关注空间的独立性、关联性。如：自主游戏时，孩子会从自己的需求入手制订游戏计划，此时教师要倾听和记录孩子语言，比如：建构游戏中，每个幼儿的想法都不同，有的幼儿想要搭建一个城堡，教师就应作为观察者、支持者，要学会观察并做好游戏记录，要学会在恰当的时机介入游戏。在此过程中，教师对幼儿需求要全面了解，这有助于自主游戏活动目标的实现，对幼儿的成长也起着非常重要的作用。

二、关注个性差异，采取针对措施

每个幼儿都有自己的成长特点，在自主游戏中，教师应站在幼儿的角度思考和看待问题，鼓励幼儿按照自己喜欢的方式参与游戏，强化幼儿对自我的认同。同时，教师也应结合幼儿的差异性采取针对性的教育措施，从而提升游戏活动的实施效果。

例如，在自主游戏活动中，教师需要为幼儿提供不同的材料，从而满足幼儿的不同需求。建构游戏对于发展幼儿的智力、动手能力、逻辑思维、空间能力等都有着重要的意义，不同的幼儿构建水平、生活经验不同，因此在构建中会采取不同的做法，这就要求教师提供丰富的游戏材料，并且用欣赏的眼光去看待幼儿的作品，还要鼓励幼儿借助多种材料开展游戏。对于建构水平较高的幼儿，教师应注重为其提供各种不同的高低结构材料，激活幼儿的探索动机，并且善于通过游戏分享来提升幼儿的建构水平，帮助幼儿掌握更多的搭建技巧。对于搭建能力较弱的幼儿，则要借助比较简单的材料和构建主题来帮助幼儿体会到建构的乐趣，同时教师也要善于使用激励评价，进而增强幼儿的建构动机。因此，教师要重视起幼儿之间的差异，根据不同幼儿的实际情况来调整游戏策略，提升幼儿在游戏活动中的参与程度。

三、支持儿童自主，提升游戏动机

基于幼儿视角的教育应当全面满足幼儿的成长需求，促进幼儿的自主发展。因此，在自主游戏活动中，教师应支持幼儿展开自主探索，让幼儿自己去选择游戏的材料、伙伴以及玩法，进而强化幼儿的独立自主性。在保证幼儿自主性的同时，教师也应当立足幼儿全面发展的需要，选择适合的方式参与进去，提升幼儿游戏的质量。

例如，在设置自主游戏区域的过程中，教师可以和幼儿一起商量讨论，根据孩子的兴趣和需求，以及比较符合幼儿发展的主题元素，用较新颖的方式设置游戏区域，从而提升幼儿参与区域游戏的动机，让幼儿对参与游戏充满期待。又比如在综合区，教师可以组织幼儿一起来展开对综合区的环境创设，让幼儿说一说材料应当怎么摆放、几个区域可以如何衔接等等，从而引起幼儿的思考。在表演区，教师可以组织幼儿一起来动手制作角色扮演所需的材料，让幼儿灵活地运用生活中常见的废旧材料及物品等来制作出所需的道具，从而促进幼儿综合素质的提升等。总之，教师应适当给予幼儿参与的机会以及自主发展的空间，让幼儿学会独立思考并且解决问题，从而挖掘出幼儿的成长潜能，让幼儿获得独立自主、勇于挑战等良好品格。

【参考文献】

[1] 孙书蓝 . 教师“一对一”倾听，提高室内区域游戏质量 [J]. 山西教育（幼教）,2023（11）：62-63.

[2] 张希翠 . 幼儿教师在区域自主游戏中的有效支持策略探讨 [J]. 考试周刊，2023（43）：163-166.

51. 大班幼儿角色表演游戏指导策略探析

黄州区赤壁中心幼儿园　余瑶

【摘要】大班幼儿角色表演游戏是一种有益于幼儿综合发展的活动。本文从指导策略的角度对大班幼儿角色表演游戏进行了探析。通过合理组织游戏、提供丰富的角色资源、引导幼儿深入参与等策略，从而激发幼儿的兴趣，使角色表演游戏成为一个有益的学习与娱乐结合的活动，促进其全面发展。

【关键词】**角色表演；游戏指导；指导策略**

大班幼儿教育中，角色表演游戏作为一种富有趣味性和教育性的活动，对于幼儿的全面发展具有重要的意义。角色表演游戏不仅能够培养幼儿的语言表达能力，还有助于提升其社交能力、创造力以及问题解决能力。同时，角色表演游戏也是一个社交互动的平台，可以培养幼儿的合作与分享精神。

一、角色表演游戏能对大班幼儿的影响

（一）促进幼儿学会人际交往，掌握同伴交往技能

角色表演游戏为大班幼儿提供了一个丰富多彩的学习平台，通过与同伴的互动，促进

大班幼儿在社交、情感认知等方面全面发展。在角色表演游戏中，幼儿不仅扮演着不同的角色，还需要与其他同伴进行互动和合作。这种互动过程促使幼儿学会与同伴沟通、协作，共同完成一项任务或一场表演。此外，通过参与角色表演游戏，大班幼儿还能够培养自己的同理心和情感认知。在扮演不同的角色时，他们需要理解和表达角色的情感、思想，从而更好地体验和理解他人的感受，这有助于幼儿形成善于倾听、关心他人的品质，提高情商和人际交往的能力。

（二）促进幼儿了解性别角色，增强角色扮演能力

通过角色表演游戏，幼儿有机会模仿和体验不同性别的角色。在扮演不同性别的角色时，幼儿需要通过语言、动作等方式展现角色特质，从而提升了他们的观察、模仿和表达能力，使幼儿能够更好地理解不同性别所具有的特点、责任和行为方式，培养了他们的创造力和想象力。这有助于幼儿更自信、自主地表达自己，提高社交技能。

二、大班角色游戏开展的指导策略

（一）根据游戏情节发展适当干预，合理实施指导

在大班幼儿的角色表演游戏中，教师根据游戏情节发展适当干预，合理实施指导，是确保游戏有序进行、促进幼儿全面发展的重要策略。通过仔细观察，教师能够及时发现游戏中的问题，为幼儿提供必要的引导和帮助，确保游戏的有序进行。适当的干预包括提供情境背景知识，引导角色扮演的方向。教师可以在游戏开始前简要介绍角色扮演的情境和目的，让幼儿更好地理解并投入到游戏中。在游戏进行过程中，教师可以适时提供一些提示或建议，引导幼儿更好地发挥创意，解决角色之间的矛盾。比如，在角色游戏《我是小记者》中，教师与幼儿一同观看电视节目中记者的工作，然后让幼儿对自己家里人进行采访。有幼儿介绍说："我采访了我的爸爸。我的爸爸个子不高，每天下班回来爸爸会把我举得很高，我就哈哈大笑。"当孩子有问题时，教师要适时介入，给孩子一个明确的方向，使孩子更好地完成任务。并且干预时要根据幼儿的具体情况提供有针对性的引导，帮助他们解决具体问题，促进其进一步发展。在进行干预时，教师需要保持轻松、积极的游戏氛围，让幼儿感受到学习的乐趣。通过这样的指导策略，教师能够更好地引导大班幼儿在角色表演游戏中发挥创意，解决问题，促进其全面发展。

（二）根据幼儿兴趣爱好个别指导，培养综合能力

在大班幼儿的角色表演游戏中，根据幼儿的兴趣爱好进行个别指导是一项重要的策略，有助于激发他们的学习兴趣，培养其综合能力。教师应通过观察和了解幼儿的兴趣爱好，发现每个幼儿在角色表演中感兴趣的主题或角色类型，具体可以采取与幼儿进行日常交流、观察他们在自由活动中的选择，以及倾听他们对于不同角色的喜好等方式。还应根据幼儿的个别兴趣爱好进行指导，有针对性地设计角色表演的情境和内容，让他们更容易投入和

参与，提高游戏的吸引力。比如在角色游戏《闪电快递》中，幼儿根据教师设计的游戏《闪电快递开张了》《你没有付钱》等游戏内容进行活动，幼儿教师主要观察孩子与材料的互动，分析孩子需要什么材料，如何调整游戏，如何推进，为每个幼儿提供符合其兴趣的角色资源，如服装、道具等，让他们更好地融入角色，增强表演的真实感。在游戏中教师应鼓励幼儿根据自己的兴趣发挥创造力，自主选择和发展角色，培养他们的独立思考和创造性表达能力。

（三）鼓励幼儿自由交流和沟通

在大班幼儿的角色表演游戏中，鼓励幼儿自由交流和沟通是一项重要的指导策略，有助于培养其语言表达能力、社交技能，并促进角色扮演游戏的深入开展。通过鼓励自由的交流，幼儿能够在角色表演游戏中更好地运用语言进行沟通。在角色扮演中，幼儿需要通过语言表达角色的情感、想法和动作，这对于他们语言能力的提升至关重要。教师可以鼓励幼儿积极参与对话，与同伴交流，使其在语言表达方面得到锻炼。在角色表演游戏中，涉及多个角色的互动和合作，这要求幼儿在沟通中学会倾听、回应和协商。自由交流，能够培养幼儿团队合作的意识，提升其社交技能，使游戏更富有互动性和合作性。在实际工作中，教师可以在角色表演游戏中创设积极的交流环境，提供充足的时间和空间供幼儿自由交流，激发他们的表达欲望。通过这些指导策略，教师能够更好地引导大班幼儿在角色表演游戏中进行自由的交流和沟通，促进其语言发展和社交技能的提升。

在大班幼儿角色表演游戏的指导过程中，采用个别指导、根据兴趣爱好指导以及鼓励自由交流等策略，能够有效促进幼儿在游戏中的全面发展。这些指导策略旨在尊重每个幼儿的个体差异，激发他们的学习兴趣，培养他们的语言表达和社交技能，使角色表演游戏更具教育意义。因此，教育者在今后的工作中，可继续探索并创新更多的指导策略，以更好地满足不同幼儿的需求，促进其在游戏中的全面发展。通过这样的努力，我们能够为大班幼儿创造更富有教育意义的游戏环境，助力其成长为积极、自信、具有较高综合素养的个体。

【参考文献】

[1] 黄静 . 大班幼儿角色游戏中实施关爱情感的途径及指导策略 [J]. 教育参考，2023（03）：40-44 + 50.

[2] 李薇 . 角色游戏促进幼儿社会性发展的指导策略——以大班角色游戏“逛超市”为例 [J]. 教师博览，2022（15）：83-84.

[3] 沈秋凤 . 大班幼儿角色游戏指导策略研究 [J]. 教育界，2020（25）：80-81.

[4] 朱金花 . 大班幼儿自发性角色游戏的指导策略——以角色游戏“自助餐”为例 [J]. 教育观察，2019，8（38）：40-42.

第四章　真游戏的评价与优化路径

1. 自主游戏乐无穷　自由探索促成长

黄冈市黄梅县幼儿园　王敏

【摘要】“以游戏为基本活动”深入每个幼教人的内心，但审视实践就会发现，游戏要符合孩子的兴趣与需求，并非易事。游戏开展过程中出现的种种问题，都需要在实践中寻找答案。

【关键词】自主游戏；自由探索；成长

一、完善体制机制，织好自主游戏的“经纬线”

幼儿园应从时间、场地、安全与教师人员分工等方面建立宏观保障机制，让幼儿可以在相对固定的时间段，到自己的游戏场地进行活动。

针对教师队伍，我园采取如下措施：一是从课程实施层面，放手支持幼儿自主游戏，深入落实“游戏故事”表征，帮助教师在倾听、对话中走近真实的儿童。二是从教研层面，要求教师记录幼儿活动，还原游戏场景进行教研，以幼儿视角感受游戏的魅力，挖掘和发挥游戏价值。三是从培训层面，通过网络平台，推进教师研修培训，提升教师理论水平和观察、解读儿童行为的专业能力。

有一次，我路过建构区，孩子们正搭建“黄梅东站”，一个孩子跑过来说：“园长妈妈，游戏玩不完怎么办？”原来这已是他们第三天重新搭建了。那天我给了孩子特权：可以多玩一会儿，完成作品。我马上组织教师讨论：怎样最大限度保证孩子们的游戏时间？

时间灵活弹性。在充足的游戏时间保障下，儿童才能从容地游戏。游戏课程提倡一日生活中，至少保证一次游戏时长超过一小时。经过多次研讨，我们将一日生活时间调整为版块时间，采用“1+1+1”游戏模式，即 1 刻钟准备、1 小时体验、1 刻钟分享。同时，为保证游戏的完整性，教师可适当延长和改动游戏时长，使之富有弹性。

调整轮换频率。为保障孩子探究的连续性和深度，我们遵循班级定区和混龄游戏相结合的原则。混龄活动中，教师定点站位，全园幼儿分为 A、B 两组，在规定的时间内自主地活动。

二、突出幼儿为本，打造自主游戏的“主阵地”

（一）转变观点，尊重幼儿在自主游戏中的主体地位

先要有“意思”，这是自主游戏的前提。有“意思”表现在有“意思”的玩物、玩伴、玩法及结果，然后才产生“意识”，达到增进合作意识、沟通能力等有“意识”的目的。

在自主游戏中，教师要转变观念，通过有“意识”地设计引导，玩出有“意思”的花样。从课程角度，将隐性的知识具象化，让孩子在探索中享受无限乐趣。

（二）创设环境，为幼儿提供自主游戏的环境氛围

自主游戏要求以幼儿为主体，将游戏的自主权交给幼儿，给幼儿构建一个自主、安全的游戏环境，促使幼儿在自主探索、不断挑战中，体验快乐、获得知识、积累经验。

第一，自然有趣的原生态环境。

我园立足本土资源及地域特点，保留原生态的自然环境，支持儿童灵活地选择不同区域，自由穿梭并参与游戏。

教师要充分了解不同年龄幼儿对环境和材料的需求，投放不同材料。如针对小班幼儿，应为其提供温馨的环境；针对中班幼儿，应为其提供多样的、易合作的材料；针对大班幼儿，应为其提供更具挑战性的材料。

第二，安全归属的自我创造环境。

一个留白的环境仿佛一个未完成的故事，幼儿可参与其中创生新情节，延展出新的结局。教师提供框架，幼儿才能不断地自我创生，使环境变得灵动、丰富，充满“儿童性”，从而在不断地环境参与中获得自信、自主。

第三，深度支持，促进幼儿在自主游戏中的学习发展。

适时发现介入的时机，在关键的发展节点上“推波助澜”，让幼儿从枯燥的“被动”走向积极的“主动”，从浅层的“参与”走向深度的“体验”，进一步激发幼儿的游戏天性。

三、强化资源整合，画好自主游戏的“同心圆”

（一）让家长成为自主游戏的同盟军

在放手游戏初期，家长担心游戏安全，不明白游戏的价值。为了解除家长的疑惑，转变观念，让家长成为自主游戏改革路上的同行者，我们做了以下工作。

1. 帮助家长了解自主游戏

向家长介绍以游戏为基本活动的原则、传递自主游戏精神，启发家长理解幼儿游戏的天性。

2. 帮助家长发现游戏价值

开展开放日、亲子活动，让家长走进幼儿园观察并参与游戏，感同身受，真正体验幼儿的游戏，发现幼儿自主游戏的价值。

（二）让社区成为自主游戏的资源库

我园地处具有丰厚红色文化底蕴的小南街，我们充分利用环境资源，开展符合幼儿年龄特点的红色教育活动。

1. 请进来

邀请老革命和烈士后代入园为孩子们讲述革命故事，带领幼儿追忆革命岁月，培养儿童尊敬、爱戴英烈的情感。

2. 走出去

与社区合作开展系列活动，形成幼儿教育生态圈。如“大带小游南街”，走进小南街百年人文和历史；幼儿担任卫生监督员，给他认为最清洁的家庭贴红花；师幼担任宣传员，引导家长有序停车，爱护环境；教师进社区开展“园丁流芳”活动等。这些活动的开展充分体现环境育人，生活即教育理念。

改革者要有教育的理想和情怀。教师本位的“教材目标”“高控游戏”等逐渐退出舞台，取而代之的是能够赋予儿童游戏权利的“真”游戏，我们深刻体会到，课程改革没有终点站，只有以儿童为本，追随儿童，我们一定会遇见真游戏，看见脚下有力、眼中有光、脸上有笑的孩子！

2. 幼儿园户外自主游戏园本化建设实施策略

蕲春县幼儿园　孙灵敏

【摘要】幼儿园“以游戏为基本活动”是我们当前学前教育改革非常重要的指导思想。这一指导思想的提出是对幼儿年龄特点和发展规律的尊重，是强调学前教育区别于中小学的特殊性所在，是为了改变幼儿园小学化、学科化的传统教学模式。“自主游戏”作为当前的热点话题，一直备受关注！但自主游戏不应千篇一律，应根据园所实际情况开展具有自己特色的园本化自主游戏。

【关键词】**户外自主游戏；园本化建设；实施策略**

自主游戏是幼儿在一定的游戏环境中，根据自己的兴趣和需要，以快乐和满足为目的，自由选择、自主展开、自发交流的积极主动的活动。自主游戏不是游戏的一个类型，而是游戏的一种方式，或者说是性质。因此，不能把游戏简单地分为自主游戏与非自主游戏，而只能看其自主性高低，自主游戏所具有的自主性更高。

一、自主游戏的特点

游戏计划的生成性。在自主游戏中，儿童有权利选择和支配游戏，游戏计划是根据儿童在游戏中的表现和需求来制订的，需要不断生成新的计划以满足儿童的愿望和需求。游戏环境的多样性。游戏环境需要具有开放性和多样性，以满足不同儿童的需求，使儿童学会控制外部环境。教师角色的多重性。教师在游戏中扮演多重角色，包括游戏材料的提供者、支持者和援助者、儿童的游戏伙伴和参与者、观察者、倾听者和发问者。教师角色的多重性改变了过去对指导的片面理解。游戏机会的均等性。为了使儿童能够自主支配和控制游戏活动，必须提供均等的机会，避免教师指定和安排等人为现象，为儿童自主性的发展提供可能。

二、如何进行户外自主游戏园本化建设

（一）给予足够的游戏时间和空间

给予足够的游戏时间和空间，为自主游戏顺利开展创设良好的氛围。日常保证两小时户外活动时间。在这两个小时的户外活动时间里，我们采取的是混龄自主游戏形式，即教师分配在固定区域，负责调整该区域的游戏器材、游戏观察、介入、指导、记录等工作。孩子则根据自己的兴趣选择自己喜欢的区域进行游戏。这样大大减少了以班级为区域的消极等待，真正保证了幼儿的游戏活动时间。过渡环节碎片时间的有效利用。以前，我们生活活动习惯于大集体的形式，后来，我们尝试把集体性的生活活动环节化整为零。

充分利用小角落。利用幼儿园未被开发的小角落创设泥巴厨房、光影区、“森林乐吧”“竹林画廊”“昆虫旅馆”等区域。在每个区域里，我们投放大量的游戏器材和低结构材料。游戏空间的有效拓展。固定的游戏场所要想拓展出更大的空间，在设计上就必须往空中走，比如：我园的体能区就是架在沙水一体区上面的；小山洞之上有平衡系统，又有滑索，它们使用的是同一块建筑面积，却能给孩子带来多种体验。

（二）充分挖掘本土游戏资源，拓宽幼儿游戏途径

我们幼儿园致力于开发本土游戏资源，结合“愉悦体验，快乐运动”的办园特色和“悦”文化，打造出满足孩子们五大领域发展需求的游戏化环境。我们根据蕲春县的地域文化，创设了多个户外游戏区域，如“大闹天宫”体能区、“水帘洞”沙水一体区、微地形洞府区、蕲州古城区和蕲春文化体验馆等。我们充分利用园内的小草、石头、花树、果树等资源作为孩子们的游戏材料，并投入了多种低结构材料。这些游戏课程都生成了二维码，扫码可查看孩子们的游戏情景，展示了孩子们在游戏中的成就和收获，同时向家长宣传游戏精神，促进教师间的学习。

（三）建立教研管理推动与激励机制，助推游戏活动质量提升

多元管理主体，多层管理脉络。顶层设计：幼儿园围绕“以游戏为基本活动”制订发

展规划、教学教研计划等。日常管理：领导和教师齐抓共管，层层督导，级级落实。初期教师不敢放手，出现“假游戏”，针对此，采取了优化场地、安全教育、明确职责等措施降低教师焦虑。聚焦深度教研，助推专业发展。我园实行调研、教研、培训三位一体机制，通过多种调研方式了解每期活动有无明确主题、具体方案、主持人等。依托自主游戏研修，促进教师专业成长，让她们有能力去观察儿童，解读游戏背后的意义。我园主要采取以下三种园本教研方式：集体式学习教研（以理论为支撑，共同碰撞，尝试新的方法）、案例式教研（以实际案例为载体，研讨理论与实际的结合）、连环式跟进教研（提出问题—解决问题—找对方法—解决落实）。这三种方式帮助教师将理论与实践相结合，推进课程改革。我园教育实践已从“让游戏玩起来”向“让游戏研起来”转变，关注儿童游戏方式和游戏对儿童发展的影响。

3. 自“游”成长“戏”悦童年
——浅析幼儿自主游戏前的支持策略

黄冈市黄州区幼儿园　刘秀红

《3—6岁儿童学习与发展指南》和《幼儿园教育指导纲要（试行）》强调幼儿园应以游戏为基本活动，尊重孩子的游戏权利。这是自主游戏的核心原则。陶行知主张解放孩子的头脑、手脚、空间和时间，让他们在自由生活中得到真正的教育。教师可以通过实施支持策略来推动游戏的进行，那么教师在游戏前可以采取哪些支持策略呢?

一、准备策略，巧推幼儿发展

（一）唤醒拓展生活经验，丰富自主游戏内容

利用材料唤醒已有经验。投放相关游戏材料，如护士帽、输液管、门票、月饼等，引发与这些材料相关的游戏主题或情节，如医院游戏、建构游戏、嫦娥奔月系列游戏等。借助兴趣点拓展新经验。如投放桥梁图片和作品，鼓励孩子在建构区开展“搭建桥梁”的自主游戏。通过分享“烧烤视频”，引导孩子观看后增加了烤炉、扇子、售卖员和烧烤员等角色和细节。这有效支持了游戏内容的丰富和情节的拓展。

（二）引导制订游戏计划，减少游戏的盲目性

蒙台梭利强调，准备充分是活动成功的关键。幼儿在自主游戏时间，通过语言和符号来计划游戏，目的性更强。大班孩子计划玩“超市”游戏，分工明确，材料也预先设想；中班孩子计划玩“甜品屋”游戏，规划了柜台和甜品。幼儿制订游戏计划后，参与度提高，

自我管理能力也得到培养。教师不宜过度干预，以免影响幼儿的游戏兴趣。

（三）商讨制订游戏规则，保障游戏顺利进行

当游戏规则或环境改变时，教师需与幼儿讨论新规则，确保游戏顺利进行。过多规则和安全限制会束缚幼儿和使教师疲惫。讨论或提示时间不宜过长，教师应抓住重点，让幼儿理解。当幼儿养成规则意识和能力后，教师不必每天重复强调和讨论。实践证明，自主游戏中只需保留必要规则，要相信幼儿有能力根据游戏情况调整。

（四）探索投放材料玩法，推动游戏创造性开展

皮亚杰主张儿童的智慧来自动作，建议通过让幼儿操作具体材料来建构知识。在美工区，我们讨论如何让湿报纸变干，孩子们提出了各种方法。在游戏中，孩子们发现使用吹风机、干毛巾和晒太阳方法有优缺点，大家互相启发，创造性地提升游戏水平。

二、共享资源，不一样的环境创设

创设多样的学习环境。孩子在户外活动时，可以实现多个领域的发展目标。例如，在种植区，他们可以观察植物生长，了解花生、辣椒和向日葵的特点。孩子们的好奇心强，会观察自然现象，收集各种物品。建立与自然的连接。为了将游戏权利还给儿童并解放他们，我们进行了几个阶段的户外环境创设探索：

举措一：变封闭为开放。移除低矮灌木和栏杆，增设流线型台阶，使幼儿无障碍进入操场游戏。

举措二：创设多样的自然环境。改变单一的塑胶和草地环境，铺设多种地面材料，如草皮、沙子、竹筒、木桩和石子等。这些不同的材质带给幼儿不同的体验，满足他们多样化的游戏需求。

举措三：依幼儿兴趣和需要调整环境。持续观察并打开不同区域间的通道，方便幼儿取放材料和跨区游戏。例如，根据幼儿对沙水的天然兴趣，我们改造了排水管道并安装了水龙头，以满足他们的游戏需求。

三、自主游戏，有一种爱叫“放手”

在自主游戏中，教师时常为如何“放手”感到困惑，下面两个游戏案例对我触动较大，原来对孩子的“放手”，是要教师放下心中的“游戏准备”“游戏期望”和“游戏模式”。

案例一：树桩成了“牛肉”，堆满的材料可能还不及一个树桩。在“苗苗餐厅”，孩子们对做饭、炒菜很感兴趣。亮亮小朋友发现角落里的树桩，兴奋地称之为“牛肉”，并带领其他孩子一起完成“摘牛肉”游戏。这表明，开放的环境和低结构的材料是必要的，但有时身边不起眼的物品更有意义。

案例二：教师心中期待的高水平游戏，可能孩子并不喜欢。在幼儿园的体能区，我们投放了多种材料供孩子们自由探索。但大三班的孩子们并没有按照常规方式使用这些材料，而是以篮球和平衡木为道具，玩起了自创的“投篮游戏”。

一些教师只关注游戏场面，却忽略了孩子的实际游戏行为和成长。我们应该敏锐捕捉孩子的兴趣并给予支持，真正放手让他们自由游戏。这样，我们才能看到孩子们真正的游戏状态，让他们在探索、感受和体验中茁壮成长。游戏是儿童与世界互动的桥梁，是他们认识世界的窗户。让我们一起放手游戏，让孩子们享受快乐和自由，在游戏中茁壮成长！

4. 基于儿童本位，浅谈教师支持幼儿游戏活动的策略

黄州区教育科学研究院　李亚芳

【摘要】在幼儿的成长过程中，游戏是必不可少的。游戏是幼儿园的基本活动，它能够有效地促进幼儿的知识积累、智力发育以及语言发展。“儿童本位”强调顺应和满足儿童自然发展的需要，从儿童的直接经验出发，使儿童通过活动来获取知识经验。因此，笔者将基于“儿童本位”，浅谈教师支持幼儿游戏的策略。

【关键词】儿童本位；幼儿游戏；策略

游戏活动是乐学善教的有效平台。然而现今幼儿教学中，部分教师漠视儿童需要、能力、兴趣和意愿，极大地限制了儿童的身心发展以及创造力的启发和解放。而“儿童本位”论则强调以儿童为出发点，以满足孩子的精神需要为旨归。因此，如何基于“儿童本位”，有效支持幼儿游戏策略值得探析。

一、“儿童本位”论的基本内涵以及价值意义

儿童本位，就是以儿童的立场、观念出发，用儿童易于接受的形式去满足他们年龄段的生理和心理的需求。儿童本位强调以儿童为出发点，并顺应儿童自身成长发展的规律；儿童本位强调以满足孩子的精神需要为旨归，承认游戏、快乐、幻想等审美娱乐之于儿童的重要性；儿童本位的核心是让孩子成为孩子，呈现出儿童应有的状态；要意识到发展是儿童的重要权利，成人有义务创造并提供能够促进儿童身心健康发展的条件。

《幼儿园教育指导纲要（试行）》指出，幼儿园应为幼儿提供健康、丰富的生活和活动环境，满足他们多方面发展的需要，使他们在快乐的童年生活中获得有益于身心发展的经验……幼儿园教育应尊重幼儿的人格和权利，尊重幼儿身心发展的规律和学习特点……关注个体差异，促进每个幼儿富有个性地发展。这一指导思想充分体现了关注儿童特点、关心儿童需求、关照儿童发展的儿童观。“儿童本位”能让儿童拥有更多的体验机会，更多的发出自我声音的时间，让儿童的创造力、想象力得以迸发，个人能量得到释放。

二、关于支持幼儿游戏的策略

幼儿在游戏中学习并成长，在游戏中体验快乐、探究自己感兴趣的事物，不仅能增长知识，同时还能培养良好的个性品格，不断提升各项能力。然而游戏质量的提升离不开教师的支持，教师可运用以下策略来有效支持幼儿游戏。

引导幼儿自己制订计划。基于“儿童本位”论，引导幼儿对自己即将开始的游戏进行计划。幼儿可利用自己喜欢的创意符号、非正式的图画、语言等多种形式表征自己即将开始的游戏所涉及的游戏时间、游戏人物、游戏材料、游戏场地、游戏主题等。引导幼儿自己制订游戏计划既可以提升幼儿的创新能力、促进其身心发展，也能极大地增强幼儿的自信心。

基于幼儿兴趣选择游戏材料。在幼儿游戏中，“材料”与“幼儿”的关系十分重要。材料影响幼儿行为，选择合适的材料对游戏行为起决定性作用。幼儿通过操作材料激活表现力。选择材料时，除了多样性，材料质量也重要。教师应主动了解幼儿兴趣，与他们协商选择材料，鼓励他们参与筹备并反馈想法。投放材料时，教师应结合实际情况，与幼儿合作完成，使幼儿更主动参与游戏。

安排弹性化的自主游戏时间。为促进幼儿全面发展，建议幼儿园设置弹性化的自主游戏时间。目前游戏时间限制过严，导致幼儿时间不足。因此，建议允许任务未完成的幼儿适度延长游戏时间，同时带领其他幼儿进行过渡环节游戏。教师需认真观察并关注幼儿情感态度，进行询问指导。游戏结束时可组织趣味活动，让等待时间充满乐趣。

采用多元评价方式，时刻关注幼儿行为。游戏评价在实践中至关重要，它不仅能提升游戏质量，还有助于幼儿的身心发展。教师需要不断更新理念，并付诸实践。评价的目的在于服务幼儿，而非完成任务，评价内容应从常规转向幼儿自主游戏本身，关注幼儿在游戏中的行为表现，结合实际情况分析幼儿行为，提供有效的游戏支持策略，提升幼儿游戏主动性。同时，对于多元化的游戏，教师也需要寻找多元化的评价方式。

教师对幼儿游戏行为的观察与解读并不是一种深奥的评估方式，只要教师心中装着幼儿，以幼儿的心理需求为出发点，带着对幼儿游戏行为的敏锐观察，辅以教师专业知识的加持，便能够为幼儿游戏的顺利开展提供有效的支持。

5. 浅谈开展幼儿园户外自主游戏的策略

浠水县南宇幼儿园　南维

【摘要】《3—6 岁儿童学习与发展指南》中提出：开展丰富多彩的户外游戏和体育活动，培养幼儿参加体育活动的兴趣和习惯，增强其体质，提高其对环境的适应能力。幼儿往往通过感觉器官直接认识事物，而户外自主游戏是幼儿在户外场地进行的自主、自发、自由的游戏，即想玩什么、在什么地方玩和谁一起玩，都是幼儿说了算，是一种完全由幼儿自己做主的游戏，是幼儿认识世界、学习发展的最直接手段。

【关键词】幼儿园；户外自主游戏；策略

一、户外自主游戏的重要价值

户外自主游戏在幼儿园教育中具有重要价值。首先，它有助于幼儿的身体发展，肌肉耐力和强度的提升，以及协调性和平衡感的发展。其次，户外自主游戏能增强幼儿与同伴的互动，使他们学会合作、等待和分享等社交技巧，同时也有助于他们的情感健康。第三，户外自主游戏能激发幼儿学习的主动性，让他们通过探索和体验，激发创造力和想象力。

二、幼儿园开展户外自主游戏存在的问题

近几年来，幼儿园越来越重视户外自主游戏对于幼儿发展的价值，但在实施的过程中还存在一些问题。幼儿园方面，幼儿园户外活动场地规划不合理，活动材料单一，游戏的时间不足，不能满足幼儿活动的需要。教师方面，户外自主游戏的组织形式高控，教师干预约束过多，导致了幼儿游戏能力和身心得不到应有的发展。

三、幼儿园开展户外自主游戏的对策

（一）优化环境，合理规划区域

提供适宜的户外游戏环境，是开展户外自主游戏的前提条件。应结合幼儿园现有条件，充分利用空间，对户外场地进行规划。如：将闲置场地、观赏性场地等场地改建为可利用场地。根据不同地面材质将场地划分不同类型的户外游戏区域，最大化地合理利用空间，提供一个融合自然、生活、挑战的多种体验的户外游戏环境，让孩子们能够在其中自由探索和创造。

（二）提供材料，满足游戏需要

游戏材料是支持和满足儿童游戏需要的物质基础。应本着“一低、两可、三多、四化”的原则投放户外游戏材料。“一低”指低结构材料。即一种结构松散、内容宽泛、玩法开放的材料，如水管、奶粉罐、绳子等。“两可”指可移动、可组合材料。如滚筒、碳化积木、轮胎等，幼儿或拿或搬，可组合不同形式，可变化多种不同的玩法。“三多”指多种类、多数量、多层次的材料。如：长短不一的竹梯、木板等，满足不同幼儿的游戏需要。“四化”指目标化、自然化、生活化、适宜化的原则。如：树叶、鹅卵石、竹篮等。在投放游戏材料时，要注意充分挖掘材料的功能性和可变性，激发幼儿参与户外游戏的兴趣，使之积累生活经验。

（三）优化时间，保证游戏质量

《3—6 岁儿童学习与发展指南》中强调“幼儿每天的户外活动时间一般不少于两小时”。儿童游戏的时间越充分，游戏水平的提高就越快。应保证每班每天一小时完整而连续的户外自主游戏时间，在时间设置上遵循统一安排、弹性调整的原则；活动形式以单班为主，混龄混班为辅；引导幼儿根据自己的计划选择游戏，并且引导每班户外活动区域最少一周不更换，以此来保障幼儿在游戏中学习和探究的连续性、深入性。

（四）转变观念，放手幼儿游戏

观察儿童、解读儿童，践行让幼儿真游戏的理念是关键。通过实施户外自主游戏的四个基本环节，来推动游戏的深入开展，一是计划环节，幼儿自主计划玩什么、怎么玩和谁玩等，并可以用多种记录形式进行计划表征，如绘画、符号、口头表述等记录方式。二是游戏环节，也就是幼儿探索、试错、调整、实践的过程，教师全程进行观察记录，记录方式以手机拍摄为主。三是清理环节，游戏结束后幼儿根据标志对材料有序地进行收纳整理。四是回顾环节，通过语言交流、图片再现、视频回放等方式开展回顾反思。整个环节中教师从原来的控制者、管理者要转变成观察者、支持者，在游戏中懂得放手，使幼儿可以大胆地去创造属于自己的游戏，遇到困难时不急于指导，而是给出足够的时间让他们自己去尝试解决问题的方法，让孩子通过自由自主的游戏和学习建构属于自己的知识经验。用实际行动支持幼儿户外自主游戏的开展，用幼儿的视角去解锁儿童的游戏，努力实现真游戏、真支持、真发展。

【参考文献】

[1] 于笑川 . 幼儿户外自主游戏活动的建构策略 [J]. 山东教育，2021（29）：50-51.

[2] 中华人民共和国教育部 .3—6 岁儿童学习与发展指南 [M]. 北京：首都师范大学出版社，2012.

6. 浅谈幼儿户外沙水游戏开展的有效路径

罗田县城南幼儿园　廖俏

【摘要】沙水游戏是幼儿园必不可少的活动，幼儿园在沙水游戏区的设置、工具的使用和材料的配备上，要充分考虑幼儿身心发展的需要。在游戏活动中，让幼儿按自己的意愿和想法自主游戏，在愉快的氛围中启发幼儿思考，鼓励幼儿尝试更多的玩法，客观地评价幼儿的想象与创造力，促进幼儿在沙水游戏中获得全面发展。

【关键词】**幼儿户外；沙水游戏；有效途径**

一、放手游戏，把游戏的自主权给孩子

（一）大胆改造，让孩子做设计师

一开始，沙池只有普通沙子，孩子们可以挖沙和堆城堡。但随着时间推移，单一的游戏内容使孩子们的兴趣逐渐降低。我们与孩子们讨论他们想要的沙池，了解他们的想法。于是，我们重新改造了沙池，使其成为一个 30 平方米的长方形，四周是沙子，并增加了水源引入装置。沙与水的组合为孩子们的自主游戏提供了更多可能性。

（二）创意取名，给孩子游戏归属感

沙池改造完毕，我们与孩子们展开讨论。孩子们热情高涨，实地观察后回教室集思广益，以小组为单位为沙池命名并设计标牌。经过介绍和投票，最终童玩寨获得最高票数。孩子们解释称，希望这里成为秘密基地，吸引更多小朋友来玩。孩子们的想法充满了童真童趣。

二、打破旧壳，走进真实的儿童游戏场

（一）放手放权追随孩子，培养持久学习力

我们尝试在游戏中放手，让游戏主题从由教师发起转变为幼儿自发。起初，我们担心孩子在没有主题和任务的情况下会不知所措，得不到发展。然而，真正放手后，我们惊喜地发现孩子们在游戏中展现出了惊人的创造力。我们仔细观察孩子们的游戏过程，了解他们的探究方式、遇到的问题以及解决方法，提供合适的游戏材料和充足的空间、时间，以满足他们的游戏需求。在游戏过程中，我们深度观察，捕捉有教育价值的契机。游戏结束后，我们与孩子们一起分享他们的成果，让他们感受到自主表征的快乐。

（二）自主自发相信孩子，培养独特创造力

我们的沙水游戏是孩子们自主发起的，这种自由的游戏体验能激发他们在语言、社交、认知和动作等多方面的潜能。孩子们根据自己的游戏水平和兴趣进行活动，好奇心和探究欲望驱使他们发挥创造力。当天气炎热时，孩子们喜欢在小沙滩上用竹筒做引水游戏，想将水引入城堡的两个水池里，他们开始使用两根竹竿搭建，虽然水会从缝隙中流掉一部分，但成功完成了初步引水。为了同时完成两个地方的引水，孩子们尝试使用 6 根竹筒，但发现绑起来很困难。经过多次尝试，他们使用了各种材料如双面胶、透明胶、橡皮筋和尼龙绳，但都不理想。在第五次沙水游戏时，热衷于做管道的男孩请来了保安叔叔帮忙。他们观察了刘师傅如何做管道连接，并很快完成了分流。在游戏中，孩子们的创造力得到了最大程度的发展。

三、总结反思，提升幼儿自主游戏水平

（一）游戏表征，回顾精彩游戏过程

每次游戏回来后，孩子都会画他们当天的游戏故事，有几个孩子画得非常的生动，画面上：一开始，他们用两根竹筒做管道，再到 6 根竹筒加上管道连接管实现分流，游戏表征生动地展现了孩子们游戏的过程。我们在孩子们画游戏故事的时间，迅速整理游戏视频，选择有教育价值的契机，并通过网络、书籍等各种途径搜集相关资料，然后和孩子们进行游戏分享。游戏分享时，孩子们非常兴奋，迫切地想要把游戏中发生的故事告诉小伙伴。游戏分享为下一次更好的游戏做好了铺垫。

（二）适时调整，推动幼儿游戏开展

幼儿游戏需要游戏材料来丰富内容。我们思考沙水游戏中材料的合理投放问题，并针对不同活动内容设计了更适合的活动记录表。例如，我们为沙水游戏活动设计了《沙水活动区域记录表》，增加了“预设材料”项，要求教师列出所需材料，以便预设活动内容并做好准备。表格还可以记录孩子喜欢的和未利用到的材料，方便调整。在“活动记录”项中，我们以拍照 + 文字形式记录孩子的活动过程和作品，更直观地了解孩子在活动中的表现。

放手游戏，发现儿童，看懂儿童，追随儿童，这是我们幼儿园沙水游戏所经历的不同阶段，我们每天组织游戏，深度观察，游戏分享，坚信我们能越来越看懂儿童，支持儿童，让他们在自主游戏的天地里，收获快乐，发展旺盛的生命力、专注的学习力、独特的创造力，让他们受益一生。

【参考文献】

[1] 李季湄，冯晓霞 .《3—6 岁儿童学习与发展指南》解读 [M]. 北京：人民教育出版社，2013.

[2] 虞永平 . 学前课程与幸福童年 [M]. 北京：教育科学出版社，2012.

7. 在建构游戏中促进幼儿自主学习能力发展的指导策略

浠水县新蕾幼儿园　周芸

【摘要】培养幼儿自主学习能力，能让幼儿在儿童时期建立良好的学习品质，学会自主探索知识、自主解决问题，激活其自主探究的意识，对其未来的学习与发展具有非常积极的意义。将建构游戏与幼儿自主学习能力有效融合，既能落实“课程游戏化”理念，又

能帮助幼儿建立良好的学习品质。如何利用这有效的教育契机，培养幼儿自主游戏的能力，一直是我们探究的课题。

【关键词】自主学习；建构游戏；策略指导

我园立足幼儿园建构游戏，从孩子的年龄特点、心理发展特征出发，对培养幼儿自主学习能力的意义展开探讨，并分析建构游戏内涵，从幼儿兴趣、教师引导、活动主题三个视角有效激发幼儿在建构游戏中的自主学习意识。

一、激活兴趣，引导幼儿独立建构

在建构游戏初始阶段，幼儿往往不知道自己要“做什么”，只是盲目地拿着积木块垒高、加宽，教师询问幼儿在做什么的时候，幼儿常常说不出来，这是因为幼儿在建构游戏中缺乏“目的性”。兴趣是幼儿最好的老师，也是幼儿展开学习与探索的最佳动力。教师可以选择幼儿感兴趣的人、事、物，并将其融入建构游戏中，让其将游戏兴趣转化为活动内驱力，引导幼儿学会独立建构。

在幼儿的游戏过程中，教师要观察幼儿的游戏状态，并适当地提出一些游戏建议，如“这样做会不会更好呢”或“你可以给我详细讲一讲吗”等，通过启发引导和幼儿自主讲述的方式，进一步拓宽幼儿的游戏思路，鼓励其积极动脑思考，从而实现培养幼儿自主学习能力的目标。

二、注重引导，丰富幼儿建构经验

教师作为幼儿游戏活动中的合作者、引导者、支持者，要发挥好自身的引导作用，在幼儿出现游戏问题的时候适时引导，让幼儿在建构游戏中实现“自我突破”，感受独立学习与自主探索的魅力，掌握更加丰富的建构经验，同时也能让幼儿建立自主学习的意识。

（一）适度点拨，激活思路。

幼儿的成长是一个不断发展的过程，在游戏活动中难免会出现一些疑问，不知如何处理。面对这一情况，教师要扮演好自身“引导者”的角色，适度给予幼儿一些经验点拨，引导幼儿展开深层次的探索与挖掘，从而逐渐强化其自主学习能力。教师可以扮演游戏角色，使用问题引导的方式，使幼儿自己结合生活中的经验寻求解决问题的办法，并将其运用在游戏中。

（二）揣摩心理，增添内容

了解幼儿的游戏想法，教师才能更准确地把握幼儿的心理动因。在建构游戏过程中，教师要做好“观察者”，关注幼儿的游戏状态和情况，并适当地对游戏材料进行调整，如降低或提高难度、增添或更换材料、询问幼儿需求等，让幼儿更好地体验游戏。在展开游戏活动前，教师可询问幼儿对建构游戏的想法与需求。如：大家今天想在建构游戏中做什么？有什么游戏想法？需要用到哪些材料？此类问题能让幼儿自主规划游戏、统计材料，有助于提升其自主学习能力。

（三）小组建构，思路交融

教师还可将幼儿分成若干组，让他们以小组为单位共同完成建构游戏的任务。这种游戏方式能让幼儿主动与同伴探讨游戏内容、方向，通过交流和讨论强化幼儿的自主学习能力，使其初步掌握解决问题的方法，减少对教师的依赖。其次，教师要根据幼儿能力进行分组。可将一些水平相近的幼儿分在一个游戏小组中，引导幼儿在游戏中一同分析、讨论、总结，获取更多有效的游戏经验，发挥出幼儿在游戏活动中的主观能动性，实现自主学习的教育目标。

三、依托主题，自主梳理建构框架

主题活动教育主题明确，贯穿于教学、日常、户外、区域活动，针对性强，有助于提升幼儿素养。教师在利用建构游戏培养幼儿自主学习能力时，可通过主题活动引导幼儿整合学习经验，自主梳理、建构知识框架，调动主观能动性。如中班主题活动“奇形怪状的房子”，教师以开放性命题，引导幼儿搭建房子，表达内心感受，实现自主构建。活动后，尊重幼儿主体地位，创设展示平台，引导其分享创作理念，实现自主学习目标。

总而言之，培养幼儿自主学习能力并非一日之功，需要教师利用好建构游戏中的教育契机，把握幼儿的学习状态与特点，从实际情况出发，发挥出自身的引导作用与功能，培养幼儿的综合素养，为其未来的学习生活做好充足准备。

8. 幼儿园美术教育与自主游戏的有效融合初探

罗田县城东幼儿园　周甜

【摘要】我国推行学前教育新改革，强调课程游戏化，以提升幼儿教育质量和激发学习潜能。我园特色课程为美术教育，不断探索将其与自主游戏结合，让幼儿在探究中潜移默化地学习美术知识和技能，打造园本特色。

【关键词】**幼儿教育；美术教育；游戏活动；教学策略**

幼儿教育十分关键，影响幼儿的终身发展。3—6 岁幼儿的学习习惯空白，教师需以多样教学激发其积极性。如何将美术教育融入自主游戏，使其多样化、趣味化、自主化，贴近生活，是教师关注的问题。本文结合实践，探讨幼儿美术教育与自主游戏融合的策略。

一、幼儿美术教育与自主游戏有效融合的基本原则

（一）突出幼儿的主体性

教师应坚持以激发幼儿自发探索、自主学习、自由创造为宗旨，力图通过适宜的环境和丰富的材料去诱发幼儿主动、积极地参与游戏活动，让幼儿在充分与环境、材料互动的过程中，实现教师预设的课程目标。

（二）突出内容的趣味性

坚持从幼儿的兴趣出发，设计符合幼儿年龄特点的，幼儿感兴趣的，形式多样的，能帮助幼儿“跳一跳摘到桃子”的美术游戏活动，让幼儿在自主游戏中学会观察、欣赏、想象、合作、创造和社会交往，同时也获得基本的美术知识和技能。

（三）突出艺术的体验性

坚持从小培养幼儿的艺术素养，让儿童置身于艺术氛围中，鼓励他们用绘画、手工、雕塑等表达自己的发现和对生活或周围事物的感受，潜移默化地培养他们发现美、欣赏美、表达美、热爱美和创造美的能力。

二、幼儿美术教育与自主游戏有效融合的主要作用

（1）游戏是幼儿园基本活动，可促进幼儿身心健康发展。现今倡导自主游戏，将其融入美术教育，可突破课堂教学的时间空间限制，使美育更贴近生活，提高幼儿参与积极性，满足其心理生理需求。

（2）创设适宜的游戏环境有助于提升幼儿认知能力，激发其游戏兴趣，满足其好奇心，让幼儿通过自由创作、相互鼓励、合作表现，提升美育认知能力和美术技能。

（3）美术游戏可培养幼儿合作意识，如蒙德里安创作游戏中，幼儿自主组织、构思、分配任务，需考虑同伴特长。此游戏提升了幼儿策划、协调、分工合作能力。

（4）游戏化教学能提升幼儿社会交往能力，满足其心理需求，促进社会性发展。如“火锅店”游戏，部分幼儿设计招牌、自制宣传单等，其他幼儿消费后说谢谢并付钱，可以培养尊重劳动意识，体验劳动乐趣。

三、幼儿美术教育与自主游戏有效融合的主要不足

（一）游戏化教学中忽略幼儿的主体地位

本幼儿园最早一批招聘的幼师都不是学前教育专业毕业，没有受过专业培训，而新幼师大多是中专毕业，专业化程度不够，缺乏游戏化的教学理念，无法充分地发挥幼儿在自主游戏中的主体地位，限制了幼儿自主探索与自由创造能力的发展。

（二）美术教育内容或方式单一

因美术教育对幼儿生活经验、所需的材料、活动场所及教师专业水平都有一定要求，故目前我园开设的美育课程对幼儿的吸引力不够。此外，教师在设计活动时没有把美术教育和自主游戏进行有效结合，使得美术教育的内容、方式单一，美育教育的目标难以达成。

（三）美术游戏活动的师资、空间不足

本园为县城幼儿园，受地方财力限制，难以为幼儿提供充足的、高质量的美术专业师资力量和活动空间，难以有效开展美术游戏活动，更无法提高美术教育教学质量。

四、幼儿美术教育与自主游戏有效融合的实践路径

（一）加强师资建设，争取政策支持

招聘美术专业教师，充实队伍，选送有美术基础或感兴趣的幼师参加专业培训，培育优秀美育教师。强化美术教育，作为园本特色，转变教学观念，提升教师主动性，奠定美术教育基础。

（二）拓展幼儿美术游戏活动空间

美术教育应充分发挥游戏化教学功能，以幼儿自主游戏为中心。教师可利用户外自然环境，开展美术教学，让孩子种植照顾树苗，感受大自然的美好，体验四季变化，培养孩子热爱生活、热爱大自然的情感和责任心，使他们享受劳动乐趣。

（三）以儿童为中心，提升幼儿动手能力

发挥幼儿主体作用，选定针对性的游戏内容与方法。通过活动锻炼孩子动手能力，激发其学习主动性，如美食坊。引导幼儿亲手包饺子，及时帮助、表扬，激发幼儿兴趣，使其学会方法，实现教学目标。

总之，自主游戏与美术教育的有效结合深受幼儿的欢迎。我们应结合幼儿园的实际情况，创设符合幼儿年龄特点和兴趣爱好的美术游戏，深入挖掘美术游戏的内容和方式，营造欢快、宽松的游戏氛围，才能真正提高美术教育游戏化的效果。

【参考文献】

[1] 周颜璐．构筑以“玩”为中心的幼儿美术课程实践 [J]. 求知导刊，2020（24）：91-92.

[2] 廖龙光．论析游戏精神在幼儿美术教育中的回归与实现 [J]. 教育界（教师培训），2019（08）：118-119.

[3] 江芸佳．挖掘多元材料激发幼儿美术创意潜能探讨 [J]. 成才之路，2018（18）：41.

9. 以园本教研为抓手，提升幼儿教师游戏组织能力

黄冈师范学院附属幼儿园　肖燕

【摘要】本园以问题为导向，以“自主游戏”为主题，开展了理论与实践相结合、分享与讨论同进行的教研训一体化的自主游戏半日教研活动，从制度上保障园本教研落地落实。通过自主游戏园本教研，解决了整段游戏时间缺乏、游戏空间狭窄、游戏材料单一等问题。通过园本教研转变了教师的儿童观、游戏观、课程观，提升了教师组织幼儿游戏的能力。

【关键词】园本教研；自主游戏

《幼儿园教育指导纲要》《3—6 岁幼儿学习与发展指南》《幼儿园工作规程》等多个文件均提出“游戏是幼儿园的基本活动”，但在教育实践中，往往存在“喊得很响，行动不动”的现象，自主游戏活动的组织与开展成为教师的短板。因此，我们从制度入手，以“自主游戏”为主题建立了常态化的半日教研计划，通过一系列的提升策略，唤醒了教师的意识，推动教师重视一日生活中的游戏活动，建立“游戏是教师的看家本领”的教育理念。

一、如何有效开展自主游戏园本教研

一是拓展教研活动形式，让教师“动”起来。通过分层研讨、分组研讨、集中研讨等方式，采取案例研讨、教师支持策略选择与实施等手段，帮助教师提升户外自主游戏观察与支持的能力；二是夯实理论基础，让思想“活”起来。启动教师读书活动，不仅为全园教师购入《放手游戏发现儿童》《自主游戏，成就幼儿快乐而有意义的童年》《幼儿园自主游戏观察与记录》《游戏·学习·发展》《幼儿园自主游戏观察与记录》《儿童发起的游戏和学习》等自主游戏相关的专业书籍，让教师通过借阅相关书籍，巩固并提升自身解读幼儿行为的能力；三是采取“一次教研，二次反馈”的创新教研形式。

（一）一次教研

首先，抛出问题，寻找理论支撑。主讲人提出问题，问题需具备真实性，有真实视频或图片，理论价值要写明参考文件（书籍）中的具体内容并在 PPT 上呈现；其次，分组研讨，寻求专业支持。通过案例观看、话题讨论、小组分享展开研讨，其中话题讨论以游戏案例背后的主客观因素、调整措施为主要内容；最后，归纳总结，理清思路。主讲老师选取适合本班级的策略建议进行整理、吸收，理清实践思路。

二、为幼儿自主游戏提供充分的准备和高效的支持

首先，我们幼儿教师要充分利用教室、区角和幼儿园户外活动场地等环境资源，为幼儿自主游戏提供安全以及充分的空间。我们要根据幼儿的认知特点对环境进行有效改造，避免单一沉闷的氛围，将自主游戏的环境设计得更加鲜活且富有吸引力，营造出轻松愉悦的游戏氛围。让幼儿一进入场地就乐于开展游戏活动，让幼儿将幼儿园视为一座游乐场，让其心理上感到舒适快乐。同时，还要考虑到幼儿的个性需求，环境条件要尽可能地满足更多幼儿的不同需求，同时要能有效地模拟不同的游戏情景，以便能为幼儿个性化的需要提供更好的场地和设施支持。

第二，在游戏的角色选择中，要充分让幼儿自己选择。我们幼儿教师可以提供多种游戏角色，但是要充分尊重幼儿自身喜好，不可强制性要求幼儿扮演自身不喜欢的角色。如果幼儿的角色选择不明确，可以通过教师的邀请来引导幼儿选定游戏角色。同时，幼儿教师要准确地把握班上幼儿的身心特点，要对幼儿性格和喜好有充分了解，避免幼儿选择自身不能胜任或者无法有效完成的角色，减少因此产生的挫败感，更要避免幼儿参与自身不愿开展的游戏活动而导致对自主游戏产生抗拒心理。

第三，在游戏的主题上，要充分让幼儿自主选择和确定。我们幼儿教师不能像中小学教师一样，总是根据教材让学生跟着教师的脚步走。游戏活动开始前，我们要做好幼儿的意愿调查，充分满足幼儿的需求。

最后，在游戏评价上，要避免教师的“独断专行”。自主游戏活动结束后，对于幼儿玩得开心与否，对于自主游戏活动效果好坏，我们幼儿教师不能以自己的眼睛代替幼儿的眼睛，更不能让自己的嘴巴代替幼儿的嘴巴。我们要把“话筒”交还给幼儿，让幼儿自主地对游戏情况发表个人的想法和意见，充分地听取幼儿的表达。这样，既能有效训练幼儿的语言表达能力，锻炼幼儿总结反思方面的思维能力，还可以锻炼幼儿的胆量和自信，才能让幼儿自主游戏取得更好的效果。

三、做好幼儿自主游戏的观察者、记录者、反思者

开展自主游戏，不是完全放任幼儿自由自在地玩，教师只作为安全的维护者和幼儿是否参与游戏的督促者。要提高幼儿自主游戏的质量，我们幼儿教师必须做好幼儿自主游戏的观察者、记录者、反思者，要做到眼观六路、耳听八方，要勤于拍摄、高效记录，要认真反思、及时调整。幼儿自主游戏活动，从幼儿游戏念头的兴起，游戏器材的选择，游戏行为的发生，游戏内容的呈现，到游戏效果的好坏，不仅仅取决于教师是否能放手让幼儿自主游戏，还与教师是否做到有效观察、认真记录、细细反思相关。为什么这个区域的器材幼儿愿意使用？为什么某些角色幼儿不愿意扮演……这一系列伴随幼儿自主游戏而产生的问题，需要我们教师做好分析与反思，然后再及时进行调整，从而为幼儿更好地开展自主游戏活动做好服务，保障幼儿始终处于自主游戏的主体地位。

11. 浅谈儿童视角下的幼儿园游戏活动设计与实践

英山县第三幼儿园 曾艳

【摘要】本研究探讨了儿童视角下的幼儿园游戏活动设计与实践。本园根据以儿童为中心的设计原则，结合儿童的兴趣和发展水平，构建了多样化的游戏环境，教师充当引导者，针对性地观察和指导儿童，并与家长密切合作。实践结果表明，这种设计框架提高了活动的吸引力和趣味性，促进了儿童认知、社交和情感方面的成长。

【关键词】儿童视角；游戏活动设计；教育实践

幼儿教育在培养孩子全面发展中扮演着至关重要的角色。本研究旨在深入探讨儿童视角下的幼儿园游戏活动设计与实践，以更好地满足儿童的发展需求。通过聚焦儿童视角，我们发现了新的教育方法和策略，为幼儿园教育注入更多创新元素。因此，本研究对于推动幼儿园教育的质量提升，以及促进儿童全面成长具有深远的现实意义。

一、儿童视角的重要性

儿童视角是指从儿童自身感知、认知和体验的角度来看待事物的独特视角。这一视角强调对儿童个体特点的尊重，体现了尊重儿童主体性和主动性的理念。儿童视角具有直观、纯真、充满好奇心等特点，体现了儿童对世界的独特感知和理解。

在游戏中，儿童能够通过自己的视角参与到各种活动中，提高学习的主动性和积极性。游戏作为一种愉悦的体验，可以使儿童更加愿意参与学习。儿童视角强调与儿童互动和沟通，通过理解和采纳儿童视角，创设符合其认知水平和兴趣爱好的游戏环境。这种互动不仅促进了儿童与教师之间的良好关系，也有助于提高游戏活动的教育效果。

二、儿童视角下的幼儿园游戏活动设计

以儿童为中心的设计原则强调将儿童的需求、兴趣和特点置于活动设计的核心。首先，理解每个儿童的个体差异，关注其发展水平、性格特征以及兴趣爱好，从而量身定制个性化的游戏方案。其次，倾听儿童的声音，允许他们参与活动主题、规则的制订，激发其参与和创造的主动性。这一原则可确保游戏活动既具有教育性，又能充分满足儿童的需求，从而提升活动的吸引力和教育效果。

在设计游戏活动时，必须深入了解儿童的兴趣点和发展水平，以确保活动既具有挑战性，又不至于过于困难。首先，观察儿童的日常兴趣，了解其偏好的主题、角色扮演，以此为基础设计活动内容。其次，考虑儿童的认知和运动发展水平，确保活动不仅贴近他们

的认知和运动能力，还能促进其在不同领域的全面发展。

游戏环境的设计至关重要，应该以创意和多样性为重点，以满足儿童的好奇心和探索欲望。首先，创建开放性的游戏空间，让儿童有足够的自由度进行探索和互动。其次，提供多元化的游戏材料和道具，激发儿童的创造力和想象力。此外，引入自然元素和数字技术，丰富游戏的体验层次，使其更具趣味性和吸引力。通过丰富多样的游戏环境设计，儿童可以在不同情境中发展多方面的能力，培养解决问题的能力和创造性思维。

三、儿童视角下的幼儿园游戏活动实践

（一）实践过程中教师的角色和指导策略

在实践过程中，教师扮演着关键的角色，需要作为儿童游戏的引导者和支持者。教师应该倾听儿童的声音，了解其兴趣和需求，以此为基础调整活动设计。教师在游戏中应充当促进合作和社交的引导者，鼓励儿童之间的互动和交流。教师需要注重在游戏中提供有针对性的指导，引导儿童思考和解决问题。通过合理的角色定位和指导策略，更好地引导儿童在游戏中发挥主动性，培养其独立思考和解决问题的能力。

（二）观察和评价儿童在游戏活动中的表现和发展

教师在教学中需要仔细观察和评价儿童在游戏中的表现，以深入了解他们的成长。应关注儿童的游戏参与度、合作能力和解决问题能力。通过记录观察，教师可以追踪儿童的发展历程，及时发现其进步和潜在问题。还可以采用多种评价方式，如口头反馈、作品展示、学科评估等，全面了解儿童的学习成果。

（三）与家长合作促进游戏活动的延续和发展

家长在儿童成长中起到关键的支持作用，教师与家长的良好合作对游戏的持续发展至关重要。教师可以通过家长会、作业等方式，让家长了解孩子在游戏中的表现和学习成果，增强家长对游戏活动的理解和支持。可以鼓励家长参与游戏活动，促进家校合作。例如，组织亲子游戏活动、提供家庭学习任务，使游戏的学习经验延伸到家庭环境中。可以建立定期的家长沟通渠道，与家长分享儿童在游戏中的成长情况，通过与家长的紧密合作，实现游戏活动的有机延伸。

在幼儿园游戏活动设计中，以儿童为中心的原则非常重要。要了解儿童的兴趣和发展水平，才能设计出符合需求的游戏活动和提供丰富的环境。此外，教师要观察和评价儿童表现，与家长合作以延续和发展游戏活动。

【参考文献】

[1] 陈雯雯 . 基于儿童视角的闽南地区幼儿园民间体育游戏活动开展策略探究 [J]. 教师，2023（01）：66-68.

[2] 金童 . 儿童视角下幼儿园组织自主游戏活动的策略与方法 [J]. 智力，2022（30）：164-167.

[3] 江潋滟 . 儿童视角下的幼儿园游戏教学策略探索——以大班区域活动“好玩的斜坡”为例 [J]. 福建教育学院学报，2022，23（05）：101-103.

12.“混”出快乐“龄”略精彩
——幼儿园户外混龄游戏指导策略探究

黄梅县幼儿园　胡利娟

【摘要】幼儿混龄游戏是一种，不分年龄，不分男女，孩子们一起进行交流与互动的游戏形式。幼儿混龄游戏有助于培养孩子们的合作精神、交流能力和自尊心，对幼儿的身心发展和社会适应能力发展有着积极的影响，本文将从四个方面来探讨教师开展幼儿户外混龄游戏的指导策略。

【关键词】**幼儿；户外混龄游戏；指导策略**

户外混龄自主游戏可以使幼儿获得丰富多彩的游戏体验，培养他们的创造力、团队合作意识和解决问题的能力。在这样的游戏中，教师扮演着重要的引导者角色，其指导策略将影响到游戏的质量。

一、创设适宜场景，丰富游戏材料

为了推动幼儿户外混龄游戏的顺利开展，教师需要精心挑选适合幼儿的户外场所，如小山坡和操场。同时，还应准备各种游戏材料，以满足孩子们的需求。本幼儿园的户外场地包括小山坡、拱桥、沙池和树丛。起初，孩子们在沙池游戏结束后，会在小山坡上玩耍，利用拱桥的绳索进行攀爬游戏，将斜滑坡作为滑梯。然而，除了确保孩子的安全，教师很少花时间去思考如何创新地玩小山坡游戏。

第一次在户外混龄活动区游戏时，有一些孩子在玩追逐游戏。本着遵循“幼儿是游戏的主人”“游戏是幼儿自发自主的活动”的理念，我没有过多地进行干预。在第二次游戏时，我们往里面投放了玩具塑料枪，孩子们很开心。进入这个区域的男孩子比较多，他们拿着枪玩起来了，不再仅仅玩追逐游戏、攀爬游戏了，他们开始了“枪战”游戏，玩得不亦乐乎！

二、拓展游戏经验，促进游戏发展

教师需要提供多样化的游戏经验，并积极推动游戏的发展。首先，教师可以在游戏任务和挑战方面进行设计，设定有趣的游戏任务与挑战，激发幼儿的兴趣和积极性，鼓励幼儿在游戏中思考、合作和解决问题。

其次，教师应鼓励幼儿参与多样的游戏，并积极推动游戏的发展。教师可以引导幼儿尝试不同类型的游戏，拓展他们的游戏经验。在游戏的过程中，教师要与幼儿进行互动，给予适当的支持和鼓励，并时刻关注幼儿的兴趣和发展需求。通过积极参与和互动，教师能够激发幼儿的主动性和创造力，推动游戏的顺利进行。

三、用心观察倾听，给予幼儿支持

在游戏中，教师要用心观察和倾听幼儿的游戏需求和表现，可以采取观察记录的方式，记录孩子们在游戏中的表现和游戏进展情况。通过倾听幼儿，教师能够更好地理解幼儿的需求和思维方式，为他们提供针对性的引导和支持。比如，“球球大作战”游戏后的分享中，乐乐坐在位置上闷闷不乐，一言不发。我走过去对他说：“你今天怎么了？”他非常气愤地说：“我是好人，他们都来打我”。对于这个情况，我把孩子们聚在一起讨论。马悦立马说：“我也不知道啊，要不你下次拿个东西挡着”。说到拿东西挡着，用什么呢？于是我们在班上开展了“你觉得在拱桥游戏里可以增加哪些材料”的讨论。在七嘴八舌的讨论中，我们决定在游戏区增加材料，并开始了材料大收集，以合作小组的形式布置任务，一部分去弟弟妹妹班借一些衣架，一部分和爸爸妈妈一起做“手榴弹”，一部分小朋友和爸爸妈妈一起做盾牌。材料收集回来后，我们将它们投放在小山坡拱桥区。

四、注重问题探究，拓展游戏的深度

在幼儿户外混龄游戏的过程中，教师需要注重问题探究，帮助幼儿拓展游戏的深度和意义。在游戏分享环节，教师提出一些开放性问题或鼓励和引导幼儿自己提出问题引发他们的思考，通过问题探究在游戏中培养幼儿发现问题、解决问题的能力以及团队合作的意识。教师的引导和指导能够帮助幼儿思考和解决问题，拓展游戏的深度和发展。

总之，混龄游戏让每个幼儿能够自由、自主、愉悦地游戏，从中体验到游戏的乐趣和生活的实感。教师是游戏的支持者、引导者、合作者，在混龄游戏中教师的指导起着重要的作用。因此，教师不仅要提供适当的游戏场景和材料，更要在游戏经验方面对幼儿进行启发。通过观察、倾听幼儿，注重幼儿问题探究，看见幼儿当下的需要，拓展游戏深度，推动幼儿在户外混龄游戏的发展。

【参考文献】

[1] 邹秋霞 . 幼儿表演游戏中教师的组织与指导策略 [J]. 教育界，2022（16）：110-112.

[2] 蒋惠娟 . 幼儿结构游戏中教师的有效指导策略 [J]. 早期教育，2021（01）：50-51.

[3] 温丽梅 . 表演游戏对幼儿社会性发展的影响及其指导策略 [J]. 教育导刊（下半月），2020（11）：46-50.
[4] 夏春花 . 教师在幼儿角色游戏中的指导策略 [J]. 好家长，2019（70）：78.
[5] 闫丽红 . 幼儿自主游戏中的教师指导策略 [J]. 山西教育（幼教），2023（08）：75-76.

13. 追随幼儿，快乐游戏
——基于儿童视角的户外自主游戏开展策略探讨

英山县第二幼儿园　喻升

【摘要】户外自主游戏指的是幼儿在户外游戏环境中，以自己的兴趣和需求为依据，自由选择、探索、表现的游戏活动，如建构游戏、角色游戏等，不仅可以提升幼儿的运动、人际交往、口语等能力，培养学生合作意识，以及勇于探索、积极主动、乐于想象与创造等优秀品质。本文以儿童视角为出发点，探讨了幼儿户外自主游戏的实施策略。

【关键词】儿童视角；户外自主游戏；开展策略

从古至今，喜欢玩游戏是幼儿时期孩子们的天性，幼儿可以在游戏中获取知识，在游戏中开发智力，在游戏中建立感情。而户外自主游戏能让幼儿与大自然、同学等亲密接触，营造轻松快乐的游戏与学习氛围，对幼儿的身心发展有着极其重要的作用。

一、注重环创，增进游戏体验

幼儿园是促进幼儿身心发展的一个重要场所之一，对幼儿具有特殊的意义，对于 3—6 岁的幼儿来说，他不具备成人那样选择、适应、改造环境的能力，对环境的接受度与依赖度较高，创设一个科学的幼儿园教育环境就显得更为必要。因此，幼儿园可以充分利用公共区域，如走廊、楼道墙面、教室墙壁等，开展丰富多样的户外主题活动，通过视觉刺激，让幼儿在自由、快乐、轻松的氛围中受到熏陶。其次，在环境创设过程中，应鼓励幼儿积极参与设计与布置，集思广益，让环境创设本身成为一本生动的“教科书”，让幼儿在参与设计、制作等过程中获得观察、探索、学习的机会与经验，从而多角度地受益，促进幼儿身心全面发展。

二、联系生活，创设游戏情境

教育是生活的反映，教育的每一个元素都深深扎根于生活的各个方面。因此，教育与生活紧密相连，教育生活化是必然的趋势。这在幼儿教育中尤为重要，因为幼儿的认知水平和理解能力还处于发展阶段，他们对于世界的理解很大程度上来自他们自己的生活经验。

户外游戏活动是幼儿教育的重要组成部分，也是幼儿接触和认识世界的重要途径。在开展户外游戏活动时，教师可以根据幼儿的日常生活创设出生活化的游戏情境，如设置购物、烹饪、修建等生活场景，让幼儿在游戏中体验生活乐趣，培养生活技能。游戏情境可扩展幼儿认知，让他们在熟悉的氛围中玩耍学习。生活化游戏情境还可以使幼儿主动思考，提高解决问题能力。在购物游戏中，幼儿学习选择、支付、交流等技能，这有助于其未来生活。在烹饪游戏中，幼儿了解食物制作和来源，逐渐形成食品安全意识。生活化游戏情境能帮助幼儿建立良好社交关系，培养其团队合作意识，提高其社交技能。

三、尊重差异，构建多元区域

《3—6岁儿童学习发展指南》中明确强调，幼儿教育需要为幼儿今后的学习与终身发展提供保障。因此，幼儿教师在实际教育教学中，需要全面了解、掌握班级幼儿的学习需求与个性发展情况，为幼儿的终身发展培养出自主学习与探究的能力。而在户外游戏活动中，教师需要为幼儿设计多元化的游戏区域，以满足他们的个性需求。例如，在角色扮演游戏中，教师不能只提供单一的区域环境，因为幼儿的喜好各异，有些幼儿更想扮演医生，有的则更像扮演警察或消防员等角色。因此，教师需要提供多样化的角色内容和类型，并创设多种游戏区域供幼儿选择，例如，创设医院、超市、警察局等场所，模拟小型社会形态，让所有幼儿都能积极参与其中，体验真实的人际交往，从而在快乐的氛围中发展语言和思维能力。

四、幼儿为本，适时介入引导

在幼儿自主游戏中，教师应从指导者转变为观察者和协助者。首先，教师应摒弃过度指导的传统观念，遵循“安吉游戏”的理念，即“管住手、闭上嘴、睁开眼、竖起耳、发现儿童”，尊重并信任儿童，让他们在游戏中拥有完全自主权。这有助于儿童的成长，使他们在游戏中表现出爱学、会学、会思考、会沟通等特点。此外，教师需要细致观察每个儿童在游戏中的表现，深入了解他们的个性、兴趣和发展水平，并反思游戏设计和计划。游戏结束后，鼓励儿童相互评价和总结，以激发他们参与游戏的积极性。

作为幼儿教师应深入贯彻《幼儿园保育教育质量评估指南》的文件精神，秉持以幼儿为主的教育理念，基于儿童视角构建适合幼儿发展的真实、多元、开放的户外自主游戏环境，使他们在自由的环境中获取知识与情感，提升学习力，身心全面健康发展。

【参考文献】

[1] 庄晓青 . 户外混龄游戏与幼儿合作能力的发展 [J]. 学前教育研究，2021（6）：85-88.

[2] 黄敏 . 自主游戏，乐享童年——儿童视角下幼儿园户外自主游戏的路径探析 [J]. 教育家，2022（42）：64-64.

14.巧借骑行游戏培养幼儿交通安全意识的路径探究

武穴市实验幼儿园实验园区 桂林 刘娜

【摘要】交通安全教育是幼儿园安全教育的重要环节，通过日常活动培养幼儿的交通安全意识。骑行游戏是幼儿喜欢的活动之一，可围绕“车”的主题，引导幼儿关注交通安全。通过观察和了解骑行区幼儿的安全意识现状，找出问题并探索解决方案，利用骑行游戏培养幼儿的安全意识和良好行为习惯。

【关键词】骑行游戏；幼儿；交通安全意识

骑行区为幼儿创设了良好的游戏环境与轻松氛围，让幼儿发挥主体性，围绕骑行区游戏中遇到的“交通安全”事件，生成主动探究和自主解决问题的兴趣，在此基础上为幼儿提供真实的游戏情境，推动幼儿交通安全意识的形成。

一、骑行游戏中幼儿安全意识培养现状研究

幼儿在骑行游戏中交通安全意识的表现情况。幼儿处于规则意识初步发展尚未形成的阶段，为了满足自己的游戏需求有时会忘记规则，导致游戏中出现一些混乱的场面，若教师没有介入和干预，场面回报彻底失控，最终只能叫停游戏。

教师在骑行游戏中渗透交通安全意识的情况。教师在游戏活动中有意识地渗透交通安全常识，有助于幼儿潜移默化地形成交通安全意识良好的行为习惯。幼儿在骑行游戏中相撞是很常见的事情，可能是由于忽视安全问题，忽视规则，可以成为教师渗透交通安全意识的机会。

骑行游戏中环境创设及材料投放的具体情况。环境的创设与材料的投放是推动幼儿了解更多交通安全常识的载体，良好的环境与材料可以激发幼儿对交通安全的兴趣。在环境创设方面，幼儿园为幼儿提供了较好的条件，对宽敞开阔的游戏区域进行了合理划分，设计了各种安全标志。

二、骑行游戏中幼儿安全意识培养问题及归因

交通安全教育课程较为零散，幼儿交通安全意识缺失。在开展访谈的过程中，我了解到幼儿园平时会开展交通安全教育，如“交通安全知多少”等课程，但是这些课程比较分散，对幼儿的影响较小且持续的时间较短，这是导致幼儿在骑行游戏中安全意识缺失的主要原因。

交通安全教育渗透不足，教师缺乏相关活动经验。通过对带班教师进行访谈了解到，平时的活动中，教师很难想到有哪些一日生活活动的环节可以跟交通安全教育联系上，幼儿园在这方面开展的培训也较少，教师也只是进行简单的口头教育，不利于培养幼儿交通安全意识。

骑行游戏环境创设简单，未能及时满足游戏需求。在开展骑行游戏活动的过程中，环境的创设仅限于幼儿的骑行运动和游戏需求，当幼儿在活动中自主地想到与交通安全相关的游戏元素时，材料不能及时跟进和调整，幼儿的需求无法及时得到满足，就会逐渐失去对交通安全相关内容和主题的探究兴趣。

三、骑行游戏中幼儿交通安全意识培养有效路径

丰富游戏内容，促成意识内化。在开展骑行游戏活动的过程中，应丰富游戏内容，设置各种交通安全相关的游戏主题，让孩子们通过真实的演绎，感受到交通安全的重要作用，内化幼儿的交通安全意识。

开展顶层设计，提升教师水平。教师的指导能力与经验是培养幼儿交通安全意识的重要因素，因此在开展活动的过程中，幼儿园要充分发挥作用，利用教研活动和培训活动，使教师有能力在游戏活动中充分解读幼儿的行为和背后的规律，渗透交通安全意识的培养。

创设游戏环境，渗透安全常识。在创设游戏环境时，应注重为幼儿提供物质环境和精神氛围，同时提供丰富的材料，并利用这些材料和环境，模拟真实的交通安全活动场景。例如，教师在幼儿骑行游戏中，不仅要在户外游戏中创造良好的空间环境，还要在教室墙面上布置与交通安全相关的内容，以培养幼儿的交通安全意识。

综上所述，骑行游戏本身为幼儿提供了真实的交通场景，而教师应有目的地渗透交通安全常识，强化幼儿的交通安全意识，进一步内化幼儿对交通安全常识的认知。

【参考文献】

[1] 戴爱华 . 多元化开展幼儿交通安全教育 [J]. 小学时代，2020（13）：98.

[2] 屈燕 . 开展骑行游戏促进幼儿成长 [J]. 安徽教育科研，2020（11）：68-69.

[3] 田蜜 . 从户外骑行区“撞车”事件谈幼儿游戏经验的生发 [J]. 幸福家庭，2021（19）：117-118.

[4] 彭怡，王琪 . 学前儿童交通安全教育的价值探析 [J]. 兵团教育学院学报，2016，26（04）：78-84.

15. 基于儿童视角的幼儿园户外游戏课程创设初探

英山县第三幼儿园　蔡苒

【摘要】在幼儿园教育中，户外游戏课程是非常重要的一个组成部分。从儿童的视角出发，通过观察和分析，我们发现户外游戏课程的创设需要关注儿童的需求和兴趣，同时需要结合教育目标进行精心设计和组织。本文将从儿童视角出发，探讨幼儿园户外游戏课程创设的重要性和策略。

【关键词】儿童视角；幼儿园户外游戏；课程初探

在幼儿园教育中，户外游戏是一种非常重要的教育方式。通过户外游戏，可以让儿童在轻松愉悦的氛围中学习知识、发展能力、培养情感。随着教育理念的不断更新和教育方法的不断创新，幼儿园户外游戏的创设变得越来越重要。从儿童的视角出发，我们可以更好地了解儿童的需求和兴趣，从而更好地设计和组织户外游戏课程。

一、儿童视角的概念和重要性

儿童视角指的是从儿童的角度出发，通过儿童的观察、思考和体验来了解世界的一种方法。幼儿园教育中的儿童视角是指关注儿童需求和兴趣，以及从儿童的实际情况出发设计和组织教育活动。

从儿童的视角出发，我们可以更好地了解儿童的需求和兴趣。在户外游戏课程中，如果教师能够从儿童的视角出发，关注儿童喜欢什么、需要什么，那么就可以更好地设计和组织游戏活动，让儿童在游戏中获得更好的体验和发展。

从儿童的视角出发，我们能够更好地设计和组织户外游戏课程，提高儿童的学习效果。通过了解儿童的需求和兴趣，教师可以设计出更加符合儿童特点的游戏活动，让儿童在游戏中获得更好的学习效果。

二、基于儿童视角的幼儿园户外游戏课程创设策略

（一）关注儿童的需求和兴趣

“兴趣是最好的老师”。做自己感兴趣的事才能获得最充足的行为动力。户外游戏课程创设中教师需关注儿童的需求和兴趣，观察和分析了解儿童喜欢什么、需要什么，设计出符合儿童特点的游戏活动。

例如，在大班游戏“森林探险”中，通过模拟在森林中探险的过程，培养儿童的团队

协作能力、观察力和解决问题的能力。首先，在开始游戏之前教师通过观察和交流，了解儿童对自然和动物有浓厚的兴趣，他们喜欢探索户外，亲近自然，观察植物和动物。其次，创造多样化的游戏活动。在“森林探险”游戏中，教师设置多个任务和挑战，让儿童通过团队协作来完成。这些任务包括寻找特定的植物、观察动物行为、走出迷宫等。同时，教师还可以准备一些道具，如放大镜、指南针等，以增加游戏的真实感和趣味性。第三，提供个性化的学习体验。在游戏过程中，根据每个儿童的兴趣和学习特点，为他们提供个性化的指导和建议。例如，对于喜欢观察植物的儿童，教师可以引导他们更深入地观察植物细节。

（二）“自然养育”主题游戏推进

自由是儿童的天性，他们喜欢用自己的方式思考和游戏。作为游戏参与的主体，他们拥有绝对的自主权，因此，游戏创设不应禁锢在教师主导的框架内，儿童是游戏的参与者，也可以是游戏的制订者。比如，在一次户外自主游戏开始前，孩子们像往常一样争先恐后跑进了操场等待教师宣布今天的游戏内容。“老师！今天我们玩什么？”孩子们七嘴八舌地问。“今天玩什么？你们说了算！”教师大声地回应道。瞬间整个队伍炸开了锅，不一会儿，孩子们全部七零八落地散了开来。“卖烧饼、卖芝麻烧饼咯！”一阵叫卖声传来，这才发现，已经有小朋友开始“摆摊”了，操场里各种形状各异的石子儿成了他的“烧饼”！不一会儿，各种各样的“地摊”出现了，当教师以为操场要成为“菜市场”的时候，才发现并没有这么简单，“诊所”“宠物中心”“警局”“环卫工”“城管”……没错，他们打造了一个“欢乐国”，在各种角色扮演中乐此不疲且有模有样。

在开放式的游戏课程中，幼儿在角色扮演、情境演练等形式中获得人际交往、语言表达、品德习惯等方面的成长，当然，“自由、开放”并不是绝对的，这就要求教师在相对宽松的游戏氛围中起到良好、适时的介入引导作用，在“观察者”和“参与者”的身份中寻找平衡点，结合教学目标提供科学指引。

基于儿童视角的幼儿园户外游戏课程创设以尊重儿童主体地位为前提，保持与幼儿平行的视角，创设他们喜欢的、感兴趣的和愿意接触的教育内容，在一种“自然养育”的视域下去陪伴成长、发现惊喜和了解生命，促进幼儿全面成长。

【参考文献】

[1] 周乐乐 . 幼儿园户外自主游戏中教师的指导策略 [J]. 学园，2023，16（35）：56-58

[2] 段迭梅 . 幼儿园自主游戏实施策略 [J]. 求知导刊，2023（30）：113-115.

[3] 施玲玲 . 亲自然生活下幼儿园养育环境创设的策略研究 [J]. 家长，2023（22）：167-169.

[4] 寂静 . 自然的培养是最好的养育 [J]. 中华家教，2019（12）：52-53.

16.“真游戏”视域下的户外游戏实施途径浅探

蕲春县第三幼儿园管窑园区　王文琴

【摘要】“游戏”在学前幼儿生活中占据着极其重要的位置，而近些年来，“真游戏”一词活跃在无数学前教育者的视线里我们应在幼儿园里开展户外游戏活动时，充分尊重幼儿自主性，给予孩子自由的时间和空间，投放足够多的材料，让“真游戏”走进教师和幼儿心中。

【关键词】户外游戏；安吉游戏；真游戏

游戏是儿童的基本需要和权利，对于3—6岁的孩子来说，游戏贯穿在他们一日生活中的任一环节，本文主要围绕如何聚焦儿童的视角，有效开展户外游戏下的真游戏。

一、户外活动中“真游戏”的价值

“真游戏”最初是安吉幼教人回顾幼儿园游戏发展历程的描述，本义是“儿童真的玩游戏”了，属于一种对主体状态的描述，而不是“儿童在玩真游戏”。“真游戏”活动是幼儿教学中不可或缺的重要内容，对激发幼儿学习兴趣，培养幼儿思维能力、操作能力、交往能力、创新创造能力，促进幼儿语言发展、体格发育、情感体验等具有重要的价值和意义，在幼儿的户外活动中，“真游戏”能够激发幼儿的自主性，让幼儿的思考能力和创新水平得到更好的提高。

二、给孩子充分的自主性

在日常的户外游戏活动中，要让幼儿完全自主地选择玩什么、怎么玩，教师作为引导者，能够做的只能是引导，而不应该去干涉和随意破坏他们的想法，应该接受幼儿的奇思妙想，在户外游戏时，放心大胆地让幼儿去尝试去创新。不要因为害怕孩子受伤，就不愿放手让他们玩得畅快。例如：有些幼儿喜欢将轮胎滚得飞快，这个时候我们应该让他去足够大和安全的地方玩耍，并提示他们注意安全，不要误伤到别的孩子，而不应该立马制止他滚轮胎。

三、给孩子充分的时间与空间

我国著名儿童教育家陈鹤琴先生认为：“大自然、大社会是我们的活教材”，大自然已经为孩子们准备好了足够大的空间，户外的一花一草都可以是孩子们的“教具”，不用特意教导，他们就能亲眼去观察自然的万物，很多时候，不用教师刻意说明，他们也能和大自然的一切和睦共处。亲身体验草长莺飞，万物生长，比在教学活动中讲述春季的特点要让孩子喜欢得多。当然，我们也应给予孩子充分的游戏时间，《幼儿园工作规程》指出要保证幼儿有充分的户外活动和游戏时间。正常情况下幼儿户外活动时间不得少于 2 小时。保证足够的户外活动时间，让孩子拥有足够多的“撒野”时光。

四、给孩子准备充分的材料

我们在给幼儿投放户外游戏材料时，要特别注重材料投放的丰富性和灵活性，根据安吉游戏的材料投放原则，灵活地利用自然资源，多投放玩法多样的材料，多投放低结构材料等。在材料的使用上，安吉游戏也给予我们学前教育者极大的启发，应打破室内外限制，充分解放幼儿思想，有些在室内用的游戏材料同样可以用于户外。

五、转变家长思想，做好家庭共育工作

很多家长并不了解游戏对幼儿的重要性，特别是农村幼儿园的一些家长们，他们更希望孩子们多坐在教室里写字学习，而不是到处玩游戏。在这种情况下，我们要耐心地和家长们友好地沟通，用家长能理解的方式告诉他们游戏的重要性，游戏对于孩子的意义。当然，我们能够发现到的是，现在大部分年轻的爸爸妈妈已经能够理解游戏对于孩子来说意味着什么，也能够支持和配合孩子们去感受游戏的真谛。他们开始逐渐转变思想，愿意和我们“统一战线”，也愿意花费更多的时间了解游戏能够带给孩子什么。在很多时候，家长甚至愿意陪孩子进行户外游戏，他们也开始知道亲子游戏活动的价值，更愿意花费时间和精力去感受孩子的心理和情绪。

热爱游戏是儿童的天性，它对于孩子来说就像影子一样，时常伴随在他们身边，特别是他们喜欢在户外进行游戏，比起一个封闭的室内空间，他们更加喜欢阳光明媚，绿草如茵的户外，比起坐在凳子上，他们更喜欢坐在草地里与自然为伴，大胆而快乐和同伴进行游戏。

【参考文献】

[1] 王振宇 . 弘扬游戏精神，坚持实事求是 [J]. 教育家，2023（25）：26-28.

[2] 马云娥 . 放手游戏回归本真 [N]. 山西科技报，2023-08-10（A03）.

17. 探讨幼儿自主游戏的实施策略

红安县城南幼儿园　方月琴、秦小红

【摘要】自主游戏是幼儿在已具备的能力基础之上，发挥自主性和创造性，丰富游戏的形式和内容，根据自己的兴趣和需求，自由选择玩具和材料，独立或与伙伴们一起进行

游戏的活动。因此，本文结合本幼儿园教学经验，对开展自主游戏活动的相关策略展开探讨，希望通过有效的教学经验分享，促进幼儿综合能力的发展。

【关键词】幼儿；自主游戏；实施策略

幼儿园教育活动应以游戏为主，以游戏促教育，让幼儿成为游戏的主角，并在游戏中感受学习的魅力。教师在游戏中应给予幼儿适时指导，在师幼互动中开发其天赋。在自主游戏中教师引导幼儿思考、自主体验，不仅可以发现动手能力强的幼儿，也可以观察到安静沉稳、创造力强的幼儿，从而做到因材施教。

一、幼儿园开展自主游戏的意义

从现有幼儿园游戏开展的普遍情况来看，在选择游戏内容、制订规则和游戏过程中，幼儿缺乏一定的自主意识。因此，教师要结合游戏的目标创设宽松自主的教育环境，给幼儿自我提升和锻炼的机会，让他们在游戏的设计中融入更多自己的想法，在游戏活动过程中大胆地创造和想象，在游戏中获得成长。让自主游戏在幼儿的能力发展中实现真正的价值。

二、幼儿自主游戏的实施措施

（一）注重投放材料的适宜性

在游戏活动中，除了创建良好环境，教师还应提供各种游戏材料，以满足幼儿心理需求和游戏需求。合理提供材料可以激发幼儿游戏兴趣和探索欲望，使之发挥想象力和创造力，提高自主游戏能力。小班幼儿思维能力有限，投放的材料应以简单性材料为主，如小铲子、布娃娃、玩具汽车、积木等。中、大班幼儿具备一定思考能力，因此应投放探索类、拼装类、组合类和待加工类材料等，让幼儿自由选择和探索，促进其综合能力发展。9月份我被分到小班，为了让幼儿快速适应幼儿园环境，我特意在班级设置了娃娃家，将娃娃家布置成温馨舒适的小家，让幼儿带来自己喜欢的玩具和小朋友分享，并且投放了各种娃娃及过家家的玩具，虽然材料简单，但对于刚入园的幼儿来说娃娃家他们既熟悉又爱玩，每天区域活动时间娃娃家都是热闹非凡。

（二）注重游戏玩法的创新性、挑战性

在游戏中，幼儿可以自主决定游戏主题、玩伴和玩法。作为观察者，教师需关注幼儿在不同阶段的游戏能力发展，适时引导。教师提供绳索、悬挂玩具、平衡木、球类等材料后，幼儿会根据自己的经验选择材料和玩法。例如，有的幼儿玩走线比赛，有的玩摘悬挂玩具，有的探索平衡木，有的进行夹球跳。幼儿在游戏中自主选择和参与，提升了自主游戏能力。我们小班孩子对于动物的认知主要集中在不同的动物种类、形态和习性方面，通过《动物

运动会》这一游戏活动，幼儿模仿动物走路、叫声等，让同伴猜想名称并通过其特点自主开展各种比赛，想象力和创造力得到充分发展。

（三）注重规则意识培养的重要性

游戏规则是自主游戏的核心要素。传统游戏活动中，教师主导规则制订，限制了幼儿的参与，通常通过教师的指示来培养他们的规则意识。为了增强幼儿的自主性并让他们在游戏中感受到快乐，教师可以让他们自主讨论和制订规则。在去年的“钻山洞”游戏中，我提供了材料和场地，让幼儿自主游戏。然而，由于缺乏规则，瑞鑫、阳阳和近嘉出现了争抢和拥挤的现象。为了解决这个问题，我引导幼儿讨论如何制订规则以有序参与游戏。经过共同讨论和协商，幼儿制订了“一个跟着一个过”和“不争抢，不拥挤”的规则，使游戏得以有序进行。

（四）注重培养幼儿交往能力的社会性

幼儿期是社交能力发展的关键期，教师应创造良好交往环境，鼓励自由交往，使幼儿体验交往的乐趣和价值。教师可以设立多个活动角，让幼儿分享兴趣、交朋友：在角色游戏中，幼儿可以扮演不同角色，学习社交技能，规范行为，逐渐摆脱自我中心，学会分享与合作。在区域活动中，幼儿可结合生活经验进行游戏创造，丰富想象和表达能力。在趣味性合作表演中，幼儿可以感受到合作的意义，发展表现力、人际交往力、想象力和创造力。

总的来说，在游戏活动中，教师应适当“放手”，让幼儿在宽松自由环境、愉快的状态中，自主选择游戏材料，充分发挥想象力，发挥创造力，教师则根据游戏活动中出现的问题适时引导，不断优化自主游戏引导策略，从而成就幼儿的游戏学习，获得良好的游戏成效，全面提升幼儿的综合能力。

【参考文献】

[1] 林海巧 . 大班幼儿自主游戏开展存在的问题与对策 [J]. 科教导刊，2014（21）：150 + 160.

[2] 文凯仪 . 大班幼儿自主游戏培养学习力的探究 [J]. 读友，2021（11）：113-117.

[3] 张世兰 . 浅谈区域活动中大班幼儿自主游戏的作用 [J]. 考试周刊，2020（67）：167-168.

[4] 王媛 . 区域活动中大班幼儿自主游戏的作用与对策探析 [J]. 百科论坛电子杂志，2020（21）：2477.

18. 浅谈自主游戏中幼儿教师有效介入的策略

英山县县直机关幼儿园　查红丽

【摘要】自主游戏在幼儿教育领域中占据着举足轻重的地位，而教师介入策略对于提升自主游戏质量、促进幼儿发展具有重要作用。教师需要观察并理解幼儿的游戏行为和需求，选择合适的介入方式，运用语言指导积极引导幼儿游戏，同时也需要警惕不能以成人的期望和观念干涉儿童游戏。笔者在幼儿园从教 30 年的教学经历中，积累了一些户外自主游戏介入的方法策略，仅供同行参考与借鉴。

【关键词】自主游戏；幼儿教师；有效介入；策略

在幼儿教育过程中，自主游戏是一种重要的教育方式。它不仅可以帮助幼儿发展社交技能、解决问题的能力，还可以培养他们的创新思维和想象力。但是，不当的介入会干扰幼儿的游戏过程，对幼儿的发展起到负面作用。怎么介入才是最有效的呢？笔者在长期的一线教学实践中有了一些思考和体会。

一、充分观察是有效介入的基础

幼儿是游戏主体，教师需重视儿童视角下的有效观察，观察内容包括幼儿的游戏行为、情绪状态、社会交往等。细致观察后，教师才能作出正确决策，有针对性地指导游戏，让游戏继续。这种观察对了解孩子兴趣、需要及知识技能水平至关重要，也为教师介入提供依据。当孩子对游戏不感兴趣或同伴间出现矛盾时，教师适当介入，提供指导和支持，可确保幼儿安全健康，促进其多方面发展。

二、找准时机是有效介入的前提

在自主游戏中，教师需及时介入解决孩子遇到的问题，介入时机因孩子年龄而异。大班孩子易感到无聊，教师需关注其自娱自乐状态，一旦失去兴趣便立即介入。中班孩子缺乏自律，十分依赖教师，困惑时需教师指导。小班孩子需要教师全程引导，确保活动顺利进行。例如，大班骑行区游戏开始了，有个孩子不停地让车子沿着同一条路径行驶，兴趣不高。这时，教师发现就加入进来，一边游戏一边询问道：“你觉得车辆在更陡峭的路径上会跑得更快吗？”孩子一时不知道怎么回答，但显然有了兴趣。教师接着追问：“路轨的选择会影响它的行进速度吗？”教师鼓励孩子在游戏中寻找答案，孩子的兴趣就更高了。当孩子发现在 U 型道路上的车辆可以顺利到达另一个方向时，高兴地跳起来了。教师接着问：“为何小轿车能够顺利抵达？倾斜度更大的路径会让车辆运行得更快吗？”孩子思考了一下之后回答："可能如此，我会再次尝试一下。"通过这样的深度交流，引导孩子们探讨他们对于车辆速度与路轨坡度之间关系的理解及所获得的新知识，并且利用追问的方式让孩子们展示自己的见解。

三、选择方式是有效介入的关键

为了保障自主游戏的有效开展，我们需要采取恰当的介入方式，注重灵活运用介入策略，以保证游戏质量。常见的介入方式有平行介入、垂直介入和交叉介入。如果幼儿对游戏的热情减退了，教师可以用平行介入的方式介入，在他们身边玩同样的游戏而不与之直接对话，以自己的游戏行为和表现激发他们的兴趣。如果游戏不能继续下去，教师可以采取交叉介入的方式介入游戏，深入了解幼儿的游戏行为，并在合适的时间点上进行干预，适度地给他们一些激励和支持，以此提高他们的游戏积极性。如果游戏中出现了安全方面的问题，教师可采取垂直介入的方式，及时解决出现的问题。

四、过程评价是有效介入的保障

幼儿非常在意教师的评价，因此教师的评价也就显得更为关键了。教师的评价应注重幼儿的游戏活动的过程而非结果，这样才能准确解读幼儿的行为并深度剖析，进而有针对性地解决游戏中的问题，保证孩子们以乐观的心态投入一次次自我探索的游戏中，以此推动他们的深度学习。例如，自主游戏过程中，幼儿在教师一对一倾听孩子的游戏故事时得到了关注；在游戏视频回放后，幼儿在自评和互评中得到了理解和满足；在游戏结束时，幼儿在教师的表扬和小星星、小红花等奖励中获得了成就感。

最大程度地放手，最低程度地介入。教师既不可以随意介入游戏，导致幼儿游戏中断或受干扰，又不能对幼儿采取不闻不问的态度，使幼儿无法在游戏中深度学习。应把握适度，给予孩子充分的空间和时间，达到促进深度游戏的目的，为推动儿童的发展打下坚实的基础。

【参考文献】

[1] 万中，刘敏 . 幼儿游戏中教师的干预与干涉 [J]. 好家长，2013（08）：56-60.

[2] 沈丹 . 教师指导幼儿自主游戏活动存在的问题及解决策略 [J]. 课程教育研究，2018（05）：21-22.

[3] 董婕 . 浅谈幼儿自主游戏活动中的教师角色定位 [J]. 学周刊，2018（36）：157-158.

19. 关于农村幼儿园践行阳光户外特色游戏的几点思考

罗田县城南幼儿园九资河园区　徐宇

【摘要】我园地处大别山腹地九资河镇，是一所偏远的山区农村幼儿园，但地处旅游胜地，有着丰富的自然资源，地域文化、传统文化、红色文化氛围浓厚，正激发各位教师结合自主游戏、课程游戏化等，从不同层面、不同维度、不同视角思考与实践。我们尝试立足本土，开发更适合农村园所及幼儿实际需求的阳光户外特色游戏。

【关键词】**本土资源；阳光户外；特色活动**

我园坚定走尊重幼儿发展规律之路，充分挖掘适宜农村园所实践的“德育 + 阳光户外”游戏课程新特色，形成独具一格的“爱在鸠兹”魅力。目前已尝试在各类特色活动中寻找发展路径，以“爱在鸠兹”主题升旗活动养德育德；以“幼见鸠兹”的主题社会实践活动带领孩子领略九资河的美景人文；以“鸠兹诗社”的起点阅读活动帮助幼儿涵养书香风尚；在“爱在鸠兹—帮扶慰问”活动中关注山区贫困幼儿及家庭；在“爱在鸠兹—以清为美，以廉为荣”清廉主题师幼古诗诵读活动中，引领师幼品鉴诗词意蕴，涵养清廉风尚；在“爱在鸠兹—主题教育”活动中渗透培养文明礼仪、安全自护、美育欣赏、独立自理等好习惯、好品质。其中，尤为值得深入研究开发的，是在核心园城南幼儿园“以爱为源，德润童年”的文化引领下，被确定为园本特色的“爱在鸠兹，阳光户外”特色活动，如何努力发挥地域特色，挖掘本土资源，构建较为完整的特色体系，我们正在思考与实践。

一、丰富活动路径，享游戏童趣自由

青山有青山的坚毅品质，青山有青山的秀美韵味，山养灵娃，山里的孩子更好动、更健壮，山里有更多可以利用的资源。因此，我们力求在园本特色活动建设中锤炼幼儿健康体魄，涵养幼儿优良品质，尝试从阳光户外活动中探寻不同的，适宜我园幼儿的发展路径。

一是在户外亲自然活动，以师幼、亲子等多维一体的模式，探寻山区森林、田野中的种子、植物标本等等宝贵的学习资源；二是在阳光体育活动中探寻游戏方法、游戏材料、游戏观察引导等。三是在阳光社会实践活动中探访鸠兹人文景观、民俗特色、地方资源、红色革命圣地、红色革命英雄的故事，使幼儿在真看、真听、真体验中萌发爱家乡爱祖国的情感。户外亲自然活动中：亲子亲自然活动——利用周末亲子一起出游，或者在农忙农闲时，和孩子一起去田野、菜园，体验除草择菜、浇水施肥、播种丰收、喂养小动物等。师幼亲自然活动——踏春、寻秋，一起去郊游；在园所中与花草做朋友；以自然物做手工；探索山、水、沙、石、草、叶、花、木、虫、鸟的奥秘。阳光体育活动：在户外开展体育活动，尽可能地开发本土的特色材料，尝试更多不同特色的体育游戏玩法，带领孩子体验不一样的童年趣味。阳光社会实践活动：带领孩子走出校园小课堂，走进自然大课堂，共赏大别山风光美景，春去田野播种，夏游天堂湖，秋寻鸠兹红叶，冬踏林间白雪；探访鸠兹民俗人文，在三圣故里寻找京剧的文脉，欣赏鸠兹的风情古街，去罗家畈新屋塆民居探寻 400 余年古宅的精巧建筑工艺，参观奇石根雕馆感受大自然的神奇馈赠；根植红色情怀，去圣人堂追寻徐寿辉练兵起义的故事，去天堂寨聆听千里跃进大别山的英雄壮举；体验农耕农业与劳动，去罗家畈药材基地挖天麻，去正光药业参观药草园，去幼儿园前的稻田里捡稻穗，去后山拾松球……

二、深挖自然资源，寻科学探究自由

利用自然资源进行游戏、科学和美育活动，方便且节约经费。教师需有计划地制订小任务，梳理幼儿兴趣点。如每周收集材料，制作标本、扎染作品等；结合季节开展主题活动，如寻找不同野花、诵读诗歌、认识花的基本结构等。四季的自然材料都是孩子们宝贵的游戏材料和科学探究起点。语言《春天的花》诵读一首关于花的诗歌；科学《春天的花》认识常见的花，了解花的基本结构；艺术《春天的花》用巧手绘制自己心中最美的花；社会《春天的花》引导孩子爱护花草，了解花草对人们的益处。而春天的花草、柳枝、植物萌芽；夏天的树枝、松球、昆虫蝉鸣；秋天的乌桕红叶、花生红薯；冬天的晨雾、结冰凝霜，都是孩子们的游戏材料和科学探究的起点。

三、强化细节常规，获得规则的自由

开放的自然环境，活泼洒脱的山区孩子，丰富的户外活动，这三大要素相结合，难免让教师面临更大的挑战，一是活动组织如何更有序更有成效，二是在户外开展活动时如何更好地保障孩子的安全。三是如何让孩子井然有序，教师支持有道，避免高控。因此，我认为在日常生活及教育活动中，必须加强常规培养，引导孩子养成文明礼仪、安全自护、独立自理、观察细致等等良好品质。同时，在开展阳光户外活动前后，可以用儿歌律动、故事启蒙的方式，帮助孩子认识了解安全知识，建立活动中的规则、自护意识。

20. 自主探索，快乐游戏
——浅谈《评估指南》指引下幼儿园户外自主游戏的有效开展

蕲春县第二幼儿园新建园区　侯瑶

【摘要】本文主要探讨幼儿户外自主游戏的开展与评价，并结合《保育教育质量评估指南》进行阐述。户外自主游戏有助于幼儿深入探索户外环境，适应周围环境，满足身心需求，培养自主学习能力，丰富日常生活，以及个性发展。在开展幼儿园户外自主游戏时，应激发幼儿游戏兴趣和灵感，提供低结构材料供幼儿探究，运用材料组合和一物多玩策略，发散幼儿思维，促进幼儿自主探索和游戏能力发展。

【关键词】户外自主游戏；自主探索；有效开展

《保育教育质量评估指南》建议因地制宜创设游戏环境，提供合适材料，支持幼儿的探索和游戏行为，让他们自主选择游戏内容。指南还强调观察幼儿行为并根据观察结果分析其发展状况，提供有针对性的支持。我园根据这些建议，开展了多种户外自主游戏活动，包括运动、攀爬、涂鸦和建构等区域游戏。这些游戏受到幼儿欢迎，有效提高了他们的运动能力，培养了他们的解决问题能力，促进了他们的个性发展。

一、“思”幼儿的兴趣，激活幼儿自主游戏灵感

在游戏中，幼儿经常变换游戏内容和材料，这是因为某些材料无法引发他们的兴趣。当幼儿对某事物感兴趣时，教师应抓住时机，观察他们的反应，提供相应的游戏材料，尊重和满足他们的内在需求，激发他们的游戏灵感。在攀爬区，有很多材料如攀爬绳、架和网，但一块木板引起了幼儿的兴趣。几位小朋友把木板放在攀爬区围墙边，然后坤坤尝试从下面爬上去。虽然他滑下来几次，但没有放弃，最终成功爬上去并觉得像滑滑梯一样好玩。在攀爬过程中，孩子们的动作能力、灵活性和平衡能力都得到了提高。他们从不会爬到能迅速爬上顶端，可见动作发展迅速。在没有教师帮助的情况下，他们利用木板和围墙玩游戏，不仅提高了动手能力，也培养了解决问题的能力。

《幼儿园保育教育质量评估指南》中指出“能抓住活动中幼儿感兴趣的情境，能识别幼儿以新的方式主动学习，及时给予有效支持”。所以，我们要相信孩子，给予孩子自主的空间，支持孩子游戏，时刻关注幼儿兴趣，捕捉幼儿在游戏中的闪光点，适当引导，不断丰富游戏内容。

二、“思”材料的运用，鼓励幼儿自主探索游戏

作为教师要考虑幼儿游戏发展的需求，及时提供诱发幼儿探究行为的低结构材料。教师要根据幼儿游戏水平精心考虑什么样的材料能够满足幼儿游戏的需要，让幼儿自主选择材料。要设计不同的户外游戏区域：攀爬区、滚筒区、骑行区、沙池、涂鸦区、建构区，让孩子在户外游戏中成长。每个游戏区域提供的材料，可以是废旧利用物品、半成品，也可以是低结构材料。如：木板、梯子、轮胎、奶粉罐、塑料奶杯、纸盒、不锈钢的锅碗等材料。让幼儿充分利用材料，有效开展游戏，在轻松、自由自主的游戏中全面发展。

运动区里的小朋友运用长梯玩起了跳跃的游戏，两位小朋友搬起一个梯子放到围墙边，顺着梯子爬上去再走两步下来，接着就从梯子上跳下来。于是大家都想上去试一试，又

有几个孩子爬上去了，站在下面的小朋友喊着：123 跳，123 跳……，梯子上的小朋友说：让开、快让开，我要跳下去。扑通一下，梯子上的小朋友都勇敢地跳下来了。孩子们在欢呼声中开始了他们的木梯跳跳之旅，有趣的跳跃游戏吸引了其他的小朋友，他们纷纷加入梯子跳跃游戏行列。

《幼儿园保育教育质量评估指南》强调教师应以支持性态度与幼儿互动，鼓励幼儿自主选择材料和玩法。轻松愉快的游戏氛围有助于幼儿大胆尝试，促进其创造力提升。让幼儿自主选择和探索游戏器材，有助于提升其想象力和创造力。

三、“思”游戏的评价，助推游戏更高水平发展

在户外自主游戏中，教师通过观察和记录幼儿游戏过程，可以为游戏的评价和改进提供依据，促进幼儿思考和探究能力的发展。评价环节中，教师应给予幼儿表达的机会，适当肯定和引导，了解幼儿游戏中的想法。表征过程可以展示幼儿的想象力和思考方式，反思和总结环节可以逐步培养幼儿善于思考和发现问题的能力，推动游戏向更高水平发展。对于幼儿园的小朋友，教师需要提供有趣的、能够满足幼儿自主探索需求的游戏材料，并以适宜的方式评价幼儿。教师应成为幼儿自主游戏的支持者、合作者和引导者，将游戏自主权还给幼儿，促进他们在游戏中全面发展。

【参考文献】

[1] 教育部印发《幼儿园保育教育质量评估指南》[J]. 儿童与健康，2022（03）：79.

[2] 华爱华 . 关于幼儿园户外运动的几点思考 [J]. 幼儿教育，2015（25）：18-21.

[3] 黎洁佑 . 浅谈开展幼儿园户外自主游戏的有效促进 [J]. 师道教研，2017（10）：37-38.

21. 浅析大班幼儿户外体育游戏活动的开展策略

武穴市直属幼儿园　朱照银

【摘要】随着幼儿体育教育的发展，开展丰富多样的户外体育游戏活动成为目前幼儿园的一项重要工作。通过对体育教育和户外体育游戏相关理论成果进行搜索与整理，本文就大班幼儿户外体育游戏活动的开展展开讨论，尝试提出了以下教育建议：善于利用社区资源，合理拓展游戏空间；组织教师积极参与专业培训，提高教师专业知识与能力等，希望能够进一步促进幼儿园大班户外体育游戏活动的开展。

【关键词】**幼儿；户外体育游戏开展；策略**

笔者结合现状与文献，对目前大班幼儿户外体育游戏活动进行现状分析和问题整理，并给出相应的优化发展建议，以期为教师进一步开展工作提供一定的支持与参考。

一、户外体育游戏概念界定

《教育大辞典》指出，体育游戏可以培养儿童平衡、攀登等基本能力，户外体育游戏是以培养儿童运动能力和身体素养为主、富有趣味性的活动。作为一种有趣的运动模式，户外体育游戏深受幼儿的喜爱。户外体育游戏可以使儿童的所有活动能力、感官得以发展，同时，让儿童学会探索自然，从而适应户外环境。

二、大班幼儿户外体育游戏活动开展的具体优化策略

（一）幼儿园方面

1. 善于利用社区资源，合理拓展体育游戏场地

场地是保证幼儿户外体育活动顺利开展的必要条件，为了弥补目前幼儿园户外场地有限的现状。幼儿园可以利用社区资源，与社区街道进行沟通，在幼儿园附近的空地定期开展户外游戏活动。熊晓英在对城区小型幼儿园提高课外体育活动质量中，就提出了和笔者相似的观点：合理地利用社区资源，扩大儿童户外活动区域。

2. 组织专业培训，提高教师专业知识和活动的组织与指导能力

幼儿教师是幼儿园户外体育游戏最直接的设计者、组织者与指导者，其自身体育素养的高低将直接影响幼儿园户外体育游戏活动的质量。因此，幼儿园可以定期组织教师参加培训，请专业教师或相关专家举办讲座。教师之间也可以互相交流经验、互相学习，共同设计游戏组织形式，通过组织形式的多样化提升游戏的乐趣，提升对户外体育游戏活动的组织水平。

3. 增进家园共育，丰富户外体育游戏活动形式

幼儿园应主动开展一些家园沟通工作，请专家向家长作相关专题报告，为家长提供儿童体育运动的某些经验和常识，以互动、宣传等方式，促使家长与园方在教学立场上实现共鸣。并让家长融入户外体育游戏活动，以此实现家长对体育项目的有效了解，转变家长的观念，促进家园合作，提高户外体育游戏的开展质量。

（二）教师方面

1. 提高对户外体育游戏活动的认识

认识来源于实践，对实践具有反作用。幼儿户外体育游戏是非常重要的一种户外活动方式，它有着丰富的组织形式和活动内容。对于幼儿来说他们可以在游戏中得到身心的成长和发展，增强体质、培养良好品质等。因此，教师一定要提高对户外体育游戏活动的认识，以此推动大班幼儿户外体育游戏的质量增长。

2. 落实户外体育游戏活动的计划和评价分析，提高活动质量

户外体育游戏活动，是幼儿园活动重要组成部分，教师应重视活动的计划和评价，参与教研活动，制订户外体育游戏活动计划并落实，这样才能发挥其对幼儿成长发育的促进作用。任何工作只有不断地去总结和评价才能有更好的发展。因此，教师在开展户外体育游戏活动之后也应该通过评价分析来提高活动开展的质量。

3. 提升游戏材料的投放能力，促进户外体育游戏活动开展

材料的投放对户外体育游戏开展也有着重要影响。教师之间应加强交流和沟通，从真实游戏案例、实践方法和基本理论等层面提供相关的意见，全面分析游戏材料投放的问题及应对方案。也要通过多种途径学习专业知识，积极参与有关户外体育与游戏活动的培训，在提升自己的体育专业知识的同时也提高游戏材料的投放能力。

幼儿户外体育游戏活动得到了幼教工作者的认可，但如何实施仍需深入探讨。本研究从大班户外体育游戏活动入手，旨在为教师提供教育建议。因研究经验和理论不足，本文对大班户外体育游戏活动现状和对策的剖析不够深入。未来研究将加强理论知识，关注幼儿户外体育游戏活动发展，并拓展至小班、中班年龄段，总结指导策略。

【参考文献】

[1] 张天颜 . 幼儿户外体育游戏活动的设计与开展探讨 [J]. 成才之路，2019（31）：73-74.
[2] 韦裔菊 . 幼儿园户外体育游戏的教师支持研究 [D]. 桂林：广西师范大学，2019.
[3] 姬小园 . 学龄前儿童在园体育活动的现状调查研究 [D]. 上海：上海师范大学，2018.
[4] 黄贵，苏永骏 . 福禄培尔幼儿体育观研究 [J]. 体育学刊，2015，22（05）：28-32.

22. 浅述幼儿园户外自主游戏的有效观察

英山县县直机关幼儿园　黄太平

【摘要】户外自主游戏作为幼儿园教育教学中的重要内容，在提高幼儿实践能力以及想象力上起促进作用。在幼儿的户外自主游戏中，教师需做好有效观察，提高幼儿户外自主游戏的质量。本文分析幼儿园户外自主游戏有效观察的积极作用，并提出有效观察策略，旨在为今后开展教学研究提供参考与借鉴。

【关键词】**户外自主游戏；有效观察；积极作用；策略**

在学前教育理念不断革新的背景下，户外自主游戏在幼儿园教育教学中逐渐受到重视，所占比重不断加大。相比传统的幼儿园教学内容，户外自主游戏更能凸显幼儿主体地位，激发他们的参与热情。为了更好地了解幼儿，教师需进行深入观察，通过观察幼儿的游戏

行为来评估他们的整体发展水平，为后续教学计划的调整提供有力的依据。

一、户外自主游戏有效观察的积极作用

幼儿的年龄较小，对于游戏有着较高的参与热情，并且幼儿在游戏中可获得综合能力的全面提高，这使得户外自主游戏成为幼儿园教育教学的核心内容。户外自主游戏强调幼儿的自主性，可使得幼儿的性格特征以及思维方式等均在户外自主游戏中得以体现。教师作为幼儿园教育教学的主要执行者，做好针对幼儿户外自主游戏的有效观察，可加深教师对幼儿游戏活动的了解，也可提高幼儿园户外自主游戏质量。具体而言，教师的有效观察可使得教师科学评价幼儿户外自主游戏的实施效果，便于教师及时有效地开展针对幼儿户外自主游戏的指导，发挥户外自主游戏的积极作用，凸显户外自主游戏的育人价值，有利于全面提高幼儿园教育教学质量。

二、户外自主游戏的有效观察策略

（一）明确有效观察定位

幼儿园教师需明确自身的定位，立足于不同的角度观察幼儿在户外自主游戏全过程中的表现，以此来提炼出更多的有效信息。教师可以以旁观者的角度进行观察，即在幼儿进行户外自主游戏的过程中，减少对于幼儿的干预，针对全体幼儿进行观察，以此来形成对于幼儿以及幼儿户外自主游戏内容和过程的整体认知。教师在作为旁观者观察时，可在幼儿正式开展游戏之前明确观察内容，并利用相机或者手机等记录下幼儿的游戏过程，以此作为后续分析幼儿户外自主游戏情况的真实可靠依据，可为教师后续优化教学内容以及教学方法提供参考。由于幼儿的年龄较小，思维能力以及认知能力水平均较低，在开展户外自主游戏的过程中经常出现较大的随意性，因而难以发挥户外自主游戏的教育意义。针对于此，教师可作为幼儿游戏的参与者，与幼儿共同开展户外自主游戏，借助自身的参与开展观察，明确幼儿在游戏中出现的问题，及时展开针对幼儿的引导，从而促使幼儿顺利达成游戏目标，丰富幼儿的游戏体验。

（二）优化有效观察内容

观察内容是幼儿园教师开展户外自主游戏有效观察的核心，其合理性直接影响观察的有效性。教师可从以下方面制订观察内容：第一，观察幼儿户外自主游戏的主题，包括主题选择原因和确定方式，为制订具体的观察内容提供方向。第二，重点观察幼儿在游戏中所扮演的角色，包括角色分配、角色理解、角色争议解决方法，以及角色演绎过程和结果。第三，教师需观察幼儿游戏材料。幼儿户外游戏需要大量材料，这些材料的选择、应用和整理都是观察内容。第四，教师需观察幼儿的游戏兴趣。这包括他们的参与度、游戏行为和语言，以此来评估他们对游戏的感兴趣程度。最后，教师还需观察幼儿在游戏中体现的

规则意识。这包括他们是否了解规则、是否存在违反规则的情况，以及他们如何应对违反规则的行为。通过这些观察，教师可以评估幼儿规则意识的形成情况。

（三）创新有效观察方法

在户外自主游戏中，由于幼儿人数众多，突发情况出现的可能性也相应增加。为了提高观察效率，幼儿园教师应根据实际情况创新观察方法。教师可以使用扫描法，即对全体幼儿进行观察，并提前制订观察记录表，细化观察内容，便于记录和形成整体报告。此外，教师也可以选择特定观察法，针对个别幼儿进行详细观察，以加深对幼儿的了解，明确个体差异，为后续的差异化教学提供参考。观察方法的选择应以实际情况为根据，以提高幼儿园户外自主游戏的观察质量。

幼儿园教师做好针对幼儿户外自主游戏的有效观察可使得幼儿户外自主游戏顺利开展，更可提高幼儿园教育教学质量。而在幼儿园户外自主游戏的有效观察策略上，教师需明确有效观察定位，优化有效观察内容，并创新有效观察方法，提高教师观察的有效性，借助针对幼儿户外自主游戏的有效观察促进幼儿身心的全面发展。

【参考文献】

[1] 沈祺琼，孙燕萍．站在儿童的视角看儿童游戏——论幼儿园户外自主游戏的有效观察[J]. 新教育时代电子杂志（教师版），2017（12）：8.

[2] 赵芳露．静心观察，细心发现，耐心等待——幼儿园户外自主游戏中的教学研究 [J]. 中外交流，2021，28（6）：192.

[3] 杨嘉欣．浅谈角色游戏支持策略——基于幼儿园户外自主游戏实践研究 [J]. 家庭教育研究，2023（04）：121-123.

23. 儿童视角下教师指导自主游戏的回应策略

黄州区幼儿园　曾玲

【摘要】在幼儿园游戏中教师的回应直接影响着游戏的发展，自主游戏中幼儿自立、自足、自主开展活动，教师的回应状态、回应方式及回应水平对幼儿游戏的兴趣、思维、能力的发展起着非常重要的作用。本文基于儿童视角，以中班自主游戏为例，立足教师的回应，提出回应前立足观察，着眼游戏回应点；回应中注重方法，选择恰当方式；回应后反思总结，助推深度学习地策略。

【关键词】**儿童视角；自主游戏；回应策略**

幼儿是自主游戏的主体，幼儿自主游戏模式具有灵活多样性，教师在自主游戏的开展中作为观察者、合作者、引导者，通过与幼儿之间的互动，促进幼儿自主能力提升，确保自主游戏顺利、深入开展。因此，教师在自主游戏中对幼儿的回应具有重要作用，回应的切入点、回应方式、回应后的处理都对幼儿有一定程度的影响。

一、回应前立足观察，着眼游戏回应点

自主游戏是幼儿通过主动开展游戏来满足自身需求，充分发挥主动性和积极性，自主选择玩伴和游戏材料进行游戏的过程

（一）观察问题切入点

《幼儿园教师专业标准》强调教师在活动中要观察幼儿，根据他们的表现和需求调整活动，并提供适当的指导。由于幼儿的年龄特点，他们经常寻求教师的帮助，并依赖教师提供的明确答案。当幼儿寻求教师的回应时，教师应以观察者和参与者的身份仔细地观察、发现并理解幼儿的需要和问题，找到适当的解决方案。

（二）整理信息及时反馈

研究指明，观察幼儿自主游戏，一方面可以较为系统地收集该幼儿相对全面的信息，另一方面还能够将其作为对照，比较一般幼儿和特定幼儿发展的异同有利于教师作出教育决策，有利于教师的反思自我改进。

游戏实录：在中班自主游戏“奇妙的轮胎”活动中，彤彤和辰辰被困在“雪中”，嘉树用长方形积木滚轮胎解围。彤彤提议划船过滑地，辰辰担忧无桨。他们寻求帮助，教师引导他们思考船桨特点，最后他们使用碳化积木作为船桨。

二、回应中注重方法，选择恰当方式

自主游戏中，教师可先以旁观者的身份不干涉幼儿游戏。但由于中班幼儿认知水平发展特点，在游戏中存在一定困惑，面临一定挑战，需要教师回应。教师在观察之后找到问题切入点，应当采用恰当的回应方法。

（一）巧设提问，引导幼儿自问自答

在幼儿的问题没有达到一定难度时，教师可耐心地等待不要急于将答案告诉孩子，让幼儿在自我探索中自我建构，促进其深入思考深度学习，使之在思考中建构逻辑思维，在游戏中发展个人意识。

（二）适时反问，引导幼儿积极思考

由于幼儿的个体差异性，他们在游戏中的表现也有其独特性和差异性，对于幼儿在游戏中遇到问题或求助的情况教师应当做好引导，保证幼儿充分沉浸在游戏中，并结合幼儿兴趣爱好、个体差异、游戏情境等给予最恰当的回应。

游戏实录：幼儿玩划船游戏，用轮胎和长板积木作为大龙舟。玩了一会儿游戏停滞，部分幼儿失去兴趣，转向其他玩具。此时，教师提出“雪大结冰如何划船”的问题，辰辰提议变身破冰船，晗晗提出做雪橇。教师的提问使幼儿深入思考，让游戏继续了下去。教师在游戏中要助推幼儿深度学习，还可以采取其他多种方法，如示弱、启发建议、同伴学习等。

三、回应后反思总结，助推深度学习

（一）师幼互动反思总结

反思回应是否超出幼儿认知水平或已有经验、回应是否有价值等。结合幼儿在游戏中遇到的问题、困难，矛盾，和幼儿共同探索、深度学习，寻找问题答案，解决困难源头，优化游戏设置，调节游戏矛盾，为幼儿创设分享的机会条件。

（二）同伴学习思维碰撞

在“投球进篮”“搭高楼”“木头人”等自主游戏的开展中，教师应当为幼儿创设良好的交流机会，鼓励幼儿在交流研讨中交流经验、相互学习，并及时总结。

幼儿园自主游戏应将幼儿置于主体地位，通过科学选取游戏材料、细致观察、把握游戏介入时机、做好反馈与评价工作，充分发挥自主游戏的实际价值，激发幼儿的创造性和主观能动性。

【参考文献】

[1] 黄瑶 .《一周又一周——儿童发展记录（第三版）》推介 [J]. 早期教育（教师版），2017（11）：31.

[2] 王烨芳 . 学前儿童行为观察与分析 [M]. 南京：江苏教育出版社，2012.

[3] 李琳，郭力平，鄢超云，等 . 幼儿园自由活动中教师观察行为的有效性及其提升对策 [J]. 学前教育研究，2018（03）：25-34.

24. 幼儿园课程游戏化与区域活动相结合的实践策略

英山县第二幼儿园孔家坊园区　聂钧雅

【摘要】在幼儿教育中，激发幼儿的学习兴趣和培养其良好学习习惯是至关重要的。考虑到幼儿天生对世界充满好奇，但注意力易分散，传统的教学方法可能难以充分发挥作用。将课程内容游戏化并与区域活动结合起来，不仅能够集中幼儿的注意力，还能有效提升教学秩序和质量。本研究探讨了这种教育策略的有效实践，目的在于帮助幼儿在愉悦的环境中获得知识，建立良好的生活习惯。

【关键词】课程游戏化；区域活动；整合策略

一、幼儿园课程游戏化和区域活动有机结合的意义

幼儿园课程游戏化是一种利用游戏传授知识和培养习惯的创新教学策略。它能够有效吸引幼儿的注意力和好奇心，使他们快速集中精神。其与区域活动的结合可优化教育过程，创造一个充满乐趣的学习环境，对幼儿的全面发展极为有益，使幼儿在游戏和活动中学会解决问题、团队协作等技能，这是传统教学方法难以达到的。

二、融合幼儿园游戏教学与区域活动的益处

（一）提升教师团队的素质与效能

优化幼儿园教师团队对于提高教育质量至关重要。这需以专业成长和团队协作为双重驱动，培养教师在课程游戏化中的引导技巧，加强他们对儿童发展理论与实践应用的理解。教育管理者应组织定期的培训，激励教师在各个领域不断学习和进修。此外，鼓励教师之间交流与合作，分享成功经验和解决教学问题的策略，从而增强整个团队的凝聚力和效能，为孩子们创造一个充满爱、好奇和探索的学习环境。

（二）推动儿童教育的创新发展

创新幼儿教育的核心在于构建一个充满探索和发现的学习环境，让孩子们自然地吸收知识，并以此激发其内在的好奇心和求知欲。这要求幼儿园要不断更新教学理念，采用多元化的教育手段，如引入科技辅助工具、多感官体验活动和情景模拟等，以满足不同孩子的学习需求。教师应关注每名幼儿的个性和兴趣点，提供个性化的学习计划，鼓励他们进行自主学习和集体协作，让孩子们在游戏中学习，在实践中成长。

（三）促进儿童发展的进程

幼儿教育作为基础教育的起点，扮演着至关重要的角色。通常幼儿园中的孩子们是在父母的庇护下成长起来的，他们内心深处相信一切都可以依靠父母解决。我们应重点培养孩子们的自立意识，并逐步引导他们学会独立处理自己的事务；将课程游戏化和区域活动结合，促进孩子们认知和判断能力的发展，教会他们如何独立看待世界和理解生活。

三、策划将游戏元素与幼儿园课程区域活动有效融合的方法

（一）建设优质的儿童活动空间

营造良好的幼儿活动环境是学前教育中的关键任务，幼儿活动环境应当安全、舒适且

充满刺激孩子们好奇心的元素。儿童活动空间建设需要将功能性与趣味性结合，使用鲜艳的颜色、多样的材质和可互动的学习工具来激励幼儿探索和学习。每个角落都应该鼓励自主游戏，同时促进社交互动，如设立阅读角、建构区和自然探索台，让孩子们在日常活动中获得多方位的感官经验和运动技能的锻炼。

（二）创造具有游戏性质的特色活动方案

设计游戏化特色活动在幼儿园课程开发中至关重要，应结合教学大纲，激发幼儿创造力与想象力。例如，通过角色扮演游戏教授基础数学，通过寻宝游戏教授自然科学。此外，还可利用故事、音乐和艺术等多种方式整合教育资源，为幼儿提供多彩、有趣的学习环境。精心设计的游戏化活动有助于幼儿全面发展认知能力、社交技能和心理素质。

（三）在设计游戏化的区域活动时，紧密结合日常生活情境

在幼儿园中，游戏化区域活动设计需紧密结合孩子们的日常生活，通过生活化的游戏，如模拟超市购物、烹饪主题角色扮演，教授基本生活技能。教师需考虑活动的实操性和安全性，确保游戏材料适龄且可操作。游戏化区域活动可培养孩子们的独立性和社交能力，让他们学会分享和解决问题。

（四）在开展活动时，融入团队合作的意识

在幼儿园的区域活动中融入团结协作的理念对于培养孩子们的社交技能和集体意识至关重要，可以鼓励幼儿合作完成任务，让他们认识能合作的力量，并体验团队合作带来的成就感。通过共同完成任务，孩子们可以学会倾听他人观点、尊重不同想法和协商解决问题。

将游戏化元素融入幼儿园的区域活动，是顺应当前教育发展潮流的重要做法，教师需关注每位学生，并根据他们的需要开展活动。同时，在日常的教学实践中，教师应该采取有效的方法来培养孩子们的多方面能力，包括思维力、智力和动手能力。

25. 让幼儿在自主游戏中健康成长
——基于儿童视角的自主游戏策略探究

黄冈市黄州区幼儿园　汪珍荣

【摘要】自主游戏是幼儿自由选择、积极参与活动过程的游戏形式。在组织自主游戏的过程中，教师要通过科学的方法策略为幼儿构建良好的游戏环境，投放充足的游戏材料，遵循游戏过程的生成规律，以幼儿为主体，让幼儿自主思考，积极参与，自发创造，乐于探究，通过自主游戏促进幼儿身心健康发展。

【关键词】儿童视角；自主游戏；策略探究

《幼儿园教育指导纲要》指出幼儿园教育应尊重幼儿的人格和权利，以游戏为基本活动。《3—6 岁儿童学习与发展指南》也明确指出幼儿的学习以直接经验为基础，应在游戏和日常生活中进行。幼儿阶段生长发育迅速，自主游戏能有效提高其身体素质和能力水平。自主游戏开展的关键在于激发并引导幼儿发挥主观能动性，自由选择、自主参与游戏过程。

一、创设游戏环境，挖掘游戏潜能

每个人的成长都是在特定的环境下实现的，环境对一个人的身心发展有着直接的影响。自主游戏对幼儿有着极大的吸引力，但是如果缺乏良好的环境，幼儿的注意力也只能在短时间内集中，并不能完全发挥出自主游戏的价值。教师可以利用一些生活中的角色、物品和动画情景启迪幼儿，唤起他们自主游戏的意识，使之形成独特的游戏计划和构想。

例如，在中班的“苗苗烧烤”的游戏活动中，教师把幼儿爱玩的“顾客”“老板”和“厨师”的游戏情景用图画配合对话的形式粘贴在墙面，并在玩具柜上展示幼儿的手工作品“饺子”“胡萝卜”和“肉串”等，播放幼儿感兴趣的动画片《熊出没》中光头强在森林烧烤的视频片段，顺势询问幼儿：“你们想不想玩烧烤的游戏呢？”当幼儿大胆地说出想玩，还想开个烧烤店时，教师进一步引导幼儿探讨如何让烧烤店顺利开张，想扮演什么角色，如何准备食材和道具，如何吸引大量的顾客来吃等等。通过游戏活动的观察与记录可以发现，在墙面环境、手工作品和视频的直接刺激下，幼儿提出了想开“烧烤店”，教师利用幼儿熟悉的生活经验和动画唤起幼儿自主游戏的意识，从玩什么到怎样玩，都是幼儿的想法，充分体现了幼儿的自主性。

二、科学投放材料，提升游戏水平

《幼儿园教育指导纲要》中指出，要“为幼儿的探究活动创造宽松的环境，让每个幼儿都有机会参与尝试。”在户外游戏中，教师应根据各个区域的功能特点，投放丰富的游戏材料，让幼儿在游戏中尽情地感受，体验发现和探究的乐趣。

幼儿在沙水区可以尽情玩耍，使用小锹铲、小水壶等常用工具，还可以使用废旧塑料瓶、管子、轮胎、浮球等游戏材料。他们会在游戏中思考如何解决问题，如治住水流、修筑河道、搭建桥梁等。投放充足的游戏材料非常重要，同时要保持沙池的清洁和通水，以支持幼儿发现问题和解决问题，提高他们的自主游戏水平。

三、遵循游戏生成规律，激发创造探究

陶行知先生曾指出：“处处是创造之地、天天是创造之时，人人是创造之才。”对于处在创造力发展关键期的幼儿来说，用心呵护、有效激发创造潜质，促进幼儿全面发展尤为

重要。而在游戏活动中，抓住并遵循自主游戏的生成规律，是培养幼儿创造力的有效途径。

在《蝶“趣”》自主游戏中，幼儿们发现蝴蝶在种植园中飞舞。为了吸引蝴蝶，他们尝试了各种方法，包括挖陷阱、用水壶浇水和用采摘的花朵来吸引。这一过程显著提高了他们的探究能力。随后，他们通过自主探究，理解了花香可以诱蝶的科学知识，并进一步通过绘画来吸引蝴蝶。游戏过程中，幼儿们积极交流、合作，他们的交往能力、探究能力和创造能力都得到了充分发展。

四、重视教育评价，促进幼儿成长

《幼儿园教育指导纲要（试行）》中指出，教育评价应该为促使幼儿的发展而服务，也应该伴随着整个教育过程。因此，要重视教育评价这一环节，而成功的教育评价会使幼儿终身受益。

教师在进行活动评价时，需要鼓励幼儿反思游戏行为，表达遇到的困难及解决方法，同时让他们评价同伴的闪光点和自己的优缺点。这样可以培养幼儿的评价反思意识和语言表达能力，为下次游戏提供经验，并促进幼儿身心健康发展。例如，在户外建构游戏《多变的雪花片》中，教师全程记录幼儿游戏过程，表扬有创意的幼儿，幼儿表现出自信和快乐。客观分析幼儿在建构材料选择、计划执行和同伴交往中的表现，对幼儿终身发展有重要作用。

【参考文献】

[1] 李季湄，冯晓霞 .3—6 岁儿童学习与发展指南 [M]. 北京：人民教育出版社，2012.

[2] 中华人民共和国教育部 . 幼儿园教育指导纲要（试行）[M]. 北京：北京师范大学出版社，2001.

26. 基于儿童视角的真游戏教学策略研究

英山县第二幼儿园　张心怡

【摘要】在幼儿园教学中，真游戏指的是由儿童自主选择、自由开展的游戏，应利用充足的场地与空间、丰富的活动材料以及科学的布置，促进幼儿进行自主游戏活动，促进幼儿思维、性格的发展。真游戏的开展对幼儿的成长与发展有重要的作用，如何开展儿童本位的自主游戏活动呢？本文结合教学实践来谈谈开展幼儿园真游戏活动的策略。

【关键词】**儿童视角；开展幼儿园真游戏；策略初探**

近年来，国际教育开始重视儿童视角，认识到游戏对幼儿的重要性，认识到游戏能激发幼儿的学习热情，使他们愿意学习。传统幼儿游戏研究方法多从成人视角出发，缺乏对幼儿内心想法的关注。儿童视角则强调站在幼儿角度，尊重幼儿个体性，成人需倾听和理解幼儿。真游戏是指3—6岁幼儿根据自己想法进行的探索性游戏，当前幼儿真游戏活动中存在老师影响过度和放任自流的问题。以儿童为中心的真游戏能鼓励幼儿积极参与，发挥游戏作用。因此，本文将从儿童视角探讨有效开展幼儿真游戏的主要策略。

一、基于儿童视角，选取适合幼儿喜欢的游戏内容

在真游戏中，孩子们可以自由地按照自己的兴趣和喜好去探索知识的世界，寻找适合自己的学习方式和方法。这种自由探索和自主学习的方式，能够激发孩子们的好奇心和学习热情，让他们更加主动地去追求知识，更好地成长。

在游戏中，孩子们可以通过不断尝试和探索，发现自己的兴趣和特长，进一步发掘自己的潜力和能力，以自己喜欢的方式去学习，深入理解和掌握知识。这种多元化的学习方式，能够提高孩子们的学习效率和成果，培养他们的创造力和解决问题的能力。

二、基于儿童视角，打造幼儿自主参与的游戏环境

“相信幼儿是有能力的学习者”是安吉游戏带给我们的理念，我们要相信幼儿是有能力的环境创设者。在环境创设过程中，教师应不断地倾听、完善儿童对于环境的想法。一方面，教师通过参与幼儿的活动，以游戏伙伴的身份与幼儿交谈，了解幼儿对于户外真游戏环境的真实想法。另一方面，借助自主绘画、自主拍照、自主投票等不同的方法，分析他们在户外游戏喜欢的材料和空间特征，收集幼儿对于户外游戏环境的看法，为创设幼儿喜欢的真游戏环境做准备。教师应了解幼儿在游戏中的实际活动情况，与幼儿一起创设他们喜欢的户外环境，让幼儿成为环境的主人。

此外，还要注重幼儿与环境的互动，让环境会“说话”。在环境创设中，从幼儿的角度出发，让幼儿共同参与环境的创设，凡是幼儿能做的让幼儿自己做，比如区域规则、标识的讨论与制订，一方面可提高幼儿的探索能力与动手操作能力，另一方面也能“让环境说话”，使幼儿更好地理解自己制订的规则，真正地让幼儿成为环境的主人。

三、关注儿童身心健康，创设安全愉悦的游戏环境

合理的游戏场地、材料投放、游戏时间、师幼关系等是保障真游戏开展的基础，也是幼儿游戏水平提升的关键。在环境创设中，合理的空间规划、场地布局以及材料的投放等物质环境是促进幼儿游戏水平提升的基础，充足的时间、方便就地取材的材料管理制度是促使幼儿持续性游戏行为萌生、提升幼儿游戏水平的保障；提升教师支持能力，转变教师环境创设观念，创设开放的、宽松的心理环境是促进幼儿游戏水平提升的关键。因此，在对真游戏环境进行优化时，需同时考虑物质环境、制度环境以及心理环境三个层面的优化。

四、运用信息技术，提高游戏材料趣味性，带动幼儿热情

信息技术可以展现多彩的动画和视频，提高游戏趣味性，激发幼儿的兴趣。教师在引导幼儿参与真游戏活动的时候，可以将信息技术充分运用于其中，保证游戏材料的层次性以及趣味性，将幼儿的参与热情和兴趣带动起来。

从幼儿视角进行幼儿真游戏活动具有十分重要的意义。幼儿教师要结合幼儿的游戏经验、幼儿园自身的条件，转变教学理念，采取有效的教学手段，提升幼儿真游戏的有效性。

【参考文献】

[1] 余慧雅 . 幼儿园户外真游戏实施的问题与策略 [J]. 学苑教育，2018（03）：68.
[2] 张少雅 . 户外真游戏开展的问题及对策 [J]. 幼儿教育研究，2018（05）：10-12.
[3] 陈欢 . 基于儿童视角的幼儿园物质环境质量研究 [D]. 长春：东北师范大学，2015.
[4] 唐亮 . 信息技术下的幼儿园教学游戏化策略探究 [J]. 考试周刊，2020（71）：165-166.

27. 浅谈游戏在幼儿园教育活动中的运用及策略

黄梅县实验幼儿园下新园区　项伶俐

【摘要】游戏活动是幼儿在幼儿园学习、生活的重要组成部分之一。游戏化教学是以传播知识为目的，以学习者为中心，将游戏元素和游戏机制融合进教与学的过程中，通过有趣互动的游戏教育，激发幼儿兴趣和积极性的一种教学活动。对于幼儿阶段的孩子而言，游戏是最好的学习方式。

【关键词】**幼儿园；游戏；运用策略**

一、幼儿教育中游戏活动的重要性

（一）游戏可以激发幼儿的学习兴趣

幼儿处于成长的初级阶段，有着好动、好玩、求知的天性。游戏活动的开展可以更好地提升幼儿主观能动性，初步培养幼儿求知、探索的能力。教师应合理利用游戏进行幼儿的智力开发与素质培养，提高教学效率。

（二）游戏活动开展有利于儿童良好的习惯养成

幼儿年龄小，他们做事更多是从喜好出发，同时由于幼儿认知能力有限，自控能力差，因此幼儿的行为习惯的培养可以通过游戏活动来进行，让他们在游戏中快乐自主学习，潜移默化地养成遵守规则的良好习惯。

二、游戏在幼儿教育中运用策略

（一）提供合理的游戏场地环境

在教育上，环境所扮演的作用相当重要，因为孩子能够从环境中汲取所有的东西，并将其融入自己的生命之中。如何合理安排各主题活动，是教师在环境创建中需要思考的问题，好的环境创设可为幼儿带来愉快轻松的游戏体验。

1. 因地制宜设置游戏活动区域

游戏区域的设置是重中之重，安全舒适且温馨的环境能让幼儿更好地融入游戏活动中，带来好的学习与游戏体验。根据本园的场地条件，我们因地制宜设置了活动区，如沙水区、野炊区、户外体能区等多个区域，同时也根据教学需要布置相应的主题活动，如“服装设计展览区”“小小如厨房”“欢茶室”等。

2. 发挥游戏活动相互关联性，优化整体功能

在设置活动区时，不仅要注意教学需要，还要考虑各活动区域之间如何进行互动。如将“小小如厨房”设置在“欢茶室”后面，幼儿可以在“小小如厨房”进行美食制作后，将与“欢茶室”适宜的美食制作放置这个区域。因此，应依据各活动区域的特点，调整各活动区域位置，让各区域形成联动，相互促进。

（二）提供丰富开放趣味性材料

游戏材料是幼儿游戏活动的重要组成部分，是游戏活动中不可或缺的关键性道具，幼儿可以在游戏活动中通过使用游戏材料不断学习成长。大量低结构材料的投放，能更好地促进幼儿的发散性思维能力培养，如简单的积木，幼儿可以根据自己的爱好拼出各种不同的物品。以本园为例，利用幼儿园所处乡镇位置条件，根据幼儿园所处环境就地取材，立足于园本文化进行了低成本、低结构材料的投放。

（三）游戏设计符合幼儿特点

幼儿教学过程中的主体是幼儿，所以在设计游戏时考虑幼儿身心发展规律和年龄特点是必要前提。在幼儿游戏活动的计划和组织中，不同年龄段的游戏目标及不同游戏种类的游戏活动形式需有所不同，应通过不断地分析不同幼儿的特点，制订具有针对性的游戏，帮助每个幼儿的个性得到发展。在游戏环节，幼儿、游戏材料、环境会产生不同程度的冲突，这时教师要从中调节，有针对性地制订满足不同幼儿需求的科学合理游戏。

（四）多元化游戏形式与现实生活相结合

丰富有趣的教学内容、形式多样的游戏方式是幼儿游戏教学实施的关键。不同的幼儿需求和兴趣不同，为满足幼儿的需要和兴趣，需采用多样化的游戏形式。首先，游戏教学不能局限在一种模式或区域，例如，户外的晨间游戏活动，教师也可以为幼儿开发一些室内游戏与亲子游戏，合理安排活动，带给幼儿身心美好体验。在幼儿教学中，幼儿是绝对

的主角，若幼儿没有主动参与到区域活动中，它无法起到应有的教育作用，这时教师应将区域活动和游戏教学融合起来，努力实现教学游戏化，从而促进幼儿的主动参与，增强其综合能力。游戏教学需要教师发挥自身丰富的想象力，充分挖掘能够应用的游戏教学资源，不断进行创新和优化。

幼儿教育中游戏的应用意义重大，使孩子获取基础常识的同时也促进其身心健康全面地发展。游戏教学是其他教学所不能取代的，作为幼儿教师意识到游戏教学的重要性，应当坚持把幼儿游戏当作一种常态来抓，坚持以游戏为载体来教学，让孩子成为游戏活动的主人。

28. 利于幼儿真游戏开展的探究

英山县第二幼儿园　李红叶、伍嫚、江炀

【摘要】幼儿自主游戏是幼儿游戏的重要形式，它具有内容自主、材料多样、形式灵活等特点，深受幼儿喜爱。自主游戏可以发展幼儿的想象力和科学素养，提高幼儿的自信心和合作能力，促进幼儿各项能力的发展。然而，幼儿自主游戏指导中存在一些问题，需要采取相应策略来解决。本文将分析这些问题并提出相应策略，以帮助教师通过有效的方法对幼儿自主游戏提供帮助。

【关键词】**自主游戏；策略**

一、幼儿自主游戏的概念及重要性

自主游戏指在特定的游戏环境中，幼儿按照自己的意愿，自由选择游戏活动和玩伴，从而和周围伙伴积极主动交流沟通的活动过程。只有完全让幼儿的天性在自主游戏中得以释放，其社会性、个性，以及创造力、想象力才能得到充分发展。

二、教师在幼儿自主游戏指导过程中存在的问题

福禄贝尔明确了游戏在儿童成长中的重要价值，以游戏为基本活动也作为基本原则被写入各种教育政策，但教师至今对儿童自主游戏的认识仍存在不足，具体表现在以下几个方面：

（一）过于强调自主游戏的教育价值

在幼儿游戏时，教师们会时刻关注幼儿行为，并对幼儿在游戏中的行为进行教育，如果发现某些幼儿的游戏行为不符合自己既定的心理预期，便毫不犹豫按照自己的想法对其开展引导与指正。

（二）随意中断幼儿的自主游戏活动

当幼儿游戏中可能出现安全隐患时，教师会立即中断幼儿的游戏。例如：在游戏中，当教师看到幼儿在拿剪刀时，会立即将剪刀收起来，而没有引导幼儿学习如何正确使用剪刀。

（三）对自主游戏限制和保护的界限难以区分

教师对于自主游戏的认识不足，不少教师只注重游戏活动的教育效果，在游戏过程中不断批评纠正幼儿不好的行为，过分强调遵守游戏活动规则等等。

三、教师在幼儿自主游戏中的指导策略

幼儿在自主游戏时，自主地寻找游戏素材，制订自己的游戏规则，不断进行选择、尝试、发现与学习。因此，在这个过程中教师不应过多地约束和参与，只有这样才能让幼儿活跃自己的思想，创造出属于自己的游戏。

（一）游戏前带孩子们一起计划，激发游戏兴趣

在设计自主游戏主题与内容时，教师不应指定游戏内容，而要充分尊重幼儿意愿，选择幼儿自己喜欢的游戏活动主题及内容。比如：在一次户外活动中，我们孩子本来在沙池里面玩，但看到了有老师在种菜，几个小朋友就跑过去和老师一起学习种菜，玩得不亦乐乎。为此，在集体教育活动中，我针对孩子们感兴趣的内容（种菜），让孩子先画出自己喜欢的蔬菜，回家和父母探讨蔬菜的种植方法，第二天，孩子们就带来了喜欢的蔬菜苗开始了他们的种菜之旅。

（二）游戏中给予适当的评价，提高游戏质量

游戏中教师对幼儿的表现进行适时适当的评价，能更好地激发幼儿游戏兴趣，提高游戏质量。比如：一次户外活动中孩子们对枯树进行了装扮，一个小朋友用黏土给枯树做了一朵花，我看到了，及时评价：这棵树一定是个漂亮的小姑娘，那还有什么办法让这个枯树姑娘更漂亮吗？其他孩子听到了，也加入了枯树装扮游戏。对于孩子在游戏中的发现和想法，我及时发现并表示支持和鼓励，适时介入组织孩子进行交流谈论，让他们的想法不断碰撞和融合，然后组织他们对交流出来的想法进行实践。并及时投入相关材料，让孩子运用已有的相关经验一步一步地尝试和克服困难。游戏与生活、相关课程相联系，可以为孩子今后的持续发展打下坚实的基础。

（三）游戏后和孩子共同讨论，增加自主游戏动力

幼儿游戏结束后，教师需组织讨论，让孩子探讨游戏中遇到的困难及解决方法。以引水游戏为例，教师引导幼儿思考如何选择材料、如何引水更远、如何让水转弯。这不仅为幼儿提供了交流机会，还有助于培养其社会性和团结协作能力。此外，教师还应引导幼儿

对游戏中的经验进行归纳总结，为后续游戏活动提供支持。在共同讨论中，应适时给予赞扬和肯定，以鼓励幼儿更积极地参与游戏，从而完全发挥游戏的内涵价值，激发幼儿参与下一轮游戏的热情。

【参考文献】

[1] 杨润敏 . 浅谈自主游戏的价值及教师的指导 [J]. 教育观察，2019，8（06）：50-52.
[2] 黄小慧 . 论幼儿自主游戏中的教师指导策略 [J]. 教育观察，2018，7（02）：143-144.

29. 如何有效提升幼儿户外自主游戏实践能力

罗田县幼儿园　丁欢

【摘要】本园聚焦真游戏，从最基础的户外自主游戏，探寻本真，进行突破，“坚持儿童为本”，大胆创新。由于园所地理位置独具特色，因此本园将本园特色融入自主游戏中并取得了较好的效果。室内与室外相结合、游戏与学习相结合、生活与探究相结合，可提升幼儿园一日活动的有效学习时间。幼儿的学习和探索随时随地都在发生。

【关键词】**自主游戏；实践**

自主游戏是幼儿自由选择和开展的游戏，注重自发交流互动。根据《幼儿园教育指导纲要》和《罗田县幼儿园文化建设方案》，我园以山水文化为特色，以“山养灵娃水润童心”为理念，利用园内特色“红色大别山”青石岩，聚焦真游戏，采取多种方式提升幼儿户外自主游戏实践能力。

一、基于幼儿兴趣需求，创设环境

（一）创设基本环境

让孩子在有准备的环境中成长。我们利用园内布局，设置了多个游戏区域，如攀爬区、钻爬区、平衡区、体能大循环等，满足幼儿的运动需求；操场上的建构区和骑行区也深受幼儿喜爱；美工区、图书区和沙水区等区域，让幼儿在游戏中学习与探索。各个游戏区域难易不一，便于幼儿自主选择。空间、场地和区域的合理利用，满足了幼儿自主游戏的需求。

（二）分析兴趣需求

每个场地除开固有的设施外，其他材料可供教师自主选择并确定区域内容以便更好地规划游戏。开展“幼儿园之旅”“儿童会议”等活动，通过集体、小组或个别儿童访谈的

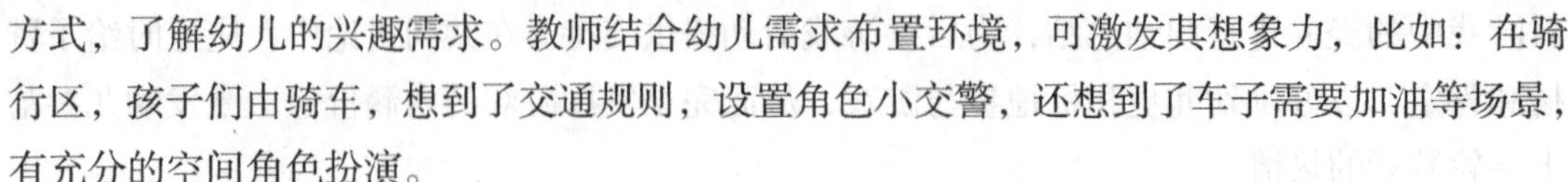

方式，了解幼儿的兴趣需求。教师结合幼儿需求布置环境，可激发其想象力，比如：在骑行区，孩子们由骑车，想到了交通规则，设置角色小交警，还想到了车子需要加油等场景，有充分的空间角色扮演。

（三）注重游戏效能

我园结合实际情况，科学规划游戏场地，充分利用幼儿园的每个角落。注重游戏效能的增强，提供多种材料，包括低结构材料和自然材料，使幼儿可自主选择，丰富游戏的多样性和可能性。例如，轮胎可作为画布让幼儿绘画，水管可接水或作为积木。我们投放了大自然的材料，如石子、竹竿、树枝和木头等，让幼儿与大自然接触，获取知识和实践技能。通过运用这些材料，幼儿可以制作钓鱼竿、搭建小城堡、进行美工设计或绘画。我们还结合罗田本地特色，创建了具有大别山、梯田和金沙湾等特色的游戏场所，为幼儿提供更丰富的游戏场所。

二、聚焦幼儿游戏观察，有效行动支持

（1）我园每班每天安排户外自主游戏，让孩子们从“能玩”到“会玩”。例如：“红色大别山”区域，孩子们在初步登山—造战车上山—红蓝军对战—运输物资上山—送鸡毛信的实践过程中，不断创新，在一次次尝试中，提高自身的攀爬能力。教师们通过观察、借助电子设备记录幼儿游戏过程，记录幼儿与材料的互动情况，同时通过外出学习、线上学习观摩等多种方式，了解分析别的园所户外自主游戏案例中教师的有效指导和观察。

（2）我园持续开展户外混龄游戏的研究，为了更好地支持孩子在游戏中的合作交往和同伴学习，教师们共同分享了户外混龄游戏的相关知识，并深入思考户外混龄自主游戏的创设。户外混龄游戏打破了班级界限，如“大手拉小手”的游戏中，幼儿能按自己预想的内容进行游戏，与不同班级、年级的幼儿互动交流，丰富游戏经验。

（3）每周我们会进行线上线下教研活动，结合户外自主游戏一班一特，教师们互相分享观察到的游戏现象，集中交流研讨，上交问题分析和视频，通过回看录像片段，与本组教师共同分析幼儿游戏行为，在分析诊断的基础上找到问题并制订整改措施。

三、提升幼儿游戏质量，多元创新思考

（一）独具特色

本园聚焦真游戏，从最基础的户外自主游戏，探寻本真，进行突破，“坚持儿童为本”，大胆创新。由于园所地理位置独具特色，因此将本园特色融入自主游戏中并取得了较好的效果。将室内与室外相结合、游戏与学习相结合、生活与探究相结合，提升了幼儿园一日活动的有效学习时间。

（二）创新理念

科学创新的教育理念是保障园本课程实施质量的关键。我园以园本课程建设为中心，多层面开展学习研训活动，以提升户外自主游戏实践能力，如年级组教研、班级教研等；同事间互助指导和观摩评议，进行集体备课、教学沙龙、专题研讨、案例分析、课程故事分享等。

（三）多元评价

我园以《幼儿园保育教育质量评估指南》为指引，关注幼儿游戏的过程性评价，通过构建多元游戏评价方式促进幼儿全面发展。通过幼儿、教师、家长、学校等多个层面进行评价。

【参考文献】

[1] 中华人民共和国教育部 . 幼儿园教育指导纲要（试行）[M]. 北京：北京师范大学出版社，2001.

[2] 教育部关于印发《幼儿园保育教育质量评估指南》的通知 [J]. 中华人民共和国教育部公报，2022（Z2）：18-26.

[3] 徐皇君 . 让孩子在有准备的环境中成长 [J]. 学前教育研究，2014（03）：64-66.

[4] 赵莹莹 . 浅谈混龄教育对幼儿教育的实践价值 [J]. 活力，2010（04）：1.

[5] 徐则民，洪晓琴：走进游戏走近儿童 [M]. 上海：上海教育出版社，2010.

[6] 赵丽君 . 幼儿自主游戏中存在的问题与对策 [J]. 幼儿教育，2004（05）：12-13.

30. 让幼儿快乐游戏
——浅谈幼儿园自主游戏的实施策略

英山县县直机关幼儿园金铺园区　石钰环

【摘要】陈鹤琴先生说过："游戏是孩子的生命。" 对于这句话，我的理解是，孩子天生就能在游戏中找到快乐，找到认同感，那就是属于他生命的一部分。因此，在游戏时，教师不需过多指导，孩子往往比我们更懂得怎样去游戏。我们应营造自由、宽松的环境，让孩子自主选择游戏材料、同伴及玩法，充分体现孩子的自主性，让孩子真正成为游戏的主人。本文主要探讨了一些让幼儿快乐自主游戏的策略方法。

【关键词】**自主游戏；快乐；组织**

在自主游戏中，"玩什么""怎么玩""和谁玩"都由幼儿自主选择决定，这会让幼儿感到快乐并产生自信。如何在一日活动中，让幼儿真正成为游戏的主人，充分感受“我的游戏我做主”的快乐与自主呢？

一、创设自主的游戏环境

精神环境。民主、平等、和谐的师幼关系是幼儿游戏的重要支柱之一。在幼儿的游戏中，教师既是指导者，又是参与者。在一次“野外小厨房”的游戏中，孩子们搜集了许多材料用来做厨房用具，唯独没有“锅铲”，有孩子拿出木棍，在上面绑上一片树叶，跑过来说：“老师，锅铲做好啦”，我认为他的想法很棒。后来，孩子在炒菜时觉得“锅铲”太软了，将树叶换成了竹木片。在孩子的世界里，任何事物都可以成为游戏的玩具，他们的创造力和思维是无限的。

在自主游戏中，应当让孩子做游戏的主人，教师的角色仅仅是支持者，在适当的时候对他们加以引导，孩子会给我们想不到的惊喜。

物质环境。首先，游戏材料一定要丰富，类别、结构、功能等多样。最好是准备一些可操作性强、低结构的材料。比如，形状各异的纸盒可以让孩子游戏时随意搭建，落叶也可以成为幼儿绘画时的材料……我们会发现，孩子的想法是奇特的。其次，游戏区域的多样性，便于孩子创设不同的游戏环境，不断吸引孩子，提高孩子游戏的兴趣。

二、自主选择游戏的内容和玩法

在一日生活中，教师要关注孩子感兴趣的是什么，鼓励孩子们玩自己想玩的游戏，孩子自主选择，才会觉得快乐。我们的“螺母小车变形计”就是这样诞生的。在自主游戏时，有个小朋友用螺母积木拼了一个小车，他用手拿着车在地上滑行，引来了其他小朋友的围观，他们觉得如果这个车再大一些，能真的坐上去，用脚辅助向前骑那就好了。看着孩子们跃跃欲试，我鼓励他们，有想法就大胆尝试。孩子们有的去找轮子，有的去找螺丝，边讨论边尝试，一个轮子不够就再加一个，还不够就做一个多轮子的车。在大家的共同努力下，终于做成功了，孩子们轮番去骑车，脸上洋溢着成功的喜悦……

三、自主交往和处理问题

自主游戏中，教师介入较少，孩子自主选择玩伴，相互之间自由交往。交往过程中往往会有矛盾发生，教师在考虑安全的前提下，应该做个旁观者，鼓励孩子想办法去解决问题，从各方面体现自主。

在一次餐厅游戏中，孩子们分别扮演厨师、服务员和顾客。一位顾客觉得无聊，想换角色当厨师，但厨师不愿意。我介入调解，并向餐厅老板寻求帮助。老板提出让顾客自己寻找食材交给厨师，厨师负责制作。此举不仅解决了问题，还激发了孩子们的合作精神。游戏结束后，我表扬了老板，并鼓励孩子们在游戏中遇到问题时尽量自己解决。作为教师，我们应该相信孩子的能力，相信他们能够通过社会经验和同伴间的交流解决问题。

四、自主讨论与评价

在自主游戏前，教师要组织孩子画游戏计划，把自己的想法画在纸上，还可与其他人分享。自主游戏结束后，教师还要组织孩子画游戏故事，请孩子上来进行游戏分享。鼓励孩子游戏前自主设计，游戏时按照自己的想法去玩，游戏后的分享环节大胆讲述自己想法。在评价游戏时，我会问他们遇到的问题和解决方法。例如，在一次医院游戏中，苗苗因为肚子痛插队，引发了关于是否应该按顺序排队治病的讨论。孩子们各抒己见，展开了激烈的讨论。作为教师，我引导他们自发解决问题，鼓励他们大胆表达自己的想法。这个年龄段的孩子对自己的认知不够，他们很难进行自我评价，因此教师对他们的评价对他们来说很重要。在孩子开展自主游戏时，教师应多进行正面评价，以帮助孩子肯定自己。这样的评价过程才能真正让孩子参与进来。

游戏是孩子最基本的活动方式，让孩子真正自主游戏，可以带给孩子快乐，让孩子在玩中学习知识、获取经验、发展思维，成为独立、有思想的新一代人。

31. 浅谈幼儿园户外活动中民间游戏的创新运用

黄梅县孔垄镇第二幼儿园　李正军

【摘要】《幼儿园工作规程》明确指出："游戏是对幼儿进行全面发展教育的重要形式。"中国历史中流传下来的民间游戏内容丰富、材料简单、花样多，其游戏过程具有随意性、趣味性，同时具有不同的地方特色。教育学家陈鹤琴先生曾言："孩子把玩当成生命，孩子玩得好是一种天然的倾向。"因此，在幼儿园户外活动中，我们应结合活动目标，挑选能够在幼儿园中开展的民间游戏，对其中的内容和玩法进行扩充、改编，从而让幼儿自主参与游戏，并乐于对游戏的玩法进行改编或创造，通过游戏丰富游戏经验，体验游戏快乐，培养优秀品质。

【关键词】**幼儿园；户外活动；民间游戏；创新运用**

经过调研活动，我们发现在开展民间游戏活动时存在一些问题。首先，民间游戏的开展往往缺乏系统性和规范性。部分教师由于对民间游戏的研究和理解不足，在引入时有随意性和零散性的部分，对活动的实施有影响，造成孩子们的混乱。其次，民间游戏需与现代儿童教育理念结合。实践中，一些幼儿园过于强调趣味性，而忽视教育性，孩子们虽玩得开心，却无法获得应有的教育效果。

为发挥民间游戏的价值，针对其规则不合理、消极等待、重复性强等弊端，我们要求教师在传统民间游戏基础上，选择内容合适、健康积极、寓教于乐的游戏。对其进行适当的创新与改编，创新玩法，提升其趣味性和教育价值，让游戏常玩常新。

一、创新游戏内容，增强趣味性

对于不适合的内容进行适当删减或合并。例如：把“石头、剪刀、布”“丢沙包”和“跳房子”三个游戏组合起来，让孩子们通过“石头剪刀布”的游戏来判定谁先谁后，胜出者优先抛沙包，再跳到沙包所在的格子里。通过这样的形式，让陈旧的游戏被赋予了新的玩法，几种民间游戏之间的取长补短，丰富了游戏内容，同时赋予了综合多样游戏的趣味性，让孩子乐于游戏，体验、享受民间游戏的快乐，因此，更受孩子们的喜爱。

二、提升游戏玩法从而提高教育性

传统的民间游戏虽然玩法简单，但是多数玩法单一，不适合当代儿童发展的需要，因此，我们应在民间游戏的玩法上进行创新，让幼儿能更好地在民间游戏中提高各种能力。比如，“跳皮筋”游戏基本玩法是一跳进一跳出，一下一下地挨着跳。小班的幼儿可以按照基本的玩法进行，但是中班的孩子有了一定的跳跃基础和经验，可以适当地改变规则，比如可以有跳出跳进的动作改变等。大班的幼儿则可以进行一些挑战性的动作，比如将橡皮筋的高度改变等等。同样的“跳皮筋”还可以配合童谣或者歌曲，增加游戏趣味性的同时，也可以培养幼儿的韵律感和节奏感，比如将《拍手歌》融入“跳皮筋”中，数字的变化对孩子的跳跃能力提出了更高的挑战，同时也多方面锻炼了幼儿的身体协调性。

三、提高游戏材料的适宜性

在幼儿园的游戏材料准备中，创新游戏材料和提高其适宜性是至关重要的。首先，我们要确保所提供的游戏材料安全无毒，不会在游戏中对幼儿的身心健康造成不良影响。为了实现这一目标，教师们在生活中收集各种可以利用的材料，结合活动需要以及幼儿的年龄特点对它们进行组合。针对不可替代的游戏材料，我们需要进行调整，比如说“滚弹珠”游戏，在以前我们玩弹珠游戏时，为了能够让弹珠能够滚到终点，会选择趴地上，地上有很多灰尘或者细菌，对身体健康有影响，而且以前我们玩“滚弹珠”大多使用的是玻璃弹珠，考虑到安全性，我们把玻璃弹珠改成日常手工采用轻黏土制作的弹珠，对游戏的场地进行跟换，从地面改成桌面，将游戏的场地在大的硬纸壳上画出来，在纸壳上设置需要的地洞，这样既安全卫生又好玩。

四、创新游戏规则，让游戏更具教育意义

比如“揪尾巴”游戏，我们改变了原有的玩法：给孩子们编号，规定 1 号去揪 2 号的尾巴，2 号去揪 3 号的尾巴……以此类推。通过改变游戏规则，游戏的难度和趣味性都得

到了提升，孩子们的身体机能也得到了更全面的锻炼。在这个过程中，他们学会了面对困难、克服挫折，民间游戏的教育价值也得到了更充分的体现。

结合实际与研讨，我们发现民间游戏在传统文化中占据重要地位，其价值独特且对孩子们的成长和发展有益。在幼儿园户外活动中，民间游戏的创新与改编是一项复杂任务。我们需要遵循《幼儿园保育教育质量评估指南》指导，在传承传统文化的基础上，对游戏元素进行创新探索。这样，我们才能最大化地发挥游戏的价值，让孩子们体验到游戏的乐趣。同时，教师应为孩子们营造专属的游戏空间，以促进他们全面、健康、和谐的发展。

32. 浅谈幼儿自主游戏和谐开展的指导策略

英山县第二幼儿园　钱瑶、乐冰洁

【摘要】《幼儿园指导教育指导纲要》强调“以人为本”的教育思想，自主游戏可以发展幼儿思维能力与科学素养，是幼儿园一日活动中不可或缺的一部分。本文针对日常幼儿自主游戏存在的问题，进行分析并探究教师指导策略。

【关键词】**自主游戏；指导策略**

自主游戏是指幼儿在一定的空间根据兴趣爱好和需要，以开心、快乐为前提，自主选择、自由发展的过程，对幼儿身心发展具有深远影响。然而，当前幼儿园在实施这一教育方式时，面临诸多挑战。

一、自主游戏开展过程中出现的问题

在日常观察中，由于教师们总觉得孩子这样做会不安全，那样做违反了游戏规则，或担心游戏时间不足、过于追求预设目标等原因，造成了教师主导游戏、幼儿游戏被中断、教师对游戏不闻不问等问题，影响了教师在游戏中应起的引导和支持作用。

二、自主游戏和谐开展的指导策略

（一）自主游戏中，教师的定位

在自主游戏中，教师要摆正自身角色定位，鼓励幼儿自由选择游戏主题和角色、观察幼儿的表现、支持幼儿创新、在游戏发生瓶颈时提供适宜的指导，以及在活动结束时组织其进行分享交流。

（二）自主游戏中，教师的指导策略

1. 在游戏的创设时

教师通过创设环境、提供材料、特殊关爱等手段，支持和引导幼儿自主游戏，发挥他们的主体性，激发他们的游戏热情。

创设宽松的环境。根据活动主题和园所实际，合理选择大小、结构合适的空间、场地，创设情境式游戏环境，例如活动室、走廊、楼道、野战区等都能成为孩子开展游戏的场地。提供丰富的材料。对于小班幼儿，应提供大体积、鲜艳颜色的玩具，以激发其游戏欲望。中大班幼儿可适时增加可变性强的低结构材料。当孩子用管状塑料积木和数学游戏棒结合出过山车模型，可获得材料结合带来的惊喜。除园所提供，幼儿自带玩具也是好选择。“特殊”儿童的关爱。对于班级中一些“特殊”儿童，教师应该给予更细致的关爱及引导。例如，有一名幼儿性格孤僻，且自尊心强，每次在自主游戏时都一个人躲在角落望着大家，我们没有强行要求他加入游戏，而是试探性地问他“你觉得哪个游戏最好玩”，问到“敏敏刚搭建了一座城堡，我带你去看看？”时他欣然接受了。

2. 在游戏的过程中

幼儿自主游戏时，教师要激发幼儿的兴趣，适时培养幼儿的交往能力，并对幼儿自主游戏的开展给予引导，保证游戏的延续性。适时参与游戏。教师在参与游戏时，应选择合适的身份，不影响幼儿游戏，并使其能在游戏中获得知识能力与发展。例如，在烧烤店游戏中，我苦恼地说道“我该去哪儿结账呢”，幼儿迅速搬来小板凳，当起了收银员。教师简单的一句提问，适时参与到游戏中，使幼儿有了新的思考。解决特殊问题。在游戏中，可能会出现一些特殊问题，如幼儿使用锐利玩具打闹、个别孩子故意捣乱等，这时就需要教师进行干预，必要时可以直接介入游戏，确保幼儿安全。

3. 在游戏的调整中

自主游戏中或多或少会出现需要调整的环节，这些突发环节会影响幼儿后续自主游戏的稳定进行，教师可以通过参与游戏、解决特殊问题等，提高他们的社会交往技能和知识水平。

（三）关于自主游戏的指导原则

1. 自主探索，体现游戏的自主性

幼儿自发性的思考是最真实的。教师要充分理解和尊重幼儿的游戏意愿，任其发挥自主性、创造性。

2. 提升经验，体现游戏的互动性

在自主游戏中，教师要与幼儿适时互动，通过有意识地观察、记录孩子们在活动中积累的经验，不停追随孩子足迹，让孩子从每次小互动中得到新灵感，从而让孩子们找到成长的方向和动力。

3. 呵护童心，释放游戏的童话性

对于幼儿来说，游戏是真实生活和想象世界的结合，教师需要站在幼儿的立场上看待他们的游戏，理解他们的不真实和幼稚的行为，给予充分的支持和引导，把幼儿园升级成孩子们畅玩、乐玩、趣玩的游戏乐园，让他们在普通的游戏中玩出亮点，玩出精彩，玩转多彩童年。

33. 浅谈自主游戏中教师的观察与指导策略

黄梅县幼儿园　黄颖群、陈文娟

【摘要】《幼儿园保育教育质量评估指南》（以下简称《评估指南》）对幼儿园保教工作提出了明确方向，强调以促进幼儿身心健康发展为导向，聚焦过程质量。《评估指南》指出要注重过程评估。本文将从活动组织和师幼互动出发，浅谈教师在自主游戏中的观察与指导策略。

【关键词】过程评估；自主游戏；观察与指导

自主游戏是由幼儿自发开展的能够促进幼儿社会性发展的一种活动。而观察是为了更好地发现和理解幼儿，只有通过有效观察，才能更好地从幼儿的行为中了解幼儿的发展水平，准确把握他们的情感和需求，根据其需求进行指导，从而促进教育活动的开展。

一、制订观察计划，确定观察内容

观察是一种有目的、有计划，并且相对持续的过程。教师首先要心中有目标，在自主游戏活动开展之前制订计划、确定观察内容。

（一）幼儿对游戏的兴趣

如幼儿对游戏主题是否感兴趣，是否主动参与游戏，游戏兴趣的持续时长等。

（二）幼儿对材料的选择和使用

如幼儿是不是自主选择材料，对材料是否熟悉，怎样使用材料，游戏后能否主动归还材料。

（三）游戏中的角色分配

如在游戏中是否有角色、怎样分配、幼儿对角色是否熟悉，能否完成角色任务。

（四）游戏中同伴的互动和交往

如在自主游戏中如何与同伴交往，遇到矛盾怎样解决等。

（五）对规则的理解和遵守

如幼儿在游戏中，有无参与规则的制订、能否遵守规则。

二、游戏中明确教师的角色定位

（一）教师是自主游戏的参与者和合作者

《评估指南》指出教师要以支持性的态度与幼儿互动，平等对待幼儿，即教师应对幼儿的表现给予积极的关注，以参与者或合作者的身份加入幼儿的自主游戏中。如幼儿抓小偷的游戏中，因为孩子们都想当警察，不愿当小偷，佳怡跑过来拉着我说："老师，你来当小偷吧！"并告诉我应该怎样躲避隐藏。而她和几个同伴开始商量：一个人在转角埋伏，两个人沿路搜索…孩子们尽情释放天性，自信从容地游戏。

（二）教师是幼儿自主游戏的支持者和引导者

教师是幼儿自主游戏的引导者和支持者，是"领路人"。幼儿是游戏的主人，游戏主题是幼儿自发生成的，但游戏过程的开展需要教师的支持。如幼儿在游戏中出现困惑时，教师便是观察者，通过连续观察，分析幼儿情况和需要，提供针对性支持，确保幼儿自主游戏顺利开展。

三、采用适当的观察方法，客观记录

在幼儿的自主游戏活动中，我们只需观察有意义的典型事件。观察可根据幼儿的个性特点、面对冲突时的态度和行为等来进行。同时，根据不同场景选择合适的观察方法。

（一）定点观察

通过区域定点观察，深入了解幼儿在区域中的游戏情况。例如，在户外自主混龄活动中，教师可设置不同区域，并定点负责。在野战区中，观察和记录幼儿的整体行为和材料使用情况。

（二）定材料观察

观察幼儿如何使用材料，了解游戏开展的情况。例如，投放材料后，观察幼儿的不同玩法，记录其创造力和想象力。

（三）定对象观察

选择固定观察对象进行跟踪观察。例如，观察骑行区的浩然，了解他的交通行为和互动方式。通过连续性观察，制订更准确的支持方案，推动其发展。游戏记录也很重要，应描述完整故事反映幼儿游戏特点。

四、深入解读并指导幼儿的游戏

教师可以通过观察幼儿的行为和对材料的使用，判断幼儿的思维、语言、社会性等发展水平。以自主游戏《骑行游乐场》为例，幼儿对骑行有一定的经验，当在道路狭窄处出现拥堵之后，能够根据自己的生活经验想到驾驶证，凭证出行。孩子的表达能力和思维能力在这样自主的游戏中得到了提升。在材料运用方面，如驾驶证、管理员角色的生成及道具等材料的投放并不是一次完成，而是根据游戏的推进不断添加，教师要在自主游戏中，认真观察和指导，随着游戏情节的发展适时调整材料，保证幼儿的游戏兴趣。在幼儿游戏指导方面，幼儿的经验欠缺及个体差异，可能会导致游戏中断，这就需要教师用包容和平等的心态对待孩子；尊重孩子的年龄特点和游戏意愿，予以理解，并给予充足的游戏时间；尊重幼儿对材料的使用权利，鼓励他们大胆探索不同玩法，从而满足幼儿的兴趣和需要，促进幼儿自信心和社会性的发展。

34. 浅析幼儿户外自主游戏中教师的支持策略

黄冈师范学院附属幼儿园　张晓东

【摘要】幼儿户外自主游戏应根据他们的年龄特点投放不同材料，以促进幼儿发展。游戏由计划、开展和分享三个环节组成，教师应引导幼儿制订游戏计划，观察幼儿游戏情况，适时介入，并在游戏结束后组织幼儿分享活动经验，以提升幼儿的自主游戏能力。

【关键词】自主游戏；教师支持策略

教师作为幼儿活动的支持者、合作者和引导者，在幼儿游戏中应积极给予支持与回应。因此，本研究期望通过探讨幼儿户外自主游戏的过程，分析幼儿在户外自主游戏的表现，提出具有针对性的教师支持策略，以促进幼儿户外自主游戏水平的提高。

一、幼儿户外自主游戏的过程

（一）计划的生成：基础前提

幼儿在进行自主游戏前应选择自己感兴趣的游戏与实际需要的材料，预设游戏开展的内容，这一系列的计划生成是幼儿进行户外自主游戏的基础前提。

（二）游戏的开展：关键环节

在游戏开展时，幼儿对于材料的使用情况、幼儿游戏过程中呈现的游戏水平、幼儿是否参与到游戏中以及参与度、积极程度的高低、游戏开展过程与幼儿前期计划是否一致等都是教师应密切观察与关注的，因此游戏的开展是关键环节。

（三）分享与评价：有力保障

分享与评价是自主游戏的最后一个环节，该环节中，幼儿将回顾游戏开展的情况，以及在游戏的过程中遇到了什么问题并进行总结，不断反思自己的行为表现，汲取经验，这有利于下一次自主游戏的开展，为完整的自主游戏提供有力保障。

二、幼儿户外自主游戏中教师的支持策略

幼儿的高质量游戏离不开教师的支持与帮助，本研究根据幼儿户外自主游戏的过程及具体表现，提出以下三方面具有针对性的教师支持策略。

（一）幼儿自主游戏前引导幼儿生成游戏计划

计划是幼儿自主游戏的基础前提，引导幼儿掌握计划并将计划运用到游戏中，会让幼儿的游戏水平获得发展。

1. 创设问题情境，关注原有兴趣与经验

在幼儿自主游戏中，教师需要创设问题情境来调动幼儿的积极情绪，激发他们的兴趣。问题应该基于幼儿的兴趣和前期游戏经验，这样才能激发他们的好奇心和探索欲望。在提问过程中，幼儿会主动回顾游戏体验和情绪，这有助于他们在制订计划时表达自己的见解，使计划更加清晰。教师在幼儿自主游戏计划生成中，应抓住幼儿的兴趣点，进行有效、积极的提问，以促进幼儿自主游戏的计划。

2. 带领幼儿实地观察，思考游戏前的准备

实地观察可为游戏计划提供支撑，不仅让幼儿明确户外活动区域的场地，更让幼儿进行经验积累，并能够顺利执行计划。实地观察是对户外互动环境布局的初步感知，关于该场地有哪些可使用的材料一目了然，可让幼儿的计划更明了。

（二）游戏开展中观察为先，介入为后

幼儿户外自主游戏中幼儿是整个活动的主体，而教师在游戏中角色是观察者，适时地给予幼儿相对应的支持，在幼儿的游戏难以继续时恰当介入。

1. 观察先行

在游戏过程中，要注意观察幼儿之间的相处关系和幼儿的表现。同时，要思考游戏材料和水平是否符合他们的年龄段，并考虑是否需要调整。

2. 提供支持

在自主游戏中，不仅要提供环境支持，还要为幼儿提供物质支持，如木板、木梯、塑料长凳、标杆旗、塑料圈等材料。这些材料可以供幼儿探究和改造，以满足他们的游戏需求。

3. 参与体验

作为幼儿游戏的支持者，教师可以参与游戏并在观察中发现问题。当游戏出现停滞时，

教师可以通过自身的行动引导幼儿一起行动，推动游戏进程。

（三）游戏结束后组织幼儿分享活动

分享环节对于幼儿的游戏活动至关重要。回顾精彩部分能让幼儿积累经验和体验成功，并在下次游戏中保持。对于存在的问题和矛盾，大家可以共同寻找原因，提出改进方法，促进幼儿游戏发展。

1. 引导询问

在幼儿进行的分享过程中，教师要幼儿回顾游戏过程从而帮助幼儿展开分享。幼儿在讲述的过程中遇到问题和疑惑时，教师应根据幼儿解决问题的实际情况引导幼儿解决问题。

2. 辅助替代回忆

教师在观察过程中可以用关键词记录幼儿表现，也可以通过使用手机视频或照片的方法进行记录，在进行游戏分享与回顾时，可借助照片等方式帮助幼儿回忆，让幼儿对游戏过程完整回顾。

【参考文献】

[1] 林玉 . 户外自主游戏中教师支持幼儿计划的行动研究 [D]. 沈阳：沈阳师范大学，2022.
[2] 宋雪妍 . 大班幼儿户外自主游戏分享活动研究 [D]. 济南：山东师范大学，2021.

35. 幼儿户外自主游戏中教师有效指导策略初探

英山县第二幼儿园　石霞

【摘要】随着新课改的推进，户外自主游戏在幼儿园教学中越来越重要。教师通过环境创设、场地利用和游戏材料，为幼儿创造了生动的游戏场景，丰富了他们的生活经验，提高了他们参与游戏的积极性，为其全面发展奠定了基础。由于户外自主游戏与传统教学有很大的不同，教师的指导成为新的挑战。本文将阐述教师在幼儿户外自主游戏活动中有效指导的方法和意义，为教师提供借鉴。

【关键词】**幼儿园；自主游戏；教师合理有效指导**

户外自主游戏是幼儿园新课程理念下的活动，特点包括趣味性、参与性和互动性，受到小朋友和家长的喜爱和好评。为提高活动效果，教师需充分引导，针对幼儿年龄和发展特点选择适合的指导方法。游戏场地和环境设计、游戏指导和观察以及评价都至关重要。

一、户外自主游戏的意义和作用

（一）提高幼儿的团队合作能力和身体协调能力

户外游戏一般分组团队进行，根据幼儿的年龄特征而设计，符合幼儿的发展需要，能增强幼儿的团队合作能力和身体协调能力，促进幼儿身心的健康成长。

（二）培养幼儿独立思考的能力

幼儿是户外自主游戏活动的主要参与者，游戏活动能让幼儿独立思考解决问题，能增强幼儿的独立思考能力。

（三）培养幼儿的竞争意识及规则意识

户外自主游戏自主性强，需要幼儿具备更强的规则意识才能很好地完成活动，同时也需要具备一些竞争意识，才能让活动更有趣，所以户外自主游戏是培养幼儿的规则意识和竞争意识的有效途径之一。

二、幼儿园户外自主游戏现状分析

（1）少数教师、家长意识未转变。少数教师和家长认为户外自主游戏就是“玩”，幼儿在活动中没有学到文化知识，等到小学的时候不能很好地适应小学学习和生活，受这种思想的影响，幼儿园在开展户外自主游戏的时候有一些阻力。

（2）教师的指导策略有待进一步提高。在活动过程中，经常看到一些教师不会组织，要么让幼儿无规则地疯玩，要么强迫幼儿听从指挥，按教师的思路和想法进行活动。

（3）游戏材料的投放无计划，目的性不强。在活动过程中，教师对游戏材料的投放缺少规划，不注重幼儿的兴趣，影响游戏的有效性。

（4）不注重户外自主游戏中幼儿自主性的发挥。

三、幼儿户外自主游戏中教师的指导方法

（一）有效利用现有场地设施，构建游戏环境

一般幼儿园在建设的时候，就设计了很多户外游戏区，并投放了一些游戏器材和设施，我们要充分利用现有的场地设施，组织开展有效的游戏活动。例如，一般幼儿园户外都设有攀爬区，区域中有攀爬网、攀爬梯、攀爬墙、吊桥等游戏设施，教师可以充分利用这些器材组织活动，锻炼幼儿肢体协调能力，使幼儿勇于挑战困难，学会坚持。

（二）根据幼儿已有的生活经验设计户外自主游戏

《幼儿园教育指导纲要（试行）》提出：幼儿园的活动要从儿童的生活出发，丰富和拓宽幼儿的视野和经验。因而，教师应从幼儿的年龄特征、已有生活经验入手，选择或者

精心设计户外自主游戏，丰富幼儿的生活体验。

（三）发挥老师的引领示范作用，提高幼儿的学习能力

幼儿园阶段孩子们的模仿能力较强，教师可以利用幼儿的这一特性做孩子们游戏的参与者，在游戏中适当发挥示范作用，让幼儿进行模仿，提高游戏效果。

（四）指导幼儿进行探究性学习，帮助幼儿发掘潜能

第一，分层次投放具有挑战性的游戏材料。以游戏材料激发幼儿的探究性学习兴趣，引导幼儿积极地进行探索性学习。第二，为了帮助幼儿解决在户外自主游戏中遇到的问题，教师可以设计具有启示性的问题，有效地引导幼儿开始探索之旅。

（五）充分发挥游戏评价的作用，调动幼儿参与游戏活动的积极性

评价幼儿应多元化、精准化、具体化，及时评价和激励。教师应支持、参与、引导幼儿游戏，尊重其心理需求，并学会指导、观察、评价，灵活应对突发问题，激发幼儿潜能，提高幼儿的游戏兴趣和参与度，让孩子们在愉快氛围中游戏和学习，促进其全面发展。

【参考文献】

[1] 夏小敏 . 幼儿园户外自主游戏中教师的有效指导策略研究 [J]. 华夏教师，2022（24）：94-96.

[2] 刘一婷 . 农村幼儿园户外自主游戏中教师的有效指导策略 [J]. 读写算，2022（05）：76-78.

[3] 何敏 . 浅析幼儿园户外自主游戏中教师的有效指导策略 [J]. 考试周刊，2021（05）：154-156.

[4] 王品品 . 幼儿园户外自主游戏中教师的有效指导分析 [J]. 中外企业家，2020（17）：217.

36.“真玩”——基于儿童需求的教师游戏支持之道

武穴市永宁幼儿园　朱怡慧、郑静

【摘要】游戏是幼儿园教育的基本活动，一日活动皆课程。教师对幼儿游戏活动的支持体现在环境创设、材料投放、幼儿在游戏活动中游戏行为的观察及适宜的支持策略。本文从观察、指导策略等角度探讨教师在幼儿园游戏活动中应采取的支持策略。

【关键词】**幼儿园；游戏活动；支持策略**

《3—6 岁儿童学习与发展指南》强调，幼儿以直接经验为基础，在游戏和日常生活中学习发展，基于儿童立场对儿童游戏行为进行观察与分析是幼儿园教师的专业基本功，教师应通过观察了解儿童需求，提供有效支持，以满足其发展需求，促进其全面发展。

一、从游戏中观察儿童的兴趣与需要

观察的主要目的在于“激活”儿童的形象，打破刻板印象。通过观察，能够发现幼儿在独立活动中的实际兴趣和需求。

【案例实录】

在一次开展户外游戏时，一个小女孩将一个大圆桶立着，那个桶的高度与她的肩高度相等。她通过侧边的立梯跳入了桶内，然而发现自己无法出来。另一个同伴立刻将倾斜的梯子移过来帮忙，尽管把梯子靠在桶外尝试了几次，却未能成功。就在这时，那位被困在圆桶里的小女孩突然将斜梯转移到桶里面，最终成功地从桶里爬了出来。

上述案例显示，开放式教学环境和多样化资源能激发幼儿深度学习。深度学习旨在提升幼儿认知力和解决实际问题，使幼儿整合新知识，将之融入现有知识体系，并能应用知识于新环境。教师通过观察理解幼儿学习过程，发现其品质和能力，采取合适的支持策略，助力幼儿发展。

二、在观察中关注儿童所指向的行为

【案例实录】

一个小女孩正在户外搭建滑梯，当她把一块长木板斜搭在台阶之上，另一个小女孩冲过来，想直接从木板上滑下。“不可以！”搭木板的小女孩迅速制止她的玩伴。随后，她继续寻找木板，完成自己的“迷你滑梯”，搭建每一块木板时，她都会精确地对准，然后用手轻轻拍打，检查位置是否稳固。

案例中两位小朋友安全意识不同。搭滑梯的小朋友安全意识较强，另一位稍欠缺。教师需因人施策，采用不同的教育方法。如搭木板的孩子，仔细观察可发现其有自我保护意识，无须过分协助。教师需增强观察意识，明确观察目的，掌握观察技巧，并选择合适的观察方法。

三、以真玩的方式支持儿童游戏

“真游戏”核心是自主性，幼儿主导游戏进程。教师不预设游戏方式和目标，也不干预，通过互动和记录支持幼儿游戏。游戏后，幼儿通过绘画和语言表达游戏环境、主题、挑战，教师记录。此过程让幼儿二次反思和表达，教师将幼儿语言转为文字，读给他们听，这是第三次反思。游戏故事挂在活动室墙上，供幼儿多次观看和游戏“对话”，这是第四次反思。教师还分享游戏地点照片和视频，以小组形式进行讨论。教师的角色不是进行课堂教学或者灌输知识，而是从别的角度去理解幼儿的经历、思考路径及内在的思想。在这些互动活动里，孩子们分享思路，彼此互助。

四、以真玩的方式适度引导儿童游戏

游戏对孩子的成长有益，但这种影响断断续续且无意识，所以教师指导很重要。过度指导会限制幼儿，需适时适度引导。

【案例实录】

在开展结构游戏“玩沙子”之前，教师与孩子们展开了一场对话。谈话主要围绕在玩沙子游戏中，孩子们需要注意的各种事项。例如，当只有一盆沙子可以玩要时，孩子们应该怎样玩，如何防止在玩要沙子的过程中发生危险，以及结束游戏之后应如何清理沙子等等。

师：“今天我们要体验沙子游戏，这个游戏是有危险的，如果不小心，沙子就可能飞进眼睛里，导致眼睛红肿，也会看不见东西。那么我们应该怎样做才能让沙子不进眼睛呢？”悠然：“将沙子装进袋子里就能避免这个问题。”师：“沙子装在袋子里你们能玩得开心吗？”禹城：“不要太大力气地扬沙子。”师：“没错，如果你们随便扬沙子，可能还会弄到其他小伙伴身上，也可能造成危险。”益锟：“不用嘴吹沙子。”师：“对，如果吹沙子，可能会吹到别人身上或别人的眼睛，还会吹得满地都是。”彦韦：“不应该泼在别人身上。”师：“你们都说得很对，但只有一盆沙子，那我们这么多人该怎么玩要呢？”承妍：“每人找个地方玩。”师：“地方不够多，而且还会把沙子洒到地上。”小葵：“我们可以轮流玩。”师：“那怎么轮流呢？”茵菡：“可以分几个小盆，让我们在小盆里玩。”址轩：“我们可以分成小组轮流玩。”师：“小朋友们，如果手上粘有沙粒，你们不能站起来揉擦，应该蹲在地面上轻轻摩擦掉沙粒，否则沙粒可能会落在他人身上或掉落到地面，导致地面变得很滑，容易让人摔跤。”

在教学过程中，教师运用讨论的方法来引导幼儿进行思考，引导幼儿思考游戏中的注意事项并解决问题，以训练其思考能力，加深其印象。教师还应培养自身观察意识，从幼儿角度看待问题，珍视互动机会，用心观察、倾听、理解幼儿，成为幼儿成长的守护者和引领者。

【参考文献】

[1] 傅雷，张华清，梅小清 . 儿童需要什么样的教学空间——基于儿童需求视角的幼儿园教学空间研究 [J]. 教育学术月刊，2023（07）：84-91.

[2] 臧颜军 . 在真游戏中遇见真自己 [C]// 学前教育杂志社 . 第三届幼儿园高质量发展专家研讨会论文集 . 北京市房山区官道中心幼儿园，2023：4.

[3] 章文逸 . 基于儿童需求探寻耕植课程实施路径 [J]. 新课程研究，2023（03）：92-94.

37. 幼儿园开展游戏化活动的策略探究

黄冈市黄州区幼儿园　高源

【摘要】本文探讨了游戏化活动在幼儿园教育中的重要意义，并提出了相关的开展策略。通过分析游戏化活动的内涵与价值，强调了其对幼儿学习兴趣和认知能力的促进作用。提出了游戏设计、环境创设和教师角色转变等策略，来优化幼儿园的游戏化活动。这些策略旨在引导幼儿主动参与游戏、提供丰富的游戏资源和激励幼儿的学习动力。本研究对幼儿园教师具有一定的借鉴意义，为他们开展游戏化活动提供了实用的参考和指导。

【关键词】幼儿园；游戏化活动；策略探究

在当今的幼儿园教育中，游戏化活动已经成为一种重要的教育手段。游戏化活动能够激发幼儿的学习兴趣，促进幼儿的全面发展。然而，如何有效地开展游戏化活动，充分发挥其在幼儿园教育中的价值，是当前幼儿园教育工作者面临的重要课题。

一、游戏化活动的内涵及价值

游戏化活动是指通过游戏的形式，将教育活动融入其中，使幼儿在愉悦的氛围中，通过自主自愿参与，达到教育目标的一种教育形式。游戏化活动强调的是活动的过程，而不是结果。在这个过程中，幼儿可以通过探索、发现、体验、互动等方式，获得知识，发展技能，提高能力，建立良好的人际关系。

游戏化活动具有重要的教育价值：可以激发幼儿的学习兴趣，使他们在游戏中主动学习，提高学习效果；可以培养幼儿的自主学习能力，使他们在游戏中学会探究、解决问题，培养社交能力，在游戏中学会与他人合作、分享。

二、开展游戏化活动的挑战

本人曾经尝试通过游戏化的方法来提升幼儿的学习兴趣和参与度，我组织过一个名为“自然小探险家”的活动，鼓励幼儿去户外探索，收集不同的自然物品，并在课堂上分享他们的发现。尽管这些活动在某种程度上取得了成功，但也暴露出几个关键性的问题。

（一）缺乏专业的游戏化活动设计能力

由于缺乏游戏化活动设计的专业能力，活动虽然顺利进行，但创意和教育价值未达预期。在幼儿园开展游戏化活动时，教师的专业能力是关键挑战。许多教师未受过专业培训，导致活动设计存在问题。如目标不明确，幼儿不了解活动目的；过程缺乏逻辑，幼儿难以掌握知识；评价方式不合理，无法有效评估幼儿的学习和发展。

（二）游戏化活动资源的缺乏

我所在的幼儿园在财务和物质资源上的限制，使得我难以获取高质量的游戏材料和场地，这限制了活动的多样性和吸引力。游戏化活动需要丰富的资源支持，包括游戏材料、游戏场地等。然而，很多幼儿园由于资金、场地等限制，无法提供足够的游戏化活动资源，这无疑会影响到游戏化活动的开展。游戏材料不足，会导致幼儿在活动中无法充分地进行探索和实践；游戏场地有限，会使得幼儿在活动中无法得到足够的运动和互动。

三、开展游戏化活动的策略

（一）提升教师的游戏化活动设计能力

为解决教师缺乏专业的游戏化活动设计能力的问题，幼儿园可以采取以下措施：第一，定期组织教师培训，邀请专业的游戏化活动设计人员进行指导，让教师学习游戏化活动的理论知识和设计方法。第二，教师之间相互学习、分享经验，共同提升游戏化活动设计能力。第三，通过观摩其他教师的游戏化活动，交流心得，提出改进建议，促进彼此的成长和进步。

（二）整合资源，优化游戏化活动环境

幼儿园可以通过共享游戏化活动资源，与其他幼儿园互借游戏材料和设备，实现资源共享和互补。这不仅能缓解资源不足的问题，还能丰富活动种类和形式，提高幼儿的兴趣和参与度。幼儿园也可以寻求社区、企业等外部支持，争取更多的资金和物资，为游戏化活动提供更好的条件。幼儿园应利用自身优势，如利用自然环境和传统文化资源，开发特色活动。

本研究为幼儿园提供了实践指导，有助于开展游戏化活动，激发幼儿学习热情，促进其综合发展。同时，为幼儿教育领域的研究提供了新思路和方法。然而，研究仍存在局限性，如样本范围有限，需要未来研究进一步完善。未来研究应更广泛地探讨游戏化活动在幼儿教育中的作用机制，为幼儿园教育实践提供更有针对性的策略建议。

【参考文献】

[1] 邢德国 . 幼儿园体育活动游戏化策略实践研究 [J]. 中国科技经济新闻数据库教育，2023（07）：0106-0109.

[2] 白玛央 . 幼儿园课程游戏化开展策略研究 [J]. 散文选刊：中旬刊，2023（01）：24-25.

[3] 李君 . 幼儿园美术活动游戏化的策略研究 [J]. 教师，2023（25）：81-83.

[4] 张欢 . 课程游戏化背景下幼儿园户外区域活动开展策略 [J]. 天津教育，2023（14）：85-87.

[5] 何飘飘 . 农村幼儿园大班美术活动游戏化策略研究 [J]. 新课程研究，2023（20）：114-116.
[6] 吴婧 . 课程游戏化背景下幼儿园音乐活动实施策略 [J]. 天津教育，2023（24）：107-109.

38. 户外自主游戏中教师的指导策略

麻城市第六幼儿园　周婷

【摘要】在户外自主游戏中，幼儿可以尽情发挥自己的想象力，创造性地开展游戏活动，但教师也要充分发挥支持者、观察者、引导者的作用。教师应做好观察与多方指导，及时介入干预，提供支持帮助，让幼儿进一步融入游戏氛围，促进幼儿在游戏中健康快乐地成长，实现自我发展。

【关键词】户外自主游戏；教师指导策略

依据《3—6 岁儿童学习与发展指南》和《幼儿园教育指导纲要（试行）》，幼儿园教育需加强与现实生活的联系，重视游戏价值，创设丰富环境，科学安排一日生活，满足幼儿认知需求。户外游戏是重要组成部分，能增强幼儿的运动锻炼，提升其互动能力，激发其自主潜能，促进其身心协调。教师指导至关重要，需构建有效策略，提高游戏成效。当前，教师干预过多或过少，均影响自主游戏教育目标的实现。故教师应调整理念，协调指导与放手的关系，设计合理指导策略。

一、运用隐性指导方式，潜移默化影响幼儿

在一般的实践活动指导中，幼儿教师通常通过直接的身体示范、语言指导等方式，对幼儿进行显性的指导，这样可以让幼儿快速掌握知识与技能，高效参与各类实践活动，但是容易扼杀幼儿创造性思维。为最大程度避免影响幼儿参与户外自主游戏，教师应当根据情境、材料与环境要素，运用隐性指导的方式，潜移默化地影响幼儿，提高游戏指导的效果。

例如，在晨间活动中，教师可以在户外摆放各种不同类型的运动器材，同时注意器材的运动难度，以形成体育运动情境。在活动中，教师将幼儿引入活动区域，让他们自由选择材料，在操作、摆弄各种器材的同时，按自己的意愿选择运动方式，并在运动中有所体会。在这样的游戏指导中，教师并没有直接参与，但是可以在幼儿自主游戏的过程中，给幼儿提供必要的引导。幼儿在环境的启发、材料的吸引下主动按照教师的预期开展活动，从而有效提升户外自主游戏效果。

二、注重日常观察分析，打好有效指导基础

教师需通过细致观察，科学指导幼儿积极参与户外自主游戏，提高游戏效果。观察幼儿游戏过程，收集多元信息，作为教学指导的依据。从核心区域出发，到周边移动观察，分析各游戏区的吸引力及幼儿表现；或选择主要区域巡视，观察游戏情况，兼顾其他区域。根据差异性，重点关注自主游戏能力不足的幼儿，制订介入指导方案。

三、及时介入指导，提高自主游戏效果

由于幼儿的知识基础薄弱、生活经验不丰富、认知能力较差，在参与户外自主游戏的过程中会遇到不少的困难，可能还会出现危险情况，因此教师要及时以适当的身份介入指导，引导其突破游戏难关，协调同伴关系，提高自主游戏效果。教师通过及时、科学的指导，能够帮助幼儿解决游戏中的各类问题，突破游戏的难关，还能够协调幼儿之间的关系，指导他们分工合作，避免争抢，提高幼儿户外自主游戏的实施效果。

例如，在一次户外活动中，三个小朋友在用安吉塔箱和积木搭建火车，另一个小朋友想参与，但是其他人却不同意，这个幼儿就挡在了车头面前，矛盾使得游戏暂时中止。正在幼儿双方出现冲突的时候，教师以乘客的身份及时介入其中，询问火车开向哪里，用温和的方式和幼儿可接受的语言化解了幼儿之间的矛盾，并与这位想加入的幼儿一起“上车”。在教师的介入下，幼儿之间的隔阂瞬间被打破，游戏顺利进行。从这一案例中可以看出，教师在幼儿出现矛盾的时候，准确把握了介入时机，并以平等的身份共同参与到游戏中来，打破了幼儿之间情绪的对立，缓解了加入者的尴尬，也让其他幼儿顺利地接纳了新成员，促成了良好游戏氛围的构建。

四、适时提供支持帮助，促进积极参与游戏

教师应从情感层面、行为层面给予幼儿充分的支持，促使他们在自主游戏中获得丰富的体验，提高其参与游戏的积极性。从情感层面来看，每一个幼儿由于性格特点、身体素质、兴趣偏好的不同，在游戏中的表现各有差异，而当游戏中遇到障碍时作出的行为自然也各不相同。从行为层面来看，教师也应针对幼儿个性化的游戏行动给予支持，例如，对于胆小、不爱动的幼儿，教师应该做好示范带头作用，带动他们一起活动；对体质弱、能力弱的幼儿，做好行动指导，提高其对游戏的理解程度，使其按照自己的实际情况展开游戏，丰富其游戏体验，提高游戏指导效果。

幼儿园教学中，户外自主游戏作为一种综合性很强的游戏项目，能够增强幼儿的身体素质，提高幼儿语言表达能力和交际能力，培养幼儿团结合作的精神等，具有非常重要的意义。教师应以幼儿的自主参与为主，做好观察与多方指导，及时介入干预，提供支持帮助，让幼儿进一步融入游戏氛围，促进幼儿在游戏中健康快乐地成长，实现自我发展。

39. 儿童视角下幼儿园游戏活动的组织策略与方式

蕲春县第二幼儿园檀林园区　朱鹏飞、余琼

【摘要】在幼儿的成长与发展中，游戏是其主要的活动形式，也是幼儿教育重要的组成部分。我们要从儿童的视角出发，站在幼儿的立场，尊重幼儿的思想，做幼儿游戏活动的观察者、支持者、合作者，为幼儿创设良好的游戏环境，满足幼儿游戏的需要，改变以往的教育模式，将游戏活动贯穿于幼儿的学习和生活中。

【关键词】**儿童视角；游戏活动；组织策略；方式**

作为新时代的幼教工作者，要充分认识到游戏对儿童成长的重要影响，了解游戏活动对儿童终身学习和发展的重要作用。在游戏活动时，注意结合幼儿的实际，明确游戏活动目标，科学选择游戏活动材料，使得游戏活动的组织更为有序高效。同时在这一过程中，教师要做好前期的准备工作。只有从儿童的视角，引导幼儿积极参与游戏，做游戏的主人，才能切实提高幼儿的学习能力，同时促进每一个幼儿身心和谐全面发展。

一、从幼儿角度出发，设计游戏活动

成人的思维方式与幼儿不同，而每个幼儿的个性、爱好、学习方式也会不同，教师要充分了解幼儿的心理特点，从幼儿的年龄、身心发展规律、兴趣爱好、发展水平等方面出发，做到从幼儿中来到幼儿中去，始终坚持以“幼儿为本”的理念设计游戏活动。比如，教师在组织游戏活动前，要做一系列准备工作，考虑幼儿的需求，了解幼儿的想法。例如，对于性格外向、自制力弱、好动的幼儿，教师可以设计一些能够锻炼自控力的游戏；对于性格内向、安静的幼儿，则可以设计让他们“动”起来、“嗨”起来的游戏，释放孩童的天性。在游戏时，还可以将性格外向和内向的幼儿组织在一起，让性格外向的幼儿来带动性格内向的幼儿，使他们互相影响，形成互补，相互学习，相互促进，这样也会让他们的游戏体验感更加丰富，还会促进幼儿社会性的发展。

二、激发幼儿参与性，注重游戏体验

在幼儿园游戏活动中，只有孩子喜欢的游戏，孩子才会积极参与到活动中来，幼儿游戏参与度直接关乎幼儿们的游戏体验，教师应注意适度放纵幼儿，让幼儿有充分的、可以自由发挥的时间和空间。比如，在《龟兔赛跑》表演游戏中，教师可以鼓励幼儿自己来选择角色，做头饰，引导幼儿用积木构建一个大讲台，让乌龟钻进门，让兔子跳过去，以此调动幼儿的兴趣，切实让幼儿融入游戏角色中，让幼儿感受到游戏的新鲜和刺激，最后还可以引导幼儿改变角色，发挥自己的想象和智慧，增加更多的小动物角色进入到游戏当中。另外，在一些对抗性的游戏中，教师要引导幼儿形成良好的合作意识和正确的竞争观念，让幼儿在面对失败和胜利时能有良好的心态。游戏过程中，教师应明确自身的角色定位，充当幼儿游戏活动的倾听者和观察者，全方位地观察幼儿在游戏中的具体表现、行为，从幼儿的心理、思考等方面进行探究。在游戏结束时，及时对幼儿游戏进行科学的评价与总结，并提问幼儿，引导其思考："游戏过程中遇到了什么困难？如何解决这个问题？"等等。加强幼儿对游戏过程的总结与思考，使游戏的价值最大化。此外，教师要鼓励爱玩好玩游戏的孩子，还要鼓励那些胆小、自卑的孩子，让他们体会到游戏的乐趣，融入与同伴的交流互动中，切实提高活动效果。

三、科学选取活动材料，满足游戏需要

材料是幼儿游戏活动开展的前提，在幼儿建构知识与能力过程中起到了桥梁的作用。教师组织幼儿游戏前，要为幼儿提供适宜的游戏材料，根据不同幼儿的特点，选择具有一定的可操作性、探索性、趣味性的材料，有计划、有目的地投放，并及时进行调整、更换，满足幼儿游戏的需要，使幼儿与游戏材料产生交互作用，发挥材料的教育价值。除此之外，教师还要注意，在创设游戏环境时，一定要保证环境的安全性，各种材料也必须是健康、安全、环保、无毒的，对儿童的身心发展有益的；还有民主、平等、和谐的师幼关系也是幼儿游戏重要的一环；丰富的游戏材料能引发孩子们的游戏欲望，促进其个性发展与兴趣潜能的激发。

四、灵活调整指导方式，推动游戏发展

对于教师而言，在游戏中的指导是一个与幼儿互动的过程，要掌握一定的技巧和方式，还要有随机应变的能力，及时抓住教育契机引导幼儿，融合多种指导方式，发挥互补优势，只有灵活选用不同的方式，才能有效提升幼儿游戏的水平，推动幼儿游戏向更高的水平发展。比如，在角色游戏中，孩子们的游戏一直没有进展，准备要放弃了，这时，教师可以扮演其中的某个角色，加入幼儿的游戏中，引导幼儿，使幼儿的游戏有新的生机。

总而言之，让孩子拥有一个快乐游戏的童年是至关重要的，对幼儿教师来说，也是很有挑战的。教师要转变观念，树立儿童视角的科学理念，相信幼儿是有能力的、有自信的学习者与建构者，让幼儿成为游戏活动的主体，真正让游戏点亮生命，点亮儿童幸福的童年。

40. 聚焦儿童游戏体验
——从儿童视角探索发展与支持策略

武穴市永宁幼儿园梅府园区　张莉、吴梓微

【摘要】幼儿园一日活动皆课程，游戏是幼儿园的基本活动。关注幼儿的游戏体验，探讨儿童游戏需求，以及游戏对幼儿的认知、情感和社交发展的影响，从儿童视角出发，提出支持回应策略，如提供多样游戏材料、确保安全环境、鼓励和支持幼儿自主探索，能很好地促进幼儿在游戏中的全面发展。

本文运用理论与实践相结合的方法，通过教育者的自我反思和游戏案例分析，深入探讨儿童游戏体验及教师角色。研究基于文献回顾，确立理论基础，并通过实地观察幼儿园游戏活动，收集案例，为分析提供实证数据。通过反思自身行为，提升对游戏环境作用的认识，为教学改进提供依据。研究最终提出有效的支持策略，强调教师在促进儿童游戏发展中的作用，旨在为教育实践提供具体指导。

【关键词】**儿童视角；游戏体验；支持策略**

幼儿教师在指导幼儿游戏活动时要理论联系实际，反思教育行为的适宜性。根据皮亚杰的认知发展理论和维果茨基的社会文化理论，儿童在与环境互动的过程中不断发展。这种互动包括户外游戏，它为儿童提供了丰富的学习环境。通过户外游戏，儿童能够发展解决问题的能力、社交技能以及身体协调能力。

在日常的幼儿园教育活动中，我们部分教师盲目重视幼儿的文化知识学习，忽视了儿童的全面发展。因此，需要重新审视教育行为，关注儿童的兴趣和需求，创造更多户外游戏的机会。同时通过游戏孩子们也能建立更健康的学习方式，加深对自然的认识，并培养独立性和创造力。

我以案例《森林探险》、《动物模仿》为例。

《森林探险》是一个户外寻宝游戏，旨在通过解谜和团队合作培养孩子的观察、分析和协作能力。教师提供地图和线索卡，引导孩子们分组探险，同时提供笔记本和放大镜等工具，使孩子们记录和分析。教师通过语音提示和示范，协助孩子们解决问题，增强自信。此外，设计团队合作任务，如搭建避难所或解谜，进一步培养团队精神。

《动物模仿》通过角色扮演激发儿童的想象力和创造力。教师提供动物图片和资料，帮助孩子们了解动物特性，同时提供头饰和尾巴等道具，优化他们的角色扮演体验。通过播放动物叫声录音和示范动作，教师引导孩子们模仿。游戏最后设有创意表演环节，让孩子们展示模仿成果。这两个案例都强调了教师在游戏过程中的支持和引导作用，以及游戏在促进儿童全面发展中的积极影响。

从以上案例中我们可以总结出指导幼儿游戏的支持回应策略。

一是提供丰富的游戏材料。为孩子们提供各种游戏所需的道具和设备，激发他们的兴趣和创造力。这些材料应该包括不同类型的玩具、工具等，以便孩子们在游戏中能够自由地选择和运用，从而培养其想象力和解决问题的能力。

二是创设安全的游戏环境。确保游戏场所的安全，预防意外伤害，让孩子们在游戏中尽情发挥。这包括对游戏场地的定期检查和维护，以及为儿童提供必要的安全指导。

三是鼓励自主探索。尊重儿童的自主性，鼓励他们在游戏中自主探索、尝试和解决问题。教师应该成为引导者和支持者，给予孩子们自由的空间和时间，让他们根据自己的兴趣和需求去选择游戏内容和方式。

四是及时回应和支持。关注儿童在游戏中的表现，及时给予鼓励和支持，帮助他们建立自信心。教师应该积极参与孩子们的游戏活动，观察他们的表现并给予积极的反馈。帮助孩子们树立积极的态度，增强自信心。

总而言之，游戏对儿童的成长具有重要意义，儿童在游戏中不仅获得了身体上的锻炼，还培养了社交技能、解决问题的能力以及创造力。我们应从儿童的视角出发，关注他们的需求和兴趣，创造更多游戏的机会并确保这些机会得到充分利用。同时，通过理论联系实际，反思教育行为的适宜性，并采取有效的支持回应策略，帮助儿童在游戏中快乐成长。

【参考文献】

[1] 杜瑞琴 . 户外建构游戏促进幼儿自主发展的实践与反思——以安吉游戏为例 [J]. 成才之路，2022（17）：106-109.

[2] 任珂，康纳 · 麦 · 古金 . 欧洲对学前教育游戏教学的反思及其启示——从“基于游戏的学习”到“引导游戏”[J]. 学前教育研究，2021（10）：72-82.

[3] 胡丽娜 . 在观察反思中推动户外游戏的发展——以大班户外游戏“搭帐篷”为例 [J]. 学苑教育，2021（05）：77-78.

[4] 弓雨 . 反思性实践对改进幼儿教师游戏指导能力的策略研究 [J]. 河南教育（幼教），2020（02）：49-53.

41. 浅谈幼儿园自主游戏中教师支持的有效策略

英山县第二幼儿园　叶倩、余灿

【摘要】游戏教学不仅是一种有效的教学方式，更是幼儿自主游戏权利的体现。在自主游戏过程中，教师必须充分尊重幼儿的身心发展规律，打破教学定式，幼在前，师在后，采取有效的策略支持幼儿游戏，让幼儿不仅成为游戏的体验者，更能够成为实际问题的解决者。

【关键词】幼儿教育；自主游戏；教师支持；策略

何为自主游戏？自主游戏是由幼儿自主选择想要玩的游戏类型，以及玩伴、材料、玩法，自主探索、自由发展、自发互动的活动。

一、自主游戏开展对幼儿的促进作用

（一）自主游戏促进幼儿运动能力的发展

当幼儿在户外开展自主游戏，例如在滑滑梯上、攀爬墙上、沙水池里、平坦的运动场上进行自发的体育锻炼时，幼儿的大肌肉动作可以得到发展，同时动作的协调性、平衡性、力度、灵敏度等方面也可以得到发展。当幼儿在室内进行拼图、插桩、建构、手工及其他桌面玩具等游戏时，小肌肉动作可以得到发展，同时幼儿的手部精细动作也可以发展。

（二）自主游戏促进幼儿语言能力的发展

自主游戏是幼儿自发生成的游戏，幼儿在自主游戏过程中身心愉悦，思维可以得到最大限度的发展。他们在玩耍过程中会不断与同伴进行沟通交流，特别是合作游戏中，角色的分工、游戏下一步如何开展都需用言语表达，同时，游戏时还会遇到各种各样的难题，在解决问题的过程中需要讨论解决问题的办法，这些都会使语言能力得到迅速的发展。

（三）自主游戏促进幼儿社会性的发展

在自主游戏过程中，幼儿可以自由选择玩伴，而每个幼儿作为游戏中的成员，必须遵守集体的游戏规则，逐步学会如何与同伴交往，如何协作、互助。当有人破坏规则而引发问题时，矛盾的解决和解决的结果会给幼儿一种最深切的人际关系体验，这对培养他们的社会交往能力是非常重要的。

二、教师有效的支持策略

（一）遵循幼儿发展规律合理设计游戏

自主游戏并非随意进行，而是要充分发挥自身的教育作用，使幼儿在游戏中有所收获。教师在介入和支持幼儿自主游戏时，需根据幼儿的心智特点确定游戏主题，游戏活动设计要符合幼儿的认知规律，游戏内容应有利于幼儿发挥个性特长。小班幼儿缺乏生活经验但家庭经验丰富，过家家是其主要游戏类型。中大班幼儿社会经验丰富，可以开展小超市、小医院、小餐厅等游戏。

（二）捕捉游戏教育契机积极引导游戏

教师介入和支持幼儿自主游戏时，要注意游戏形式的多样化和趣味性。以“表演游戏”

为例，幼儿在表演“白雪公主”情景剧时，由于身心发展尚不成熟，在表演中难免出现剧情上下衔接不紧凑、不贴合实际等情况，这是幼儿对于角色理解及生活经验的缺乏导致的。这时，教师应及时介入和支持，以幼儿喜闻乐见的形式丰富幼儿经验，激发幼儿游戏兴趣。

（三）发现幼儿游戏特点适时介入游戏

在幼儿园自主游戏过程中，教师要在尊重幼儿主体地位的前提下，做好观察和指导工作，对幼儿在游戏中的行为进行仔细观察，了解和掌握幼儿的游戏能力，并看准时机介入和支持。自主游戏可充分展示幼儿的个性，因此，教师要想做好游戏的支持工作，就必须充分掌握每位幼儿的具体情况。比如，湉湉喜欢角色扮演游戏，却总喜欢自己表演主角，“命令”其他幼儿扮演配角，这说明该幼儿的表现欲与组织能力较强，但性格较为强势；彤彤喜欢表演游戏，但是在演奏“乐器”时总是把握不准节奏。教师在掌握这些情况后，要立足实际情况，给予积极性的支持和引导，保证自主游戏效果。

（四）重视游戏活动点评提升游戏水平

在自主游戏进行中和结束时，游戏评价是至关重要的。教师可以把问题留给孩子，鼓励他们自由讨论、交流，请孩子们分享自己的见解，找出问题的所在，同时，教师也要引导幼儿互相评价，找出同伴做得好的地方，和大家共同学习，从而提升幼儿自主游戏的能力。教师要给予公正评价，对游戏中遵守规则的幼儿给予奖励。

【参考文献】

[1] 顾贵平 . 幼儿园课程游戏化实施策略探微 [J]. 名师在线，2021（07）：30-31.
[2] 张婕 . 区域游戏活动中幼儿行为观察的探索 [J]. 名师在线，2021（07）：48-49.

42. 幼儿园户外自主游戏中教师有效支持策略研究

黄冈师范学院附属幼儿园　吴思懿

【摘要】本文首先明确教师的有效支持对开展幼儿园户外自主游戏的价值；其次，根据教师在幼儿园户外自主游戏中使用支持策略时存在的问题进行分析；最后提出应对策略，优化教师在幼儿园户外自主游戏中的有效支持。

【关键词】**幼儿园；户外自主游戏；支持策略**

幼儿在户外自主游戏中展现出天生的好奇心和创造力，通过自由探索和互动，他们能建构自己的认知世界，培养多方面的能力，教师要充分尊重幼儿的自主性，还需提供有效的引导和支持，帮助他们解决可能出现的问题，激发他们更深层次地思考，促进其多方面发展。

一、幼儿园户外自主游戏中教师有效支持的价值

（一）促进幼儿全面健康发展

教师通过引导幼儿在游戏中观察、实验和问题解决，可促进幼儿认知发展，提升其认知水平。还可培养幼儿社交技能，使他们在游戏中学会合作、沟通、分享，适应集体生活。同时，教师在情感管理方面的支持，可帮助幼儿认识、表达情感，培养情感管理能力。

（二）促进教师自身专业成长

通过观察和分析幼儿在户外自主游戏中的表现，教师能够不断提升自己的专业素养，了解幼儿的兴趣，以更好地调整教学策略，实现个人的专业发展。其次，教师通过不断反思自身的教学方法和互动方式，可以灵活应对不同的幼儿需求，实现个性化的教育。

二、幼儿园户外自主游戏中教师支持行为的实施困境

（一）户外自主游戏中教师支持行为存在的问题

1. 物质支持方面

部分教师由于资源有限或缺乏足够的户外游戏设施，无法提供充分的物质支持导致幼儿在自主游戏中受到限制。这很容易阻碍幼儿在户外自主游戏中充分发挥创造力和自主探索影响其发展。

2. 情感支持方面

部分教师未能充分关注和理解每个幼儿的个体差异，导致在户外游戏中未能提供个性化的情感支持。这会影响幼儿在游戏中的投入度和积极性，使得他们在发展自我认知和社交技能方面受到制约。

3. 经验支持方面

部分教师缺乏户外自主游戏的专业知识和经验，在引导和激发幼儿的游戏兴趣和创造力方面存在问题。这会限制幼儿在户外自主游戏中充分学习新知识，影响其综合素养的提升。

4. 评价支持方面

部分教师未能有效地对幼儿在户外游戏中的表现进行适当的评价和反馈，缺乏具体指导，这会使幼儿无法及时了解自己的优势和改进空间，影响其自我认知和自主学习能力的培养。

（二）户外自主游戏中教师支持行为出现问题的原因

1. 主观原因

部分教师持有传统教育观念，对幼儿自主游戏理解不足，影响户外游戏支持行为。教

师专业知识和技能水平是关键，部分教师缺乏户外游戏教育专业培训，导致其支持行为不正确和无法胜任。

2. 客观原因

部分园所面临资源有限的问题，如户外场地不足、游戏设施不完善，影响教师提供物质支持和幼儿全面发展。时间也是一个原因，尽管教育部要求幼儿园保证户外活动时间不少于两小时，但实际上落实不到位，影响教师对幼儿户外自主游戏的支持。

三、幼儿园户外自主游戏中教师有效支持的应对策略

（一）转变传统游戏观念

首先，邀请专家为教师提供系统的户外游戏培训，帮助教师理解游戏对幼儿全面成长的积极影响。其次，教师可以共享游戏经验，定期组织游戏研讨，分享成功经验。通过实际案例，教师可以更好地理解支持的重要性，并从实践中获得启发。

（二）提供有准备的环境

优化场地设施，例如，在操场上设置创意角落，提供沙坑、水池等多元化游戏元素，为幼儿提供广阔的游戏空间。提供多样化的游戏材料，引入多种材料，让幼儿在游戏中能够充分触摸、感受、探索，同时提供不同主题的活动以激发幼儿的多元创造力。

（三）提升教师支持水平

提供个性化情感支持，关心幼儿感受，鼓励幼儿表达，提高幼儿游戏积极性。教师在游戏中，应当扮演观察者与参与者角色，采用平行介入、角色介入等方法。开展有效评价，提供针对性反馈，记录幼儿游戏表现，定期开家长会，分享成长过程，提供建议，促进家长支持户外游戏发展。

这些应对策略，可以促使教师更好地理解和支持户外自主游戏，为幼儿提供更富有启发性和有益的游戏环境，从而推动幼儿在户外游戏中的积极参与和全面发展。

【参考文献】

[1] 熊春仙 . 曲靖市 X 幼儿园大班户外自主游戏的教师支持研究 [D]. 昆明：云南师范大学，2023.

[2] 段秀丽 . 幼儿园户外自主游戏中教师支持行为研究 [D]. 贵阳：贵州师范大学，2023.

[3] 王书言 . 幼儿自主性游戏中的教师支持策略探析 [C]// 中国智慧工程研究会 .2023 中西部地区教育创新与发展论坛论文集（二）. 哈尔滨市托幼实验中心，2023：2.

43. 浅析游戏化教学在幼儿教育中的作用和策略

英山县县直机关幼儿园　余昭霞

【摘要】在幼儿教育中，教师组织趣味化、艺术化的游戏化教学活动，有利于活跃课堂教学氛围，激发幼儿的学习兴趣，促进幼儿身心健康发展。因此，幼儿教师在教学活动中，应当积极营造游戏化教学的氛围，充分发挥游戏的教育功能，有效地杜绝幼儿教育小学化的现象，促进幼儿的全面健康发展。

【关键词】**幼儿教育；游戏化教学；策略**

《幼儿园教育指导纲要》强调，游戏是幼儿园的基本活动，幼儿为游戏的主体，为幼儿教育改革指明方向。游戏能激发幼儿的学习兴趣，寓教于乐。教师应结合幼儿认知，开展适合的游戏，避免幼儿教育小学化，保障幼儿的愉悦成长。

一、幼儿教育游戏化教学的作用

（一）有利于促进幼儿身心健康发展

在素质教育背景下，幼儿教师的使命是培养身心健康发展的幼儿。依据《3—6 岁儿童学习与发展指南》，身心健康是主要目标。游戏活动可锻炼幼儿身体，培养规则意识及良好行为习惯。例如，“串珠子”游戏可培养幼儿竞争、合作意识，锻炼其手眼协调能力，实现身心健康目标。

（二）有利于遏制幼儿教育小学化的倾向

近年来，“不让孩子输在起跑线上”的教育心理，使得很多家长在面对孩子的教育上出现了急功近利的现象，导致了幼儿教育小学化问题普遍存在。这种“小学化”的幼儿教育模式，背离了幼儿成长和发展的正确轨道，对幼儿的成长危害是极大的。而在幼儿教育中，教师通过富有趣味性的游戏活动，可以让幼儿在参与游戏的过程中学习和认知世界，促使其语言、健康、协作、艺术等方面的成长，从而避免幼儿教育小学化倾向。

（三）有利于营造轻松的教学氛围，提高学习效率

3—6 岁幼儿好动，模仿力强。教师有意识地进行游戏活动，能活跃课堂氛围，提高教育效果。如午休后，教师用游戏“击鼓传花”提神，有助于幼儿消除困倦，为后续活动奠定基础。

二、幼儿教育游戏化教育的有效策略

（一）积极营造游戏教育的氛围

幼儿教育中的游戏活动旨在寓教于乐，教师应遵循幼儿成长规律，营造游戏氛围，激发幼儿兴趣。如培养幼儿听声音记数能力，可通过拍手或敲铃铛游戏进行。教师先拍手或敲铃铛吸引幼儿注意，再提问拍了或响了几下，给予正确回答的小朋友奖励。此游戏对小班幼儿注意力训练具有重要意义。

（二）充分发挥游戏的教育功能，并且适当与日常生活相联系

幼儿教师在开展游戏活动的过程中，要注重发挥游戏的教育功能，不能因玩而玩，而应当通过各种游戏活动，培养幼儿各方面的能力。例如，幼儿教师在对幼儿进行安全教育的过程中，可以通过角色扮演游戏活动的开展，培养幼儿的安全意识。如针对“不要给陌生人开门”的问题，幼儿教师可以挑选几名幼儿，分别扮演“小兔子、大灰狼”等，结合生活中可能遇到的各种是否开门的问题设置场景，让幼儿扮演角色。这种真实场景的角色扮演，能够让幼儿更加懂得如何自我保护，培养幼儿的安全意识。

（三）游戏形式多样化，积极探索创新

目前单一的教育模式不能满足不断发展的幼教需求。游戏活动是幼儿园的基本活动，趣味性强，孩子感兴趣。但是，孩子对长期单调重复的游戏也会失去兴趣，这样游戏活动就起不到原有的作用。为了保持孩子们的学习热情，幼儿教师需要不断完善教学资源和游戏资源，更新游戏活动，日常教学中多关注孩子们的兴趣爱好，根据他们的爱好探索新的游戏活动，更有效地利用游戏活动的教育价值。

（四）运用现代化教学手段，提高幼儿游戏积极性

新时代赋予了幼教新的教学手段。教师可以通过多媒体寻找更多教学资源，以全新的教学视角提高孩子们参与游戏活动的积极性。游戏活动中的音乐播放、视频欣赏等，可使幼儿获得直观感受，更能激发他们的兴趣，从而使之主动参与游戏。如教师可在网络上播放孩子们喜闻乐见的歌曲，进行热身活动，日常熟悉的音乐能让孩子们很快融入其中，积极参与活动。教学氛围被调动起来了，游戏活动的效果水到渠成了。

综上所述，幼儿教师应基于丰富多样的游戏设计和教学方法的创新，积极开展游戏化教学，为幼儿创造集趣味、探索、实践于一体的游戏化课堂。将教育游戏有机地融入幼儿教育活动中，规避幼儿教育小学化的现象，促使幼儿的全面健康发展。

44. 提升师幼互动效果促进幼儿生命成长
——《评估指南》背景下幼儿园师幼互动之我见

武穴市直属幼儿园江林园区　鄢碧君、范雅婷

【摘要】教育部发布的《幼儿园保育教育质量评估指南》是当代幼儿教师教育的重要指导。《评估指南》中对教师专业素养的要求，特别是对教师在教育过程中的师幼互动的要求，为幼儿教师提供了明确指导策略和方向。本文想就这个问题的认知与同行们展开探讨。

【关键词】《评估指南》背景下；师幼互动；认知讨论

幼儿园是幼儿教师和幼儿组成的一个群体，是幼儿教师对幼儿进行全面教育教学的组织机构，所以幼儿教师的全面素养是至关重要的，这是决定幼儿园教育教学质量与效果的主要因素，同时也是促进师幼互动效果有效提升的重要砝码。

一、亲师信道自信成长

“亲其师必信其道”，孩子因喜欢教师而喜欢其教学，那么，教师的教育效果往往超出一般。在幼儿教育中，这一点体现得尤为明显。幼儿阶段的孩子更易接受喜欢的事物，并模仿学习。因此，幼儿教师的言行举止对幼儿的成长发展有重大影响。让幼儿在愉快的环境中接受教育，感受学习的乐趣和成长的自信，是每位幼儿教师必须做到的。在《幼儿园保育教育质量评估指南》中，师幼互动的过程阐述了教师情绪状态对幼儿的影响，教师应当能以积极乐观的态度支持每位幼儿，让他们不拘谨、不胆怯，处在宽松自由的环境中，展现自信的状态。

二、支持自主小鬼当家

在教育改革深入的当下，幼儿教师面临的是充满不确定性的孩子，他们如多彩变化的故事书。教师需放手让孩子自主，明确师幼地位，充分发挥支持者的角色作用，以幼儿发展为本，把“游戏自主权”还给孩子。无论选择活动材料、角色、玩法还是做其他决定，都由孩子自己做主。教师仅作为引导者，陪伴孩子共同探索世界。

三、洞察全局深层关爱

观察分析幼儿需求差异，调整教学环境，满足其成长需求。教师需持续观察，分析幼

儿游戏行为，为其提供有效支持，避免随意干扰。《幼儿园保育教育质量评估指南》强调教师应全面观察、理解幼儿行为，关注其心理动态，适度帮助，长期支持，倾听后参与，判断后观察，发现后等待，捕捉后生成，以实现深层关爱。

四、灵活创新生成策略

所谓是教无定法，教有千方万法，这一点在幼儿教育教学中体现得尤为突出，年龄特性决定了幼儿各方面不确定因素比例较多，容易受到外界因素的影响和干预，在教学过程师幼互动中，时有“出局”现象发生，那么为了有效提升教学互动效果，充分培养幼儿的学习兴趣，提高幼儿的全面能力，把握幼儿的动态，作为教师就要具备一定的教育教学灵活性，杜绝刻板固化，具有灵活采取教育策略的意识和能力，能根据幼儿的兴趣与表现为其提供有效的支持和帮助，促进幼儿正向发展。

五、开放互动促进思维

思维决定方向、思维决定行为、思维决定命运……由此可知，从小培养幼儿的思维能力是极其重要的，那么在教育教学中怎样培养幼儿的思维能力呢？这就要求我们教师善于设置开放性的互动环境，提出开放性的互动问题，注重提问的技巧，拓展幼儿的思维维度，激发幼儿的思维密度，例如：辩论判断性问题、分析假设性问题、思维创造性问题等问题没有固定、现成的答案，不受故事、语言和情节、游戏活动、互动环境的限制，能够给幼儿更多的思维空间，给予幼儿更多参与的机会。

六、因材施教全面发展

世界上没有一朵鲜花不美丽，也没有一个学生不可爱，每个学生都是一本需要用心仔细阅读的书，是一棵需要耐心浇灌的幼苗，是一枝需要加油点燃的火把。如果幼儿生活在批评中，他就学会了谴责；生活在冷漠中，他就学会了无视；生活在鼓励中，他就学会了自信；生活在认可中，他就学会了自爱；生活在爱中，他就学会了感恩。每个幼儿都是独立的个体，每个独立的个体都拥有独特的个性，犹如一朵朵含苞待放的花骨朵一样，在汲取了不同角度、温度的阳光雨露后，开出千姿百态的花朵，各有各的姿态各有各的美。在幼儿教育教学中我们教师要提升自己的素养能力，用不同的方法因材施教，培养幼儿的独特个性发展，这样才会实现每个幼儿健康成长的目标。在《幼儿园保育教育质量评估指南》中也很明确地表明了教师要尊重并理解幼儿在各领域的学习方式，尊重幼儿的个体差异，不要用一把尺子去衡量幼儿的发展水平和行为表现，要善于发现每个幼儿的闪光点，并鼓励幼儿发扬优点，从而促使幼儿得到更长足的发展。

有效而又优质的师幼互动不仅仅对孩子重要，对教师同样也重要；有温度而又积极向上的师幼互动，能够成就高质量高效率的教育过程。作为幼儿教师要坚守初心，想幼儿之所想，不断学习与幼儿互动的技巧，生成教育教学机智，并将之灵活运用在各种不同情境之中，让幼儿在轻松自在的环境中健康成长和全面发展。

45. 浅谈教师在幼儿自主游戏中的因势利“导”

英山县第二幼儿园　王小升

【摘要】游戏活动贯穿于幼儿生活学习的全过程，在幼儿的发展和学习中起到了核心的作用。游戏活动中幼儿是活动的主体，教师要充分发挥自己在游戏中的作用，找准自己在游戏中的角色定位，才能真正使幼儿在游戏中能够积极参与探索和学习，促进孩子自主游戏，快乐成长。

【关键词】教师；自主游戏；因势利“导”

一、从预设起步，巧定位，创设和谐游戏氛围

作为教师，定位自己在游戏中的角色，明确自己在游戏中的作用尤为重要。教师是游戏环境的创设者，要依据幼儿的身心特点，不断提升游戏的预设能力，为孩子创设好的游戏氛围，让孩子在游戏中自主发展。日常游戏教学中可从以下三个方面入手：一是环境创设要有新意。好的游戏环境预设对幼儿的游戏积极性和参与度有较深影响。例如，对中小班儿童要多创设一些如积木、音乐、绘画、运动等方面的游戏环境，而对于大班儿童则要多创设一些语言、交际、角色扮演等方面的游戏环境。预设不同的游戏环境会产生不同的游戏效果，幼儿的表现也会大相径庭。同一种游戏材料在不同的游戏环境中也可以产生不一样的游戏功能。二是目标预设有重心。在设计游戏时要完成的目标任务有许多，但教师要抓住重点游戏目标任务，重点设计游戏环节，力争达成游戏目标。切记在设计时突出重点。三是情景设计显亮点。儿童游戏设计思路要围绕游戏主线发展，但教师在组织幼儿游戏时，要处理好预设与生成的关系。在情境创设过程中要给幼儿预留一定的时间和空间，让他们充分发挥创造力和想象力。

二、从观察入手，重引导，促进幼儿自主发展

在游戏中真正了解幼儿的前提是细致入微的观察。游戏观察时，教师要选择好观察内容，采取定点观察与随机观察相结合的方式，重点观察幼儿在游戏安全、角色扮演、动手能力、语言表达、创造能力、交往能力等方面的表现。在观察的基础之上，发现存在的问

题并逐步改进，再选择合适的指导策略，对幼儿游戏加以引导，促进幼儿游戏水平自主发展。一次晨间活动中，许多小朋友在玩积木，我观察到两位小朋友发生了争执，其中一位小朋友跑过来对我说：“老师，雯雯抢我的玩具了”。我对她说：“你自己能想办法要回你的玩具吗？”她想了一会，告诉我；“老师，我有办法了。”于是她走到雯雯面前说：“你拿了我的积木是不对的，你把它还给我，可以吗？”雯雯看了看我，知道自己错了，连忙拿了积木还给她，她高兴地接过来继续玩了。幼儿在游戏中会遇到各种困难，作为教师要适时引导，引导他们学会思考，找出解决问题的办法，这样有助于提高他们在游戏中的表达能力和交往能力。

三、从合作开始，善参与，力促幼儿快乐成长

教师以游戏中角色的身份参与到幼儿游戏中，在合适的时机科学恰当地选择有效的引导策略，既能让游戏按事前预设的方向发展，同时也能及时发现问题。一天，我组织幼儿开展户外攀爬游戏，浩浩和小宇两人比拼攀爬，看谁最先爬到顶端。在你追我赶中，浩浩突然从中间位置滑落，躺在海绵垫上一动不动，紧闭双眼好像“晕”过去了。其他小朋友好奇地围了过来，浩浩突然爬了起来，大家笑着走开了。紧接着，浩浩和小宇又重新开始攀爬比赛，小晨也加入进来，大声说：“我是裁判。”他们重复着刚才的过程，浩浩再次掉在海绵垫上一动不动。于是，我在一旁表现出非常着急的样子，小晨发现了，马上用娃娃家的电话拨打“120”，“医生”被这突发事情吓了一跳，赶紧过来想把浩浩送到医院里去，可是他太重了，根本抬不动。此时，浩浩身边已经围了好多小朋友，大家都在“着急”地想办法。在大家犹豫不决的时候，一名幼儿说了句：“用担架抬！”于是大家发挥自己的聪明才智制作了担架，才把浩浩送进医院“救”醒过来。这次游戏活动中，刚开始游戏时嬉戏性的成分很明显，浩浩装晕。后来因为有同伴晕了，游戏有了新的生成，孩子们有了把头晕的幼儿送进医院的玩法，创造性地发明制作了担架。在游戏中孩子们不断地交流，共同想办法解决问题，而我则选择做一个旁观者，不发表意见，不介入游戏，只在“医生”用制作的担架抬时帮忙“搬”了一下。由此可见，当一个游戏产生或进行的时候，教师可以尝试着做一个旁观者静静地观察一段时间，在游戏没有进展之时稍加暗示，但并不真正干涉，给孩子们创设一个宽松的游戏环境，从旁观者和合作者角度介入，有时候会使游戏达到意想不到的效果。

总之，作为教师要在游戏中通过精心预设、细心观察、适当引导、合作参与等措施，充分发挥自身在游戏中的作用，让幼儿做游戏的主人，通过开展丰富多彩的游戏活动，促进幼儿自主发展，快乐成长。

46. 幼儿自主游戏中教师指导策略的初探——以大班游戏“蚂蚁搬家”为例

黄冈市黄州区幼儿园　戴雅雯

【摘要】幼儿天生热爱游戏。在游戏中，幼儿的身体机能、社会交往、智力等方面都会充分发展。但自主游戏需要教师适时进行引导，从而推进游戏进展，达到教育目标。本文以大班的游戏“蚂蚁搬家”为例，记录幼儿游戏生成过程，思考教师在游戏中的指导策略。

【关键词】幼儿园；自主游戏；教师；指导策略

幼儿的自主游戏是由幼儿自由选择和发展的游戏，他们掌握游戏的主导权。教师在此过程中起到支持、合作和引导的作用。陈鹤琴认为游戏对幼儿至关重要，自主游戏有助于幼儿多感官协同操作，培养其情感和社会交往能力，促进其全面发展。以大班游戏“蚂蚁搬家”为例，教师观察并记录幼儿自主游戏的开展过程，反思指导策略。

一、守护童趣，培育自主游戏生长的土壤

叶圣陶认为儿童像种子，具有自能、自适、自创的潜力。开展基于儿童本位的自主游戏，需要树立科学的教育观、儿童观、游戏观，把游戏的选择权交给幼儿，让他们成为游戏的主角。教师应积极营造自主游戏氛围，满足幼儿的兴趣需求。“蚂蚁搬家”是幼儿自发开展的游戏活动，从观察蚂蚁到设计图纸、搭建“蚂蚁的家”，再到为蚂蚁设计搬家路线，最后创建搬家公司。这一系列过程是幼儿自主探索的过程，他们通过解决问题深入游戏再到创新游戏。教师要敏锐地观察幼儿的兴趣点，引导、生成游戏，促进幼儿全面发展。

二、读懂童心，搭建自主游戏发展的桥梁

搭建自主游戏发展的桥梁，需要教师提供一定的支持。教师的指导不仅能保障游戏的正常运行，而且能促进游戏教育目标的顺利实现。

（一）多思考，提供有准备的环境

在本次游戏中，教师根据游戏进程和幼儿思维特点，适当增加了不同种类的游戏材料。在建构游戏中，教师投放了多种低结构材料；在角色游戏中，投放角色道具以增强幼儿的参与感。有准备的环境不仅指物质多样性，还体现在经验丰富性。幼儿的知识经验与游戏内容成正比，因此教师应在游戏前丰富幼儿的主题活动经验。在心理环境中，教师应营造宽松自由的游戏氛围，让幼儿感到安全和舒适。

（二）善发现，应及时观察与引导

教师在幼儿自主游戏中起到指导作用，必须观察和及时判断。教师需要了解幼儿平时的技能水平，依据他们的经验，以其学习和发展的角度，随着游戏的深入调整观察目标。观察不仅是指看游戏进度，还要注意幼儿的语言、动作和表情，理解背后的信息和内涵，为游戏搭建更好的“鹰架”。当幼儿遇到困难时，教师需要适时介入，把握好时机和程度，合理控制引导的时间和方式。通过搭建“鹰架”的方式，鼓励幼儿思考，给予启发，引导他们解决问题。

（三）同合作，培养问题解决能力

杜威的问题解决五步法包括认识问题、明确问题、提出假设、推理假设和验证假设。在蚂蚁的家游戏中，教师鼓励幼儿分享游戏经验，激发想象力，通过绘画和语言表达想法。接着，教师鼓励幼儿制订计划，设计活动图纸。在游戏过程中，幼儿发现问题，教师引导他们明确问题，提出解决方法并实际操作验证。在整个问题解决过程中，教师发挥了引导和组织作用，创造了教育机会。

三、感悟童真，评价让自主游戏得到升华

游戏分享是教师和幼儿共同讨论和分享游戏中遇到的问题，寻求解决方法的过程，是幼儿游戏的重要组成部分。教师需根据游戏需要调整分享环节。例如，蚂蚁的家与蚂蚁搬家的游戏分享主要在游戏中和游戏后进行。在蚂蚁搬家公司游戏中，涉及快递的包装及规则制订，应在游戏前进行分享。教师可通过观察幼儿游戏，用视频或照片记录，也可以带幼儿参观作品，帮助其回忆游戏过程。此外，也可以鼓励幼儿用绘画表征记录游戏中的问题和情节。还可以将幼儿分成不同小组进行开放式提问，耐心倾听并记录新创意，发现他们的闪光点和需求点，梳理经验，调整游戏材料，为下一场游戏做准备。

【参考文献】

[1] 邵瑞珍，皮连生 . 教育心理学 [M]. 上海：上海教育出版社，1988.

[2] 杨雨 . 幼儿园游戏分享环节的问题分析及优化策略 [J]. 教育观察，2022，11（15）：39-41+52.

[3] 郝明晶 . 以问题解决为导向的幼儿深度学习的教师支持策略研究 [D]. 长春：东北师范大学，2022.

[4] 许曼曼 . 自主游戏中教师指导策略提升的行动研究 [D]. 广州：广东技术师范大学，2023.